The Cross-Border E-Commerce

跨境电商营销

阿里巴巴速卖通宝典

速卖通大学 编著

電子工業出版社
Publishing House of Electronics Industry
北京•BEIJING

内 容 简 介

《跨境电商营销》是由阿里巴巴速卖通大学的几位资深讲师结合实践完成的一本跨境 B2C 力作。"阿里巴巴速卖通宝典"系列已出版的图书有：《跨境电商物流》、《跨境电商客服》、《跨境电商美工》、《跨境电商营销》、《跨境电商数据化管理》和《跨境电商——阿里巴巴速卖通宝典（第 2 版）》。已有近 20 万名跨境电商从业者选择阅读本套丛书，各类跨境电商培训机构和院校的学员也将本套丛书作为提升理论水平与实践能力的参考用书。

本书通过对速卖通中的营销理论、全球主要国家电商市场概况、速卖通店铺运营策略、营销活动、流量引入和使用、无线端营销、行业板块营销等内容的介绍，尽可能详尽地介绍速卖通平台的营销技巧和知识。

本书适合所有已经从事跨境电商，或有志于此的朋友们。

图书在版编目（CIP）数据

跨境电商营销 / 速卖通大学编著. —北京：电子工业出版社，2016.1
（阿里巴巴速卖通宝典）
ISBN 978-7-121-27678-1

Ⅰ. ①跨… Ⅱ. ①速… Ⅲ. ①电子商务－市场营销学 Ⅳ. ①F713.36

中国版本图书馆 CIP 数据核字(2015)第 284572 号

策划编辑：张彦红
责任编辑：葛　娜
印　　刷：北京捷迅佳彩印刷有限公司
装　　订：北京捷迅佳彩印刷有限公司
出版发行：电子工业出版社
　　　　　北京市海淀区万寿路 173 信箱　邮编：100036
开　　本：720×1000　1/16　印张：23.5　字数：431 千字
版　　次：2016 年 1 月第 1 版
印　　次：2021 年 9 月第 14 次印刷
定　　价：78.00 元

凡所购买电子工业出版社图书有缺损问题，请向购买书店调换。若书店售缺，请与本社发行部联系，联系及邮购电话：（010）88254888，88258888。

质量投诉请发邮件至 zlts@phei.com.cn，盗版侵权举报请发邮件至 dbqq@phei.com.cn。

本书咨询联系方式：010-51260888-819，faq@phei.com.cn。

序言一

阿里巴巴旗下的全球速卖通平台原本只是阿里巴巴 B2B 业务中的一个项目。因为洞察到外贸订单碎片化的趋势，速卖通业务负责人沈涤凡和核心团队在过去 5 年卧薪尝胆，披荆斩棘，硬是趟出一条跨境电商零售之路。

有时我会觉得不可思议，难道就是这样一群普通得不能再普通的小二，帮助中国数以万计的商家把上亿商品行销海外，服务了全球超过 220 个国家和地区的消费者吗？

之前速卖通低调得令国人甚至阿里同事都感觉陌生。直到在刚刚结束的 2015 年全球化双十一活动中大放异彩，单日创造的 2124 万笔订单，终于让坚定地跟了我们很多年的中国卖家幸福得泪流满面。

要感谢过去 5 年无数中国制造和中小外贸公司甚至个人卖家的不离不弃，陪伴速卖通平台一起成长壮大，共同探索跨境电商的技巧和心得。作为平台，我们除了帮助卖家获取到全球优质流量，陪衬完善的跨境支付和物流解决方案以外，最重要的任务是向商家学习，把优秀商家的心得和我们探索的经验充分与大家分享！

跨境电子商务领域的全球竞争已经开始。而中国将首次因为拥有世界上最大的电子商务市场而重新制订电商 WTO 新秩序。这对于一直在寻找转型方向感的中国制造，对于想要全球化、国际化的本土企业，对于渴望价廉物美的中国商品的全球消费者，都是一种希望。

让天下没有难做的跨境生意！

阿里巴巴集团跨境 B2C 事业部总经理　逸方

序言二

2014 年 4 月底，江南渐入初夏的日子，我来到绥芬河，在这个湖面依然冰封的边陲小城举行客户见面会。当地的卖家热情之高，让我惊讶。与其中一位客户随意交谈，他告诉我，之前从事传统边贸十余年，也做过淘宝，而现在毅然转型速卖通的原因，一是在国外社交网站上，看到越来越多的老外在晒单，夸耀在速卖通上买到的物美价廉的商品；二是看到物流公司的速卖通业务突飞猛进。“这两件事情，假不了！”他非常肯定地说。

电子商务在中国虽然只有短短十余年的历史，但已经经历了 B2B、C2C 两次创业浪潮：第一次，让许多外贸公司、外贸工厂如虎添翼；第二次，淘江湖应运而生，淘宝、天猫成为网购的代名词；而现在，跨境 B2C 来了。

速卖通平台能够让卖家直接面对全球终端客户，这条短得不能再短的商业链，形成了多赢的局面，因而业务呈现爆发式增长。而大量卖家，经历过 B2B、C2C 的历练和准备后，如上面那位绥芬河卖家一样，有勇气和能力，直面全球 220 多个国家和地区的消费者。

由于不同的语言、地域、气候、国家政策、文化、消费习惯等因素，跨境电商从一开始，就对卖家提出了较高的要求，在基础操作、规则、选品、物流、营销、数据分析、视觉美工、客服、支付等电商课题上，需要有不同于国内电商业务的视野和思考。

作为直接负责卖家成长和培训的部门，速卖通大学从创立开始，就秉持“助人为乐之本”的信念，面对市场日益急迫和汹涌的学习需求，在线上及线下，借助速卖通大学讲师团及全国合作机构、商会、院校的力量，帮助速卖通卖家提升和进步！

本书的编纂工作，集结了速卖通大学最为优秀的师资力量，他们以极端负责的精神，投入了大量的时间和精力，没有这些老师们的努力，就不会有此书如此高质量的出版！在此致以衷心的感谢！

由于电子商务时时刻刻都在高速进化，永远是 beta 版，本书的内容只对应截稿日的页面、规则、数据和经验之谈。另外，由于水平有限，时间仓促，难免有不足之处，请各位同行及读者不吝提出宝贵意见和建议。

最后，愿此书能帮助所有从事跨境电商的朋友们取得更好的业绩！

速卖通大学　横刀

序言三

作为本书的作者之一，我很荣幸受到速卖通大学的邀请，代表速卖通大学讲师团为本书作序。

随着工业 4.0 的到来，传统外贸行业界限将消失，产业链分工被重组，销售链条也将缩减。此外，随着近几年跨国支付、国际快递的逐步便利，跨境电子商务 B2C 乘势快速兴起，其利润远高于国内同类贸易。速卖通（AliExpress，以下有部分简写为 AE）在工业 4.0 的驱动下，应用互联网和电子商务的力量，优化了全球供应链，帮助中国制造缩短了销售链，实现了从制作商直接到顾客，大大提高了中国制造的利润。

作为 88 后新时代大学毕业生，我感到意外的荣幸，因为虽然并未赶上工作包分配的时代，但是却赶上了工业 4.0 的产业升级，赶上了马云给我们创造的淘宝时代和跨境速卖通时代。还记得，当初在大学期间，在我所学的国际经济与贸易专业中，有一门电子商务学科，当时整门课是以淘宝为研究对象，课程以实操的形式告知整个电子商务的流程。在学习的过程中，我偶然接触到号称“国际版淘宝”的速卖通平台，从此慢慢走上了跨境商业之路。

当接触了淘宝和速卖通之后，我们在学校成立了第一个创业联盟，那时的我们慢慢摸索着各个规则，自己开始尝试各种营销方案和策略，当时的我们没有提炼系统化的营销思路和运营策略。直到 2011 年开始接触速卖通的小二，开始了解线上速卖通论坛和线下卖家分享会，这时候我们才意识到，原来电商并非闭门造车就能做好的。有时候，聚会上几个卖家分享的一两句话，就可以帮你绕过很多误区；甚至他们说的某一句话，就是他们 2 ~ 3 年的经验总结。而今天我很幸运，在横刀老师的引导下，加入了速卖通大学讲师团，因为这个组织是由具有多年跨境电商经验的卖家组成的，在这里面，我们有各种思路的碰撞和经验的总结。

2015 年年初，在横刀老师的牵头下，我们速卖通大学 22 位营销组的讲师和速卖通的小二们达成共识，打算就各位卖家讲师这几年来在营销上面的心得和经验，在本书中与大家做分享。因此，本书聚集了速卖通大学整个营销组的所有精英老师们的精华，他们将自己这几年最精华的营销思路和运作经验写到了本书的各个章节中，同时在洪绪土和许洪美二位讲师的协助下，完成了整本书的排版和编辑工作。

基于此，我们以最大的诚意推出本书。作为速卖通大学的讲师，同时也是速卖通的普通卖家，我们本着一颗助人为乐的心，将自己的经验总结分享出来，奉献给更多的卖家。同时，通过对知识经验的汇总和交流，我们自己也获得了提升。

下面对本书各个章节做个简要介绍。

第 1 章“速卖通中的营销理论”，由傅海姣老师负责编写。主要阐述的是 4P/4C/4R/4I 营销理论，以及该理论在速卖通中被应用的运营思路。作为本书开篇，仅做抛砖引玉之用，希望通过对营销理论的学习，卖家们可以系统化地运用速卖通的各种营销工具和营销体系。

第 2 章“全球主要国家电商市场概况”，就全球主要国家的电子商务市场进行介绍及分析，让读者对这些国家的电子商务市场有一个全面的认识。“俄罗斯市场”小节由刘靖（Amy）老师编写。Amy 曾留学俄罗斯，从她在俄罗斯的所见所闻的角度就俄罗斯跨境电商现状及发展趋势做了详细介绍。“巴西市场”小节由曹慧发（Tycoon）老师编写，曹博士曾在包括巴西在内的 60 多个海外国家及地区学习、生活及工作过。结合他在巴西圣保罗及玛瑙斯两地的工作经验，对巴西电子商务市场做了简要介绍。“西班牙市场”小节由孙玲老师编写。她对西班牙电子商务市场进行了详细介绍，以及对速卖通在该国所采取的战略进行了分析。“美国市场”小节由李文渊（Alex）老师编写。Alex 基于他在北美多年的学习、生活及工作经验，对于美国电子商务市场，他给大家带来了一些有关营销和选品方面的切实可行的建议。“英国市场”小节由许洪美（Rica）老师编写。Rica 有多年传统外贸及电子商务经验，熟悉英国电子商务市场，她对英国电子商务市场做了细致的介绍和分析。“法国市场”小节由李易老师编写。他对法国跨境电商做了全面而详尽的介绍和分析。

第 3 章“速卖通店铺运营策略”，以选品、定价、节假日营销、爆款时间轴打造四个方面分析店铺运营策略的秘密。其中选品和定价由洪绪土老师编写，节假日营销和爆款时间轴打造由傅海姣老师编写。在整个章节中，以实践理论为基础，以实践案例分析为证明，以实践操作步骤为重点，一步一步为大家讲解如何做好店铺运营策略。希望大家阅读完本章节后，都能够为店铺规划出专属自己的运营策略。

第 4 章“营销活动”，由李俊峰、郑驰华、孙玲、梁馨丹 4 位老师编写。全面详细地介绍和分析了营销活动，内容包括灵活自如的店铺自主营销活动、具有爆发式效果的平台活动、有针对性曝光产品的橱窗推荐，以及免费获取大流量、高点击的联盟营销，这些都是各位老师多年的经验和心得，特别是活动的设置技巧和运用方法。

第 5 章“流量引入和使用”，由柯奇岐、黄炫洲、方健、王丹、傅海姣 5 位老师负责编写。本章分别从直通车付费推广、SEO 优化以及 SNS 引流等方面，指导读者如何最大限度地将流量引进店铺；深入了解站内流量和站外流量，帮助卖家更好地进行店铺营销推广。

第 6 章“无线端营销”的作者汪星老师表示，“无线端毫无疑问是将来相当长一段时间的重要战场”，做速卖通从现在起必须重视无线端的方方面面。通过对第 6 章的学习，可以了解到速卖通无线端 App 的特点，产品在 PC 端做了活动设置之后在无线端是怎样展示的，以及无线端平台活动的展示等内容，有助于读者建立起 PC 端和无线端、后台和前台多维度立体的速卖通运营观念。

第 7 章“行业板块营销攻略”，其中，男装行业由傅海姣老师负责编写，本节将剖析整个产品的运营流程，分别从选品—定价—上传—优化—营销活动—产品追踪（物流及售后维护）—产品生命周期—反向选品流程研究，奠定打造店铺完整的运营操作思路，进而提升店铺核心竞争力和产品竞争力，从而走差异化竞争，提升店铺利润度。女装行业由孙玲老师负责编写，本节将以裙子为例，介绍女装产品上传的几个要点和细节，主要通过自然引流和营销活动两方面实现店铺快速起步和茁壮发展。童装行业由李俊峰老师负责编写，本节通过选品策略、定价策略、促销策略、服务策略这四种营销方式和大家分享如何做好童装营销。此外，作者还提出，童装运营核心是要挖掘出产品的核心卖点，甚至用一些创意故事来打动购买商品的妈妈们，这样可以大大提高产品的转化率以及客户的黏性。3C 行业由汪星老师负责编写，作者提出了 3C 类产品往往是标类产品，标类产品的特点是各位卖家在平台上的销售价格往往十分接近，所以，要想脱颖而出，就要采取一些过人的甚至是非常规的方法。而自有品牌 3C 产品的运营往往更加讲究套路，或者叫体系。本节将介绍一些平台操作上的非常规方法，同时也向大家展现自有品牌的产品当前流行的基本运作流程，希望能给各位读者一点启发或者提示。

跨境电子商务时时刻刻都处于高速发展的状态，我们不能墨守成规，速卖通大学讲师团营销组的各位老师也必将跟随速卖通平台一起成长，不断进步、创新和总结，这样才能给大家分享更前沿的营销方法和策略。也希望更多的高手带着自己的成功经验加入速卖通讲师团，为广大速卖通卖家学员们提供更多优质的分享。

速卖通大学讲师团　傅海姣

目录

第 1 章

速卖通中的营销理论

本章要点：

- 营销理论
- 营销理论在速卖通中的应用

市场营销理论是企业把市场营销活动作为研究对象的一门应用科学。在速卖通运营过程中，如果我们能系统性地应用营销理论，那么运营将更加系统化和有的放矢。本章我们将从研究市场营销中常用的 4P、4C、4R、4I 营销体系出发，进而有效研究营销体系在速卖通中的应用。

1.1 营销理论

密歇根大学教授杰罗姆·麦卡锡（E.Jerome McCarthy）1960 年提出了 4P 营销理论（见图 1-1），认为它是研究把适当的产品（Product），以适当的价格（Price），在适当的时间和地点（Place），用适当的方法销售给尽可能多的顾客（Promotion），以最大程度地满足市场需要。因此，营销管理的实质就是公司创造性地制订适应环境变化的市场营销战略。

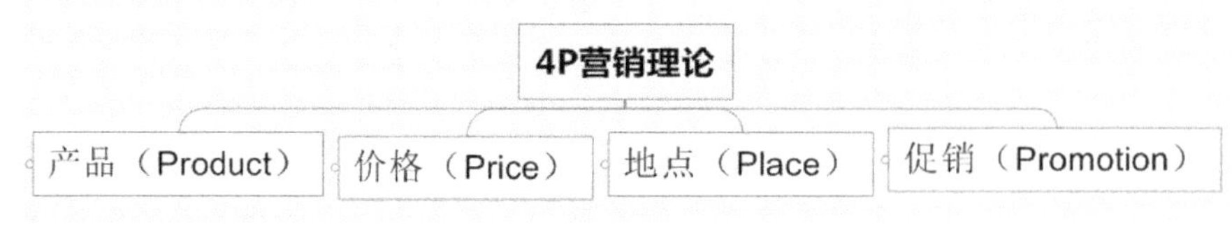

图 1-1

“虽然 4P's 横扫近半个世纪，但到 90 年代，随着消费者个性化日益突出，加之媒体分化，信息过载，传统 4P's 渐被 4C's 所挑战。”从本质上讲，4P's 思考的出发点是企业中心，是企业经营者要生产什么产品，期望获得怎样的利润而制定相应的价格，要将产品以怎样的卖点传播和促销，并以怎样的路径选择来销售。4P 理论忽略了顾客作为购买者的利益特征，忽略了顾客是整个营销服务的真正对象。

因此，1990 年，美国学者劳特朋（Lauteborn）教授提出了以客户为导向的新型营销思路 4C 营销理论（见图 1-2）。4C's 的基本原则是以顾客为中心进行企业营销活动规划设计，从产品到如何实现顾客需求（Consumer's Needs）的满足，从价格到综合权衡顾客购买所愿意支付的成本（Cost），从促销的单向信息传递到实现与顾客的双向交流和沟通（Communication），从通路的产品流动到实现顾客购买的便利性（Convenience）。

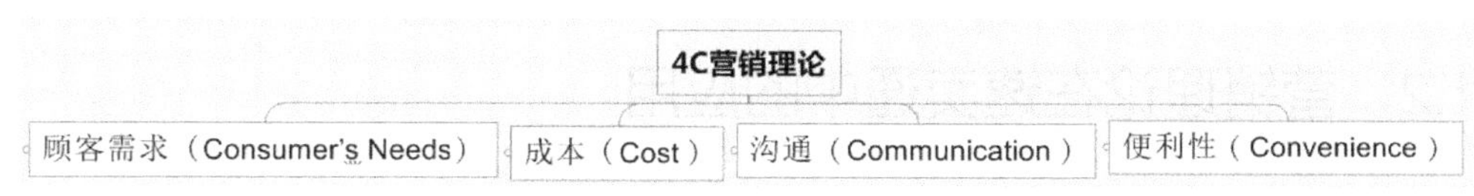

图 1-2

以顾客战略为核心的 4C 说，随着时代的发展，也显现了其局限性。当顾客需求与企业利益相冲突时，顾客战略也是不适应的。例如，做好 4C，往往需要投入很大一部分客户维系费用，但是这时客户需求与企业利益发生了背离冲突，企业为了效益最大化，则会去考虑投入与产出的比例。

于是 2001 年，美国的唐・E. 舒尔茨（Don E. Schultz）又提出了关系（Relationship）、节省（Retrenchment）、关联（Relevancy）和报酬（Rewards）的 4R 营销理论（见图 1-3）

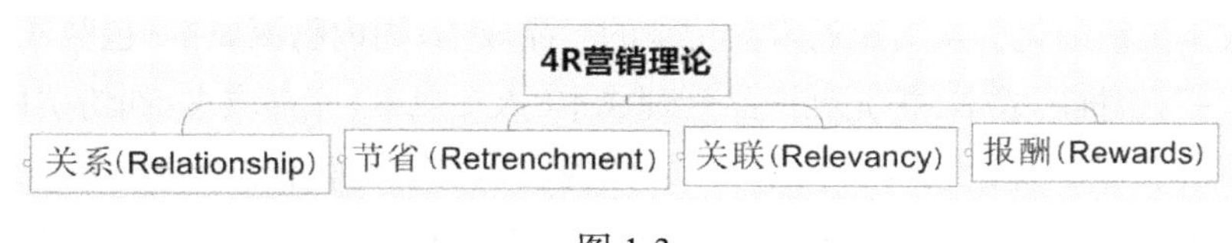

图 1-3

在传统媒体时代，信息传播是“教堂式”的，信息自上而下、单向线性流动，消费者只能被动接受。而在网络媒体时代，信息传播是“集市式”的，信息多向、互动式流动，声音多元、嘈杂、互不相同。网络媒体带来了多种“自媒体”的爆炸性增长，比如博客、论坛、IM、SNS 已成为了网络媒体的主要传播模式。当八卦是火爆的通行证，《馒头》是《无极》的墓志铭风行时，当国内韩风侵袭整个淘宝市场时，茵曼毅然决然地从韩风快速转型到了复古风，以小而美的特征，抓住了一大群粉丝的心。茵曼小而美的定位则是基于 4I 原则中的 Individuality，创造了个性化的选择权。

此时，网络整合营销 4I 原则：Interesting（趣味原则）、Interests（利益原则）、Interaction（互动原则）、Individuality（个性原则），已慢慢成为了另一个时代的营销宝典（见图 1-4）。

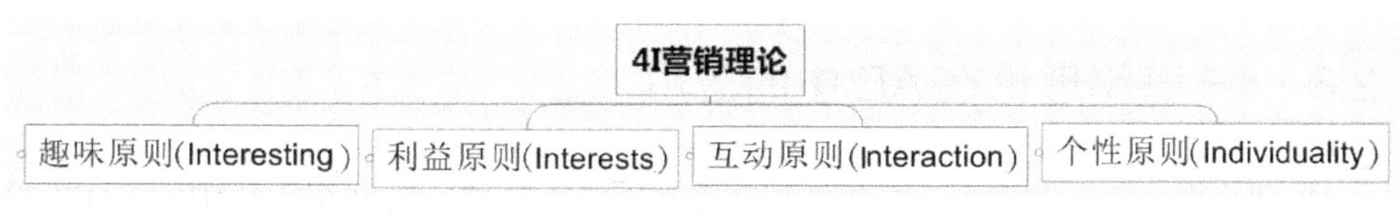

图 1-4

1.2 营销理论在速卖通中的应用

1.2.1 4P 营销理论在 AE 中的应用

在速卖通的经营过程中，我们往往会应用到上面提及的营销理论。4P 理论在 AE 中的应用主要为 Product（产品）、Price（价格）和 Promotion（促销）理论。其中 Product（产品）在速卖通中的应用，我们称之为选品策略。在本书 3.1 节就简要地阐述了做好选品工作的重要性和数据化选品的技巧，从而为营销工作准备引流款与预爆款。4P 理论中的 Price（价格）理论，则阐述了速卖通中的定价策略，本书 3.2 节阐述了精准化定价的重要性以及相关技巧，主要讲述了成本导向定价与运营策略定价，为卖家在精准化确定成本的基础上进行标准化定价。此章节中的成本导向定价，通过案例使卖家运营成本更精细化，从卖家通常会记录的产品成本+国内物流成本+包装成本+国外运费成本+营销推广成本，扩充到产品管理成本（人工成本+库存成本+纠纷费用成本）。Promotion（促销）理论在 AE 中的应用，体现在本书第 4 章重点介绍的营销活动上，本章从站内四大自主营销（限时限量、全店铺满立减、优惠券、全店铺打折）、平台活动、联盟、橱窗等角度，重点阐述了促销活动在整个速卖通运营过程中所具有的举足轻重的作用。

1.2.2 4C 营销理论在 AE 中的应用

4C 理论在 AE 中的应用，主要体现在第 2 章中，通过对各个国家的国家概况以及买家行为需求的分析，掌握了 Consumer’s Needs（顾客需求），从而可以进行针对性选品与营销；体现在第 3 章中，其中的成本导向定价则应用了 Cost（成本）原理；体现在第 5 章的 SNS 推广中，无论是我们把速卖通中的老客户引入 SNS 平台，从而进行老客户营销，还是直接在 SNS 推广中，通过活动为速卖通引入新客户粉丝，都是应用了有效的 Communication（沟通）原理。

1.2.3 4R 营销理论在 AE 中的应用

4R 理论在 AE 中的应用，主要体现在第 4 章、第 5 章的直通车板块中的 ROI（投入产出比）和第 7 章的关联营销中，其中关联产品营销主要对应的营销理论是关联（Relevancy），第 4 章和第 7 章都阐述了有限关联营销不仅能提高产品客单价，更能加强营销效果，提升产品转化率和产品排名。第 5 章的直通车板块中的推广计划设置技巧，以及如何竞价和如何良词推优，都涉及了 ROI。

1.2.4　4I 营销理论在 AE 中的应用

4I 理论在速卖通中的应用，则主要体现在第 2 章的买家行为需求分析和第 3 章的节假日营销以及选品策略中。通过对买家行为需求的分析，从而实现了店铺定位，进而进行针对性选品，以及在节假日进行针对性 Individuality（个性原则）营销。

第 2 章

全球主要国家电商市场概况

本章要点：

- 俄罗斯市场
- 巴西市场
- 西班牙市场
- 法国市场
- 英国市场
- 美国市场

2.1　俄罗斯市场

2.1.1　俄罗斯市场概况

2.1.1.1　俄罗斯概况

近两年，对俄跨境电商热得发烫。据统计，到 2014 年，俄罗斯网民数约为 7500 万人，占俄总人口的四分之一，并且有越来越多的俄罗斯人正在加入网购大军。同时，跨境网购也正在成为该国居民的消费潮流，越来越多的人喜欢到国外的网站购物，其中，全球速卖通已经成为俄罗斯用户最喜欢的国外购物网站之一。在过去的一年中，中国市场每天都有成千上万件包裹被寄送到俄罗斯的消费者手中。因此，了解俄罗斯市场及其电商发展概况将有利于中国的跨境电商们对症下药。

本节内容将会围绕中俄地理优势、俄罗斯网民分布，以及俄本土电商发展现状等方面介绍俄罗斯的电商概况，为广大速卖通卖家朋友们开拓俄罗斯市场奠定良好的基础。

俄罗斯国土面积 1707.54 万平方公里，占原苏联总面积的 76.3%。位于欧亚大陆的北部，领土包括欧洲的东半部和亚洲的西部，是世界上国土最辽阔的国家。海岸线长达 4.3 万公里，濒临大西洋、北冰洋、太平洋三大洋；陆界长达 1.7 万公里，与 14 个国家接壤，即挪威、芬兰、爱沙尼亚、拉脱维亚、立陶宛、波兰、哈萨克斯坦、格鲁吉亚、阿塞拜疆、白俄罗斯、乌克兰、中国、蒙古、朝鲜。这种独特的地缘优势，使俄罗斯对外政策的辐射性较强。更重要的是，在 1 万多公里的陆上疆界中，俄罗斯与我国黑龙江、吉林、内蒙古等省区有几千公里的边界线。毋庸置疑，中俄两国在地理位置上是近邻，这也为两国的经济、科技、文化等领域内的交流与合作提供了极大的便利。当然，这其中就包括中俄间的跨境电商领域。

俄罗斯的互联网经济起步晚，但发展速度非常快。从网民分布来看，在俄罗斯与日俱增的网民数量中分布着各个年龄层的网民，其中不乏 60 岁以上的老人。由于莫斯科和圣彼得堡地区居住了俄罗斯 70%的人口，其网民主要分布在这两个核心地区。此外，由于大型服装实体商店很少和衣服的型号不全，中型城市（人口数量为 10~50 万）的网上购买力也相对较高。在俄罗斯的网民中，女性用户所占比重达 60%，年龄在 25~38 岁之间的用户居多，她们购买的产品种类多样，其中服饰和鞋类更受欢迎。

因此，我们要意识到，网民的覆盖率决定商品卖给谁，并且要根据不同的人群使用不一样的营销策略，这样才会有事半功倍的效果。

知己知彼，百战不殆。在对俄跨境电商高速发展的同时，俄罗斯本土电商也在迅速崛起，已到了不得不关注的地步。那么，在俄罗斯电商市场中，究竟是哪些玩家占领着多数的市场份额呢？

据统计，在俄罗斯 100 强电商排行榜中，大多数是“家电和电子产品”类公司，其次是“服装和鞋”类公司、“杂货店”类公司。其中，排名前 10 位的电商依次为：Ozon、Ulmart、Wildberries、Svyaznoy、Lamoda、Enter、Mvideo、DNS-shop、Eldorado 和 Sotmarket。

1. Ozon

创立于 1998 年的电商网站 Ozon，主营业务为在线销售图书、电子产品、音乐和电影等，常被称为“俄罗斯亚马逊”（见图 2-1）。到 2014 年为止，Ozon 总共在俄罗斯的 100 多个城市建立起 4000 个提货点，并拥有东欧地区最大的仓库。

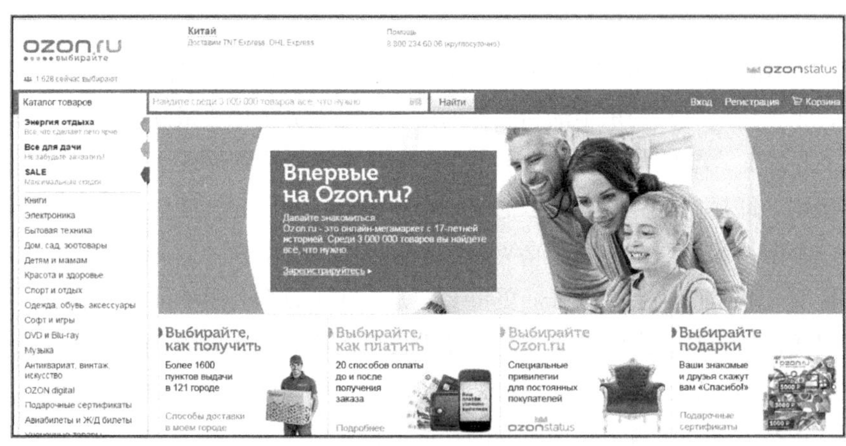

图 2-1

2. Ulmart

Ulmart 成立于 2008 年，创业初期主营电脑及电子产品，目前其售卖的品类已经扩张至工具、动力设备以及玩具（见图 2-2）。目前，Ulmart 已经在莫斯科与圣彼得堡建立了两个新的物流中心，并计划使自己现在的 32 个物流中心的占地面积扩大 4 倍。Ulmart 以惊人的发展速度在成长，这与它对物流配送的重视息息相关。Ulmart 的用户可以在物流中心免费领取自己的订单，而半数的消费者都会这么做。同时，消费者还能够选择将订单免费运送至 Ulmart 在郊区的任一站点。作为俄罗斯本土电商巨头之一的 Ulmart，已经为自己的未来制定了清晰的发展规划，其中就包括在 2016 年年初上市，上市地点将在伦敦、纽约、香港之间进行选择。

图 2-2

3. Wildberries

Wildberries 成立于 2006 年，公司总部位于莫斯科，是俄罗斯本土领先的鞋服及饰品在线销售平台（见图 2-3）。其主营品类包括时尚女装、时尚男装、童装及时尚鞋类，提供全国免运费快递服务，也是俄罗斯第一家提供无条件免费送货的电商。网站支持多种支付方式，包括现金支付、银行卡支付、电子支付等。Wildberries 的月独立访问量可达 1000 万。

图 2-3

4. Svyaznoy

Svyaznoy 是俄罗斯第二大移动产品零售商，在俄罗斯和白俄罗斯总共有近 3000 个店铺，svyaznoy.ru 则是其运营的在线商店（见图 2-4）。svyaznoy.ru 网站建立于 2002 年，主要产品包括手机、平板电脑、笔记本电脑、电视机及各种数码产品。

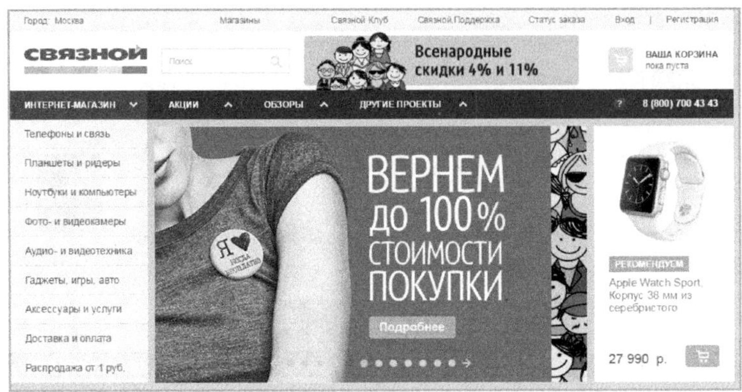

图 2-4

5. Lamoda

2010 年，Lamoda 在德国创业孵化器 Rocket Internet 的帮助下创立，主营产品包括女装、男装、鞋及时尚配饰（见图 2-5）。目前，Lamoda 拥有 150 多万活跃用户，提供来自于 700 多个主流国际品牌的 50 多万种产品，如耐克、Guess、Levi's 和 Iceberg 等。

图 2-5

公司雇佣了 700 名快递员，他们身着统一的淡蓝色与黑色搭配工作套装，一边送货一边提供建议。为了能够提供令顾客满意的专业时尚建议，他们还要接受特殊训练，了解时尚、尺寸等细节。与传统电商“送货上门－签单查收－开箱验货”的流程不同，Lamoda 的消费者有 15 分钟的试穿体验时间，然后再权衡是否购买。这一“试穿”模式广受好评，不仅为 Lamoda 吸引了用户，还积攒了大批回头客。

6. Enter

Enter 成立于 2010 年，是由移动产品零售商 Svyaznoy 总裁模仿英国零售商 Argos 建立的另一个电商网站（见图 2-6）。其提供的产品品类非常广泛，包括家具、家用产品、电子产品、儿童产品、饰品及手表、礼品、户外运动、汽车及宠物用品等。

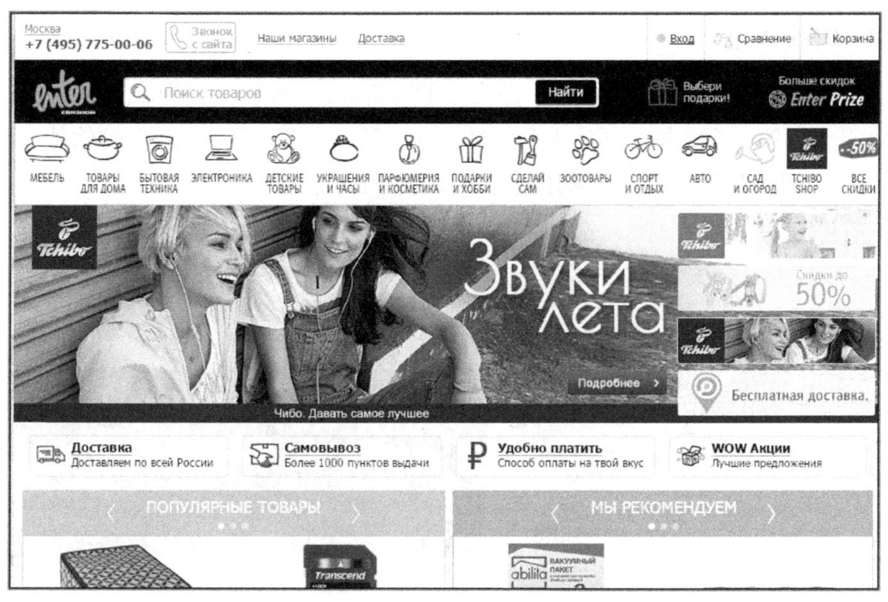

图 2-6

7. Mvideo

电子产品零售商 Mvideo 于 1995 年在莫斯科注册成立，目前在俄罗斯的 143 个城市拥有 340 家连锁店，从营业收入上看，是俄罗斯最大的消费电子连锁零售商（见图 2-7）。其电商网站的主营类目包括电视、音像设备、电脑、手机、照相及摄像设备、家用工具、厨具、汽车用品、玩具等。

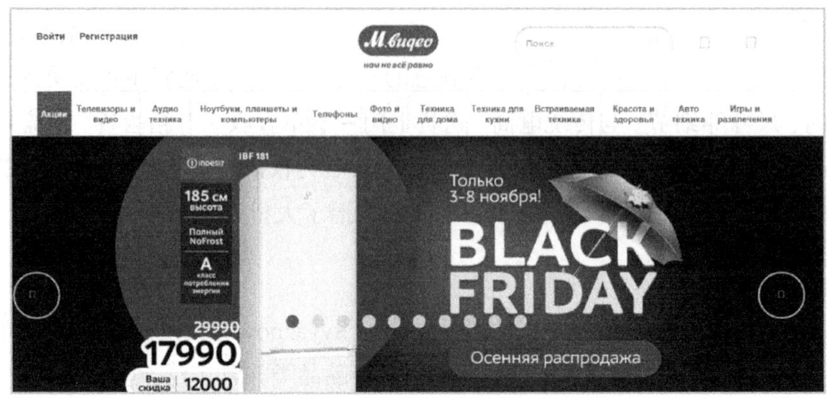

图 2-7

8. DNS-shop

DNS-shop 同样是一个以电子产品为主的零售商，1994 年在符拉迪沃斯托克（海参崴）开设了第一个店铺。网站主营产品包括电脑、电视、电子书、电脑软件、手机、音像设备、照相及摄像设备、家用电器等（见图 2-8）。

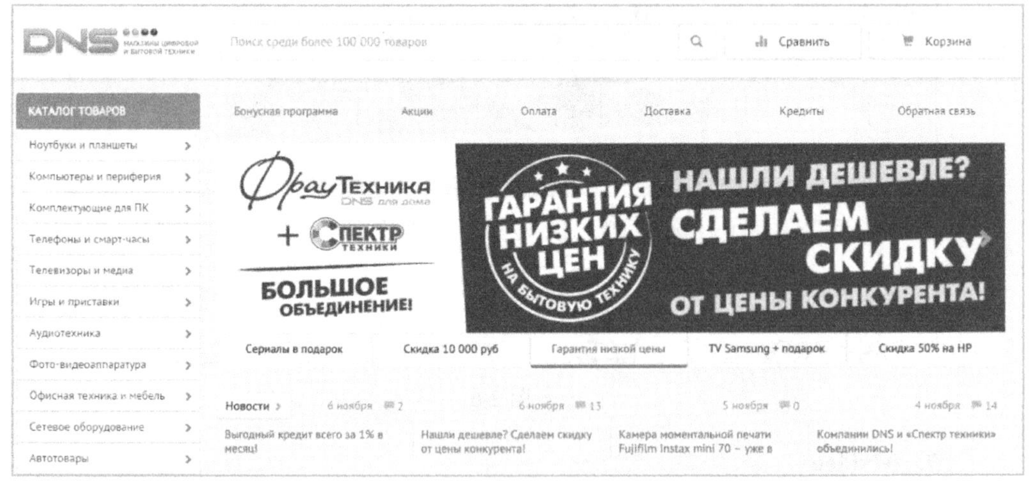

图 2-8

9. Eldorado

Eldorado 成立于 2006 年，主营家庭生活用品及电子产品，服务范围覆盖俄罗斯 200 多个城市及地区，是俄罗斯第二大生活用品电子零售商（见图 2-9）。

图 2-9

10. Sotmarket

Sotmarket 公司位于莫斯科，成立于 2005 年，覆盖全国 230 个城市。网站以笔记本电脑、平板电脑、照相设备为主营产品线，涵盖 12 万种商品，日均访问量超过 50 万，在全国有 400 多个配货点（见图 2-10）。

图 2-10

11. yandex.market

yandex.market 于 2013 年正式上线，是 yandex 旗下的一个比价网站，俄罗斯很多

B2C 网站都能在这个平台中找到，可以为用户提供商品价格查询和信息对比功能，流量增长很快，现流量已超过 AliExpress。对俄跨境电商的卖家们可以通过 yandex.market 选品，并通过这个网站寻找同类产品，使自己的产品描述更加本土化和准确化，这不仅可以提升俄罗斯买家的购物体验，更能够提升店铺的转化率。

通过本节内容，我们从中俄地理环境优势、俄罗斯网民分布及俄本土电商发展现状三个方面对俄罗斯电商市场和对俄跨境电商有了初步的了解，面对俄罗斯市场这个大蛋糕，谁抢先一步，谁分得的份额就大一些。因此，更快、更准地发力俄罗斯市场是制胜的关键。在接下来的章节中，我们会从更多的角度进一步了解俄罗斯市场。

2.1.1.2 速卖通在俄罗斯

全球速卖通（AliExpress）于 2010 年 4 月正式上线，是阿里巴巴旗下唯一面向全球市场打造的在线交易平台，被广大卖家称为“国际版淘宝”。关于这一点，相信大家一定都非常了解，那么，当速卖通在全球的排名不断提升，并且越来越多的来自世界各国的买家在速卖通上下单购买他们所需要的产品时，速卖通在这些国家又有着怎样的“际遇”呢？在本节，我们将会了解到速卖通在俄罗斯的发展情况。

首先，让我们来了解一下数据。根据 2014 年研究机构的一份数据显示，2013 年，全球速卖通在俄罗斯的月均访问量同比增长超过三倍，达到 1590 万，大大超过了俄罗斯最大的本土电商平台 Ozon 和国际电商平台 eBay，成为俄罗斯名副其实的头号购物网站。同年，速卖通在俄罗斯所有网站的访问量排名也跃居前十。仅仅 2014 年，俄罗斯消费者“海淘”的订单数就超过 8000 万单，估值 60 多亿美元，其中中国所占份额超过 80%。据一份 2014 年俄罗斯跨境电子商务市场最新调研表明，截至 2015 年年初，受理俄罗斯在线用户订单的互联网商店明显分为三家，其市场份额约占俄罗斯跨境贸易营业总额的 72.5%。其中，全球速卖通所占比重为 35%；其次是易趣，所占比重为 30.2%；亚马逊以 7.5%的比重排在第三位。拥有在国外互联网商店购物经验的俄罗斯网上购物者社会学调查结果显示，62.4%的受访者曾在全球速卖通网站上购物。

“我可以花上几个小时的时间在速卖通网站寻找商品，所有商品看起来都是又便宜又好用。网站的分类非常多，几乎涵盖了所有俄罗斯商店能提供的品种。”一位常在速卖通网站购物的莫斯科面包店老板这样评价道。她的糕点烘焙工具、孩子们的衣服、智能手机相关产品，几乎都是从速卖通购买的。

显然，在过去的两年中，速卖通已然成为俄罗斯首屈一指的电子商务网站，对于俄罗斯跨境电商市场，速卖通分走了最大的蛋糕（见图 2-11）。

一．俄罗斯Shopping类网站排名（前10位）

分类：购物（Shopping）　地区：俄罗斯（Russia Federation）		
排名 Rank	域名 Domain	分类 Category
1	aliexpress.com	Shopping
2	market.yandex.ru	Consumer_Electronics
3	ebay.com	Shopping
4	ulmart.ru	Consumer_Electronics
5	wildberries.ru	Clothing
6	dns-shop.ru	Consumer_Electronics
7	ozon.ru	General_Merchandise
8	citilink.ru	General_Merchandise
9	mvideo.ru	Consumer_Electronics
10	lamoda.ru	Clothing

图 2-11

速卖通成功发力俄罗斯市场与其成功的发展战略是密不可分的，一次次有效的战略合作使速卖通在俄罗斯成为家喻户晓的电商购物平台。在本节的后半部分，我们一起来了解，为了更好地服务于俄罗斯用户，速卖通做了哪些事情？

过去的一年，速卖通在新兴市场的增长极为迅猛，俄罗斯及巴西表现尤为突出。为了吸引更多的本土买家，并及时抓住不具备英语能力的新买家这一客户群体，速卖通在 2014 年 4 月正式上线小语种国家站，俄语站（ru.aliexpress.com）毫无疑问地成为首批上线的国家站之一。俄语站的明显优势体现于通过买家视角为商品做导购，这大大提升了买家的俄语体验，提升了买家的购买效率。

与此同时，从 2014 年 8 月起，为解决买家对商品品质、款式、尺码等方面的问题，速卖通开始拓展俄罗斯定向商品招商，初建 premiere 频道。主力对雅宝路这个传统中俄贸易的桥头堡进行招商和商家培育，现已引入 50 家左右雅宝路头部商家，这些几乎没有电商经验的卖家凭借其商品的优势在速卖通快速成长。

众所周知，发展对俄跨境电商所需面临的两大核心问题分别是物流和支付方式。为提高俄罗斯买家的购物体验，2014 年 2 月 26 日，速卖通正式上线中俄航空-Ruston

专线服务。这是一项专门针对俄罗斯市场的物流服务，覆盖俄境内所有俄罗斯邮政可到达的区域。同时，在 2015 年年初，速卖通与俄罗斯最优秀的商业物流公司 SPSR 展开了合作，SPSR 成为速卖通在俄罗斯的首个授权快递运营商。双方的合作将为速卖通客户提供更加便捷的投递选择，也有助于速卖通在俄罗斯业务的快速拓展。除了中俄航空-Ruston 和 SPSR Express，还有很多物流公司推出的俄罗斯专线也已经上线速卖通。目前，俄罗斯物流问题已经有了很大的改善，相信，随着对俄跨境电商的快速发展，俄罗斯物流问题会得到更好的解决。

为了加速在俄罗斯市场的扩展，速卖通已经和不少本土技术公司建立了合作关系。从 2012 年开始，速卖通用户可以使用俄罗斯本土支付工具 Qiwi Wallet，2014 年速卖通又添加了 Yandex Money 的支付选项。此外，速卖通还通过与俄罗斯最大搜索引擎 Yandex 的合作加大了网络营销投入。

在支付方式上，全球速卖通还于 2015 年 3 月底在俄罗斯首次推出手机话费余额支付服务，该国四大手机运营商——MTC、Megafon、Beeline、Tele2 的用户可通过手机话费余额进行付款。据介绍，速卖通是在俄罗斯第一个推出类似服务的外国电商企业。而且，目前速卖通手机支付只覆盖俄罗斯一个国家，当地消费者可无门槛使用，不过需要确保手机是自己的，能够正常收发短信且有充足的话费余额。同时，速卖通也推出了买家端 APP，海外买家可以下载 APP 进行网上购物。目前，买家端 APP 的下载量和使用反馈都很好，在很多国家购物 APP 分类的下载量和好评率都进入前五。在俄罗斯 Android 总榜已经排名第一，超过俄罗斯最大的社交网站 VK。

在俄罗斯当地还诞生了一个专用词汇“淘戈利克”（意为“淘宝控”），一些资深的俄罗斯“淘戈利克”甚至还总结出了“中国网购攻略”，比如买服装鞋子要找广州、上海的商家，买电子产品则最好选择深圳的卖家。在 2014 年的全球化双十一中，“淘戈利克”也是最给力的海外买家，他们成功地让俄罗斯占据了速卖通订单数的第一位。

速卖通以其产品丰富度和价格优势深得俄罗斯网民的心，同时，拥有大量的购物者和产品评论帮助速卖通赢得了俄罗斯人的信任。据悉，阿里巴巴在俄罗斯的代表处已于 2015 年 5 月 15 日注册成立，域名为“Alibaba.com”。相信，速卖通已经成为了俄罗斯人们生活中不可缺少的一部分。

2.1.1.3 俄罗斯团购

在过去的一年中，速卖通与俄罗斯的订单贸易数量之大，使其成为俄罗斯首届一指的电子商务网站。俄罗斯分站的火爆，让越来越多的卖家瞄向北方另一边的俄罗斯市场。如此火爆的分站市场，受到许多人的关注，其中俄罗斯团购则是重要的环节之一（见图 2-12）。本节将从不同方面来了解俄罗斯团购的具体情况。

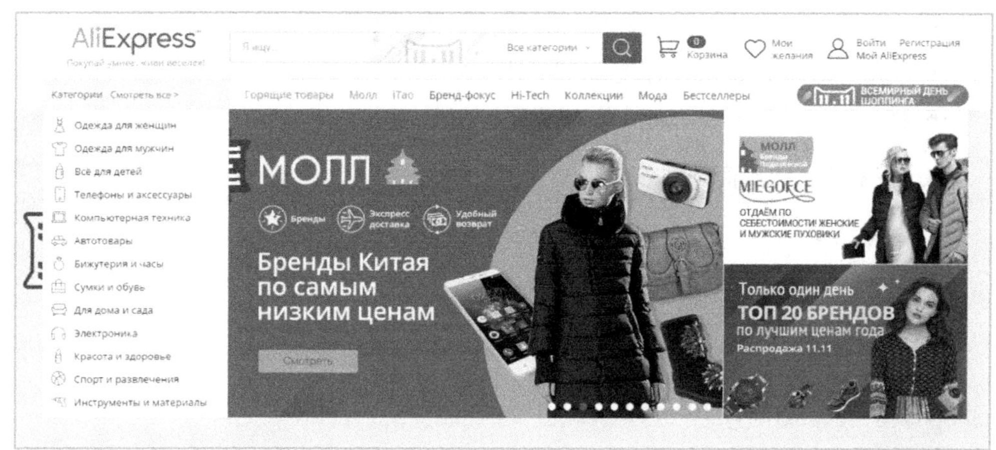

图 2-12

1. 俄罗斯团购定位

俄罗斯团购的定位是最大流量、最快出货、最优体验。

最大流量：俄罗斯分站的流量是目前速卖通各个国外站点流量最大、活跃用户最多的，其中俄罗斯团购占整个站点流量 15%以上；

最快出货：俄罗斯站点力求物流最快，减少物流纠纷；

最优体验：给客户质量上有所保障，提高买家购物体验。

2. 俄罗斯团购整体说明

目前，俄罗斯团购共有三个招商活动。

- 爆品团
- 秒购团
- 精品团（目前只支持定向招商）

只要你的产品符合活动要求，就可以通过卖家后台—平台活动—俄罗斯团购，进行筛选以及活动报名。

3. 俄罗斯团购活动报名注意事项

- 物流模板。确保俄罗斯、白俄罗斯、乌克兰包邮。
- 发货期符合标准。爆品团 7 天内，秒购团 3 天内。
- 20 个销量。近 30 天该商品俄语系用户下单支付的订单数量。
- DSR。最新的 DSR 要求是如实描述 4.6，其他两项 4.5。
- 秒杀库存。秒杀活动商品总库存不要超过 100。

4. 俄罗斯团购招商条件

（1）爆品团

店铺：93%+DSR 如实描述 4.6，其他 4.5；

商品：俄语系近 30 天销量 20 个+商品分 4.6；

折扣：90 天最低价 10%off，手机平板 5%off；

物流：7 天内发货，俄罗斯、白俄罗斯、乌克兰包邮。

（2）秒购团

店铺：93%+DSR 如实描述 4.6，其他 4.5；

折扣：90%off，2 美元以内；

库存：100 以内；

物流：3 天内发货，俄罗斯、白俄罗斯、乌克兰包邮。

5. 俄罗斯团购的招商、审品时间安排

- 招募新的活动时间：每周一下午 15：00 开始。
- 审品时间：招商结束-第二周的周五早上 9：00 之前。

注意

- 如果审品时间结束之后你的产品还没被锁定，建议你可以手动退出活动。
- 被锁定的商品入选的概率较大，但是仍然有可能因为其他原因不能参加活动，例如风控等。

2.1.1.4　俄罗斯物流解决方案

对于速卖通卖家来说，在接到客户的订单之后，首先需要考虑的问题是，应该选择什么样的物流方式将产品递送给海外客户。在本节我们将逐一对俄罗斯物流的解决方案进行了解。

1．中国邮政挂号小包

中国邮政挂号小包是中国邮政国际小包，即中国邮政航空小包（China Post Air Mail）的一种。

（1）体积和重量限制

- 单件最高限重 2kg（阿富汗限重 1kg）。
- 单件邮件外包装长、宽、高之和小于 90cm，且最长边小于 60cm。

（2）资费标准

参照网址：http://11185.cn/index.html。

（3）参考时效

由于中国邮政并未对中国邮政挂号小包寄递时效进行承诺，因此卖家可通过查询社会网站的统计对寄递时效进行了解，如 17track 网站上的统计，可查询网址：http://www.17track.net/cn/report-post.shtml。

（4）挂号小包的跟踪查询

大部分国家可全程跟踪，部分国家只能查询到签收信息，部分国家不提供信息跟踪服务，具体可参考 http://17track.net 网站的统计信息。

（5）跟踪信息查询网址

中国邮政官方网站：http://intmail.183.com.cn

广东邮政官方网站：http://www.gddm.com.cn

卖家也可登录一些社会网站进行查询，例如：

一起跟踪网：http://17track.net

赛兔网：www.91track.com

对于以上网站未能展示出的信息，如境外邮政的接收、投递信息等，各位卖家也可以尝试登录不同国家邮政的网站进行查询。

（6）中国邮政挂号小包的优点

- 运费比较便宜，这是最大的优点。
- 邮政的包裹在海关操作方面比较简单，并且享用“绿色通道”，因此，清关能力较强。
- 中国邮政挂号小包本质上属于“民用包裹”，并不属于商业快递，因此，该方式能邮寄的物品比较多。

（7）中国邮政挂号小包的缺点

- 限重 2kg，阿富汗限重 1kg，这就导致如果卖家的包裹重量超出 2kg，就要分成多个包裹寄递，甚至选择其他物流方式。
- 运送时间相对较长，到达俄罗斯超过 40 天显示买家签收属于正常现象。

总体来说，中国邮政挂号小包属于性价比较高的物流方式，适合寄递物品重量较轻、量大、价格要求实惠，而且对于时效和查询便捷度要求不高的产品。

2. 中俄航空-Ruston

中俄航空-Ruston，俗称俄速通，是由黑龙江俄速通国际物流有限公司提供的中俄航空小包专线服务，是针对跨境电商客户物流需求的小包航空专线，渠道时效快速稳定，提供全程物流跟踪服务。

（1）资费标准：83 元/kg+7 元挂号费

（2）重量限制：单件最高重量 2kg

（3）参考时效（时效承诺 60 天）

- 在正常情况下，15~25 天到达俄罗斯目的地。
- 在特殊情况下，30 天内到达俄罗斯目的地。

（4）跟踪信息查询

用户可通过速卖通在线发货后台查询物流轨迹，或者通过以下网址进行查询。

http://www.ruston.cc/customer/xiaojianchaxun.php

http://www.russianpost.ru/RP/SERVISE/EN/Home/postuslug/TrackingPO

（5）揽收范围

浙江、广东、江苏、福建、上海 5 件起免费揽收。

（6）赔付上限人民币：700 元

（7）中俄航空-Ruston 的优点

- 经济实惠。Ruston 以 g 为单位精确计费，无起重费，为卖家将运费降到最低。
- 可邮寄范围广泛。Ruston 是联合俄罗斯邮局推出的服务产品，境外递送环节全权由俄罗斯邮政承接，因此，递送范围覆盖俄罗斯全境。
- 运送时效快。Ruston 开通了哈尔滨-叶卡捷琳堡中俄航空专线货运包机，大大提高了配送效率，使中俄跨境电子物流平均用时从过去的近两个月缩短到 13 天，80%以上包裹 25 天内到达。
- 全程可追踪。48 小时内上网，货物全程可视化追踪。

3. 芬兰邮政经济小包

为缓解卖家的成本压力，2015 年 3 月 24 日，速卖通与芬兰邮政合作推出“芬兰邮政经济小包”专线，支持发往俄罗斯与白俄罗斯。

（1）“芬兰邮政经济小包”使用条件：限金额≤7 美元的订单

（2）重量限制：2kg 以内

（3）资费标准：约 95 元/kg，无挂号费

（4）跟踪信息查询

可查询包裹从揽收到收寄的追踪信息，平台网规认可使用。但因经济小包无法提供目的国妥投信息，卖家需要谨慎选择。

（5）揽收范围：深圳、广州、义乌、上海、北京 1 件起免费揽收；

（6）赔付上限人民币：300 元

（7）优势

对比俄罗斯各条物流线路的报价，重量在 300g 以下的包裹使用“芬兰邮政经济小包”有价格优势，平台推荐卖家可选择货值较低、重量 300g 以下的货物使用“芬

兰邮政经济小包”寄送。

4. 中俄快递-SPSR

SPSR 是俄罗斯最大的商业快递，在俄罗斯境内 260 多个城市遍布 900 多个方便的自提点，可做到 15 天之内送达莫斯科等核心城市。

（1）重量限制：15kg 以内

（2）体积限制：60cm×60cm×1500 cm 以内

（3）资费标准

约 50 元/kg+26 元/件挂号费，运费根据包裹重量按每 100 克计费，不满 100 克按 100 克计。

（4）揽收范围

深圳、广州、义乌、上海、北京 1 件起免费揽收。

（5）赔付上线人民币

1500 元，适合高货值商品的寄送。

（6）优势

对比俄罗斯各条物流线路的报价，重量在 1kg 以上的包裹使用“中俄快递-SPSR”价格更便宜，性价比更高。

5. Special Line-YW

Special Line-YW 即航空专线-燕文，俗称燕文专线，是北京燕文物流公司旗下的一项国际物流业务。线上燕文专线可邮寄俄罗斯。

燕文俄罗斯专线小包：与俄罗斯合作伙伴实现系统内部互联，一单到底，全程无缝可视化跟踪。国内快速预分拣，快速通关，快速分拨派送，在正常情况下俄罗斯全境派送时间不超过 25 天，人口 50 万以上城市派送时间低于 17 天。

（1）资费标准：参考网址 http://www.yw56.com.cn

（2）重量限制：单件包裹限重 2kg

（3）体积限制

- 方形包裹。

最大体积：长、宽、厚长度之和小于 90cm，最长一边长度小于 60cm；

最小体积：至少有一面的长度大于 14cm，宽度大于 9cm。

- 圆柱形包裹。

最大体积：2 倍直径及长度之和小于 104cm，长度小于 90cm；

最小体积：2 倍直径及长度之和大于 17cm，长度大于 10cm。

（4）参考时效

- 正常情况：16~35 天到达目的地。
- 特殊情况：35~60 天到达目的地，特殊情况包括节假日、特殊天气、政策调整、偏远地区等。

（5）跟踪信息查询

查询网址：http://www.yw56.com.cn。

（6）燕文专线的操作注意事项

包装材料及尺寸应按照所寄物品的性质、大小、轻重选择适当的包装袋或纸箱。邮寄物品外面需套符合尺寸的包装袋或纸箱，包装袋或纸箱上不能有文字、图片、广告等信息。

由于寄递路程较远，冬天寒冷，请选用适当的结实抗寒的包装材料妥善包装，以防止以下情况发生。

- 封皮破裂，内件露出，封口胶开裂，内件丢失。
- 伤害处理人员。
- 污染或损坏其他包裹或分拣设备。
- 因寄递途中碰撞、摩擦、震荡或压力、气候影响而发生损坏。

6. 速邮宝芬兰邮政

线上发货“速优宝芬兰邮政”是由速卖通和芬兰邮政针对 2kg 以下小件物品推出的香港口岸出口特快物流服务，运送范围为俄罗斯、白俄罗斯全境邮局可到达区域。

（1）重量限制

单件包裹重量限重 2kg 以内。

（2）时效承诺

物流商承诺包裹 35 天内必达（不可抗力除外）。

（3）赔付保障

邮件丢失或损毁提供赔偿，可在线发起投诉，投诉成立后最快 5 个工作日完成赔付，赔付上限为 300 元人民币。

（4）揽收范围

深圳、广州、义乌、杭州、上海、北京及广东省内提供免费上门揽收服务，卖家可选择揽收服务商“燕文”或“申通”上门揽收。揽收区域之外可以自行发货到指定集货仓，自行发货所用物流公司由卖家自己选择。

（5）跟踪信息查询

- 物流商与速卖通平台已对接，速卖通会在订单详情页面直接展示物流跟踪信息。
- 卖家可尝试在俄罗斯邮政官网（包裹到俄邮后）查询相关物流信息。

（6）优势

重量为 260~1000g 的包裹，推荐使用速邮宝芬兰邮政。

7. 新加坡邮政小包

- 重量限制：单件包裹重量限重 2kg 以内。
- 时效承诺：60 天。
- 揽收范围：深圳、义乌、上海、广州、厦门 1 件起免费揽收。
- 赔付上限人民币：300 元。
- 优势：可以邮寄带电商品。

8. 中通俄罗斯专线

- 重量限制：重量不超过 20kg。
- 体积限制；体积不超过 100cm×70cm×70cm。

- 资费标准：首重 53 元，续重 5 元，首续重均为 100g。
- 参考时效：20~25 天。
- 派送范围：俄罗斯全境。
- 跟踪信息查询：http://www.zto.cn/Rubill.aspx。

9. 139 俄罗斯专线

每 500g 计费，适合寄送大件商品。

目前速卖通线上发货共有 7 条物流线路支持发往俄罗斯，它们分别是：速邮宝芬兰邮政、芬兰邮政经济小包、中国邮政挂号小包、新加坡邮政小包、中俄快递-SPSR、中俄航空-Ruston、航空燕文专线。

使用速卖通线上发货可享受如下卖家保护政策。

（1）平台网规认可。使用线上发货且成功入库的包裹，买卖双方均可在速卖通后台（订单详情页面）查看物流跟踪信息，且平台网规认可。后续卖家遇到投诉，无须再提交发货底单等相关物流证明。

（2）规避物流低分，提高账号表现。卖家服务等级评定时，使用线上发货的订单，因物流问题导致的低分可抹除（物流问题导致的 DSR 物流服务 1 分、仲裁提起、卖家责任率都不记入考评）。

（3）物流商赔付保障。阿里巴巴作为第三方将全程监督物流商服务，卖家可针对丢包、货物破损、运费争议等问题在线发起投诉，获得赔偿。

卖家可通过三种方式进行线上发货操作。

（1）在速卖通后台订单列表右侧点击“线上发货”按钮，选择相应的物流线路创建物流订单。

（2）通过第三方软件创建物流订单。

（3）对接 ERP 系统创建物流订单。

物流订单创建完成后，物流商会上门揽收（非揽收区域卖家需自寄到仓库），卖家在线支付运费即可。

在本节中，大家了解了俄罗斯物流的解决方案，在以后的店铺经营中，大家可以根据自己的产品属性、所在地域等实际情况选择性价比相对较高的物流方式，从而达到提升买家购物体验的目的。

2.1.2 俄罗斯买家需求习惯

2.1.2.1 俄罗斯当地生活习惯

速卖通俄罗斯分站的火爆，让越来越多的卖家看到了俄罗斯市场的潜力。对于俄罗斯市场的具体情况，是每个俄罗斯分站的卖家想要了解的事情。本节将从穿衣风格、饮食习惯、礼节和文化风俗等方面帮助大家更进一步了解俄罗斯当地人们的生活习惯。

首先，向大家介绍的是俄罗斯人的穿衣风格。在俄罗斯女士们对裙子情有独钟，俄罗斯妇女有一年四季穿裙子的传统，夏天通常是一身“布拉基”（俄语：платье），冬天则无论多冷，也会穿裙子。俄罗斯妇女对着裙装有自己的一套认识，她们认为冬季穿裙子不仅不冷，反而暖和。因为裙子里面能套护膝、护腿、厚袜、厚毛裤，而裙子恰好又遮一层寒，所以比穿裤子更暖和。年龄大一些的妇女一般会选择长裙，而年轻的姑娘除了长裙以外，还会选择超短裙。甚至在气温-20℃时，她们依然会将大腿几乎全部裸露，皮肤与空气间只隔着一层薄薄的长统丝袜。尽管如此，俄罗斯姑娘仍然不会改变这样的穿衣习惯，因为美在俄罗斯女人心中是无比重要的。除此之外，在交际、应酬场合，女人们都要穿裙子，因为穿长裤则被认为是对客人的不尊重。也正是因为这一穿衣习惯，使俄罗斯女人在中老年时期患关节病者增多。由于俄罗斯女人偏爱裙装，所以，平日的服装市场以裙装居多，长裙、短裙、连衣裙、西服裙应有尽有。女装中西服套裙较多，而西服加裤则明显供应不足。这种现象，也无不与妇女们喜欢穿裙装的传统有关。

除了裙装外，俄罗斯人还崇尚皮装。皮装也是俄罗斯人在冬季御寒的主要服饰。那么，在冬装种类繁多的今天，俄罗斯人为什么还是对皮装情有独钟呢？俄罗斯人对皮装的喜爱和追求实际上也反映出了他们对美的理解，皮衣具有高贵、华丽、时髦之美，这正是俄罗斯人所看重的特点。皮装既能满足御寒的需要，又体现了华贵，所以一直深受俄罗斯人的钟爱。在市场经济蓬勃发展的今天，皮衣市场也发生了巨大的变化。国外优秀品牌源源不断地打入俄罗斯市场，其新潮的设计、入时的款式，让俄罗斯人更加坚定了对皮装的钟爱，他们也穿上了来自法国、意大利、土耳其的时装化皮衣。不少俄罗斯人甚至不远万里，风尘仆仆地跑到土耳其，亲自选购皮货。于是，几年前由此还引发了俄罗斯人去土耳其的旅游热。经过不断地引进、挑选，俄罗斯人将最喜欢的皮衣款式穿在了自己身上。现在，五颜六色的皮衣，款式新颖特别，彼此争奇斗艳，在冬日里装扮着都市的风光，成为俄罗斯所特有的景致。在穿皮衣的同时，还须配相应的皮帽、皮围巾、皮手套，这样才算置齐了“行头”，俄罗斯人认为，如果没有这样的“伴侣”匹配，再好的皮衣也会黯然失色。

同时，随着俄罗斯与各国贸易的增多，俄罗斯人的穿着也开始与世界时装潮流接轨，他们对高级消费品的需求也与日俱增，Dolce & Gabbana、Giorgio Armani、CoCo Chanel、Versace、John Galliano 等都是俄罗斯人钟爱的品牌。据统计，近几年来，莫斯科奢侈品和服务的市场空间增大了两倍，莫斯科人花在高档消费品上的费用每年增加 40 亿美元，甚至超过美国。这也体现了俄罗斯人在服装上对品牌的认可和追求。也正因如此，越来越多的欧洲知名品牌看准俄罗斯这个极具发展潜力的市场，纷纷到此开设分店。未来，俄罗斯将成为世界名牌的集中地。

俗话说“民以食为天”。不同的国家有不一样的饮食习惯，而往往饮食习惯可以反映出一个民族人民的性格特点，俄罗斯也不例外。夏短冬长的气候特点使俄罗斯人形成了自己独特的饮食喜好和习惯，同时，这些饮食习惯也总能让我们联想到他们豪放、热情的性格特点。

（1）在饮食方面，俄罗斯人以面食为主，他们很爱吃用黑麦烤制的黑面包。肉类以牛肉为主。除此之外，还有羊肉、猪肉、牛奶、蔬菜、黄油、奶酪等。俄罗斯人用餐的特点是肉、奶量多，蔬菜量少。这是因为俄罗斯夏短冬长，日照不足，所以新鲜的时令蔬菜和水果较少，并且很难储存。

（2）在正式的宴席上，除了上述食材，还会有鱼子酱，它是菜肴中的上等品。一般分为黑鱼子酱和红鱼子酱两种。吃法是：先在白面包上抹一层黄油，然后把鱼子酱沾在黄油上。

（3）俄罗斯人的进餐方式一般是一道一道地吃。进餐的顺序一般为：凉菜、汤、肉菜和甜食。

（4）在饮料方面，俄罗斯人喜欢具有俄罗斯特色的烈酒伏特加。除此之外，还有啤酒、葡萄酒、香槟酒。不含酒精的饮料当属“格瓦斯”，这是一种由薄荷、面粉或者黑面包干、葡萄干、浆果和其他水果加上白糖发酵制成的清凉饮料。

（5）除了酒和格瓦斯，俄罗斯人还有饮茶的嗜好。俄罗斯人偏爱红茶，由于俄罗斯能够出产茶叶的地方较少，因此主要依靠进口。中国的茉莉花茶、印度的红茶深受俄罗斯人喜爱。每天下午5~6点便是俄罗斯人的饮茶时间。俄罗斯人喜欢用茶饮煮茶，茶饮是俄罗斯特有的烧开水用的水壶，传统的由铜制成，现在常见的则是不锈钢的，壶的下部配有一个空心圆筒，用来烧木炭，也可烧松果。在俄罗斯几乎每个家庭都会有一个茶饮，这也正体现了俄罗斯人对茶的喜爱。

俄罗斯是一个注重礼节的民族，在日常生活和待人接物上都保持着该民族特有的传统礼节。接下来，我们会通过了解俄罗斯人不同的礼节对他们的生活习惯做进一步了解。

（1）亲吻是俄罗斯的一种传统礼节。在隆重的场合，为表示尊重和友好，一般拥抱和亲吻，吻对方的脸颊3次，顺序是先左后右再左。有时男士弯腰亲吻女士的右手背，表示尊重。

（2）在迎接贵宾之时，俄罗斯人通常会向对方献上“面包和盐”。这是给予对方的一种极高的礼遇，来宾必须对其欣然笑纳。

（3）在称呼方面，在正式场合，他们也采用“先生”、“小姐”、“夫人”之类的称呼。在俄罗斯，人们非常看重人的社会地位。因此对有职务、学衔、军衔的人，最好以其职务、学衔、军衔相称。

（4）在公众场合，俄罗斯人通常会保持安静，或者低声交谈，对于那些在公众场合大声喧哗或者大笑的人，他们也会投来提醒的目光。

（5）在俄罗斯民间，已婚妇女必须戴头巾，并以白色为主；未婚姑娘则不戴头巾，但常戴帽子。

（6）逢年过节或喜庆日时，俄罗斯人讲究向亲朋好友赠送礼物。礼物可因人而异，他们认为最好的礼物是鲜花，常送的花有康乃馨和郁金香。

（7）俄罗斯人善讲祝酒词，祝愿相会、祝愿健康、祝福孩子、祝福幸福、祝福友谊等。喝酒的时候，通常第一杯要喝干，然后各人随意，不会有人劝酒。第三杯酒通常要为在座的女士而干，通常男士要起身喝酒，女士则不用。如果在别人家做客，最后一杯要敬主人，感谢她的辛苦。

（8）在俄罗斯尊重妇女是一种很重要的美德。上公共汽车、上下楼梯、出入房间时，男士要让女士先行，并为其开门，即使对不认识的女士也要如此。在剧院的衣帽间，男士要为女士脱穿大衣，入场时为女士开路并找座位，女士不落座男士也不能落座。

（9）俄罗斯男人在吸烟前，都会询问身边的女士会不会介意，以表示尊重。

（10）在俄罗斯上厕所的代语是“对不起，请等一下”或者“对不起，我去打个电话，请稍等”。如果在洗手间遇到认识人，一般会点头示意，俄罗斯人不会在洗手间进行交谈，他们认为这种行为很不好。

（11）被别人邀请到家里吃饭，可以迟到几分钟，但是提前超过十分钟到达是不礼貌的，这可能会给正在准备迎客的主人带来不便。

想要了解俄罗斯，就不能不知道当地的文化风俗。在俄罗斯有很多事物具有特殊的寓意，同时，俄罗斯人也有很多忌讳。在本节的最后，让我们一起来了解俄罗斯独特的文化风俗。

（1）俄罗斯人认为不同的颜色都有其独特的寓意。在俄罗斯，红色象征美丽、吉祥和喜庆，因此常把红色和自己喜欢的人或事联系在一起；绿色象征和平和希望；蓝色象征忠诚和信任；紫色象征威严和高贵；黄色则象征忧伤、离别和背叛，所以年轻的情侣间忌讳送黄色的礼物；黑色象征肃穆和不详，因此俄罗斯人讨厌黑猫，他们认为，如果有黑猫从你的眼前经过，你就会遇到不吉利的事情。

（2）俄罗斯人把马视为能驱除邪恶，给人带来好运气的动物。他们认为马掌有降妖的能力，要是在地上发现一块马掌，他们一定会把它拾起并带回家，钉在大门口或墙上。

（3）俄罗斯人把兔子看成是胆小无能的动物，如遇到兔子从面前跑过是不祥之兆。

（4）俄罗斯人认为公鸡有巨大的魔力，它的叫声能赶走凶神、夜鬼和幽灵。因此，在一些农村里，农民们会用木雕的公鸡装饰房梁，用以辟邪。俄罗斯人认为梦到公鸡是吉兆。

（5）熊在俄罗斯被认为是吉祥物，它被称为“森林之王”。

（6）俄罗斯人和其他西方人一样，忌讳 13 这个数字。因为在基督教的传说中，背叛耶稣的犹大正好排在 13 位。他们认为数字 7 象征着幸福和成功。有些新婚夫妇在婚礼后乘坐彩车要经过 7 座桥才心满意足，数字 7 也经常被用来形容好的事情。

（7）他们厌恶数字 666，因为在圣经中这是魔鬼的代号。

（8）俄罗斯人忌讳打翻盐罐，把这看作是家庭不和的预兆。如果有人打翻盐罐，就预示着会受到责骂，发生争吵，只有将打翻的盐撒在头上才能解除争吵和不幸。

（9）俄罗斯人奉镜子为神圣之物，把镜子中的映像看成是自己灵魂的化身。如家中有人不幸去世，为了使死者的灵魂得到安息，要将所有的镜子都用黑布蒙上。

（10）俄罗斯人笃信这样一种迷信：每个人的身边都有两个神灵，左边的是魔鬼，右边的是善良的守护神，因此，他们认为左主凶，右主吉。所以俄罗斯人至今仍有这样的习惯：不能同别人用左手问好，学生在考场上不用左手抽签。

（11）在让烟的时候，要递上烟盒让对方自取，不能只给一支烟。特别注意，不能用一根火柴点三个人的烟。

（12）当俄罗斯人在寒暄、交谈的时候，对人的外表、装束、身段和风度都可以夸奖，但是不能对人的身体状况进行恭维，这一点正好与中国人不同。在俄罗斯，几乎听不到诸如“你身体真好”、“你真健康”这些恭维的话，因为在俄罗斯人的习惯中，这类话是不准说的，人们觉得说了就会产生相反的效果。

（13）俄罗斯人认为，如果你在路上看见有人手提空桶，或者挑着两只空桶，是不祥之兆。如果遇见桶里盛满了水，就是好兆头。

（14）在俄罗斯刀和手绢不能当作礼物送给别人。因为俄罗斯人认为刀意味着交情断绝或彼此将发生打架、争执；手绢则象征着离别。

（15）在俄罗斯忌讳妇女不戴头巾进教堂。

本节我们从穿衣风格、饮食习惯、礼节和文化风俗四个方面对俄罗斯当地的生活习惯进行了了解。希望通过本节的学习，能够帮助大家更好地与俄罗斯客户进行沟通，并且赢得他们的好感，让他们在对你的产品表示肯定的同时，也为你的服务加分。

2.1.2.2 俄罗斯买家购物特点

在速卖通成为俄罗斯人最喜欢的购物网站的同时，俄罗斯市场也成为速卖通卖家最看好的消费市场。在未来对俄跨境电商的发展中，对于速卖通的卖家来说，谁能掌握俄罗斯买家的需求，就相当于谁把握住了俄罗斯市场的脉搏。本节我们将对俄罗斯买家网购的消费习惯进行了解，希望通过本节的学习，速卖通的卖家们能够更好地“取悦”俄罗斯客户，也希望对大家的选品和关键词的设定有所帮助。

据统计，俄罗斯大学生第一份工作的工资折合成美元为 1500 美元左右，2013 年该国人均可支配收入是 1800 美元。这说明俄罗斯比一般欧盟国家要富有，因此，居民有很高的消费能力。家电、鞋服、手机、电脑和相关产品一直都是在俄罗斯市场销售占比较高的产品品类。家居、母婴和美容类产品也是俄罗斯人在网购中购买率较高的产品。除此之外，汽配和婚纱类目的产品市场也随着对俄跨境电商的发展而打开。在 2014 年的速卖通海外双十一中，得到俄罗斯客户青睐的 TOP5 产品分别是：MP3、耳环、内裤、收纳盒和羽绒服。除了上述这些热销的产品外，俄罗斯买家还有哪些购物习惯呢？接下来的内容会告诉我们答案。

1. 俄罗斯季节温差较大，营销的季节性很强

俄罗斯的冬天很冷，所以人在室外非常注重保暖。帽子、围巾、手套是必备品；女性还特别热衷于购买动物皮毛的外套。所以，在冬季热销的商品有帽子、手套（包括五指分开的手套）、围巾、皮草长大衣、皮草短大衣等。卖家在发布信息时可以在标题关键词中突出当季热卖。

2. 俄罗斯人比较注重室内和室外服饰的区分

每一个消费阶层的俄罗斯人都会追求高品质的生活质量。他们在家的时候一定会换上家居服，洗澡后会披上浴袍，睡觉的时候又会穿上薄一点、舒服一点的睡衣。所以，在家居服类目中热销的有家居鞋、家居衣和睡衣等产品。

3. 运动产品热销

俄罗斯人热爱运动，运动是他们生活中不可缺少的一部分。他们会经常购买专门的运动服、运动鞋及配件。因此，运动产品也是俄罗斯人热衷的类目。

4. 俄罗斯人迷恋渡假

俄罗斯人（特别是年轻人和孩子）有渡假的习惯。一般情况下，海滩会是他们渡假地点的首选，所以他们会购买很多在海滩上所需的用品，如泳装、在海滩上穿的衣服以及沙滩鞋等产品。

5. 俄罗斯女性注重仪表和妆容

俄罗斯女性，无论在哪一个年龄段，在任何时候都会注重自己的着装和妆容。她们认为，这是对别人的尊重，更是她们自信的表现。所以，饰品和美容类产品也是俄罗斯人乐于购买的产品类目。在选择产品的时候，品牌类产品会成为她们的首选。

6. 正装也热销

一般情况下，很多政府及公司的员工都会穿西装（正装）。很多节日和正式场合也要穿西装，同时，有些男士还会配上袖扣。因此，西服套装及其配饰（如袖扣）也是卖家们在选品时可以参考的类目之一。

7. 节日送礼很频繁

每年新年、妇女节、男人节、情人节，俄罗斯人都要互送礼物，这时候如果能提供创意性较强的礼物，则会非常对他们的胃口。同时，俄罗斯人对初生的婴儿也十分重视，如果有新的生命降生，他们通常会在第一时间送去祝福。因此，他们常常会购买婴儿用品作为礼物送给别人。

8. 热爱时尚，追赶潮流

俄罗斯女性时刻关注着新款的服装、鞋和包。一些当季热门的、热卖的、新奇的和创意性十足的商品比较受追捧。俄罗斯的成年女性不喜欢太过可爱的穿衣风格，她们更喜欢欧洲的性感风格。

9. 大码服装更适合俄罗斯人

俄罗斯人的身材一般比较高大，而且也有很多肥胖的人群，所以他们对大码的衣服有特殊的偏好。也可以说大码的衣服更适合他们。所以，在网购的时候，欧美模特展示的服装更能取得他们的好感和信任，他们认为这样的衣服会更合身。

10. 价格因素很重要

价格在俄罗斯人的网购决策中占很大的比重，但并不是价格便宜的产品就能受到他们的青睐，产品的质量和品牌对于他们来说也同样重要。如果这些都能够得到他们的认可，他们也会愿意为此买单。所以，一味的低价，对于卖家来说并不是一个好的选择。价格合理、质量有保证、产品丰富才是正确的经营之道。

11. 看得懂俄式英语有助于交流

除了对产品的选择有所偏好外，俄罗斯人在沟通交流上也有自己的特点。俄罗斯客户的询盘最大的特色就是俄式英语。很多卖家第一次看到这种“俄式英语”会很吃力，因此，建议卖家们使用靠谱的语言处理软件来解决这一问题。如果能够直接使用俄语与对方交流则更好，这样会提升客户的兴趣度，也会为客户带来更好的购物体验。在交流工具的选择上，俄罗斯人更习惯于 SKYPE 和 SMS（相当于中国的短信）。

最后，值得注意的是，俄罗斯网购用户中 60%为女性，而且这些女性的年龄一般在 25~38 岁之间，她们通常都受过高等教育。在网购时间上，消费的高峰期一般出现在周五，特别是中午。在支付方式上，俄罗斯买家习惯货到付款。不过，随着俄罗斯电商的发展以及网络的普及，人们的消费习惯也一定会发生改变。

2.1.2.3　俄罗斯节假日

在当今的俄罗斯，人们乐于庆祝所有的节日——无论是旧的还是新的、世俗的还是宗教的、家庭的还是职业的。因为，每一个节日都有其特殊的意义。对于跨境电商的卖家们来说，在适当的节假日中，为自己的活动选择一个合适的营销主题是增加曝光、提升业绩和增加收益的不错法宝。在本节，我们会对俄罗斯的主要节假日进行了解，希望通过本节的学习，能够帮助卖家们针对俄罗斯市场制定更精准、有效的营销策略。

1.　俄罗斯的新年和圣诞节

俄罗斯的公历新年是每年的 1 月 1 日。俄罗斯与中国一样，除公历外，还有古老的民间历法（俄历）。根据东正教的历法，俄罗斯的圣诞节和新年要比欧洲的节日晚两个星期，因此，俄历圣诞节是每年的 1 月 7 日，新年是每年的 1 月 14 日。

俄罗斯新年是一年中最隆重、最具民族特色的俄罗斯传统节日。每一年的 1 月初，是俄罗斯人狂欢的日子，新年、圣诞汇聚于此，长达 3 个星期的狂欢日，除了在餐桌上度过，长久以来，俄罗斯人习惯于购买新年礼物，添置欢乐饰物，举办家庭派对，或者出国旅游。新年的前一个月就会掀起网购热潮，因此，卖家们要提前制定好营销策略。

枞树是俄罗斯圣诞节和新年的主要标志。与其他西方国家不一样的是，俄罗斯人往往坚持用真的枞树和彩灯，而非人造枞树来装点中央广场以及家里的客厅。节日当天家家张灯结彩，欢声笑语，大家聚在新年枞树边迎接新的一年的到来。同时，和西方的圣诞老人类似，俄罗斯民族传统中也有一位和蔼可亲的老爷爷形象，他就是严冬老人。在俄罗斯人的眼里，“严冬老人”从天空中飘下的第一片雪花开始就存在了，并非只是在节日才出现。严冬老人每次在新年期间亮相时，身边总会跟着自己的孙女雪姑娘（снегурочка），她头戴俄罗斯传统珠冠，为孩子们送上祝福。在俄罗斯人民心目中，新年的庆祝活动绝不能少了严冬老人和雪姑娘。在通常情况下，严冬老人不穿短外套，他的大衣长及脚踝，帽檐上翻，大衣的颜色也不一定是红色，可以是蓝色、绿色，也可以是冰雪的颜色。

2. 送冬节（谢肉节）

新年后第二个最热闹的节日是送冬节（谢肉节）。送冬节是四季节日之一，节期约在 2 月末、3 月初，为时一周。送冬节的前身是古斯拉夫人的春耕节。人们认为冬去春来是春神雅利洛战胜严寒和黑夜的结果，因此每年 2 月底、3 月初都要举行隆重的送冬迎春仪式。人们用烤成金黄色的圆形小薄饼祭祀太阳，晚上则燃起篝火，烧掉用稻草扎成的寒冬女王像。人们以此欢庆经过漫长的严冬，明亮的太阳又开始为大地送来温暖。这一周过后，则进入东正教为期 40 天的大斋期。在此期间，人们禁止吃肉、娱乐和购物。因此，在这段时间里建议卖家们不要把过多的精力放在俄罗斯市场，相应的营销活动的效果可能不会很理想。

3. 情人节

情人节是在每年的 2 月 14 日。这个节日是从西欧传入到俄罗斯的。与中国的情况相似，在俄罗斯也是年轻人比老年人更注重这个节日，女性比男性更重视这个浪漫的日子。同时，象征爱情甜蜜的玫瑰花和巧克力也是这个节日中作为礼物的首选。虽然在俄罗斯情人节不像其他传统节日那样受关注，但是商家们还是使出浑身解数进行宣传，在电视或者报纸上登出各种针对情侣们的打折广告，使整个俄罗斯都笼罩在节日的浪漫气氛里。跨境电商的卖家们也不要错过这个吸引流量、宣传自己店铺的机会。

4. 妇女节

3 月 8 日是国际妇女节。这是一个全世界各国劳动妇女为争取和平、民主、解放而斗争的庆祝日。这一天，女职工通常能享受一天的假期。在家里，丈夫通常要把做饭等家务劳动全包下来，让妻子休息。

5. 复活节

复活节是基督教纪念耶稣复活的节日。传说耶稣被钉死在十字架上，死后第三天复活升天。每年在教堂庆祝的复活节指的是春分月圆后的第一个星期日，如果月圆那天刚好是星期天，复活节则推迟一星期。因而复活节可能在 3 月 22 日至 4 月 25 日之间的任何一天。

复活节的主要标志是复活节面包（特制的一种圆柱形甜面包）、复活节甜奶渣糕和复活节彩蛋。复活节的另一个象征是小兔子，原因是它具有极强的繁殖能力，人们视它为新生命的创造者。节日中，成年人会形象生动地告诉孩子们复活节彩蛋会孵化成小兔子。许多家庭还会在花园草坪里放些彩蛋，让孩子们玩找彩蛋的游戏。复活节小兔和彩蛋也成为节日期间抢手的商品。商场出售各式各样的小兔和彩蛋状商品，还在小小的食品店和糖果店摆满了用巧克力制成的小兔和彩蛋，这些“食品小兔”神态可爱，彩蛋形状不一，吃起来味道香甜，作为礼物送给朋友也很适宜。除此之外，经典的复活节礼物还有鲜花，特别是百合花是这一季节的象征。

6. 劳动节

5 月 1 日是国际劳动节。按规定，这一天放假。同时组织各种庆祝和游艺活动，或者举行群众性游行。以往，这类活动由政府组织，游行队伍中包括各企业、机关的代表。除政府组织的庆祝活动外，各种不同政见的组织者、劳工团体往往在这一天也自发地组织各种庆祝活动，阐述各自的政见，扩大本组织的影响。各种俱乐部都要举行内容丰富、色彩缤纷的娱乐活动，节日情绪很高。

7. 俄罗斯胜利日

俄罗斯胜利节（День Победы）即“胜利日”，是原苏联为纪念战胜德国法西斯而设立的纪念性节日。这是俄罗斯最重要的节日之一。1995 年 4 月 19 日，俄罗斯联邦国家杜马（议会下院）通过了永久纪念胜利日的法令，规定 5 月 9 日为全民性节日，全国放假一天。每年这一天，俄罗斯都要举行阅兵式，鸣放礼炮，并在莫斯科的无名战士墓长明火旁设立固定哨位。每逢胜利日来临，人们都会以各种方式纪念那个历史性时刻。许多人在胸前和手臂佩戴一条黄黑条纹相间、被视为勇敢和胜利象征的“乔治丝带”，还有人把丝带系在汽车天线和反光镜上，有的年轻母亲把丝带系在孩子的小推车上，构成胜利日纪念活动中的一道亮丽风景。

8. 国庆节

1990 年 6 月 12 日，俄罗斯联邦最高苏维埃通过并发表了主权宣言，宣布俄罗斯脱离苏联，主权独立。这一天便被俄罗斯定为国庆节。俄罗斯人在这一天并没有举行特别的庆祝活动的习惯，政府也不会组织任何正式的庆祝仪式。但是，6 月 12 日被定为公休日。

9. 桦树节

四季节日的第二个节日是桦树节，节期在俄历每年的 6 月 24 日。白桦树是俄罗斯民族的象征。在 11~15 世纪许多古罗斯文献就是刻写在桦树皮上的。不少俄罗斯作家都怀着深厚的感情描写过白桦树，在俄罗斯人看来，桦树是那么的秀美、挺拔。桦树节的时候，家家户户都用桦树枝、矢车菊、铃铛装饰房间。节日里还要举行联欢会，女主持人则被称为“小白桦”。节日期间教堂也要用桦树枝装饰起来，教徒们会手持桦树枝来做礼拜。在农村，此时夏季来临不久，农民辛劳一春，稍得清闲，因此要欢庆一番。民间的庆祝活动体现了水火崇拜。人们身着节日盛装，头戴花环，围着篝火唱歌跳舞。有人从篝火上跳过，或烧掉旧衣服，以消灾辟邪，强身祛病。人们还把桦树枝与祭品一起投入湖中，祈求神灵保佑丰收。少女们将点燃的蜡烛放在花冠上，放进河水中，谁的蜡烛燃得最久，谁就被认为是将来最幸福的人，她们还按照花环漂动的方向占卜自己的婚事。所以，在桦树节期间，盛装、篝火、花环和桦树成为了不可缺少的节日元素。

10. 红帆节

每年的 6 月 25 日是俄罗斯的中学生毕业日（红帆节），每年的这一天学校都要举行隆重的毕业典礼。俄罗斯举国上下都对这一天非常重视，他们把高中毕业看作学生成年的开始。莫斯科的各个重要活动场所，都提供给中学毕业生进行狂欢。此时的毕业生们脱下学生装，换上最时髦、最喜欢的衣裳。从服装和表情上可以看出，他们从此告别中学时代，自豪地步入成人阶段。

“红帆”这个美丽的名字，得名于苏联散文作家亚历山大·格林（Александр Грин）的中篇小说《红帆》中的一个关于“红帆”的传奇浪漫的爱情故事，这是一部俄罗斯家喻户晓的小说。该作品完成于 1923 年，并于 1955 年被莫斯科电影制片厂拍成同名电影，后来又被搬上了苏联的芭蕾舞台。

小说描写了女主人公阿索丽（Ассоль）追求幸福的曲折人生经历。纯情美丽的少女阿索丽住在海边一个不知名的小渔村里，她出生后不久母亲身亡。当水手的父亲只好辞去船上的工作，独自担当起抚养女儿的责任。为了维持生计，父亲制作各种船只的模型作为玩具出售。少女阿索丽一次在送货途中邂逅魔法师艾格尔，魔法师告诉她，等她长大后会有一位王子驾着有红帆的白色大船来迎接她。魔法师的话成了阿索丽心中美好的憧憬。从此，阿索丽的内心燃起了对幸福生活的无限希望，对预言中的红帆深信不疑，并时常来到海边，在晨曦中期盼梦幻的红帆向她驶来。她坚信幸福一定会降临。故事的另外一个主人公格雷（Грей）是位王子，他厌倦了平淡的生活，决定驾驶“秘密号”帆船周游世界。一天，在一个偶然的时机，格雷驾驶着自己的“秘密号”来到阿索丽居住的小渔村。人们向他讲起这个姑娘离奇的梦想，格雷得知一切后，悄悄做出了一个大胆的决定，他购买了两千米昂贵的红绸，将“秘密号”装饰一新，制成一面巨大的红帆。他升起红帆，奏响音乐，起航了……

阿索丽终于望见了奇妙的圣境：渐渐驶近的红帆船头，站立着为她创造了这一奇迹的王子……当两个人终于相见时阿索丽说：“你和我想象中的完全一样。”格雷也说：“你也是的。我的宝贝！”故事结尾阿索丽告别伙伴们，登上了红帆船，与格雷一齐驶向幸福的彼岸。

这个俄国版灰姑娘的故事，饱含对生活的热爱、对年轻心灵的关爱、对理想必定实现的信念。“红帆”告诉人们：奇迹是用自己的手、用真诚和信念创造的。也许这就是节日设立的初衷吧。源于此，“红帆”也就成了一切美好事物的象征。在现代俄语中，它也是幸福和希望的同义词。

同时，这个节日对于速卖通的卖家们来说也是一个做营销活动的好机会，尤其是主营婚纱礼服和节日派对产品的卖家们，这无疑是一个增加流量、提高销量的好机会。

对于网购的买卖双方来说，还有两个比较重要的节日——黑色星期五（Black Friday）和网络星期一（Cyber Monday）。虽然这两个节日源于美国，但是随着网购的发展，它们也逐渐地渗透到了其他国家人们的生活当中，其中就包括俄罗斯。从黑色星期五开始，人们就进入了消费狂欢季节，尤其是购买圣诞礼物是最能让大家兴奋的。每个家庭的圣诞礼品单可以从夏季就开始制定，并且长长的，因为每一个人会得到几份礼物，有你需要的，也有你想要的，每一个人都期待在打开圣诞树下堆积的礼物时会有惊喜的发现。

“黑色星期五”，是一年中买东西最便宜的一天，所有的商场都打折。但是，随着电子商务的发展壮大，“黑色星期五”已经不仅仅是商店内的大促销，各网络商店也会同时进行促销活动。而“网络星期一”一词兴起于 2005 年，形容度过了感恩节假期的人们回到了工作岗位上，会试图在网络上购买礼物来回馈节日期间的家人和朋友。因此，在感恩节过后的第一个星期一是各大在线零售商竞相争夺客户的最疯狂时期，也引发了一轮购物热潮。在网络迅猛发展的今天，虽然“黑色星期五”和“网络星期一”的界限变得越来越模糊，但是它们之间还是存在着一些差别的。“黑色星期五”和“网络星期一”在广告宣传上有所差别，“黑色星期五”，商家们在几星期之前就拉开了广告战，而“网络星期一”却很少有事先的广告。据调查还发现，在“网络星期一”购物的消费者比“黑色星期五”的要成熟理性，只有 64%的“黑色星期五”的购买者表示会在购物前进行研究，而在“网络星期一”的购物者中，83%的受访者表示会在研究后下手，两者的比例还是有很大差别的。这可能和“黑色星期五”还包括在商店中进行消费有关，因为在不同的商店间对产品进行比较不是一件容易的事，而网上只要轻轻地敲几下键盘，就可以将不同的商品进行对比，并且结果一清二楚。

无论如何，“黑色星期五”和“网络星期一”对于所有的电商经营者，尤其是跨境电商的卖家们都是不可错过的好机会。

希望大家通过对本章节的学习，能够针对俄罗斯市场在不同的节假日为自己的店铺和产品量身定制不一样的营销策略，从而达到大家理想中的销售目的。

2.2 巴西市场

2.2.1 巴西市场概况

2.2.1.1 巴西概况

巴西即巴西联邦共和国，是南美洲最大的国家，享有“足球王国”的美誉。国土总面积达 851.49 万平方公里，居世界第五位。总人口 2.01 亿。与乌拉圭、阿根廷、巴拉圭、玻利维亚、秘鲁、哥伦比亚、委内瑞拉、圭亚那、苏里南、法属圭亚那 10 国接壤（见图 2-13）。巴西共分为 26 个州和 1 个联邦区（巴西利亚联邦区），州下设市。历史上巴西曾为葡萄牙的殖民地，1822 年 9 月 7 日宣布独立。巴西的官方语言为葡萄牙语。国名源于巴西红木。

巴西拥有丰富的自然资源和完整的工业基础，国内生产总值位居南美洲第一，为世界第七大经济体；是金砖国家之一，也是南美洲国家联盟成员；是里约集团创始国之一，南方共同市场，20 国集团成员国，不结盟运动观察员；是全球发展最快的国家之一，是重要的发展中国家之一。

图 2-13

巴西的文化具有多重民族的特性，巴西作为一个民族大融炉，有来自欧洲、非洲、亚洲等地区的移民。足球是巴西人文化生活的主流运动，是 2014 年世界杯举办国（巴西风景见图 2-14）。

图 2-14

2.2.1.2 巴西电子商务市场现状

国际网上支付公司 PayPal 日前发布的一份报告显示，巴西 2015 年在线购物的销售额将达到 696 亿雷亚尔（约合 278 亿美元），与 2014 年相比增加 21%。巴西电子商务市场是拉丁美洲最大的电子商务市场，同时也是巴西国内增长最为活跃的领域之一。据统计，在 2015 年前，巴西电子商务市场规模达到 200 亿美元。

巴西之所以成为跨境电商竞争的新兴市场，除了巴西国内电子商务基础设施良好以及物流和支付平台得以快速发展之外，最基础的应该得益于巴西辽阔的领土。巴西国土面积居世界第五位，人口总数超过两亿，同国土面积一样居世界第五位，拉丁美洲第一位。同时巴西为世界第七大经济体，是金砖国家之一，也是世界上发展最快的发展中国家之一。

GDP 增速快，人均 GDP 高。根据 2006 年权威 GDP 排名，巴西 2006 年人均 GDP 仅 3300 美元，比当时中国的 2200 美元仅多出 1000 美元。但通过大幅升值本币加速崛起，2011 年巴西人均 GDP 竟比中国多出 7000 多美元，把中国远远抛在后面。巴西 2011 年 GDP 初值同比名义增长 15.5%，实际增长 2.7%，增量 3312 亿美元，人均 12863 美元。而到了 2013 年，巴西 GDP 已经达到 2.25 万亿美元（见图 2-15）。经济的快速增长，极大地刺激了巴西人的购买欲，提高了购买力。与此同时，巴西社会不同人群比例一直在变化，收入中高层已经由 2003 年的 51%到了 2013 年的 76%。有预测显示，到了 2023 年，巴西中高层收入者将达到 58%和 33%的比例。

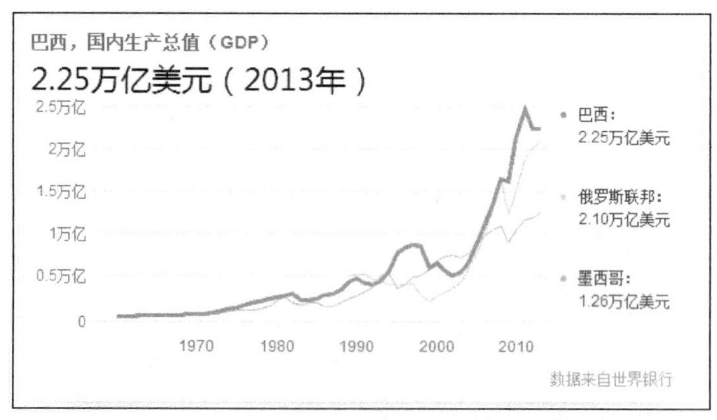

图 2-15

巴西的电子商务基础历来良好，加上这几年政府大力建设电子商务基础设施，使得电商的快速发展有了可能。巴西人口超过两亿，而互联网用户已经达到 1.02 亿，超过了人口总数的一半。而有网购习惯的人口达到 5100 万，移动用户比例更是高达 134%。现在移动客户端购物已逐渐流行，Wish 平台神话般崛起就证明了电商的未来在移动购物上。与此同时，巴西在线购物客户数量一直在增长。巴西电子商务整体业务规模一直在膨胀，到 2012 年已经达到 112.4 亿美元。同时得益于经济的快速发展，巴西国内产品也在不断增加。

巴西的物流一直是制约电商发展的阻碍因素。小包慢，丢包率高，快递贵，被收关税的可能性高。在目前海外仓炒得火红火热的背景下，在巴西当地建仓依然困难。而在附近国家建仓，利用南美自由贸易协定空运货物进入巴西在操作上也相当复杂。目前，已经有部分南美物流公司提出了可能的解决方案。从 9 月 1 日起，巴西邮政开始尝试收取每一件海外包裹 7 个 BRL 的税费。虽然正式试行的时间未定，但业内人士认为政策必定越来越严。

据统计，在海外寄达巴西的包裹数量从 2012 年的 1 440 000 000 快速增长到 2013 年的 2 080 000 000，增速高达 44%。虽然阿里巴巴集团、支付宝与巴西邮政签署协议并达成战略合作关系，但是巴西政府还需要进一步加大物流建设才能满足飞速发展的电子商务活动。

2.2.1.3　巴西电商市场主要电商网站及排名

按照 2014 年 8 月数据，巴西购物类网站按访问量排名前 10 位如图 2-16 和图 2-17 所示。

排　名	平　　台	网　　站	访问量
1	Americanas	www.americanas.com.br	72 190 346
2	AliExpress-Group	http://pt.aliexpress.com/	48 004 903
3	Casas Bahia	www.casasbahia.com.br/	38 370 678
4	Magazine Luiza	http://www.magazineluiza.com.br/	36 795 030
5	Submarino	http://www.submarino.com.br/	34 781 544
6	Extra	http://www.extra.com.br/	31 988 309
7	Ponto Frio	http://www.pontofrio.com.br/	26 540 493
8	Walmart Brasil	http://www.walmart.com.br/	24 354 474
9	Livraria Saraiva	http://www.saraiva.com.br/	23 242 641
10	Lightinthebox.com	http://www.lightinthebox.com/pt/index.php	21 591 421

图 2-16

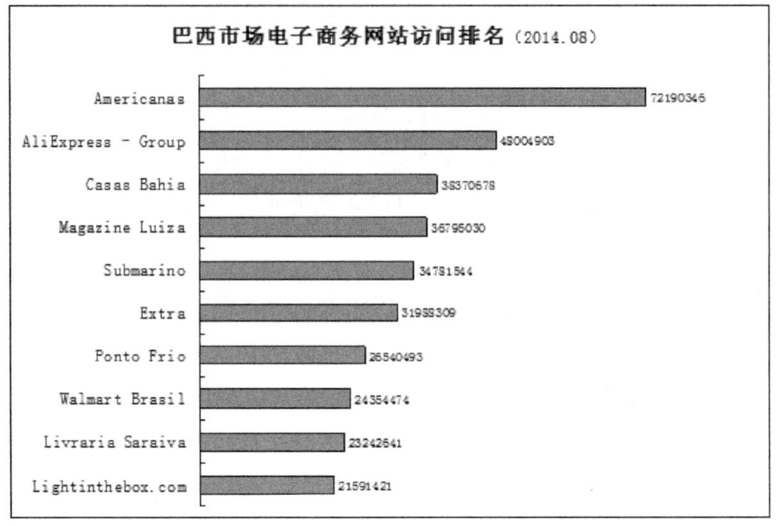

图 2-17

1. Americanas（见图 2-18）

图 2-18

2. AliExpress（见图 2-19）

图 2-19

3. Casas Bahia（见图 2-20）

图 2-20

4. Magazine Luiza（见图 2-21）

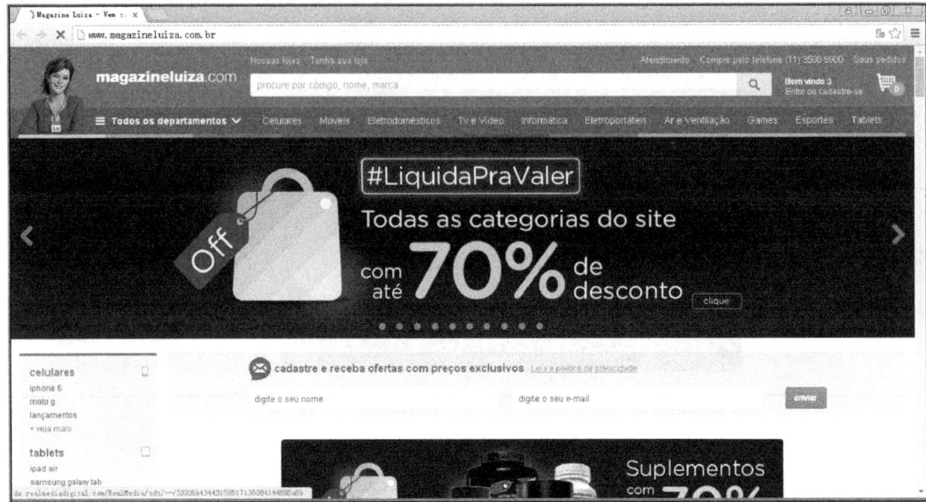

图 2-21

5. Submarino（见图 2-22）

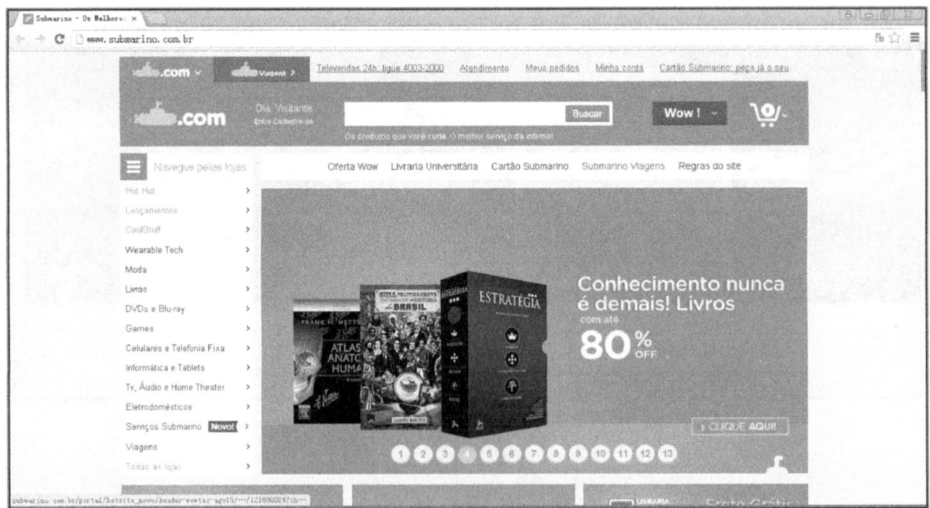

图 2-22

6. Extra（见图 2-23）

图 2-23

7. Ponto Frio（见图 2-24）

图 2-24

8. Walmart Brasil（见图 2-25）

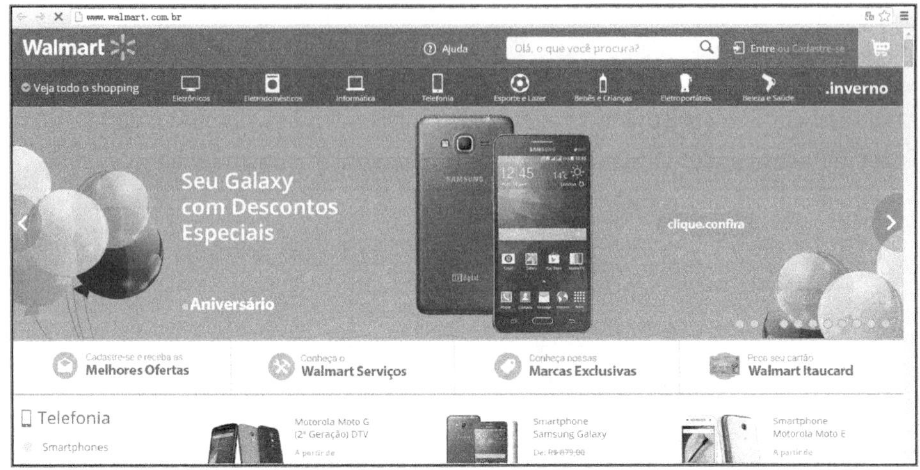

图 2-25

9. Livraria Saraiva（见图 2-26）

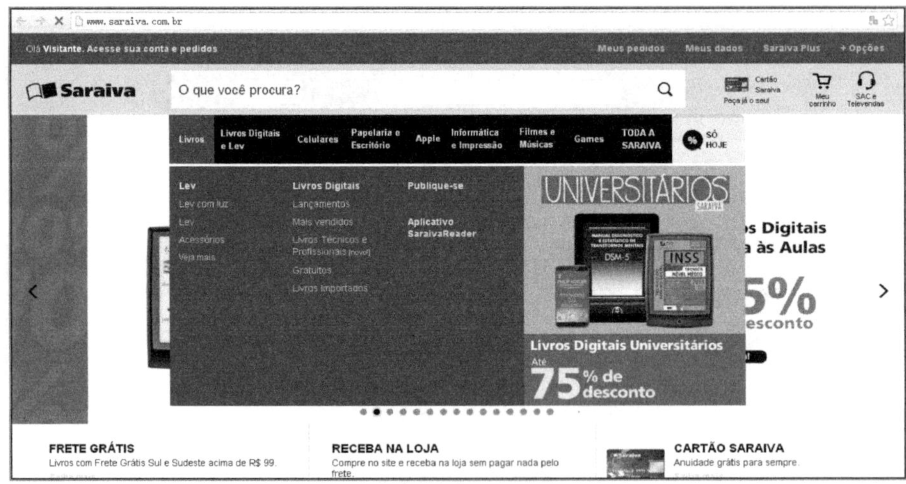

图 2-26

10. Lightinthebox（见图 2-27）

图 2-27

2.2.1.4　巴西本土电商特点

巴西互联网用户增长迅速，预计到 2015 年将达到 1 亿，目前排在全球第五位。巴西网民男女比例为 49∶51，15~44 岁的网民占比达到 7 成，网民集中在较高收入的人群中，且集中在中南部省份。手机用户的覆盖率在 2013 年已经超过 130%。巴西人上网一般用来社交沟通、搜索、看新闻资讯和购物。SNS 是巴西网民花费时间最长的网络应用，且增速迅猛。电子商务的增长潜力随着互联网的普及和巴西支付、物流等基础功能的完善正在逐步释放。巴西本土电商的成长网购人群覆盖率高，总体接近 50%。巴西电子商务销售额年均增幅 15%。巴西主要电商网站有（数据源于 Alexa 排名）：MercadoLivre、Americanas、Netshoes、Submarino、Dafiti。其中，MercadoLivre（魅卡多网）是巴西本土最大的 C2C 平台；Americanas 和 Submarino 背后有实体公司，线上线下都有；Netshoes 和 Dafiti 是垂直电商。巴西本土电商的特点是：销售品牌商品、线上线下同价、高税赋导致高物价、普遍支持分期付款、物流都是收费服务，且费用较高。

2.2.2 巴西买家需求概况

2.2.2.1 巴西当地生活习惯

民俗礼仪社交——直来直去，活泼好动，幽默风趣，爱开玩笑；以拥抱或亲吻作为见面礼，特别正式的活动才会互相握手为礼；还有握拳礼、贴面礼和沐浴礼等独特见面礼。服饰——主张不同场合着装应当有所区别，对正式场合的穿着十分考究。餐饮——主要吃欧式西餐，因为畜牧业发达，所以食物中肉类所占比重较大。巴西特产黑豆是巴西人的主食之一。

巴西的风俗习惯与欧洲差不多。巴西人有时较拘礼，有时又十分随和。初见面时，人们以握手为礼，然而亲戚朋友彼此问候，也习惯拥抱、亲颊。不仅如此，就是对完全不相识的陌生人也可以拥抱、亲颊。“社交”礼仪的亲颊，是在两颊各亲一下。男女彼此亲颊问候，女人与女人也习惯如此，然而在大多数社交圈中，黑人彼此不兴这一套，而习惯握手，同时用左手在对方肩上拍一拍。比较亲近的男士彼此习惯拥抱，在对方背上重重拍打。不过，由于社会地位有高低，究竟谁该亲谁，其中有微妙的区别。

巴西人毫不在乎在大众面前表露情感，他们慷慨好客，到巴西人家里做客，酒杯里永远有酒，盘子与咖啡杯永远不空。巴西民族勤劳、严肃、认真、自信，人们的观念正在日益加强，他们自知生活不容易，但对前途充满自信和乐观。

2.2.2.2 巴西买家购物特点

巴西的买家人群基本属于白领阶层，年龄在25~36岁，大学学历以上，英语中等水平，月收入在5000~10000RMB，有3~4年跨境网购经历。对买家来说，价格便宜是最重要的，但如果款式不流行他是不会买的，所以巴西买家都很有个性。品类偏好有：服饰、配饰、运动、鞋包、美容美发、玩具、3C配件等。风格偏向美国乡村风，简约大方。喜欢比较紧身且秀身材的服装。配饰上喜欢夸张、颜色丰富的。款式一定要跟上潮流，比如大牌元素、电视主角同款等。追求产品质感，需要卖家重视图片效果（见图2-28和图2-29）。需要特别注意的几点：① 巴西人特别是女士，下身比较宽大；② 包邮买家很喜欢；③ 喜欢跟卖家聊，不喜欢卖家不在线，哪怕卖家英语不好；④ 在购物过程中会看其他买家的评论；⑤ 会上 Facebook 推荐给身边的朋友；⑥ 喜欢参与促销活动。

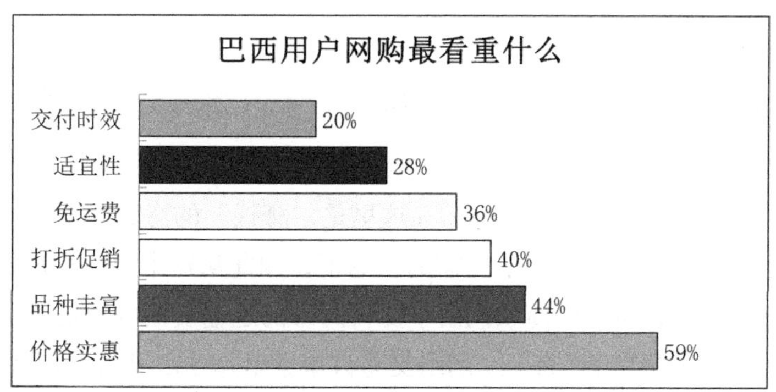

图 2-28

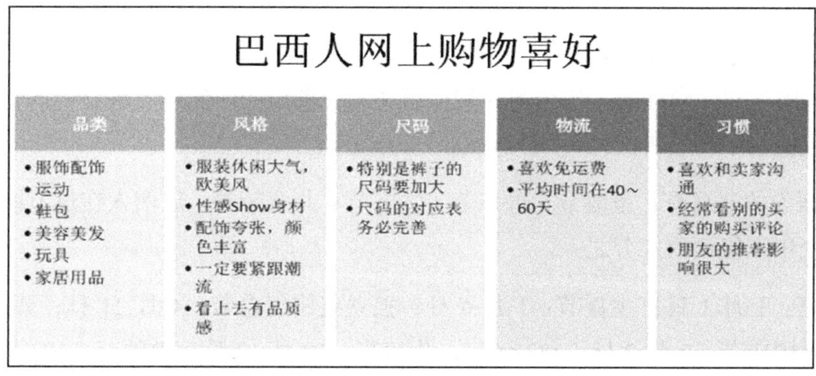

图 2-29

巴西当地人的支付方式还是以信用卡为主，不过需要交一部分的换汇税费。巴西人最主要的在线支付方式为 EBANX 的 BOLETO，也是当地人交水电费等生活用费的主要方式。巴西因为信用卡的盛行，储蓄率相对较低。因此，巴西人手上可以自由支配的现金不多。在需要网购的时候，他们大多选择分期付款。据统计。大约有 75%的本地在线交易是通过分期付款完成的。另外，有数据表明，如果网站能提供分期付款功能，用户转化率会高 50%以上。

巴西人首选支付方式是 BOLETO，BOLETO 是巴西本土 Bar Code 识别码的一种支付方式，目前在巴西依然占据主导地位，客户可以到任何一家银行或使用网上银行授权银行转账。巴西其他支付方式有：信用卡、网银转账，其中信用卡与众不同地分为国内信用卡（包括带 VISA、MasterCard 标志和本地卡组织，Amex，所有信用卡都国际通用）和国际信用卡。

2.2.2.3 巴西节假日

Children Day（8 月 15 日，儿童节）、Black Friday（黑色星期五）和 Christmas（圣诞节）这三大节日是巴西的重要节日。

有趣的是，Black Friday 的 Black 在这里是“赚钱”的意思。在以前，过了感恩节，人们就要开始准备采购圣诞节所需的物品了，因此从这个 Black Friday 开始，商家们就要开始赚钱了，而之前商家们由于要付高昂的运输费用等，是处于亏损的时间段。在 2012 年“黑色星期五”那天，网络交易订单数量达 23.7 万个。而在 2015 年“黑色星期五”的头 12 个小时，订单数量就达到了 41 万个，平均每个订单金额为 425 雷亚尔。

“黑色星期五”购物文化在巴西流传开来，受益于不断壮大的顾客基础。在这一天，一些国际和国内连锁零售公司在实体店和网上商店同时实施各种各样的折扣，这些公司包括沃尔玛、Espresso、Chevrolet、Extra 等。

巴西人的节日有：圣诞节、母亲节、父亲节、儿童节等。巴西人在过节期间的消费额占全年零售额的三分之一。

元旦：1 月 1 日；主显节：1 月 6 日；独立英雄纪念节：4 月 21 日；劳动节：5 月 1 日；国庆节：9 月 7 日（1822 年）；儿童节：10 月 12 日；教师节：10 月 13 日；亡灵节：11 月 2 日；共和国成立节：11 月 15 日；神诞节：11 月 20 日；圣诞节：12 月 25 日。

日期不固定的节日，复活节：春分（3 月 21 日±）月圆后的第一个星期日；耶稣受难日：复活节前 2 天；巴西狂欢节：复活节前 47 天；基督圣体节：复活节后 60 天。

法定节假日——全国性的节日有：元旦（1 月 1 日）、狂欢节（2 月第三个星期的周末）拔牙者纪念日（4 月 21 日）、国际劳动节（5 月 1 日）、圣体节（6 月 18 日）、独立日（9 月 7 日）、万灵节（11 月 2 日）、共和国日（11 月 15 日）、圣灵受孕节（12 月 8 日）、圣诞节（12 月 25 日）。

里约州节日——里约建城纪念日：1 月 20 日。

职业性节日——巴西各行各业都有自己的节日，如儿童节、母亲节、父亲节、商人节、教师节、公务员节等。

狂欢节在巴西众多的节日中，最盛大的莫过于狂欢节。里约被誉为狂欢节之都。

狂欢节每年 2 月下旬举行，狂欢 3 天。在庆祝活动中，人们不分肤色，不分朝野官民、贫富贵贱，载歌载舞，欢呼雀跃，尽情宣泄，举国上下、城镇乡村都沉浸在欢乐气氛之中。

狂欢节源于欧洲，出现在 12 世纪，葡文 Carnaval，直译为谢肉节。17 世纪葡萄牙人将其引入巴西。1889 年巴西推翻帝制、成立共和国后，桑巴舞成为狂欢节的主旋律（见图 2-30）。在巴西各地的庆祝狂欢节活动中，以里约、萨尔瓦多、累西菲最热烈，其中里约最火爆，被誉为狂欢节之都。

图 2-30

2.3　西班牙市场

2.3.1　西班牙电商概况

2.3.1.1　西班牙概况

西班牙位于欧洲西南部伊比利亚半岛，处于欧洲和非洲、大西洋和地中海的咽喉位置。西邻葡萄牙，东北与法国、安道尔公国接壤。全国中心梅塞塔高原，属大陆性气候，南部以及地中海沿岸地区，约占全国面积的四分之三，属干燥的亚热带气候，全国四季分明。图 2-31 所示为西班牙代表性建筑。

图 2-31

根据西班牙国家统计局发布的统计数字显示，西班牙 2013 年人口为 4670 万人。西班牙的主要民族是占总人口 70%以上的卡斯蒂利亚人。加泰罗尼亚人、加利西亚人和巴斯克人是西班牙 20 个少数民族中最重要的三个。

西班牙语为西班牙母语。目前全世界大约有 4.14 亿人口使用西班牙语，如果以使用人口数排名，它是在英文、中文之后，所以西班牙语是世界第三大语言。全球大约共有 21 个国家或地区以西班牙语为官方语言。

首都马德里（Madrid）市区面积为 607 平方公里，人口约 320 万人，有 400 多年的历史，是全国的政治、文化、经济和金融中心。通讯、交通发达。市内有规模名列欧洲榜首的马德里大学。

巴塞罗那（Barcelona）是西班牙第二大城市、第一大工商城和港口，是全国纺织、化工、医药、机械、造纸、汽车、工业中心，拥有大小工厂企业 5000 余家。巴塞罗那港是西班牙重要的综合性港口。

西班牙经济属欧元区经济的一部分，本世纪初人均所得一度超越意大利，金融海啸时期西班牙经历了两年的经济衰退之后，在 2014 年度经济出现回暖。

2.3.1.2 西班牙网购情况

西班牙是欧洲第五大电子商务市场，ecommercenews.eu 报告称 2014 年第一季度，西班牙电子商务总营业额达到 36 亿欧元，相比 2013 年同期增长 27%，到 2014 年年底，西班牙电子商务产业将创造超过 150 亿欧元的营业额。在第一季度的电子商务交易额中，西班牙出口与进口交易额分别占西班牙电子商务总额的 16.9%和 42.7%，比 2013 年同期增长 27%。

据悉，西班牙不管是国内电子商务还是跨境电子商务，都是欧洲最具潜力的。虽然金融危机已然回暖，西班牙消费者更倾向于在网上而非实体店购物。最近一项关于西班牙电商产业研究表明，有 35%的消费者每月至少网购一次，且有将近一半的西班牙消费者在 2014 年的网购次数为 1~4 次。

超过一半的西班牙网络消费者从外国的网络商店购物，使得西班牙成为一个有利可图的跨境电商市场。西班牙可支持信用卡与借记卡的转换，主要的信用卡有 VISA 卡和万事达卡。

西班牙工业部-旅游业贸易部在减少其最大限度的转换费用之后，国际电子商务得到了进一步的发展。

跨境电子商务数据：

- 国内网络购物消费的比重占所有电子商务收入的 41.7%；
- 西班牙消费者从国外网站购物的比重占西班牙总的电子商务部分收入的 44.2%；
- 外国网络消费者购买西班牙商品的比重占西班牙全部电子商务销售的 14.1%。

此外，西班牙移动商务也出现大幅增长，大概有 66.5%的消费者通过移动设备浏览零售网站。西班牙语是欧洲第五大口语，15%的欧洲人可以流利地使用西班牙语，而全球约有 4.14 亿人口以西班牙语为母语，极大地促进了西班牙跨境电商的发展。西班牙消费者主要从英国、中国、美国和德国等国家购买商品，主要购买服装和鞋类等商品，西班牙电子商务发展成熟，速卖通、亚马逊、ebay 均已入驻西班牙市场，同时本土购物类网站也不断发展，其中专注西班牙本土市场的分类信息网站 Milanuncios.com 在西班牙国内购物类网站中位列第一。

2.3.1.3　西班牙电商支付情况

跨境电商的快速发展，移动支付成为最重要的环节之一，不过，西班牙国家貌似相当善于解决这方面的问题。卡支付是西班牙网络消费者的首选支付方式，在西班牙地区，VISA、万事达卡、美国运通卡占据着 97%的市场份额，并且，西班牙支持信用卡与借记卡之间的转换。同时，西班牙工业部-旅游业贸易部为了进一步推动电子商务的发展和普及，对信用卡和借记卡的最大限度转换费用进行了降低调整，促使了跨境电商的进一步发展。便捷的支付方式，为跨境电商市场的发展铺平了道路，而通畅的支付渠道，也解决了卖家朋友们在拓展西语市场的后顾之忧。顺便提醒，在国际物流方便，各种小包和快递均可顺利寄往西班牙，清关顺畅，时效稳定，欧洲专线 RPX 的高性价比也可助卖家朋友们一臂之力。

2012 年，电子商务被认定是西班牙国内最获利的销售行业，与此相反，零售销售额下降了 7.7%，而电子商务销售额在 2012 年的第一季度期间就上涨了 16.3%。西班牙是欧盟中智能手机使用率排名前列的国家，超过 60%的西班牙人都拥有一部智能手机，这使得移动支付获得了两位数的提高。2008 年到 2012 年间，移动电子商务的平均复合增长率达到 17%（1 340 000 000 欧元），可以预期到移动支付将会成为西班牙电子商务的主要驱动力。

目前西班牙主要的支付方式有信用卡、各种在线支付方式以及货到付款三种方式。虽然货到付款是一种较为传统的支付方式，但一直还存在，客户会在交货的日期支付货款。信用卡是首选的网络支付方式。

西班牙主要的信用卡有 VISA 卡和万事达卡，分别占 57.1%和 39.9%的市场份额。除此之外，西班牙还有多样化的在线支付渠道，例如 Allopass、Domiciliacion Bancaria、Hipay Wallet、PayPal、SafetyPay、Teleinqreso、Trustly 等。其中 SafetyPay 提供全球网上银行业务解决方案，客户可选用当地银行账户使用当地货币进行支付；Teleingreso 主要提供银行转账服务，在西班牙境内，有 3000 个 ATM、2000 家邮局、300 个零售网点可提供此类银行转账服务。此外，国际知名支付平台 PayPal 也已入驻西班牙市场，为在线零售商和企业用户跨境支付提供便利。

2.3.1.4 发展方向

西班牙国家是 2014 年 AliExpress 增速最快的市场，引起平台和卖家的高度重视，已经成为欧洲重点市场，也是第三个独立团队运营的国家站，目前几乎在每个行业的国家分布中西班牙都国家排名前四（见图 2-32），在最大类目服饰配饰中国家成交额排名第三。

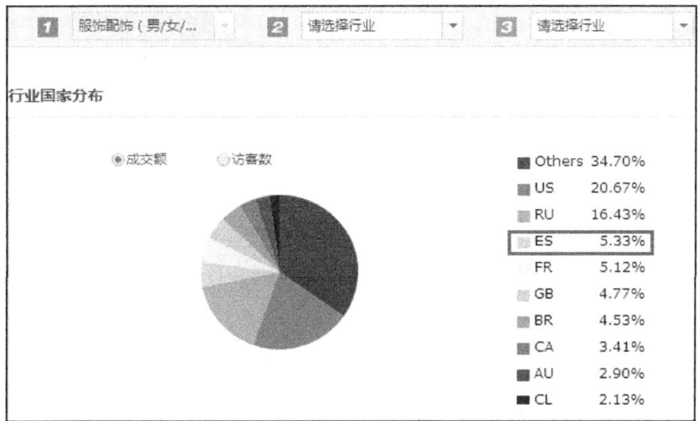

图 2-32

相比 2014 年，2015 年西班牙一天的 UV（Unique Visitor）正以 6 倍的速度增长，PC 流量端 Shopping 类网站排名 Aliexpress.com 也由第五名晋升为第一，（见图 2-33），生活类排名第二，新兴的 APP 整体排名第 16 位，并正以迅雷不及掩耳之势发展。

Rank	Website	Category
1	Aliexpress.com	Shopping
2	Amazon.es	Shopping
3	Milanuncios.com	Shopping > Classifieds
4	Ebay.es	Shopping
5	Segundamano.es	Shopping > Classifieds
6	Alibaba.com	Shopping
7	Elcorteingles.es	Shopping
8	Lightinthebox.com	Shopping > General Merchandise
9	Amazon.com	Shopping > General Merchandise
10	Ikea.com	Shopping > Furniture
11	Pccomponentes.com	Shopping > Consumer Electronics

图 2-33

从 Alexa 网站排名查询中可以看出，除目前平台的最大国家市场俄罗斯外，西班牙已经占据第二，而 PV（Page View）达到 10.65。由此可见，西班牙买家对我们平台的产品喜爱有加（见图 2-34）。

站点aliexpress.com的下属子站点的访问比例、页面访问比例、人均页面浏览量			
被访问网址	近月网站访问比例	近月页面访问比例	人均页面浏览量
aliexpress.com	65.46%	40.39%	6.23
ru.aliexpress.com	14.91%	22.37%	15.14
trade.aliexpress.com	17.38%	8.75%	5.08
es.aliexpress.com	3.47%	3.67%	10.65
pt.aliexpress.com	3.40%	2.92%	8.7
login.aliexpress.com	19.61%	2.66%	1.37
shoppingcart.aliexpr...	9.16%	2.47%	2.72
fr.aliexpress.com	1.56%	1.85%	12.0
activities.aliexpres...	12.66%	1.75%	1.40

图 2-34

以上排名足以说明，西班牙正在迅猛发展，平台也在重点扶持，未来更是潜力无限。平台针对西班牙海外推广力度正在不断加大，目前已拥有 70 万粉丝。据平台内部信息显示，西语市场的总体 GMV（Gross Merchandise Volume）不断快速攀升，西班牙占整体西语市场的 65%~70%，全店西班牙销售占比超过 30%的店铺不断涌现。

2015 年平台把西班牙划为重点发展对象。

（1）西班牙团购，虽然自 6 月 1 日起，平台整合 Superdeals 和西班牙团购活动统称为 Superdeals 全球场，但主要还是针对西班牙市场。上平台活动打造爆款轻而易举，越优惠的价格抢占越好的展示位，免费得到曝光和流量，把客户引入店铺购买其他利润款产品，优化店铺和运营，留住买家成为忠实客户。西班牙热销产品网址：http://activities.aliexpress.com/es/esbestselling.php，平台每周更新，可以参考热销品类和价格。

（2）本地化，KA 卖家重点扶持，每月团购 TOP20 销量和 GMV 卖家，西班牙 GMV 占比较高卖家；西班牙物流专线提供较迅速的物流服务（on-going）。

（3）西班牙站基础服务升级，西班牙站新首页，优化翻译和搜索，优化使用者经验。

（4）服务升级，海外仓专享四大推广资源：搜索直达、专属标识、专场活动、站外推广，而且高单价、高转化，在目的国家的接受程度显著提高。http://es.aliexpress.com，西语直译网页；http://superdeals.aliexpress.com/es?catId=46948，直接点击进入 72hrs 团购，还有当地节日促销等。

西班牙人也爱 AE，在国内知名度越来越高，比较能接受和习惯 AE 的购物方式，主要是 AE 平台性价比高，商品选择多样化，新科技、智能、新奇特等商品丰富，方便快捷，在家即可购物。除了平台的重点推广，我们也可以力所能及地做好一些事情，比如西班牙人基本不会英语，我们可以设置西语导览、西语描述（图片方式，暂不支持西语）、西语客服，同时进行 SNS、品牌推广、海外仓、本地化售后等措施，让我们的店铺在西班牙市场锦上添花，脱颖而出。

2.3.1.5　西班牙行业切入点思考

Superdeals 全球场目前有 21 个类目可以报名参加，详情可以在后台的营销活动—平台活动中查看，卖家们可以根据当地资源优势选择行业，也可以销售自己熟悉和擅长的类目。说到产品，自然离不开吃穿住用行，西班牙男女买家比例约各占一半，分别是 48%和 52%，让我们不禁思考，西班牙朋友们上网一般都在做什么？据调查统计，男人喜欢下载软件、阅读新闻报纸杂志、报税……女人喜欢有关健康、教育和课程的信息。

西班牙人喜爱的类目有手机、消费电子、首饰手表、女装、运动鞋、太阳眼镜、新奇特生活用品等，风格为智能款、造型款、年轻款、运动款、时尚款、新奇特款。西班牙人穿着比较随意，以日常服装、休闲、宽松、舒适为主，极少穿西装，当然，在正式场合如出席宴请、音乐会、报告会时要穿礼服，以示对他人的尊重和礼貌，忌讳黑色、紫色。服装材质首选纯棉，衣着风格是五花八门，眼花缭乱，主要以休闲、时尚、色彩为特点，女人的衣服、裙子最为常见。西班牙人特别懂得享受，假日非常多，经常在外面度假，假期都是陪伴家人，比较重视家庭，所以户外产品需求量较大，而且最好是家庭套装。家居新奇特生活类产品也很受欢迎。手机普及度高，特别是智能手机，手机周边产品如手机壳、移动电源，耳塞、手机架等也非常热销。畅销和待挖掘的蓝海产品不计其数，可以参考数据纵横—商机发现—选品专家查看热销热搜产品，寻找竞争小、需求大的行业，也可以选择西班牙国家和不同时间查看总结关键词分析的搜索趋势，精确定位选品（见图 2-35）。

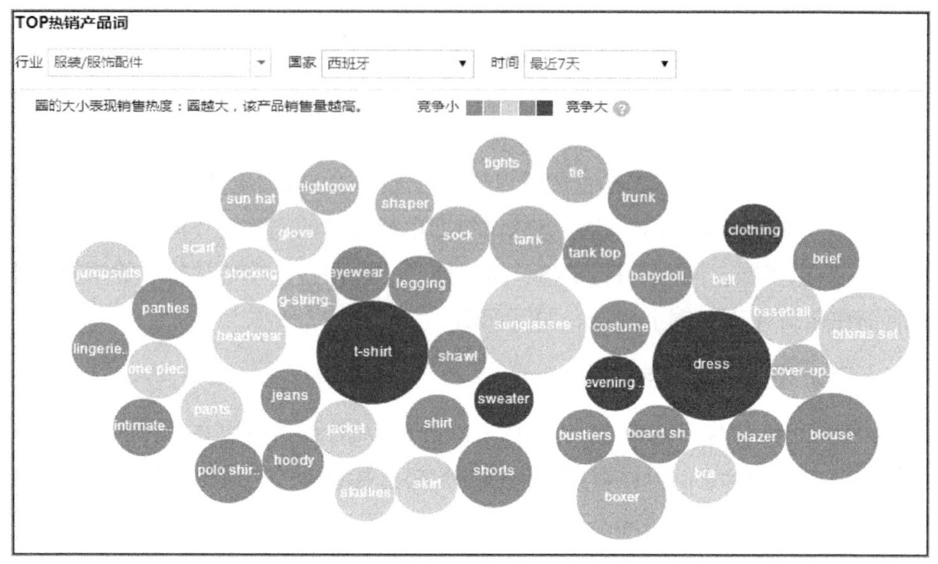

图 2-35

无论如何，选品尽量差异化，不断创新，建议把店铺做成专卖店，更方便控制货源，也方便客户目的性购买所需要的产品，各方面服务同步，用专业树立口碑，以服务赢取信任，才能走得更长更远。

2.3.2 西班牙买家需求概况

2.3.2.1 西班牙当地生活习惯

西班牙是个充满风情的国家，被人们誉为世界上最令人神往的国度。96%的居民信奉天主教。西班牙人热情、浪漫、奔放、好客、富有幽默感。西班牙人的爱好十分广泛，喜欢旅游，酷爱户外活动，对足球、登山及自行车等运动情有独钟。西班牙的斗牛、弗拉门戈舞闻名于世。

由于气候温和，日照时间长，西班牙人的生活习惯比较特殊，喜欢晚睡晚起。一般是早上 8~9 点进早餐，下午 2 点进午餐，晚上 10~11 点进晚餐。西班牙菜肴融合了地中海和东方烹饪的精华，独具特色，最具代表性的是海鲜饭（Paella）、卡斯提亚汤（Sopa Castellana）、中部烤乳猪（Cochinillo）、烤乳羊（Cordero）、西北部海鲜汤（Sopa de Marisco）、血红鸡尾酒（Sangría）、生火腿等（Jamón）。

绝大多数机关、企业、商店每天分两段办公或营业：上午 9 点或 9 点半至 12 点或下午 1 点半；下午 2 点到 4 点是午休时间；下午 4 点半或 5 点开始至晚上 7 点半或 8 点半。银行对外营业时间多为上午 8 点半至下午 2 点，下午不对外营业。实行每周 5 天工作制。节假日及周末喜欢家人团聚，不愿接待客人。商店一般周一至周六营业，周日和节假日不营业。

西班牙人十分注重生活质量，喜爱聚会、聊天，对夜生活尤为着迷。晚上 7 点左右下班后，西班牙人通常都不会赶着回家，而是三三两两钻进小餐吧边谈天边慢悠悠地咀嚼美食，一直到午夜时分。夜生活则一般在晚上 9 点之后才开始，即使是深夜，西班牙的街道也通常是拥挤的。商店和酒吧的营业时间跨度也远远大于其他国家。西班牙的夜生活很丰富，酒吧间及迪斯科舞厅后半夜都不关门，夏天经常是夜里 3 点或 4 点后才关门，大城市如马德里或巴塞罗那，连冬天都有很多娱乐场所天亮才关门。

西班牙人在圣诞节前有相互送礼的习惯，并且赠送礼品很注重包装并有当面拆包赞赏的习惯。西班牙人赴约一般喜欢迟到一会儿，尤其是应邀赴宴。餐桌上一般不劝酒，也无相互敬烟的习惯。

小费是西班牙一个流行的习惯。尽管大部分饭店、酒吧间已收服务费，但是一般顾客还是留一点小费。这个习惯也扩展到旅馆外勤侍者、剧院引座员及出租司机。付小费不是强制性的，如果想不给小费，对方也不会反对。

西班牙人在正式社交场合通常穿保守式样的西装，内穿白衬衫，打领带。他们喜欢黑色，因此一般穿黑色的皮鞋。西班牙女性外出有戴耳环的习俗，否则会被视为没有穿衣服一般被人嘲笑。

西班牙人很重视信誉，总是尽可能地履行签订的合同，即便后来发现合同中有对他们不利的地方，也不愿公开承认自己的过失。在这种情况下，如果对方能够善意地帮助他们，则会赢得西班牙人的尊重与友谊。西班牙人只有在参加斗牛比赛活动时才严守时间，但客人应当守时，即便对方晚到，也不要加以责怪。

主要禁忌：在西班牙，不要对斗牛活动有非议。如果你对情况不了解，最好不要对斗牛活动发表任何意见。到西班牙人家中作客，可送上鲜花，他们最喜爱石榴花。

2.3.2.2　西班牙买家购物特点

西班牙买家男女比例大约对半分，而买家的年龄集中在 16~34 岁之间，以学生和上班族为主。他们没有非常高的资金支配能力，所以对商品价格会有一定要求。

多数西班牙买家习惯使用计算机浏览购物，手机和平板设备也一定的比例。值得一提的是，有 26.2%的买家不止使用一种设备进行购物。值得关注的是，西班牙人购买商品多通过关键词搜索，在购买之前会进行全站比价并参考好评（西班牙人评论为主），而朋友和 Facebook 推荐的卖家是他们有限选择的对象。西班牙人购物风格多以智能、新奇特、时尚、运动、年轻、造型为主，除了单价比较高的产品外，能接受两周内到货。卖家要特别注意的是，在西班牙销售产品除了要做到尺码齐全外，服装等产品一定要附公分尺码表。他们的需求类目也因节假日不同而不同。

有些买家比较清楚自己准备购买的产品品类，只需要挑选款式，风格等。而对于对购买的产品品类并不明确或持开放性态度的买家，则需要根据使用场景或产品风格进行挑选。有调查显示，西班牙客户偏好场景、风格、元素产品。

2.3.2.3 西班牙节假日

西班牙是世界上节日最多的国家之一，几乎每个月都有当地传统的节日。其中全国性的节日主要有新年（1 月 1 日）、三王节（1 月 6 日）、圣周（每年 4 月，时间不定）、国际劳动节（5 月 1 日）、圣母升天日节（8 月 15 日）、国庆节（10 月 12 日）、万圣节（11 月 1 日）、宪法日（12 月 6 日）、圣灵受孕节（12 月 8 日）、圣诞节（12 月 25 日）。

富有民族风格的节日有狂欢节、瓦伦西亚的法亚节（火节）、圣周、塞维利亚的四月节、马德里的圣伊西德罗节（又称斗牛节）、圣体节、潘普罗那市的奔牛节、圣地亚哥节、西红柿节、圣皮拉尔节等。

狂欢节每年 2 月举行，带面具的男女老少、小丑、巨人和鬼怪成了这一节日的主角。在纳瓦拉省的兰斯（Lanz）举行的狂欢节以其神话人物西里波特（Ziripot）和萨尔蒂克（Zaldico）使人们看到了几千年前的传统；卡塞雷斯省的贝拉新镇（Villanueva de la Vera）以焚烧贝罗·巴洛（Pero-Palo）的模型庆祝这一节日；加的斯（Cadiz）狂欢节以街头乐队的游行（charangas）体现了滑稽和讽刺的气氛；欢腾热闹的特内里费和位于大加那利群岛的拉斯帕尔马斯岛的狂欢节则以其绚丽多彩和装饰精美足可与世界上其他地方的狂欢节相媲美。

圣周是西班牙最突出的宗教节日，至今还保留着不可磨灭的传统痕迹。在塞维利亚、巴亚多利德、萨莫拉、穆尔西亚和昆卡的教友会的游行和优雅的马术表演也闻名于世

7 月最突出的节日是在潘普洛纳（Pamplona）举行的圣费尔明节（San Fermín），健壮的奔牛和万众奔跑的场面震动了世界。在加利西亚地区的利巴特梅（Ribarteme）举行的朝圣盛典来纪念圣玛尔塔的复活，以及在阿斯图里亚斯举行的巴盖拉婚礼节（boda vaqueira）都是庆祝丰收的重大节日。

圣诞节是一年之中举行的最后一个全国性节日，各地的圣诞节都有其独特的个性。值得一提的是，传统的展示耶稣降生模型和显圣节游行（即三王来朝节）均具有浓郁的西班牙特色。

西班牙人喜欢在节日期间举行露天音乐会、化妆舞会、宗教游行、施放烟火、歌舞表演、斗牛等活动，全民出动，尽情狂欢。西班牙人还常常利用节日“搭桥”休假，其中在圣周期间、7~8 月份、圣诞节、元旦节和三王节期间，纷纷外出休假，几乎无人办公。他们一年几乎有 150 天都在休假。每个节日对应的主要类目可以参考图 2-36。

节庆	主要类目
1月底到2月初 Carnaval嘉年华	服装，假发，舞会配饰，节日彩妆
3月中到3月底Semana Santa圣周	户外用品，郊游，春天
3/19 父亲节	手表，领带，袖扣，领带夹，3C电子
4月-5月婴儿受洗，婚礼	礼品，相框
5/4 母亲节	皮夹，提包，围巾，别针
5月底 - 6月夏天	户外郊游，BBQ
6月底 -7月	海滩，泳池，泳装
8月底 - 9月初 开学季	文具，箱包，3C电子
9月中 - 10月底 Halloween 万圣节	服装，变装，化妆
11月初 -12月 圣诞节，新年	圣诞树，彩灯，服装时尚，3C电子，礼品，家居等全品类

图 2-36

2.4 法国市场

2.4.1 法国电商概况

2.4.1.1 法国概况

法国是欧洲国土面积第三大、西欧面积最大的国家，与比利时、卢森堡、瑞士、德国、意大利、西班牙、安道尔、摩纳哥接壤。人口数量达 66 616 416 人（2014 年），人均 GDP 为 41421 美元（2013 年）。

法国是世界主要发达国家之一，国内生产总值位居世界第五。法国是仅次于美国的世界第二大农产品出口国，第三产业在法国经济中所占比重逐年上升。其中电信、信息、旅游服务和交通运输部门业务量增幅较大，服务业从业人员约占总劳动力的 70%。

法国的法定货币为欧元。1999 年 1 月 1 日，法国和其他 11 个欧洲国家共同参与使用欧元，并在 2002 年年初正式开始使用欧元硬币和纸币，完全取代了之前的法国法郎。

法国是世界贸易大国，外贸进出口总额排名世界第五，其中出口总额位列世界第六，进口总额位居世界第四。进口商品主要有能源和工业原料等，出口商品主要有机械、汽车、化工产品、钢铁、农产品、食品、服装、化妆品和军火等；还有就是非产品化技术出口增长较快，纯技术出口在整个出口贸易中的地位日益显要。

法国的商业十分发达，创收最多的是食品销售，在种类繁多的商店中，超级市场和连锁店最具活力，几乎占全部商业活动的一半。电子商务在法国异军突起，2014 年法国人在线消费总额达 570 亿欧元，比前一年增长 11%，达到 7 亿笔。尽管平均单笔消费金额下降 4%至 81 欧元，但买家网购频率却有所提升，从 2013 年的年均下单 18 次上升至 20 次。巴黎是世界性的消费中心，大量的高档时装、香水、化妆品以及波尔多红酒吸引着世界各地的消费者前来购物消费。

2.4.1.2 法国网购情况

2014 年法国电子商务市场规模为 575 亿欧元，将近 4000 亿人民币，比 2013 年增长了 19%，占法国 GNP 的 18%，其中在线产品销售约为 246 亿欧元，将近 1700 亿人民币（见图 2-37）。

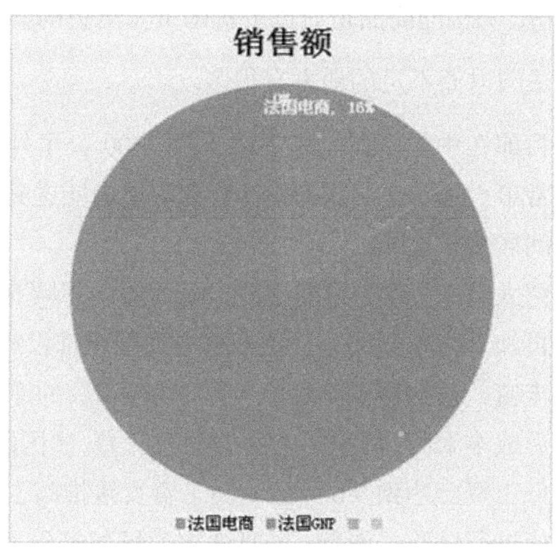

图 2-37

法国在欧洲电子商务市场规模排名第三，排在英国和德国后面。法国在全球排名第六，排在美国、中国、日本和英德后面。

在法国有将近 3 亿的商品购买人次、一年 40 亿的包裹量和 65 万电商网站。对比 2014 年同时期，在 2015 年年初，电商总销售额增长速度是法国商业总体的 10 倍（见图 2-38）。

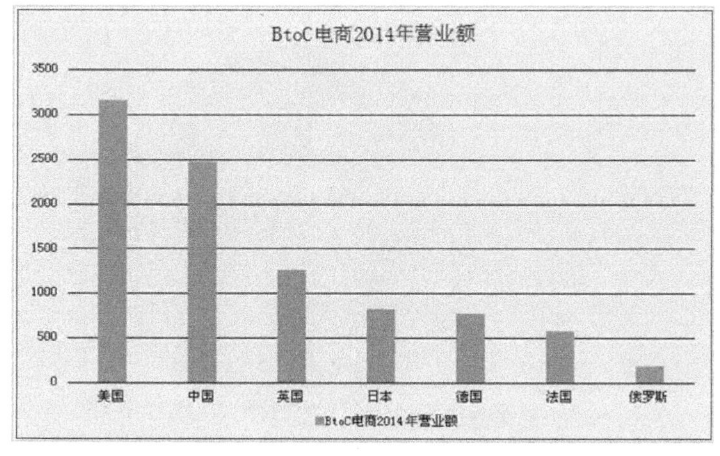

图 2-38

2015 年法国电商出现了一个新趋势：手机上网购物。已经有 14%的上网者选择通过手机浏览网页购物，72%的商品是通过手机网页卖出去的。

和中国比起来，法国电商不足的地方有很多。

- 物流速度慢。目前在中国，在北京下单，从 2000 公里外的广州发货，两三天内到货已是平常事。然而在法国，一件货物一周内能送到就已经不错了，个别网站的送货时间居然长达 40 天。
- 商品的网页介绍太简单。除个别网站推出了简短的视频介绍外，其他的基本都是抄下说明书再加上简单配图，一些知名电商甚至都没有买家评价系统。
- 服务种类不够丰富。法国网购不那么“贴心”，背后的原因有很多，其中很重要的一点是人力成本太高，制约了电商的创新活力。法国国家统计局数据显示，法国每小时最低工资已达到 9.6 欧元，高工资直接推高了物流成本。此外，法国人习惯到门店进行体验式消费，并且法国卖场如家乐福、欧尚以及众多工厂店的经营质量确实一流，这也对电商的发展形成了不小的阻力。

2.4.1.3 法国电商支付情况

法国人上网购物 80%使用银行卡直接支付；其次是有 27%的人使用 PayPal 等电子钱包；其他的如商家礼券、虚拟银行卡、支票、银行转账、分期付款等使用的人都相对较低（见图 2-39）。

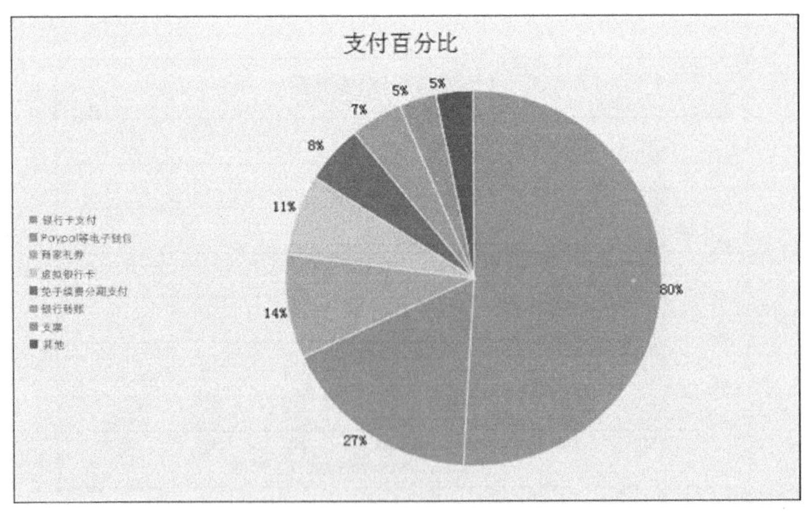

图 2-39

2.4.1.4　法国行业切入点思考

因为圣诞节的关系，11 月和 12 月是电商最热的时期，通常 63%的法国人会在这个时间段上网买东西。

因为法国本土旅游业发展强盛的关系，法国人在网上买得最多的是旅游、服务、文化、服装类产品，有近一半的法国网友都会在网上购买这些产品；有 39%的法国人会在网上购买电子电器类产品；有 28%左右的人会上网购买美容健康和家具用品类产品；有 20%左右的法国人会在网上购买食品快消品、家电以及游戏和玩具；另外还有 15%左右的法国人会直接在网上购买汽车配件和运动器材。

2.4.1.5　卖家方向

以法国市场为目标的卖家，可以以迎合法国买家购物习惯，以及解决法国本地电商的痛点作为运营方向。

商品详情页：除了尽量在图片中配上法语文案之外，还得注意图片的丰富度。法国的手机端用户越来越多，且大多数都是网页下单（非客户端），所以除了注意图片的丰富度之外，还得注意控制图片的宽度和质量，方便手机浏览器快速打开。

物流方式：法国本国的物流速度较慢，我们最好能选择较快、速度稳定的物流方式，比如 E 邮宝、荷兰小包等。

2.4.2　法国买家需求习惯

2.4.2.1　法国当地生活习惯

（1）社交礼仪。与英国人和德国人相比，法国人在待人接物上的表现是大不相同的。主要有以下特点。

第一，爱好社交，善于交际。对于法国人来说，社交是人生的重要内容，没有社交活动的生活是难以想象的。

第二，诙谐幽默，天性浪漫。法国人在人际交往中大都爽朗热情，善于雄辩，高谈阔论，好开玩笑，讨厌不爱讲话的人，对愁眉苦脸者难以接受。受传统文化影响，法国人不仅爱冒险，而且喜欢浪漫的经历。

第三，渴求自由，纪律较差。在世界上法国人是最著名的“自由主义者”。“自由、平等、博爱”不仅被法国宪法定为本国的国家箴言，而且在国徽上明文写出。他们虽然讲究法制，但是一般纪律较差，不大喜欢集体行动。与法国人打交道，约会必须事先约定，并且准时赴约，但是也要对他们可能的姗姗来迟事先有所准备。

第四，自尊心强，偏爱“国货”。法国的时装、美食和艺术是世人有口皆碑的，在此影响下，法国人拥有极强的民族自尊心和民族自豪感，在他们看来，世间的一切都是法国最棒。与法国人交谈时，如果能讲几句法语，一定会使对方热情有加。

第五，骑士风度，尊重妇女。在人际交往中，法国人所采取的礼节主要有握手礼、拥抱礼和吻面礼。

（2）服饰礼仪。法国人对于衣饰的讲究，在世界上是最有名的。所谓“巴黎式样”，在世人耳中即与时尚、流行含义相同。在正式场合，法国人通常要穿西装、套裙或连衣裙，颜色多为蓝色、灰色或黑色，质地则多为纯毛。出席庆典仪式时，一般要穿礼服。男士所穿的多为配以蝴蝶结的燕尾服，或者黑色西装套装；女士所穿的则多为连衣裙式的单色大礼服或小礼服。对于穿着打扮，法国人认为重在搭配是否得法。在选择发型、手袋、帽子、鞋子、手表、眼镜时，都十分强调要使之与自己着装相协调、相一致。

（3）餐饮礼仪。作为举世皆知的世界三大烹饪王国之一，法国人十分讲究饮食。在西餐中，法国菜可以说是最讲究的。法国人爱吃面食，面包的种类很多，他们大都爱吃奶酪。在肉食方面，他们爱吃牛肉、猪肉、鸡肉、鱼子酱、鹅肝，不吃肥肉、宠物、肝脏之外的动物内脏、无鳞鱼和带刺骨的鱼。法国人特别善饮，他们几乎餐餐必喝，而且讲究在餐桌上要以不同品种的酒水搭配不同的菜肴；除酒水之外，法国人平时还爱喝生水和咖啡。法国人用餐时，两手允许放在餐桌上，但却不许将两肘支在桌子上，在放下刀叉时，他们习惯于将其一半放在碟子上，一半放在餐桌上。

（4）习俗禁忌。法国的国花是鸢尾花。对于菊花、牡丹、玫瑰、杜鹃、水仙、金盏花和纸花，一般不宜随意送给法国人。法国的国鸟是公鸡，他们认为它是勇敢、顽强的直接化身。法国的国石是珍珠。法国人大多喜爱蓝色、白色与红色，他们所忌讳的色彩主要是黄色与墨绿色。法国人所忌讳的数字是“13”与“星期五”。在人际交往中，法国人对礼物十分看重，但又有其特别的讲究。宜选具有艺术品位和纪念意义的物品，不宜选刀、剑、剪、餐具或带有明显的广告标志的物品。男士向一般关系的女士赠送香水，也是不合适的。在接受礼品时若不当着送礼者的面打开其包装，则是一种无礼的表现。

2.4.2.2　法国买家购物特点

浪漫的法国人热衷于网络购物，互联网已经深入法国人的日常生活中，其中有近 9 成法国人都曾通过互联网购物。

每年夏天和冬天，法国都有打折季，平时商场很少打折。但是这类网站每天都在打折，通过直接和供货商合作，减少中间环节，很多限时在两三天之内的国际大牌折扣可以打到 50%~70%。网店里售卖的均为时装、箱包、皮具、配饰、香水等国际高端品牌。

但是这类网站的弊端也不可小觑，因为是限时销售，经常是为了清仓（并不代表质量会有问题），消费者之间的竞争是激烈的。不仅如此，配送时间非常长，主要是大部分此类网站没有自己的仓库，而品牌商家又不会像国内淘宝卖家那样做物品的单独配送。

2.4.2.3　法国节假日

法国节假日是比较多的，下面简单介绍一下。

- 元旦节 JOUR DE L' AN（1 月 1 日）
- 复活节 LUNDI DE PAQUES，宗教节日，具体日期不固定，为每年 3 月 21 日之后月满后的第一个星期天
- 劳动节 FETE DU TRAVAIL（5 月 1 日）
- 二战停战日 VICTOIRE 1945（5 月 8 日）
- 圣（基督）灵升天日 ASCENSION，宗教节日，复活节后 40 天
- 国庆日 FETE NATIONALE（7 月 14 日）
- 圣母升天日 ASSOMPTION（8 月 15 日），宗教节日
- 万圣节 TOUSSAINT（11 月 1 日），宗教节日
- 一战停战日 ARMISTICE 1918（11 月 11 日）
- 圣诞节 NOEL（12 月 25 日）

2.5 英国市场

2.5.1 英国市场概况

2.5.1.1 英国概况

英国，全称为大不列颠及北爱尔兰联合王国。英国本土位于欧洲大陆西北面的不列颠群岛，被北海、英吉利海峡、凯尔特海、爱尔兰海和大西洋包围，是由大不列颠岛上的英格兰、苏格兰、威尔士、北爱尔兰以及一系列附属岛屿共同组成的一个西欧岛国。

英国 2014 年统计的总人口数约为 6340 万，人口组成如图 2-40 所示。

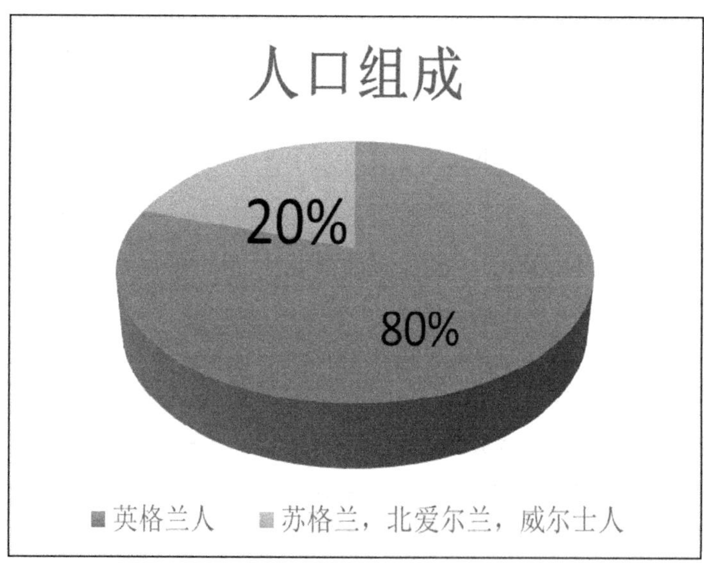

图 2-40

人口密度为每平方公里 229 人，但全国人口分布不均，80%的人口住在城市。

英国谢菲尔德大学的一项研究报告说，预计到 2020 年，莱斯特市印度裔人口将从目前的 22.9%上升到 26%。该市非洲裔人口也将出现大幅增加。

在未来 30 年内，至少有 10 多个英国城市的白人为少数人口，英国人口组成将大大改观。研究人员表示，首先出现这种情况的城市是莱斯特市。到 2020 年，莱斯特市会成为英国第一个“超级多元化”城市，该市人口将只有不到 50%是白人，下降比例如图 2-41 所示。

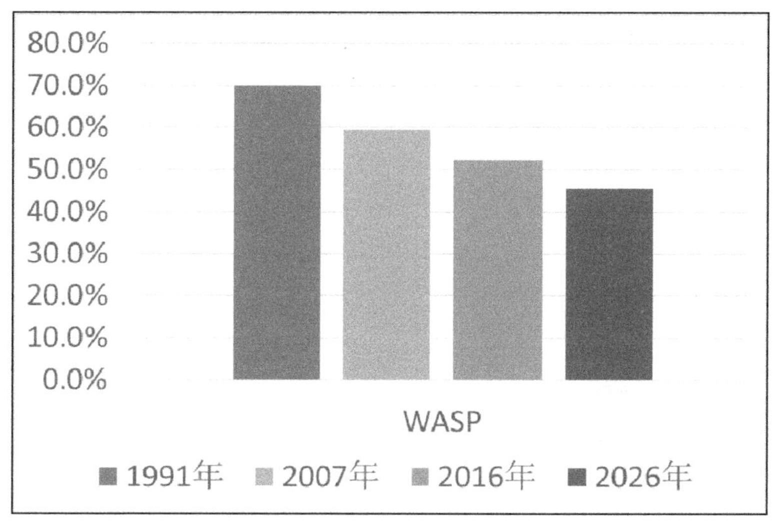

图 2-41

紧随其后的是伯明翰市，估计伯明翰市也将于 2024 年步莱斯特市的后尘。

来自英国工党公布的一份移民数据显示，自 2000 年至今（2015 年），已有 2 053 396 名外国人（不包括欧盟）加入英籍，这是英国历史上从未有过的移民高潮。主要移民来源国为印度、巴基斯坦、尼日利亚、菲律宾和中国。

2.5.1.2 英国网购情况

根据 2012 年欧洲电子商务联合会显示的数据，欧洲电子商务 B2C 销售额比前年增加 19%，达到 3120 亿欧元。移动电子商务也是欧洲很大的趋势，其中欧洲 B2C 电子商务的 5.5%都是通过移动终端来实现的。英国所占的比例最多，在移动电子商务方面，英国占了 12%的总电子商务销售额。西欧是欧洲很成熟的市场，营业额可以达到 1600 亿欧元，英国在里面处于比较领先的地位。2013 年各国 B2C 网购消费额如图 2-42 所示。

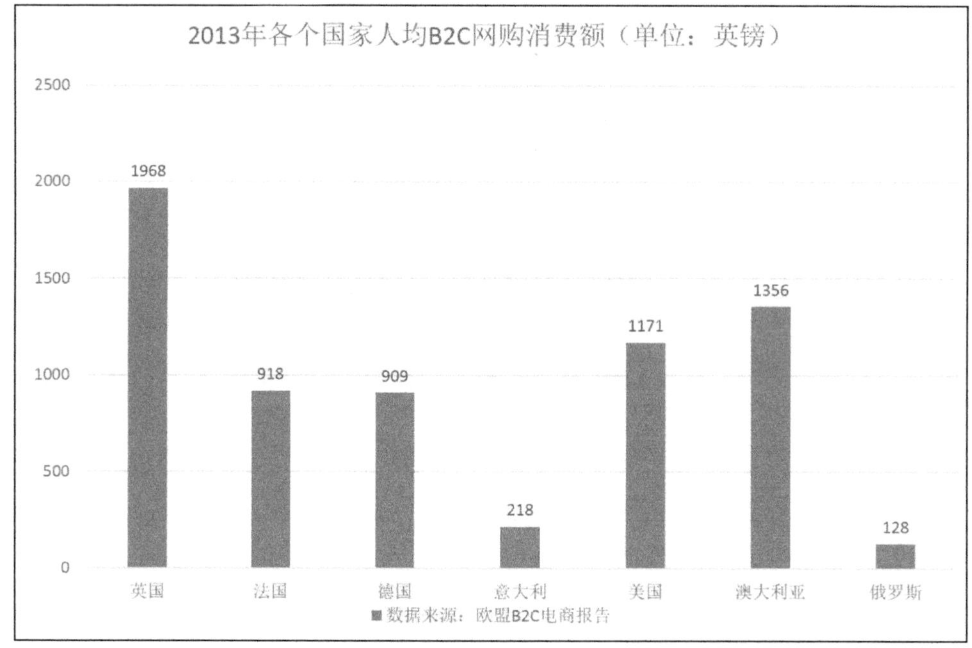

图 2-42

从图中可以看出，英国的人均 B2C 网购额远远高于其他国家，以 1958 英镑居于首位，且网络消费占零售消费的比重约为 13.7%。究其原因，是政府监管、行业自律和消费者权益保障意识较强三方面合力形成的良好网络购物环境和安全保障助力英国网购蓬勃发展。

除政府监管保障之外，网购行业也有行业自律组织，以及半官方的标准委员会。比如英国网络零售商协会负责颁发安全网购资格给合规成员企业；英国交易标准协会则对网购商店进行安全与信用认证，对合格的网店颁发信用章以便消费者甄别。成熟的网购市场催生竞争激烈的第三方在线支付服务市场，同时完善的行业监管、严格的自律性和相对公开透明的数据等行业特征也覆盖到这一领域。

英国通信管理局（Ofcom）也指出，网购在英国广为流行，主要得益于超快速宽带网络的普及。近 80%的英国家庭使用的宽带服务连接速度至少达到每秒 30MB。

坎塔尔媒体咨询公司统计得出，光在网络上销售食品的零售店就有 700 万个。英国网络购物市场饱和度很高。在英国，时尚和体育用品非常受欢迎，其次是旅游和家居用品，接着是音乐、电影、杂志和书籍。

2.5.1.3　英国电商支付情况

英国政府在 1973 年成立了公平贸易局，专门负责消费者权益保障和维护市场公平竞争。1974 年，英国推行消费者信用法案，对信用卡消费（包括在线信用卡消费）行为进行规范和保障。当消费者的消费额超过 100 英镑时，一般会选择信用卡支付，因为根据该法案相关规定，大额信用卡支付将享受更加完善的消费保护，包括全额退款。

每当购物季来临时，主要电台与网站都会播出网络购物安全教育短片，教消费者如何安全、顺利地完成网上支付。英国政府还专门发起成立了名为“获得在线安全”的服务性组织。

在英国最受欢迎的支付方式有：信用卡、借记卡、贝宝和其他方式。各使用占比如图 2-43 所示（资料来源：Payvision）。

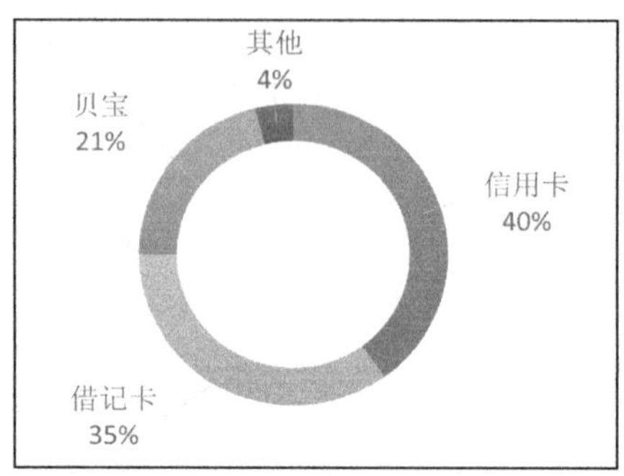

图 2-43

2.5.2 英国买家需求

2.5.2.1 英国当地生活习惯

英国是个商业和工业都发达的资本主义国家，商品经济也非常活跃，流通渠道十分畅通。购物环境对商品流通有直接的影响。英国的购物环境有明显的层次结构，因此不同层次的消费者都能各得其所。当前，英国购物场所主要有 8 种形式：购物中心（Shopping Centre）；拱形商场（Areade）、步行街商业区（Pedestrian Street）、超级市场（Supermarket）、室内市场（Market）、露天市场（Open Market）、二手货商店（Secondhand Shop）、廉价品市场（Car Boot Sale 和 Jumble Sale）

据调查发现，目前的英国人已经没有以往的排队习惯，他们排队购物的时间忍耐据调查在两分钟左右，如果需要更长的时间，他们则选择不进去与不购买。尤其是出现网购的时候更是如此，因此网购目前还是他们较为认可的一种购物习惯。

Affinova 公司研究也表明，现代男性们越来越注重个人形象，男性化妆品市场节节攀升，2014 年市场总额已经突破 39 亿美元。据调查显示，英国男性在购买化妆品时，喜欢选择那些说明文字和标识简洁明了的产品。此外，基于男人们贪图方便的天性，英国男性特别喜欢购买化妆品套装，因为套装里含有各种用途的产品，一步到位地完成采购，省时省力。

2.5.2.2 英国买家购物特点

1. 网购比价

网站“Give as you Live”的消费者洞察负责人 Steff Lewis 表示：“不管是外出度

假还是购买又一代视频游戏，人们都会花费大量时间对比价格以达成最令他们满意的交易”。在多数情况下，商品价格是影响消费者行为的决定性因素，89%的网购行为受此影响。目前，90%的英国网购者在下单前会货比三家，只有 7%的人群不屑于对比各商家的售价。对价格对比网站“Give as you Live”进行的消费者对比价格所需时间的调研结果如图 2-44 所示。

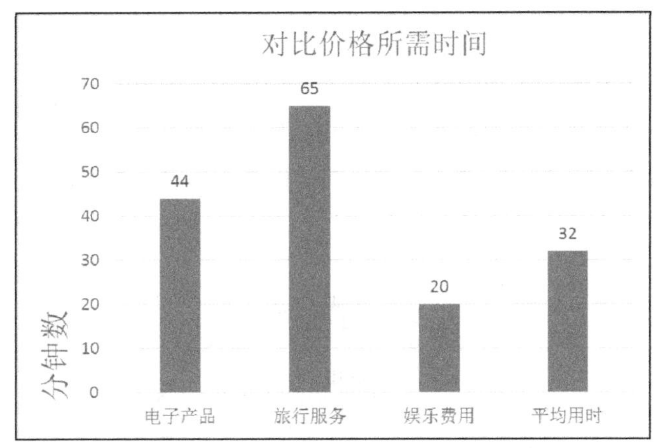

图 2-44

消费者的这些习惯不太可能发生改变，零售商们只能设法迎合这些愿意花时间寻求理想交易的消费者。零售商们同时仍需谨记，提供优质服务和打造可信赖的品牌形象仍是赢得顾客的关键。因此，零售商们在优先考虑提供有竞争力的价格时，还要确保其他方面的工作不掉队。

2. 网购设备的使用

Conlumino 零售分析师尼尔·桑德斯说：“互联网让人们可以随时随地购买东西，网上商店不再像实体店一样有固定的开放时间，因此人们现在越来越喜欢在夜晚购物了。此外，平板电脑越来越短小、便携，人们可以拿着它躺在被窝里使用，这跟笔记本电脑有很大的不同”。

调研机构 Ofcom 的数据表明，44%的英国家庭拥有一台平板电脑，而在一年前，这一比例仅为 24%。

英国 70%的消费者现在都拥有智能手机。在 2013 年的最后一个季度，有三分之一的网上销售在英国通过移动设备产生。

3. 网购活跃时间

连锁零售公司 John Lewis 曾对大量网购订单进行过研究，结果发现，在午夜时分至凌晨 6 点，英国购物网站内的流量往往会暴增 30%左右，在凌晨下单购买的行为也非常活跃。每天晚上当邻居们进入梦乡后，很多英国人喜欢躺在床上，慢腾腾地打开手机或平板电脑，悠闲自在地在各类购物网站里选购游戏机、乐高玩具、枕头等商品。

在午夜时分，习惯于夜间活动的游戏玩家们此时往往会下单购买新的游戏机，一些夜不能寐的父母也会兴致冲冲地给孩子购买玩具和电子产品，比如凌晨 4 点时是乐高玩具的销售高峰。而在早餐前的一段时间，校服和童鞋是最热卖的商品（如图 2-45 所示）。

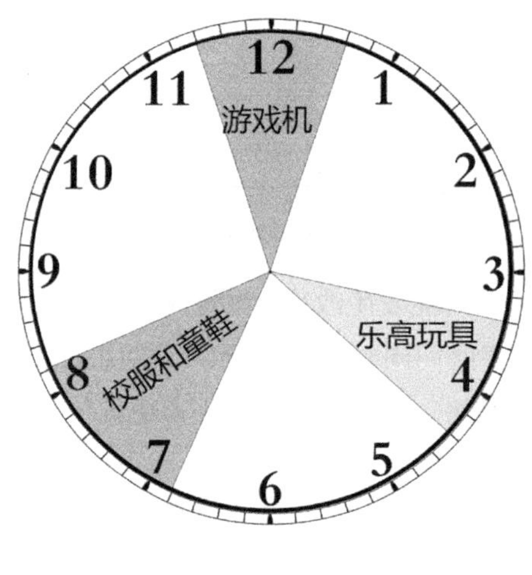

图 2-45

4. 网购商品潮流

2014 年 John Lewis 的销售额高达 30 亿英镑。John Lewis 高级管理人员称，如今机顶盒、便携式摄像机、iPod 等商品已经不那么热销了，但是网上商店中的健身设备的销量呈快速增长之势，像 Fitbit 之类的可穿戴跑步设备的销量增长了 900%。此外，在环法自行车赛之类的大型赛事举办期间，英国消费者大量购买宽屏电视机以及自行车服，一是为了观看赛事；二是跟风式地进行一些体育锻炼。

近年来，在全英国范围内掀起了一股运动热潮。体育用品卖得火热，比如耐克牌荧光跑鞋的销量就增长了 400%。此外，随着电影《华尔街之狼》的热播，市场上掀起了精致工作套装、袜子的销售热潮，销量一度增长 75%。

紧身布裤和牛仔裤也变得非常流行，比如 Levi 511s 的裤子就卖得很好。英国年轻都市男性消费者也掀起了穿着印花男装的风尚，这类服装的销量增长了 1000%，而橙色衬衫的销量增长了 4 倍。

王室成员在推动时尚产品的销售方面也发挥了作用。剑桥公爵夫人凯特（威廉王子的妻子）已经成为引领时尚的先锋，她的穿着让很多英国女性竞相跟随。

分析人士称，产品更新的步伐越来越快了。社交媒体和电视时装秀总是能引发新一波的时尚潮流和新的产品需求。

2.5.2.3　英国节假日

英国是一个节假日众多的国度。英国人一年之中要庆祝很多不同的宗教或世俗节日，这些节日充分显示了英国文化、宗教、历史、社会等方面的传统。在英格兰、苏格兰、威尔士和北爱尔兰，分别有反映本民族特色的独特节日；不同族群的移民社区也有各自的宗教或民族节日。

在英国，节日（festival）和假日（holiday）是不一样的概念。前者是指基于一定文化历史传统习俗所遵循的庆祝日；后者是按照法律规定为纪念某一事件而设的公休日。本节将分别介绍英国节日和法定假日。

1. 英国节日

英国节日又分宗教节日和世俗节日，如图 2-46 所示。

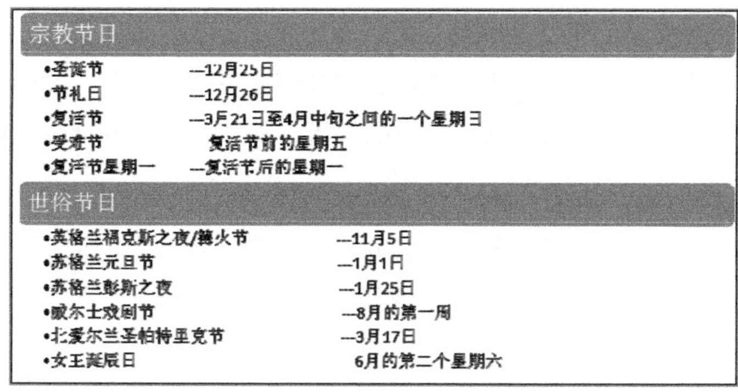

图 2-46

各节日详解如下。

宗教节日——英国最重要的两大宗教节日是圣诞节（Christmas）和复活节（Easter）。

圣诞节（Christmas）：每年 12 月 25 日的圣诞节是最大规模和最受民众欢迎的节日。圣诞节是纪念耶稣基督诞生的宗教节日，也是英国人辞旧迎新、家庭团聚的重要日子。此时英国的大小城镇都会张灯结彩，各地停工停学；人们用常绿的冬青树、彩灯和小饰物来布置家庭，到处都是浓浓的节日氛围。圣诞节不仅是家人朋友团聚、互赠礼物的节日，也是英国人大量消费、纵情豪饮的时刻，整个社会都在围绕着圣诞大餐、礼盒、祝福和威士忌尽情享乐。

节礼日（Boxing Day）：每年 12 月 26 日为节礼日（Boxing Day）。Boxing Day 的名字会让人误以为和拳击比赛有什么联系，但实际上这个节日来自于人们给雇员或送货员（如送牛奶工人）送圣诞礼盒的旧风俗。Boxing 是指有许多礼盒要打开的意思。如果说圣诞节是家庭团聚的时刻，那么节礼日就是朋友聚会的日子。

复活节（Easter）：复活节是春季圣祭日，是 3 月 21 日至 4 月中旬之间的一个星期日。对于忠实的基督教徒来说，复活节是比圣诞节更加重要的节日。复活节是最严肃的基督教节日，用以纪念耶稣的复活，同时也庆祝自然界生命的复苏和象征基督教徒自己心灵上的新生。

复活节前的星期五是“受难节”（Good Friday），纪念被钉在十字架上遭难、为人类献身的耶稣。复活节后的星期一则被称为“复活节星期一”（Easter Monday），是法定假日。

复活节时，教堂专门用花朵装饰，人们参加晨祷，然后亲属们聚在一起吃复活节正餐。女士们穿戴新衣、新帽庆祝，人们到户外阳光下散步游行。复活节的象征是复活节彩蛋（Easter Egg）。现在，除了染绘的鸡蛋以外，巧克力和糖做成的彩蛋更为流行。

世俗节日——除了宗教节日外，英国几乎没有全国都庆祝的世俗节日。英格兰、苏格兰、威尔士和北爱尔兰有不同的世俗节日风俗，这与传统上四个区域的历史文化有着深厚的渊源。

英格兰的“福克斯之夜”（Guy Fawkes Night）：又称篝火夜（Bonfire Night），每年 11 月 5 日是英格兰人联欢的日子。

苏格兰的元旦节和彭斯之夜（Burns Night）：在苏格兰，人们对于新年的热情令圣诞节变得平淡无奇。苏格兰人的圣诞节是非常安静的，他们欢乐而嘈杂的庆典是在 12 月 31 日的除夕夜（Hogmanay）。1 月 25 日的彭斯之夜，是为了纪念伟大的苏格兰诗人罗伯特·彭斯（Robert Burns）的诞生日。

威尔士的音乐文学戏剧节（Eisteddfod）：威尔士拥有欧洲最古老和丰富的文学、音乐和艺术传统，威尔士人民格外以此为荣。每年 8 月的第一周，在威尔士北部和南部轮流举行的音乐文学戏剧节就是几个世纪以来威尔士人的传统艺术盛会。在这个节日里，威尔士人在户外搭起帐篷。

北爱尔兰的圣帕特里克节（St. Patrick's Day）：在 3 月 17 日的圣帕特里克诞辰日，爱尔兰人举行纪念活动，佩戴三叶草花（Shamrock，爱尔兰国花），穿绿色的衣服，吃带有绿色的蛋糕。

还有一个重要的世俗节日是跨越英国各个区域和民族的，那就是女王诞辰日（Queen's Birthday）。英国在位的伊丽莎白二世女王的实际生日是 4 月 21 日，但她的官方生日（Official Birthday）是 6 月的第二个星期六。由于英国是君主立宪制国家，没有“国庆日”，所以实际上女王的官方诞辰日在英国就替代了国庆日的功能。

2. 英国法定假日

重要的公众假日：公众假日是根据英国法律制定的公休日，在英国不同的区域也有所不同。全国范围内主要的公众假日如图 2-47 所示。

另一个值得一提的是 bank holiday（“bank holiday”的得名自于银行放假的习俗），这种提法非常具有英国传统，它指除了星期六和星期天以外的任何法定假日。这一天所有的银行、邮局、学校都放假，大部分工厂、机关和商店也休息。所以，上述所有的公众假日，只要不是正好赶上周六或周日，都属于 bank holiday 的范畴。

1月1日 ——元旦节(New Year's Day)
3月21日至4月中旬之间的一个星期日 ——复活节
3月21日至4月中旬，复活节前的星期五 ——受难日(Good Friday)
3月21日至4月中旬，复活节后的星期一 ——复活节星期一(Easter Monday)
5 月 1 日 ——劳动节(May Day)
5月的最后一个星期一 ——春季公休日(Spring Bank Holiday)
8月的最后一个星期一 ——夏季公休日(Summer Bank Holiday)
12月25日 ——圣诞节(Christmas Day)
12月26日 ——节礼日(Boxing Day)

图 2-47

2.6 美国市场

美国是由华盛顿哥伦比亚特区、50 个州、波多黎各自由邦和关岛等众多海外领土组成的联邦共和立宪制国家。其主体部分位于北美洲中部，面积为 963 万平方公里，人口有 3.1 亿，通用英语，是一个移民国家。美国是高度发达的资本主义国家，其政治、经济、军事、文化、创新等实力领先全球。美国的高等教育水平和科研技术水平也是当之无愧的世界第一，其科研经费投入之大、研究型高校企业之多、科研成果之丰富堪称世界典范。美国有着较为健全的法律制度、健康的生活环境、顶尖的教育资源等，继续吸引着世界各地的人来这里追逐美国梦。美国经济在 2014 年的总体表现是先抑后扬，总体增长势头仍然强劲，并远远领先于欧元区和日本等其他经济体，美元指数稳中渐涨。

众所周知，美国作为世界第一大经济体系，对世界的经济发展有着举足轻重的作用。美国又是全世界在线销售的领军者，拥有以亚马逊、eBay 等为代表的大型在线销售平台，让世界各国的在线销售平台争先效仿。根据美国商务部数据，2014 年在线零售业收入占美国零售总收入的 6.4%，相比 2013 年的 5.8%增长了 0.6%。线上销售的稳定增长不仅带动了整个美国国内的零售业，同时也让各国的跨境零售平台看到了美国市场的巨大潜力，都争先恐后地进入美国市场。2014 年排名前十国家的 GDP 总量如图 2-48 所示。

排名	国家	GDP总量（十亿美元）	地区
1	美国	16197.96	美洲
2	中国	9038.66	亚洲
3	日本	5997.52	亚洲
4	德国	3373.3	欧洲
5	法国	2565.62	欧洲
6	英国	2532.05	欧洲
7	巴西	2503.87	美洲
8	印度	2117.28	亚洲
9	俄罗斯	2109.02	欧洲
10	意大利	1953.82	欧洲

图 2-48

2.6.1 美国电商市场概况

美国是全球电子商务发展最早也是最快的国家，一直走在世界的前列，其应用领域和规模都领先于其他国家，在全球所有的电子交易额中，目前有 40%都发生在美国。据报道，互联网在美国发展 17 年所创造的价值，接近于美国汽车工业经过 100 年发展所创造的价值。作为电子商务运动的倡导者和推动者，美国的电子商务还在不断地创新和扩大规模，影响着全球电子商务市场。美国是全球拥有大型电子商务平台最多的国家，同时用户活跃度也是全球最高的。下面从三个方面来分析一下美国目前电子商务的概况。

第一个方面是美国 B2C 的现状。美国良好的基础设施和充足的消费群体使得美国网上 B2C 销售量呈现稳步上升的趋势。

第二个方面是美国 B2B 的现状。根据美国制造者协会的调查结果，80%的美国制造商已经拥有自己的网站，电子商务交易的使用率为 32%。采购商的电子商务利用率为 38%，在尚未使用电子交易的企业中，35%的企业计划在一年内使用，54%的企业考虑在未来三年内使用，仅有 11%的企业表示没有考虑使用互联网进行采购。第三个方面是 C2C 的现状。因为美国拥有最强大的互联网经济，更多的个体愿意融入到这个经济体系当中，美国当地的网民又具备非常强的分享意识和创新意识，所以 C2C 的销量也呈现出逐年增长的势头。

2.6.1.1 美国电子市场规模

有数据显示，目前美国的互联网用户约为 2.4 亿，渗透率高达 74.9%。其中已经有约 75%的互联网用户属于网购人群，网购渗透率达到 71.6%（见图 2-49）。美国电子商务占整体零售市场的份额在逐年提高，2013 年电子商务市场销售规模约为 2630 亿美元，占比达到 5.8%（见图 2-50），低于中国目前近 8%的水平。美国电商的市场规模在 2014 年低于中国的原因是，美国线下零售企业的整合度和集中度较高，供应链效率更强，但是电商企业在供应链上的价格和效率的优势不明显，所以造成规模相对落后于中国。2014 年美国电子商务市场销售规模超过 3000 亿美元，增速达到 6.5%。

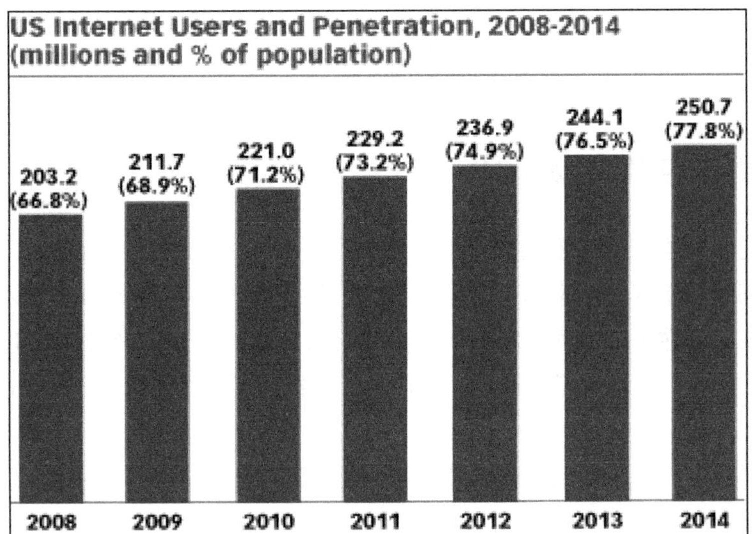

图 2-49

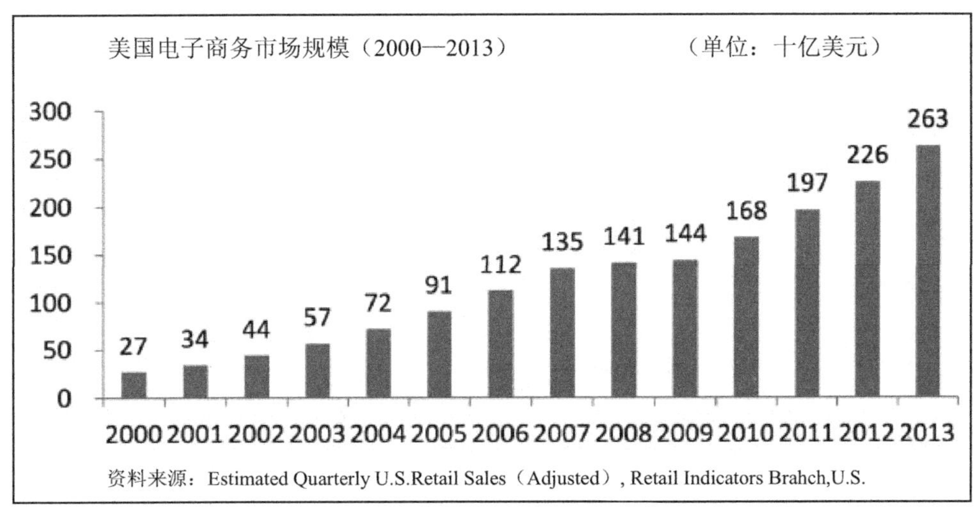

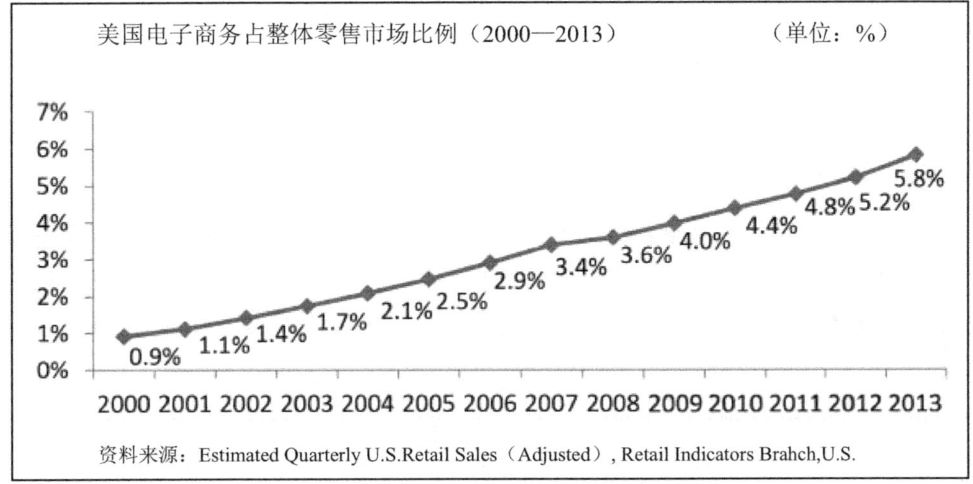

图 2-50

2013 年美国电子商务市场增速为 16.6%，近几年增速已趋于平稳，同期整体零售市场规模增速为 4.3%。对比美国电子商务市场增速和整体零售规模增速，电子商务增速近 4 年年均在 16%左右，同期整体零售市场增速年均在 5%左右（见图 2-51）。

图 2-51

2.6.1.2 美国电子商务品类

从电子商务的品类份额来看，电子数码、服装配饰、汽车和配件是电商市场中份额最高的三大品类，2013 年在电商中的占比分别为 21.8%、17.0%、10.4%（见图 2-52）。在中国，2013 年在网络零售市场中，品类占比前三名的则是服装鞋帽、3C 家电、化妆品类。

	美国电商分类占比						
	2012	2013	2014	2015E	2016E	2017E	2018E
电子数码	21.70%	21.80%	21.80%	21.90%	21.90%	22%	22.10%
服装配饰	16.90%	17.00%	17.10%	17.20%	17.30%	17.40%	17.50%
汽车和配件	10.30%	10.40%	10.40%	10.40%	10.50%	10.50%	10.50%
图书音像	8.70%	8.80%	8.80%	8.90%	9.20%	9.30%	9.40%
家具家居	6.70%	6.70%	6.60%	6.60%	6.60%	6.60%	6.60%
健康和个人护理	5.70%	5.70%	5.70%	5.70%	5.60%	5.60%	5.60%
玩具	4.00%	4.00%	4.00%	4.00%	4.00%	4.00%	4.00%
文具	2.80%	2.80%	2.70%	2.70%	2.60%	2.60%	2.60%
食品饮料	2.40%	2.30%	2.30%	2.30%	2.20%	2.20%	2.20%
其他	20.70%	20.50%	20.40%	20.40%	20.00%	19.80%	19.70%

图 2-52

以分品类增速来看，图书音像、服装配饰、汽车和配件是增速最快的三个品类，2014 年预计同比增长率分别为 17.2%、16.3%、15.8%；增速较慢的三个品类是文具、家具家居、食品饮料， 2014 年同比增长率分别为 13.7%、14.1%、14.8%（见图 2-53）。

	美国电商分类同比增速						
	2012	2013	2014	2015E	2016E	2017E	2018E
电子数码	16.50%	17.10%	15.70%	14.60%	13.10%	13%	11.90%
服装配饰	16.90%	17.60%	16.30%	14.80%	13.70%	12.80%	12.30%
汽车和配件	16.60%	17.20%	15.80%	14.60%	13.50%	12.40%	11.70%
图书音像	17.80%	18.00%	17.20%	15.80%	14.30%	13.90%	12.70%
家具家居	15.70%	16.40%	14.10%	14.40%	12.60%	11.90%	11.00%
健康和个人护理	15.60%	16.30%	15.30%	13.30%	12.80%	11.80%	11.40%
玩具	16.20%	18.00%	15.20%	14.00%	13.00%	12.20%	10.50%
文具	14.50%	15.90%	13.70%	12.00%	11.80%	9.60%	12.40%
食品饮料	14.60%	15.10%	14.80%	12.90%	11.40%	10.20%	10.70%
其他	15.20%	15.80%	14.60%	13.10%	12.00%	11.20%	10.50%

图 2-53

2.6.1.3 移动电子商务在美国的发展

根据 eMarketer 报告，美国 2013 年移动电商零售规模达到 384 亿元，同比增长 56%，远高于电商整体增速。

从设备占比来看，智能手机占比逐渐降低，平板占比逐渐提升，并成为主流；预计到 2016 年，平板占比将达到 70%，智能手机占比降为 28%。

美国 2013 年约有 1.18 亿人通过移动设备浏览商品，占到电商购物者数量的 62.2%，其中 7260 万人通过移动设备至少完成一次购买行为，人数同比增长 38.3%。这一数字有望在 2016 年增长至约 1.2 亿人，2016 年移动设备购物者渗透率预计将达到 84.6%（见图 2-54、图 2-55）。

美国移动电商零售规模、增速和设备占比 （单位：十亿美元）						
	2011	2012	2013	2014	2015E	2016E
移动电商零售规模	13.63	24.66	38.4	52.17	68.29	86.86
同比增长		81%	56%	36%	31%	27%
其中：平板占比	40%	56.20%	62.50%	65.80%	68%	70.30%
智能手机占比	55%	40%	35%	32%	30%	28%
其他占比	5.00%	3.80%	32%	2.20%	2.00%	1.50%

图 2-54

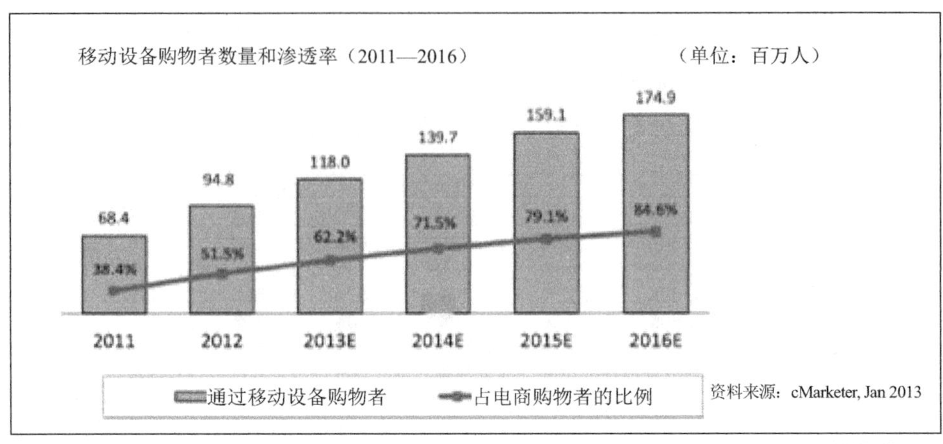

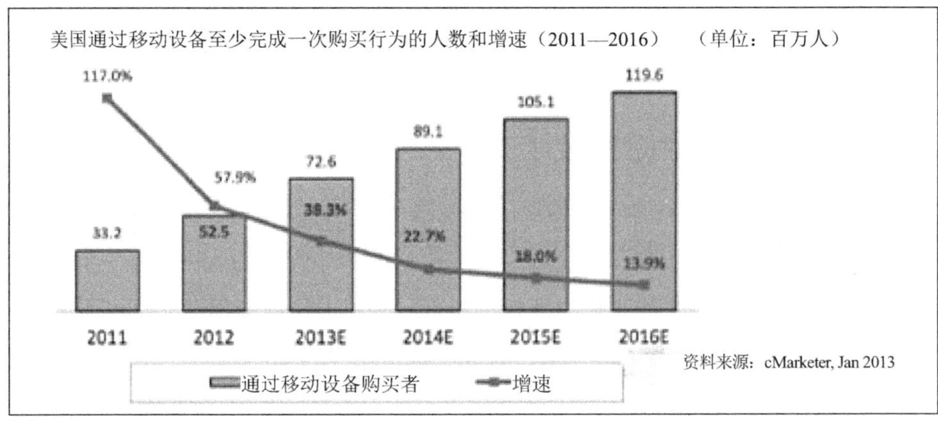

图 2-55

2.6.1.4 全渠道销售模式的营销

何为全渠道销售？全渠道销售是指零售商能通过多种渠道与顾客互动，包括网站、实体店、服务终端、直邮和目录、呼叫中心、社交媒体、移动设备、游戏机、电视、网络家电、上门服务等。这些渠道相互整合、相互呼应，成为全方位的营销力量。全渠道销售的优点在于可以把网购选择范围广、易于搜索、价格实惠等优势和实体店的面对面的个人服务、顾客能够触摸商品、全方位感知相结合，从而把购物当成一种转变活动和体验。

2013 年超过 60%的美国零售商将“全渠道”作为其重要性排名第一的公司战略。在渠道变革的四个阶段中，最终的全渠道阶段是以消费者为核心的，消费者自然地在各种现实和虚拟的购物环境之间转换，且这种转换越来越是无意识的，渠道之间的界限越来越模糊。

在全渠道时代，消费者购买行为不再是电商时代简单的“线下体验，线上下单”，渠道之间的界限越来越模糊，门店和移动终端的地位将越来越重要。

从影响消费者购买行为的因素来看，朋友在社交网络上的推荐越来越成为影响消费者购买决策的决定性因素，而由于社交网络的移动化，也在一定程度上反映了移动端的重要性。

在美国消费者最关心的 5 项全渠道能力中（见图 2-56），按第 1 项与第 4 项展示的“一致性”需求，第 1 项要求价格一致，第 4 项要求商品分类一致（意味着线上难以跨品类），这要求零售商在全渠道的过程中，将原先专注的品类继续深耕，而不是在跨渠道的过程中简单地跨品类。

第 2 项、第 3 项、第 5 项展示了消费者对购物体验的需求，但背后所要求的是零售商对其所经营的不同品牌的每一件单品和背后的供应链有极强的掌控能力。

1	不同渠道价格一致
2	门店缺货，并能从门店或者仓库快递至指定地址
3	能对各渠道订单的状态进行实时跟踪
4	不同渠道商品分类一致
5	网上购买的商品能在门店退货

图 2-56

2.6.1.5　卖家方向

通过前面对美国市场的介绍，针对北美以及美国市场，速卖通卖家应该注意以下几点。

美国的经济增长迅速，且因为是移民国家，所以市场需求多样化。在类目选择方面，卖家有更多的选择，美国拥有世界上最多的电商平台，所以卖家选品的参考范围很大。图 2-57 所示是美国当地比较知名的电商平台，供各位卖家参考。

2013排名	网站	主营
1	Amazon.com	百货 图书
2	Walmart.com	百货 日用品
3	eBay.com	大型C2C平台
4	Kohls.com	饰品
5	BestBuy.com	电子产品
6	Target.com	百货
7	JCpenney.com	饰品
8	Macys.com	饰品珠宝
9	Sears.com	百货
10	OldNavy.com	服饰

图 2-57

要针对美国市场类目的趋势，合理选品。目前美国商品类目增速最快的是服饰、电子设备、图书音像和汽车配件。对这几个类目有优势的卖家可以多多研究美国市场，找到合理的定位。

同时也要参考美国当地的季节、假期和消费习惯等。需要注意的是，每一年的类目趋势都是不同的，所以卖家要多结合数据和实际情况来做选品和营销。

重视速卖通移动端。全球通过手机端和平板电脑端购买速卖通上的产品的用户逐年递增，而且增长非常迅速。美国拥有接近 1.2 亿的人通过手机端浏览网络产品，这无疑是非常巨大的市场。这样的信息给卖家的提醒是，要重视手机端的商品展示和营销。在上传产品之初，就要考虑到商品图片是否可以在手机端完美展示。在制定营销策略的时候，把移动端列为非常重要的环节，这样会对卖家店铺的销量产生积极的影响。

重视全渠道营销。超过 60%的美国零售商将“全渠道”作为其重要性排名第一的公司战略。速卖通卖家应当针对美国国情，适当地将营销定位得更为广泛。多数速卖通资深卖家都会选择社交网络营销作为全渠道营销的核心，其实还有很多方式可以作为全渠道营销的途径，比如美国当地的华人论坛、当地的社区论坛、与当地知名品牌强强联合、海外仓等，都是各位卖家可以选择的营销方式。图 2-58 所示是美国最广泛使用的社交网络，供各位卖家参考。

社交网络	介绍
Facebook	全球最大社交网络
Twitter	微博平台
Instagram	图片分享
LinkedIn	社交
Snapchat	社交
Tumblr	社交
Pinterest	图片分享
Google+	社交
Youtube	视频

图 2-58

2.6.2 美国买家需求习惯

美国市场容量是世界上最大的，美国也是世界上最大的消费品市场。美国市场接纳性强，因为美国是一个移民国家，又是一个民族大熔炉，需求多样化。美国市场重质量、讲品牌，尤其重视产品安全。美国市场销售季节性强，为 2~5 月，7~9 月，11~12 月。美国消费者注重购物体验，对服务要求较高，特别是售后服务，平时购物使用信用卡消费较多。网购人群逐年增长，网购年龄段也趋于增大。

2.6.2.1 美国当地生活习惯

美国当地的生活习惯有着浓郁的本地特色。

饮食。美国人的饮食很简单和单一，他们不会因为饮食占用自己大量的时间。注重营养而不是口味，食品种类很少。

住房。美国人的房子基本都是自己设计和装修的，个性化十足，一般把厨房和卧室会设计得很宽敞，每家都有小院子用作户外活动和花园。

衣饰装扮。美国人不像英国人那样喜欢仪表堂堂，他们更喜欢宽松舒适的衣服，所以美国人的穿衣风格并不是时尚感十足，而是偏向于休闲风格。

电子通讯。美国人很喜欢通过电话、短信和朋友还有家人分享自己的心情，他们对手机非常依赖，特别是在社交网络发达的今天，更增加了对手机的黏性。而且美国的手机特别便宜，通话费也不高。

运动和户外。运动和户外是美国人非常看重的两种生活方式，他们愿意花大量的金钱去做运动和户外活动。当美国的联邦假日来临的时候，美国的海滩、健身房、旅游山区都人满为患，可见美国人对自己的健康还是非常重视的。

文娱生活。美国每年都有很多的明星演唱会、大型的体育比赛以及大制作电影。很多美国人愿意把这些活动作为生活放松的主要方式，他们也愿意购买一些周边产品留作纪念，例如动漫手办和毛绒玩具等。

宠物。很多美国人会养宠物，并且会把宠物当作家人来看待。美国家庭每年会把一笔可观的费用花在给宠物看病、购买宠物食品、营养品和日常用品等。

2.6.2.2 美国买家购物特点

美国当地人的消费习惯与中国有着本质的不同，以下是美国当地人的比较典型的购物习惯。

赚 10 块花 20 块。美国人基本不存钱，有多少钱就花多少，甚至喜欢透支消费。美国人这样做的主要原因是，要保持现有的生活品质，不希望因为收入低而降低生活品质。因此，美国的银行都鼓励美国消费者分期付款，并且有些银行提供 45 天的透支免息期。美国人活在当下，享受生活。

注重精神消费，比如锻炼、健身、养生、旅游、营养品。美国会把大量的钱投入在健身房、户外、养生和营养品上。他们更注重精神方面的投资，他们认为只有健康和享受生活才是生活的真谛。所以美国的健身房总是爆满，户外用品市场火爆，保健品热销。这和美国人的生活习惯息息相关。

喜欢在品牌店里淘便宜的衣服，注重质量和品质。美国人很看重品牌，他们最喜欢的卖场是品牌折扣卖场，美国人认为品牌是质量的保证，他们宁愿选择价格高的品牌，也不会选择没有品牌的便宜货。这点对速卖通卖家的提示是，如果有条件，则应尽量注册自己的品牌并且适当地推广，有一定的品牌认知，针对北美市场会相对容易些。

对产品的关注，质量第一，包装第二，最后才是价格。包装在美国人心里占有很大的比重，在他们眼里，包装和产品的品质是平等的，好的产品一定要有好的包装，否则购物体验会有落差。希望速卖通卖家针对美国市场在自己的产品品质和包装上多下功夫。

如果按照一年 12 个月来划分，根据美国的购物习惯，速卖通卖家可以参考以下建议。

1 月：冬装促销季（新年，清仓冬装）；

2 月：以情人节为主，推荐饰品、珠宝、手表、箱包以及春装；

3 月：户外产品开始升温，推荐服装、美容化妆品、园艺产品、户外用品；

4 月：婚礼扎堆，天气回暖，很多新人开始举办婚礼，推荐婚纱、园艺产品、婚纱礼服、女鞋、装饰；

5 月：以母亲节为主，推荐时尚饰品、珠宝、箱包、贺卡；

6 月：毕业季节，推荐电子产品小电器、手机、消费电子、水上运营用品、户外用品；

7 月：家居类会比较热门，推荐家具用品、婚礼用品、夏装和户外用品；

8 月：学生返校高峰，推荐鞋服、手机、消费电子、办公用品、运动用品；

9 月：户外活动偏多，推荐服装、美容化妆品、户外产品；

10 月：以万圣节为主，体育用品促销，推荐体育用品、毛绒玩具、Cosplay 服饰；

11 月：感恩节和"黑色星期五"，推荐毛绒玩具、礼品、家用电器、美容化妆品和电子产品；

12 月：以圣诞节、新年为主（超级星期六），推荐鞋服、园艺产品、取暖设备、时尚饰品、珠宝和手表、滑雪设备、消费电子。

2.6.2.3　美国节假日

据报道，在 2014 年 11 月和 12 月的核心假期期间，美国零售销售量增加了 5.0%，比 2013 年 3.4%的增长有所提高。零售业强势的大气候促进美国电子商务销量增长 16.6%，相比 2013 年 15.3%的增长也有起色。从图 2-59 可以看出美国节假日对零售业和电子商务的影响。

图 2-59

针对美国的主要节假日，给各位速卖通卖家一些选品思路。

（1）元旦节（New Year’s Day），每年 1 月 1 日庆祝新的一年开始。人们举办各种各样的新年晚会，到处可以听到“辞旧迎新”的钟声，为美国联邦假日。

潜在商机：元旦节和圣诞节时间相近，可以提前在一个月准备这两个重大节日的产品，推荐礼品、衣服、玩具、厨房用品、礼服和电子产品等。

（2）林肯诞辰（Abraham Lincolns Birthday），每年 2 月 12 日，美国人庆祝林肯诞辰，为大多数州的节日。

潜在商机：因为林肯颁布了《解放黑奴宣言》，很多黑人都庆祝这一天，很多人会上街庆祝，建议推荐一些关于自由主题的服饰和饰品类。

（3）圣瓦伦丁节（St. Valentine’s Day），每年 2 月 14 日，是 3 世纪殉教的圣徒圣瓦伦丁逝世纪念日。情人们在这一天互赠礼物，故又称“情人节”（the lovers day）。

潜在商机：海外六大节日之一，也是线上购物非常疯狂的节日，建议主推浪漫类产品，比如服饰、珠宝、手表、饰品、包包、情趣用品等。

（4）华盛顿诞辰（George Washington's Birthday），每年 2 月 22 日，庆祝华盛顿诞辰，为美国联邦假日。

潜在商机：美国会放假，多数家庭愿意出行和旅游，针对这样的节日，推荐箱包类、户外类和运动类产品。

（5）复活节（Easter Day，Easter Sunday），一般在每年春分后月圆第一个星期天，约在 3 月 7 日左右。该节是庆祝基督（Jesus Christ）的复活，过节人们吃复活节彩蛋（Easter Eggs），为美国的联邦假日。

潜在商机：推荐复活节相关类产品，例如彩蛋、服饰、Cosplay 服饰（游行）以及兔子玩具（兔子代表繁衍不息）。

（6）愚人节（April Fool's Day），每年 4 月 1 日，该节出自于庆祝“春分点”（Venal Equinox）的来临，在 4 月 1 日受到恶作剧愚弄的人称为“四月愚人”（April Fools）。

潜在商机：可以在平台上选一些捉弄人的道具，比如恶作剧卡片、小玩具等。

（7）母亲节（Mother's Day），每年 5 月的第二个星期日，政府部门和各家门口悬挂国旗，表示对母亲的尊敬。在家里，儿女们和父亲给母亲买些礼物或做些家务。

潜在商机：国外六大消费节日之一，主要推广一些中老年女士产品，例如饰品、包包、服饰、厨房用品、家具用品等。

（8）父亲节（Father's Day），每年 6 月的第三个星期天，表示对父亲的尊敬。在家里，儿女们和母亲给父亲买些礼物。

潜在商机：国外六大消费节日之一，主要推广一些男士产品，例如电子产品、园艺工具、汽车配件、服饰配饰等。

（9）万圣节（Halloween，Eve of All Saints Day），每年 10 月 31 日，孩子们多化装成鬼，打着灯笼或点燃篝火尽情地玩耍。

潜在商机：推广一些 Treat or Trick 恶作剧玩具、Cosplay 服饰、个性面具、舞会服饰等。

（10）退伍军人节（Veterans Day），每年 11 月 11 日，表示对退伍军人的敬意。

潜在商机：和感恩节一并推广。

（11）感恩节（Thanksgiving Day），每年 11 月最后一个星期四，上帝所赐予的秋收，为美国的联邦假日。

潜在商机：海外六大节日之一，推广一些家居类和厨房用品类产品，选一些温情的和家庭类产品。

（12）圣诞节（Christmas），每年 12 月 25 日，耶稣诞生。

潜在商机：海外六大节日之一，任何能当礼物的产品都要重点推广。

总结：美国作为电子商务最为活跃的国家之一，其蕴涵着很多商机，需要速卖通卖家不断地通过数据、调研和信息捕捉来加深对这个市场的了解。所谓知己知彼，百战百胜，只有透过现象看本质，各位卖家朋友才能抓住难得的商机，赢得更大的发展。

第 3 章

速卖通店铺运营策略

本章要点：

- 选品策略
- 定价策略
- 节假日营销策略
- 爆款时间轴打造策略

众所周知，运营策略是每个速卖通店铺的核心竞争力。大多数团队或者个人在运营店铺时都有各自的运营方式。当然，对很多的速卖通卖家来说，店铺的运营策略直接关系到店铺经营的业绩，以及后期店铺的成长。既然店铺的运营策略如此重要，那么在前期速卖通卖家应该如何来规划自己的店铺运营策略呢？

本章将围绕速卖通店铺运营策略，在选品、定价、节假日营销、爆款时间轴打造四个方面分析店铺运营策略的秘密。通过本章的学习，大家不仅可以从中获得店铺运营策略的方法，而且可以从案例分析中获得运营实战技巧。希望大家学完本章后，能够规划出属于自己的速卖通店铺的运营策略（如图 3-1 所示）。

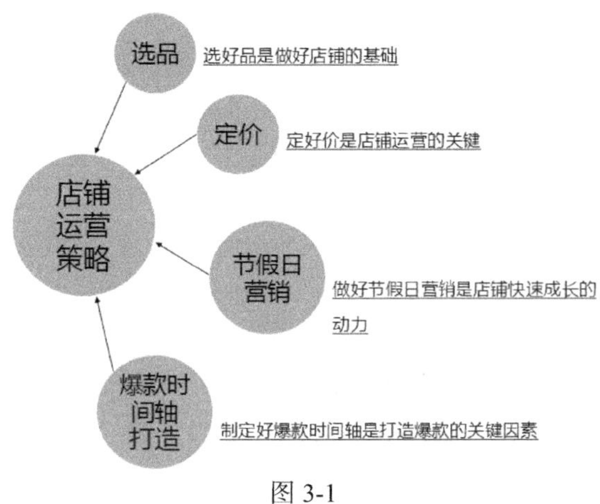

图 3-1

3.1 选品策略

选品的重要性对卖家来说不言而喻。而选品策略作为店铺运营策略的一部分，也被视为整个运营策略的基石。选对产品对本身的销售和店铺后期的成长至关重要。本节将给大家介绍分析选品的好处，以及如何制定店铺选品策略。

3.1.1 选品的好处

不管是大卖家还是新手卖家，店铺选择卖什么产品是非常重要的。选品既然重要，那么精心挑选的产品对店铺有什么好处呢？下面先通过图 3-2 来了解一下选品的好处。

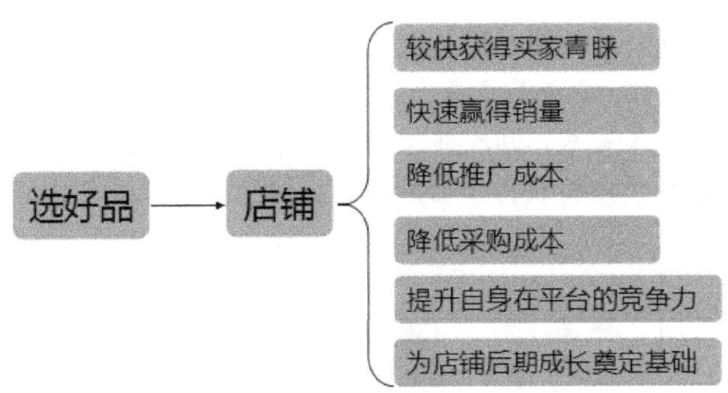

图 3-2

通过图 3-2 可以把选品的好处归纳为三个时期，依次为运营前期、运营中期、运营后期。每个时期做好选品给店铺整体运营带来的好处都有不同的特点。接下来为大家举例分析各个时期选品将带来哪些好处。

（1）店铺运营前期选品的好处：产品快速地获得买家的青睐；获得速卖通平台的推荐；提高买家下单的几率。

小贴士

大部分速卖通卖家都了解速卖通全球最大的市场分别是俄罗斯、巴西、西班牙、美国等（如图 3-3 所示），从中可以看出速卖通北半球市场份额占比比较大。而中国也属于北半球，所以服饰类卖家在针对季节更换产品时基本可以按照中国的换季时间来操作。当然，对于主要市场是巴西的服饰卖家来说，换季就要跟北半球的国家相反。

2014年十大国家交易排名

语系	国家	交易额排名	UV数排名
俄语	俄罗斯	1	1
英语	美国	2	3
葡萄牙语	巴西	3	2
西班牙语	西班牙	4	4
英语	英国	5	7
法语	法国	6	6
英语	加拿大	7	11
英语	澳大利亚	8	21
希伯来语	以色列	9	13
俄语	乌克兰	10	5

图 3-3

例如，某位新手男装卖家在北半球即将进入夏季时，选择上传短T恤、泳裤、短裤等夏季产品（如图3-4所示）。首先这位卖家迎合了买家的季节需求，其次迎合了速卖通平台推广品类需求。这种迎合双方需求的卖家将获得上面所讲的店铺运营前期选品的好处。

图3-4

（2）店铺运营中期选品的好处：产品可以迅速积累销量；获得买家的好评；在速卖通平台获得更多的自然流量；降低推广和采购成本。

经过前期的选品和运营，产品积累一定的数据。在店铺经营的类目中会使某几个最受买家青睐的产品逐步脱颖而出。当然，它们也是店铺当前阶段销量和获得买家好评最多的产品。这些产品将获得速卖通平台更多的自然流量，而且为产品在推广和采购方面节省成本（如图3-5、图3-6所示）。

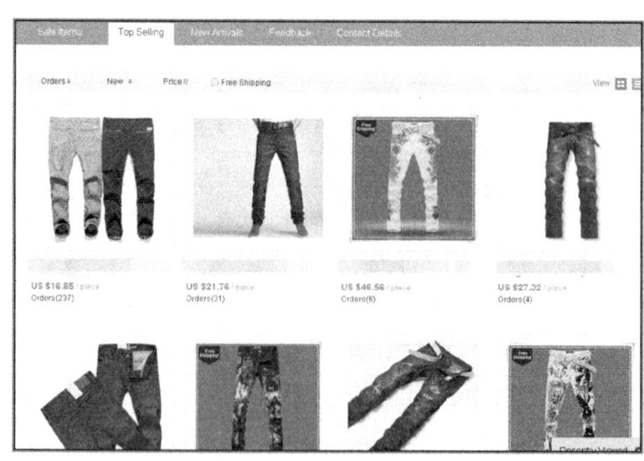

图3-5

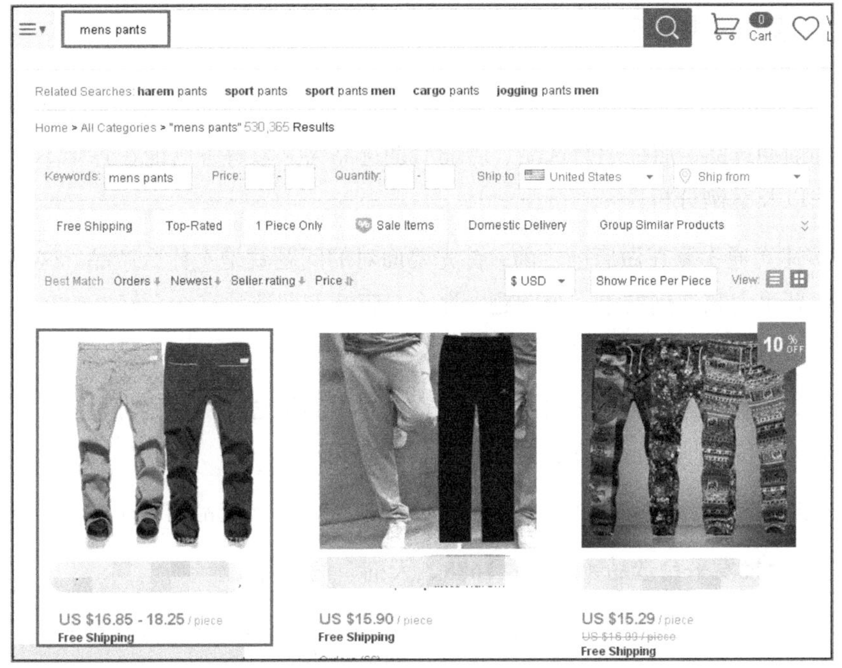

图 3-6

通过图 3-5 和图 3-6 可以看出，选好产品对店铺运营中期有非常大的帮助。图中店铺的 Top Selling 的第一个产品就是从店铺众多的产品中脱颖而出的一个。该产品在 mens pants 这个男装裤子热搜词的自然排名中排在搜索结果的第一位，获得了平台给予的流量。

（3）店铺运营后期选品的好处：定期上传优质产品为店铺增加新的销量入口；为后期店铺营销打好基础；提高店铺产品的竞争力。

当店铺运营到后期时，店铺产品不仅具备较为稳定的流量，也有较为稳定的销量。这个时候定期上传新的产品，再通过店铺自主营销、关联营销、邮件营销、老客户营销等营销手段的配合，可以进一步提升店铺的销售业绩。

既然选品的好处多多，那么该如何选品呢？或者说，选品有什么好办法？还有，选品在各个阶段有什么具体的选品策略？这些问题将在下一节为大家一一解答。

3.1.2 选品策略的制定

通过前面介绍，大家已经了解了选品的好处。这一节将围绕选品策略的制定，分别从店铺前期选品、店铺运营选品、店铺后期选品为大家解答店铺在各个不同阶段选品的方法以及案例分析。

许多速卖通卖家在做店铺之前，首先要面对的问题就是卖什么产品。这也是准备做速卖通新手卖家遇到的第一个问题。那么，店铺前期选品有什么好办法呢？下面就将介绍店铺前期选品的方法以及实操步骤。

每个人都有属于自己的一套选品方法。而本节将通过市场、流行趋势、数据这三个维度介绍店铺前期选品的方法。

首先通过市场维度来分析市场选品的方法。通常市场选品有以下两个渠道。

1. 线上批发平台选品（比如：1688、天猫、淘宝等）

线上选品的优势是只需要在电脑前就可以对自己经营的品类进行选品，售出后可以方便采购；缺点是看不到产品实物，提高了采购成本和时间。

线上选品的主要步骤如下。

（1）在平台用关键词搜索，再通过销量、价格、产地等属性的选择排序缩小选品范围（如图 3-7 所示）。

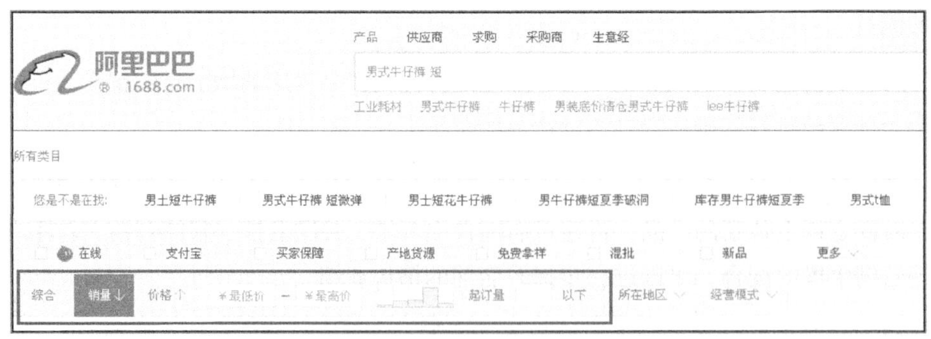

图 3-7

（2）从搜索结果中选品，主要通过质量、价格、库存、评价等因素进行判断，进一步选出若干个供应商合作。

下面通过 www.1688.com 来选择男士牛仔短裤且供货价在 30~40 元之间的供应商。在属性选择好后，搜索结果如图 3-8 所示，根据产品的库存、尺码、质量、价格、评价等因素依次从上到下进行选品。

图 3-8

（3）在选定的供应商中进行选品，选品判断的因素主要是产品的价格、质量、重量、体积、供应商提供的图片，然后上传产品。

2. 线下实体批发市场选品（比如：石狮男装批发城、杭州四季青服装批发城）

线下实体批发市场选品的优势是可以亲自进入到每家实体门店选品，现场体验产品，批发可以讲价节省成本，提前了解产品价格波动信息等；缺点是线下产品的流动性比较大，容易断货，每次拿货基本都有数量限制，容易造成库存及资金积压。

两个市场选品渠道都有各自的优势，卖家可以从自身出发选择有优势的渠道进行选品。当然，也可以结合线上线下一起进行选品。

小贴士

中国男装产业带主要分布在福建石狮、广州新塘、浙江桐乡市。

接下来通过流行趋势来选品。比如，服装的流行趋势需要关注平台 Trending Styles 频道、季节、杂志、时装周等。

下面主要介绍如何通过 Trending Styles 频道的流行趋势来选品。Trending Styles 频道位于平台首页，如图 3-9 所示。

图 3-9

例如，通过 Trending Styles 来看看男装 T 恤目前买家喜欢的款式和特征，如图 3-10 所示。

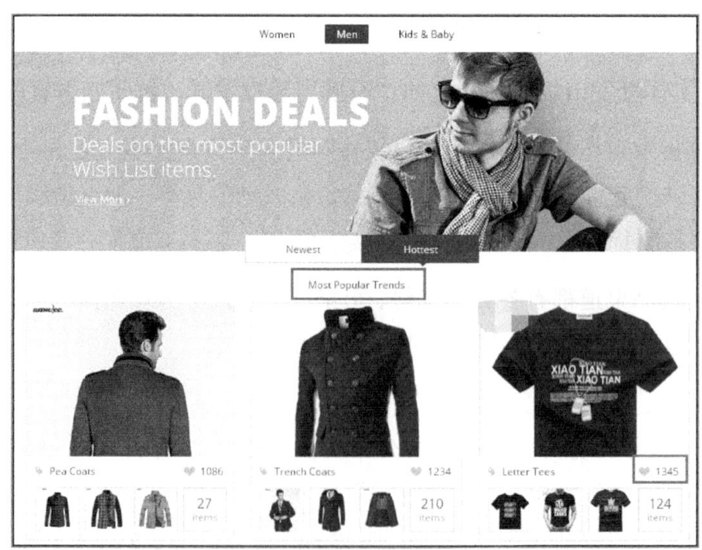

图 3-10

进入 Trending Styles 后，点击 Hottest 就可以看到男装最新流行趋势(Most Popular Trends)，然后点击右下方的 T 恤进入平台 T 恤最新流行趋势页面，如图 3-11 所示。

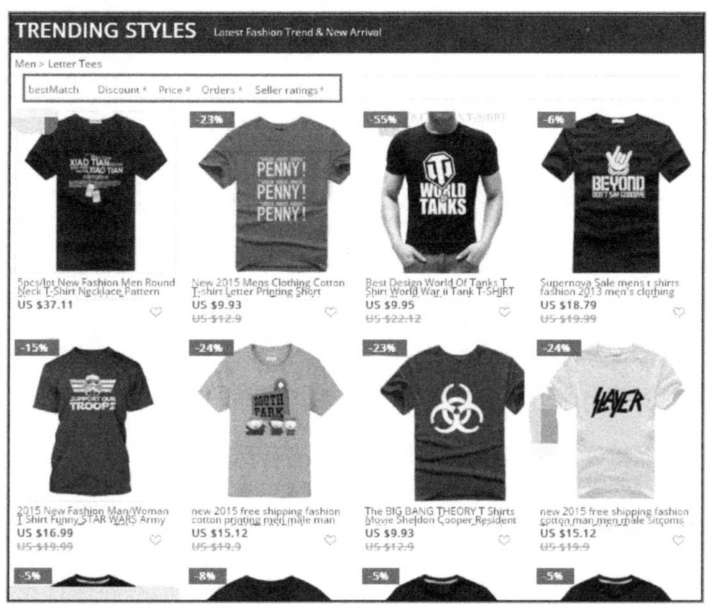

图 3-11

从 T 恤最新流行趋势页面可以看出，平台买家喜欢的款式是简单印花图案的 T 恤，颜色是比较喜欢黑色，领型是圆领。然后，就可以通过分析出来的产品特点去选品，这样选出来的产品将更受买家的青睐。

当然，作为服装卖家还要关注季节的变化。比如，北半球要进入夏季时就得提前为店铺进行夏季选品。还要经常关注时尚服装杂志、世界各大时装周等，都将对选品款式和颜色的把握有一定的帮助。

最后通过数据来分析选品。数据选品主要有两个工具，分别是后台数据纵横的选品专家和搜索词分析。可以从这两个工具提供的数据分析出国外买家购买产品的喜好，然后根据买家的喜好进行选品。

下面来看看如何运用选品专家来分析国外买家的喜好。操作方法可以分为三步。

（1）通过数据纵横的选品专家选择要分析的类目，如图 3-12 所示。

图 3-12

（2）把数据下载下来并且分析整理买家购买产品的喜好。

（3）通过网上批发平台或者线下批发市场进行选品。

【案例分析】女装裙子选品

在这里以“女装裙子”为例为大家讲解一下这种方法的具体操作步骤。

（1）通过数据纵横—选品专家—热搜选择服饰配件—女装—连衣裙—全球最近 30 天原始数据，然后点击 dress，进入下一个页面下载卖家 TOP 热搜属性，如图 3-13、图 3-14 所示。

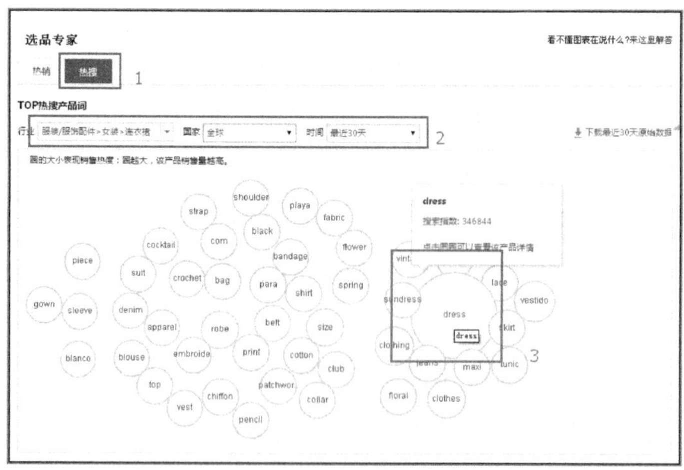

图 3-13

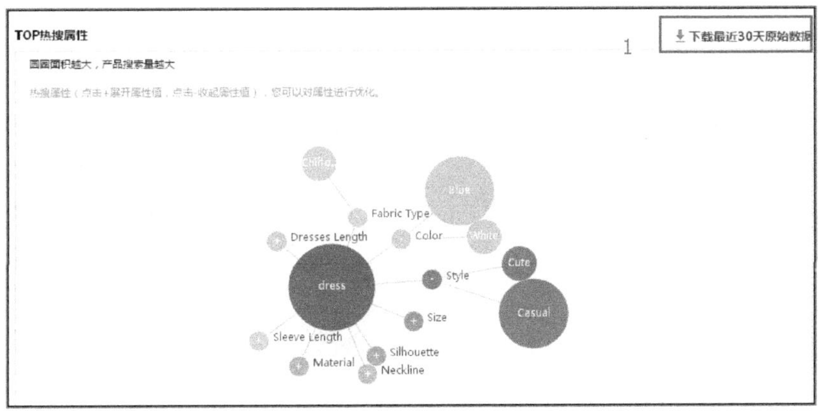

图 3-14

（2）从下载的表格中可以分析出国外买家在平台的热搜产品属性，如图 3-15 所示。

行业	国家	商品关键词	属性名	属性值	搜索指数	搜索人气
服装/服饰配件>女装>连衣裙	全球	dress	Color	Blue	5753	4543
服装/服饰配件>女装>连衣裙	全球	dress	Color	White	319	253
服装/服饰配件>女装>连衣裙	全球	dress	Dresses Length	Knee-Length	8258	7078
服装/服饰配件>女装>连衣裙	全球	dress	Dresses Length	Above Knee, Mini	7357	6914
服装/服饰配件>女装>连衣裙	全球	dress	Dresses Length	Floor-Length	4004	3563
服装/服饰配件>女装>连衣裙	全球	dress	Dresses Length	Mid-Calf	1504	1340
服装/服饰配件>女装>连衣裙	全球	dress	Dresses Length	Ankle-Length	1037	886
服装/服饰配件>女装>连衣裙	全球	dress	Fabric Type	Chiffon	337	298
服装/服饰配件>女装>连衣裙	全球	dress	Material	Cotton	22412	20074
服装/服饰配件>女装>连衣裙	全球	dress	Material	Polyester	5593	4966
服装/服饰配件>女装>连衣裙	全球	dress	Material	Spandex	1776	1621
服装/服饰配件>女装>连衣裙	全球	dress	Material	Linen	1416	1260
服装/服饰配件>女装>连衣裙	全球	dress	Material	Silk	1250	1096
服装/服饰配件>女装>连衣裙	全球	dress	Material	Rayon	561	525
服装/服饰配件>女装>连衣裙	全球	dress	Neckline	Mandarin Collar	492	384
服装/服饰配件>女装>连衣裙	全球	dress	Silhouette	Trumpet / Mermaid	969	872
服装/服饰配件>女装>连衣裙	全球	dress	Silhouette	Beach	347	235
服装/服饰配件>女装>连衣裙	全球	dress	Size	XXL	342	303
服装/服饰配件>女装>连衣裙	全球	dress	Size	XL	283	277
服装/服饰配件>女装>连衣裙	全球	dress	Size	XXXL	279	258
服装/服饰配件>女装>连衣裙	全球	dress	Sleeve Length	Sleeveless	1943	1751
服装/服饰配件>女装>连衣裙	全球	dress	Sleeve Length	Short	1808	1586
服装/服饰配件>女装>连衣裙	全球	dress	Sleeve Length	Full	1741	1487
服装/服饰配件>女装>连衣裙	全球	dress	Style	Casual	1524	1385
服装/服饰配件>女装>连衣裙	全球	dress	Style	Cute	421	353

图 3-15

从下载的数据中我们可以分析出当下国外买家购买的裙子的特点是：蓝色、及膝裙子、雪纺、纯棉、无袖、休闲等。

（3）通过热搜产品属性组合，在国内线上平台或者线下批发市场进行选品。例如，我们可以组合一个词为女士纯棉无袖蓝色裙子，然后把这个词放到 1688 平台进行搜索，如图 3-16 所示。

图 3-16

经过搜索，我们就可以在 1688 平台找到跟我们分析的国外买家热搜产品属性相类似的产品。通过这种方法可以选出国外买家热搜的产品，最后把这些产品上传到店铺。

接下来看看另一个工具——搜索词分析。搜索词分析提供给卖家的数据主要是买家搜索关键词各个维度的信息，包括搜索人气、搜索指数、点击率、成交转化率、竞争指数、热搜国家。通过买家关键词搜索的行为，可以分析出买家的产品需求以及产品的需求趋势，如图 3-17 所示。

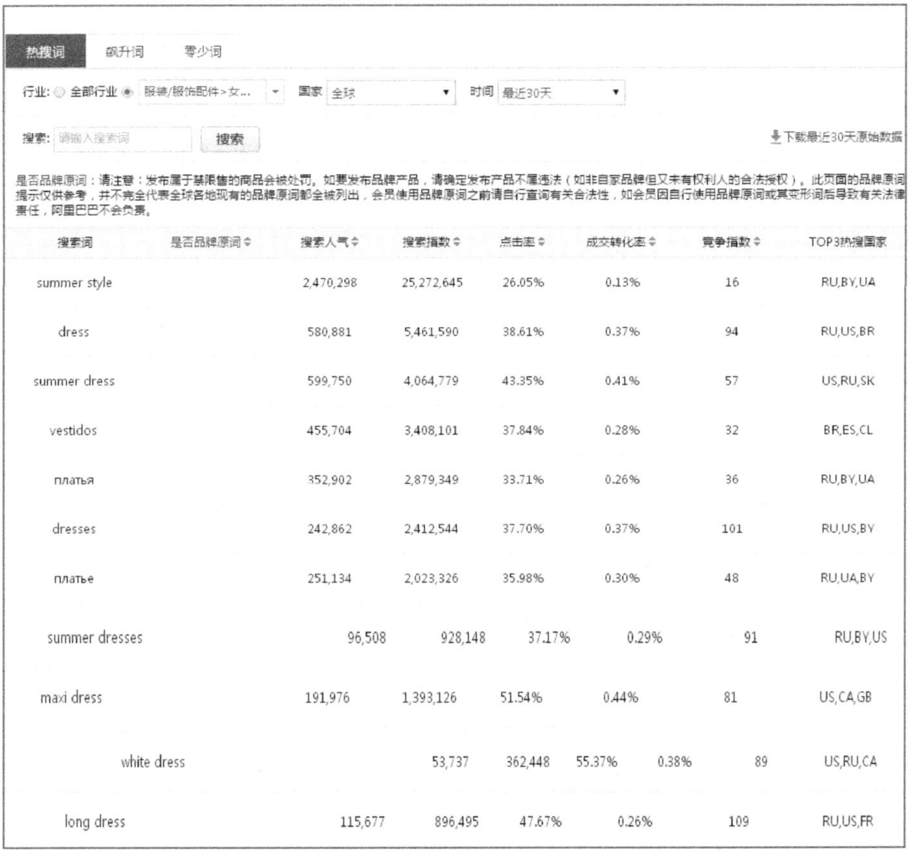

热搜词　飙升词　零少词

行业: 全部行业 服装/服饰配件>女...　国家 全球　时间 最近30天

搜索: 请输入搜索词　搜索　下载最近30天原始数据

是否品牌原词：请注意：发布属于禁限售的商品会被处罚。如要发布品牌产品，请确定发布产品不属违法（如非自家品牌但又未有权利人的合法授权）。此页面的品牌原词提示仅供参考，并不完全代表全球各地现有的品牌原词都全被列出，会员使用品牌原词之前请自行查询有关合法性，如会员因自行使用品牌原词或其变形词后导致有关法律责任，阿里巴巴不会负责。

搜索词	是否品牌原词	搜索人气	搜索指数	点击率	成交转化率	竞争指数	TOP3热搜国家
summer style		2,470,298	25,272,645	26.05%	0.13%	16	RU,BY,UA
dress		580,881	5,461,590	38.61%	0.37%	94	RU,US,BR
summer dress		599,750	4,064,779	43.35%	0.41%	57	US,RU,SK
vestidos		455,704	3,408,101	37.84%	0.28%	32	BR,ES,CL
платья		352,902	2,879,349	33.71%	0.26%	36	RU,BY,UA
dresses		242,862	2,412,544	37.70%	0.37%	101	RU,US,BY
платье		251,134	2,023,326	35.98%	0.30%	48	RU,UA,BY
summer dresses		96,508	928,148	37.17%	0.29%	91	RU,BY,US
maxi dress		191,976	1,393,126	51.54%	0.44%	81	US,CA,GB
white dress		53,737	362,448	55.37%	0.38%	89	US,RU,CA
long dress		115,677	896,495	47.67%	0.26%	109	RU,US,FR

图 3-17

通过热搜词可以分析出买家在平台上的热关键词：summer style、summer dress、summer dresses、maxi dress、long dress、white dress。翻译整理后为夏季款式、夏季裙子、长裙、白色裙子。

另外，再通过买家最近热搜的飙升词来分析买家的搜索行为，从而分析出平台买家购买产品的款式和特点（如图 3-18 所示）。

从图 3-18 中的飙升关键词 maxi women dresses、big size woman evening dresses 可以分析出，最近 30 天国外买家对于购买连衣裙其中两个需求趋势是长款裙子、大码宴会裙。当然，可以把最近 30 天数据下载下来分析出更多国外买家需求趋势。

行业 服装/服饰配件>女... 国家 全球 时间 最近30天

搜索：请输入搜索词 搜索 下载最近30天原始数据

搜索词	是否品牌原词	搜索指数	搜索指数飙升幅度	曝光商品数增长幅度	曝光卖家数增幅
maxi women dresses		1,339	5883.33%	1906.81%	1628.33%
жилетки джинсовые		1,298	5700.00%	9171.43%	5457.14%
платья льняные		1,508	5671.43%	4911.35%	2858.54%
big size woman evening dresses		2,064	5420.00%	6314.29%	2070.42%
wedding dress 2015		7,045	5385.29%	5949.28%	3850.00%
шлепки женские		1,403	5271.43%	354.24%	354.24%
vestidos de rayas verano 2015		1,350	5071.43%	6723.64%	5401.08%
disfraces sexy		1,343	5042.86%	8513.33%	6273.33%
крючки для вязания		3,750	4890.00%	2792.11%	2664.52%
vestido corto blanco y negro		1,298	4871.43%	3212.30%	2399.39%

图 3-18

至此，就可以整理出最近 30 天国外买家购买连衣裙的需求款式及特点和需求趋势。

（1）需求款式：夏季款式、夏季裙子、长裙、白色裙子。

（2）需求趋势：长款裙子、大码宴会裙。

最后，就可以按照分析出来的连衣裙款式以及需求趋势进行选品。

店铺前期选品确定后，紧接着就进入了店铺运营选品。哪款产品会好卖？或者说，哪款产品会成为店铺的爆款？这一系列问题又会困扰着大多数卖家朋友们。针对运营选品有什么好办法呢？接下来将为大家介绍在店铺运营过程中的一种选品方法——数据分析判断法。

所谓数据分析判断法指的是通过分析产品优化、产品推广获取的买家反馈数据，判断是否将产品作为主推产品的方法。

数据分析判断法分为 5 个步骤。

第一步：选定测试产品

（1）通过速卖通后台数据纵横—选品专家—热销和热搜导出产品热销（热卖）和买家热搜的产品属性。

（2）根据分析出的热卖和热搜属性在店铺内选择符合或者属性接近的产品，一般选择 3~5 款。

第二步：选定测试方法以及时间

针对产品进行测试的方法有很多种，比如直通车核心关键词推广、直通车商品推荐投放、联盟营销、全店铺打折、限时限量折扣、平台活动、实价优化营销、关联营销等。一般可以选择其中的几种方法进行组合测试。

在测试时间方面，通常以 7 天、15 天为一个测试周期。

第三步：获取测试数据并分析

（1）通过数据纵横的商品分析的商品效果排行和商品（流量）来源分析获取数据（如图 3-19、图 3-20 所示）。

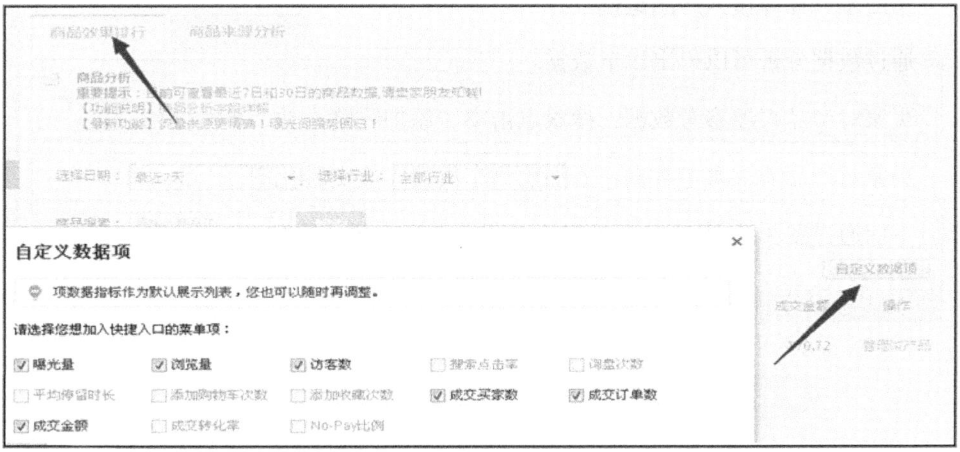

图 3-19

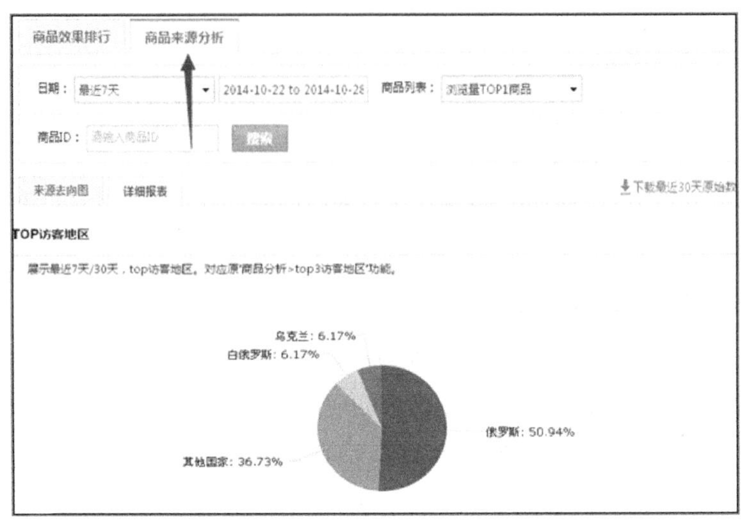

图 3-20

（2）通过营销中心的联盟营销的成交详情报表、直通车后台数据报告的关键词报告和商品报告获取数据。

第四步：计算投入产出比例

通过数据分析可以得出以下数据。

买家对产品兴趣参考数据：搜索点击率、添加收藏次数、平均停留时长。

买家对产品需求参考数据：添加购物车次数、成交转化率。

下面通过图 3-21 来看一下买家从看到产品到下单的流程。

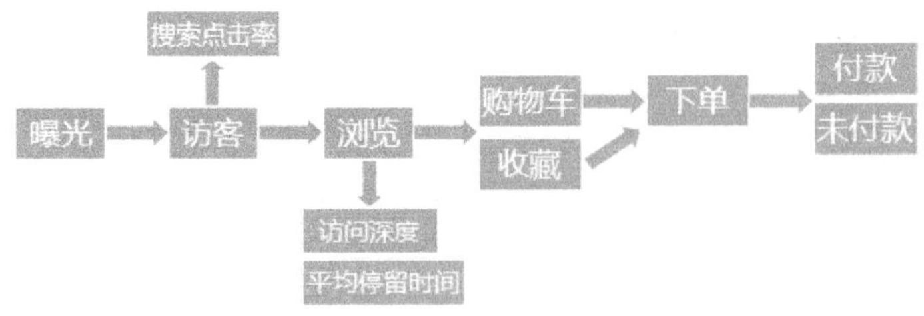

图 3-21

下面一起来看看一款冬天雪地靴经过 7 天测试的数据（如图 3-22 所示）。测试方法是采用限时限量折扣、直通车和联盟营销组合。

7天产品数据									
产品ID	曝光	访客	搜索点击率	添加购物车数	添加购物车率	添加收藏数	收藏率	成交单数	成交转化率
D655	51786	2656	1.57%	126	4.74%	155	5.83%	42	1.58%

图 3-22

这款雪地靴的销售单价平均是 43.56 美元，7 天直通车推广费用是 1726.4 元，7 天联盟营销推广产出 13 单，佣金是 8%。

雪地靴每双成本是 86 元，每双平均运费是 75 元，汇率按照 1 美元换 6 元人民币计算，平台佣金每单抽取 5%。

该雪地靴 7 天推广测试的产品利润如图 3-23 所示。

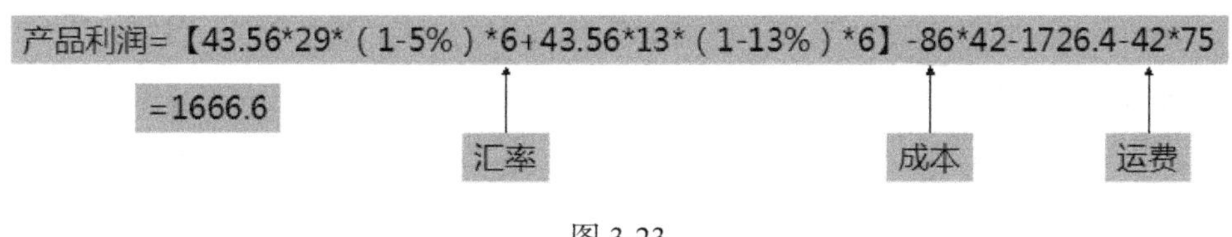

图 3-23

从测试数据可以分析出这款产品利润空间较大、买家收藏和添加购物车比例较高、访客以及购买人群偏向俄罗斯（如图 3-24 所示）。

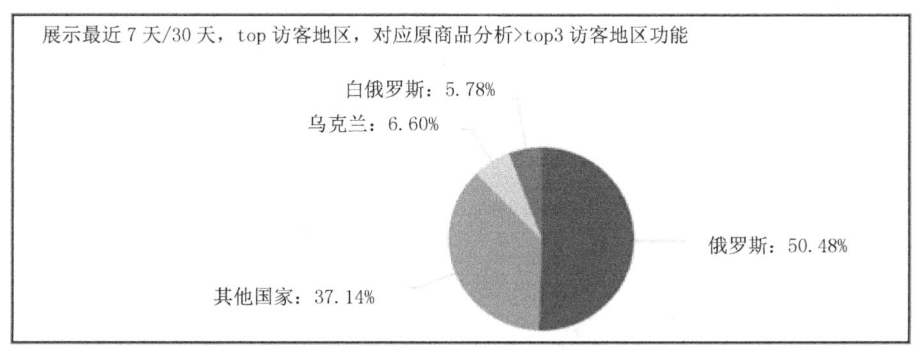

图 3-24

第五步：对表现良好的产品进行二次测试

店铺运营选品是店铺运营的关键一环，必须对产品进行多轮测试，才能获得比较准确的产品数据，从而确定店铺主推产品。针对上面雪地靴这款产品再次进行测试，但是可以运用其他测试方法。测试时间可以改为 15 天。测试结束后，进行数据对比（如图 3-25 所示）。

数据对比
1．成交金额
2．搜索点击率
3．成交转化率
4．收藏和购物车占比
5．投入成本

图 3-25

选出的产品经过多轮测试后，就可以通过数据分析从这些产品中选出店铺现阶段主推产品。

经过店铺前期选品和运营选品后，此时店铺运营已经相对稳定。如果想要进一步提高业绩的话，店铺后期选品就显得很重要了。因为每款产品从上传销售到下架不再销售都有生命周期，而每个店铺热销产品一般都会集中在几款上。店铺后期选品的目的是为了在热销产品售空后有产品可以顶替，丰富店铺类目产品，为店铺增加销售渠道以提高业绩。对于店铺后期选品有如下几点建议。

（1）针对店铺主营类目进行选品，尽可能丰富主营类目产品。

如图 3-26 所示，先针对男士平底鞋（men flats）这个主营类目进行选品，并且尽可能让产品丰富起来。

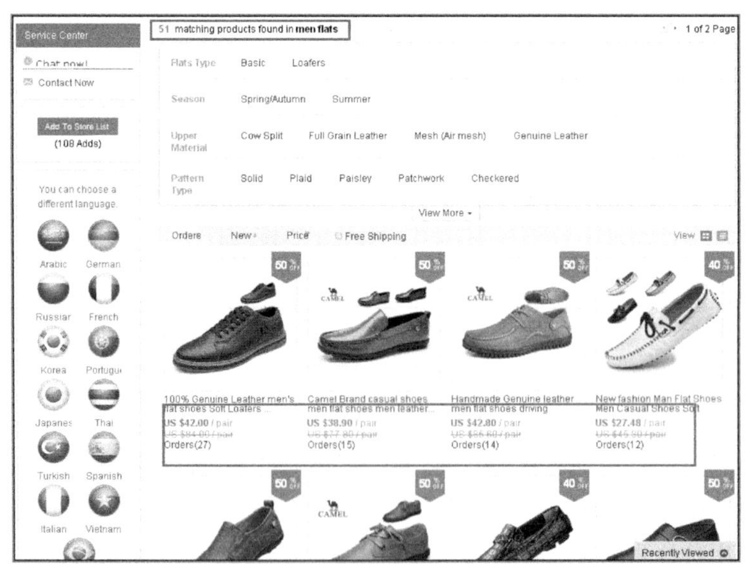

图 3-26

（2）店铺在扩充类目时，应该先从垂直系入手。

如图 3-26 所示，主营是男士平底鞋，那么在扩充时可以选择扩充乐福鞋（men loafers）、牛津鞋（mens oxfords）等垂直系类目（如图 3-27 所示）。扩充这些类目的好处是，店铺可以通过运用老客户营销、关联营销等营销方法迅速把类目打造起来。

图 3-27

3.2　定价策略

每一个做电商的卖家朋友都知道产品定价是非常重要的。同样，这对于速卖通店铺运营来说也是非常重要的。定好价是店铺运营的关键。本节将围绕产品定价为大家介绍速卖通店铺产品的定价策略。

3.2.1　产品定价的重要性

每一个店铺对于产品定价方式都有同样的目的，就是都希望自己的这个定价产品能够获得好的销量，并且获取相应利润。但是，大多数卖家朋友往往都事与愿违。而这些卖家朋友在产品定价方面经常犯的错误是定高价卖不出去，卖低价没利润，因此对于产品定价显得无可奈何，不知道如何定价。

既然产品定价如此重要，那么产品定价对于速卖通店铺运营有哪些影响呢？下面一起来看看定价对于店铺的影响。

（1）产品销售

产品价格的高低是影响销售的关键因素之一。合理的价格可以更好地体现产品的价值。买家在购买产品的时候，一般都会货比三家。在同等质量的情况下，选择价格比较便宜的商家是大部分买家在购物时的惯性消费。

（2）店铺定位

一个店铺产品价格的高低一般可以体现出该店铺的定位。店铺定位可以分为：精品店铺、垂直系精品店铺、全品类店铺。

小贴士

精品店铺是指店铺精细化单做某个类目的店铺。比如，店铺只销售各种类型的男士牛仔裤。垂直系精品店铺是指店铺同时运营多个类目，但是这些类目都是相关联垂直系类目。比如，店铺同时运营男士牛仔裤、男士休闲裤、男士 T 恤等。全品类店铺是指店铺同时运营多个大类目，这些大类目之间基本没有关联。比如，店铺同时运营女装、3C、假发等类目（如图 3-28 所示）。

图 3-28

（3）营销方式

产品定价将直接影响店铺运营的营销方式，其中包括营销推广的受众人群、营销运用的方法以及策略。

下面一起来看看三个店铺对产品定价的案例（如图 3-29、图 3-30、图 3-31 所示）。

80 % OFF
Ultra-thin, especially for summer
Brand Ultra Thin Spring Summer Cotton Jeans For Men,...
US $15.99 / piece
US $79.95 / piece
Orders(147)
Brand Jeans Men: 2014 New Arrivals Ultra-thin Big Size...
US $15.99 / piece
US $79.95 / piece
Orders(21)
Men Jeans : Ultra-thin Summer Straight Long Denim, Slim...
US $15.99 / piece
US $79.95 / piece
Orders(9)
2014 Men Jeans Big Size 38 40 42 44 46 48 Casual Fashion...
US $61.29 / piece
Orders(5)
50 % OFF
PERFE
THE EXTREMELY COLD WINTER
Mens Big Size Pants:Autumn Five Color Slim Fit Plus Size...
US $47.59 / piece
Free shipping: Men Big Size Pants 38 40 42 44 46 48...
US $56.99 / piece
Free Shipping Mens Skinny Jeans Extended Size,Men Big...
US $47.59 / piece
Free Shipping Autumn Winter Brand Jeans Men, Warm Casual...
US $39.99
Recently Viewed

图 3-29

50 % OFF
6XL Summer Men's short sleeve T-shirt V-neck T-shirt men...
US $10.00 / piece
t shirt+sport pants Letter short-sleeved t-shirt suit
US $19.00 / piece
US $38.00 / piece
Summer 2015 men's short-sleeved t-shirt big yards Cotton
US $11.00 / piece
5XL big yards short sleeve t-shirt cotton 95% t shirt
US $11.00 / piece
4XL t shirt+shorts cotton round neck t-shirt sports suit...
US $18.00 / piece
5XL Summer Men's short sleeve polo men short sleeve...
US $15.00 / piece
JOURNAL STANDARD
t shirt men+shorts Sport Package mens fashion t shirt...
US $20.00 / piece
5XL High quality 2015 new summer mercerized cotton...
US $11.00 / piece

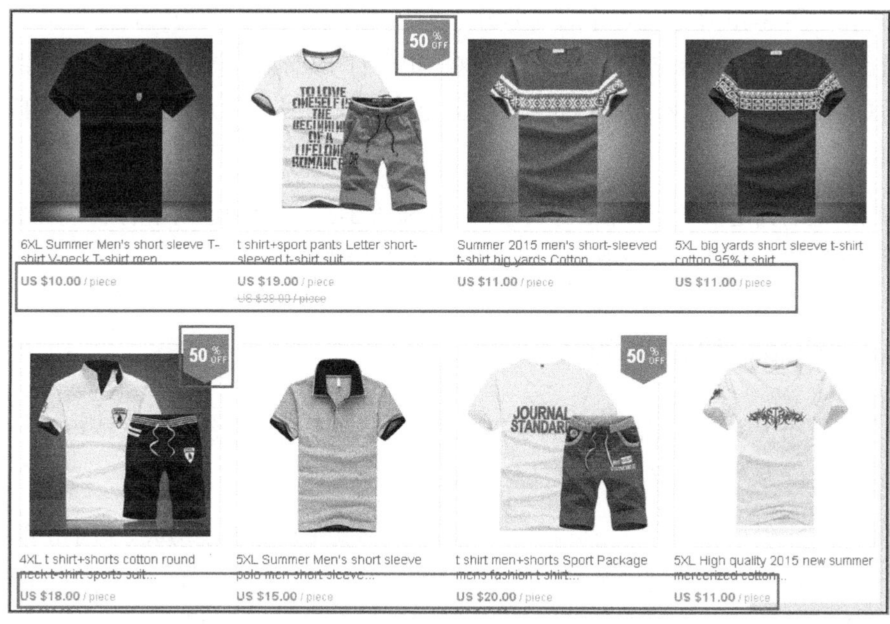

图 3-30

图 3-31

从图 3-29 可以看出，该店铺男士牛仔裤这个类目的定价模式是定高价再打折，并且选择一款做低价作为店铺冲销量款，也可以作为引流款，其他款式配合做正常的促销折扣。图 3-30 所示的这个店铺的男士 T 恤这个类目的定价模式是统一定价。比如，针对 T 恤短裤套装统一打 50%Off。这样定价对于店铺设置活动比较好控制折扣。图 3-31 所示的这个连衣裙类目的定价模式是将连衣裙产品分为高价打折款和低价引流款。

以上是店铺定价的三种模式。从图 3-29 和图 3-31 所示的这两个店铺可以看出，定价影响到整个类目产品的销售、店铺营销以及店铺定位。

3.2.2 产品定价的技巧

上一节给大家讲了产品定价的重要性。那么，对于产品定价有什么技巧呢？本节将就产品定价为大家介绍具体的定价技巧以及实操案例。

在讲解定价技巧之前，先来解决一个问题，那就是产品成本构成。对于正准备经营速卖通店铺或者经营速卖通店铺已有一段时间的卖家来说，都必须先解决这个问题。速卖通产品从上传到销售出去，再到收到销售金额，这个过程会产生各种各样的费用，而这些费用都是产品的成本。下面来看看产品成本构成图（如图 3-32 所示）。

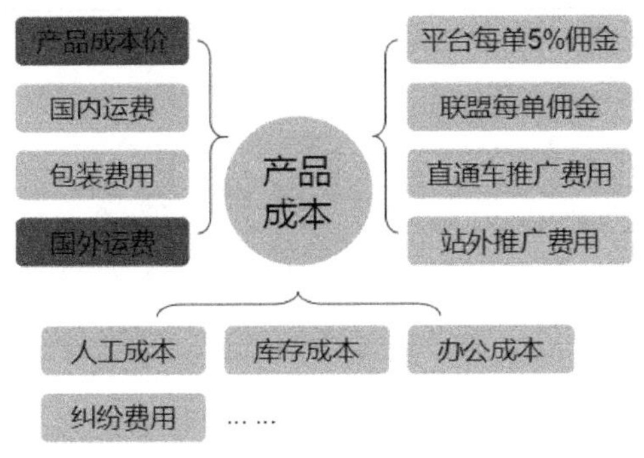

图 3-32

在产品成本构成中最重要的部分是产品成本价、国外运费以及推广费用。了解了产品成本构成后，接下来就要对产品进行定价了。对于产品定价，本节主要介绍市场定价法和测试定价法。

所谓市场定价法，是根据速卖通平台同类目卖家相关产品销售的平均价和自身产品的成本以及品质来确定销售价格区间。

【实操案例】

以一件 1688 平台上选的男士 T 恤为例（如图 3-33 所示），该件 T 恤的成本加上国内运费为 30 元，产品重量为 250g 左右。下面来看看在速卖通销售这个产品怎么定价。

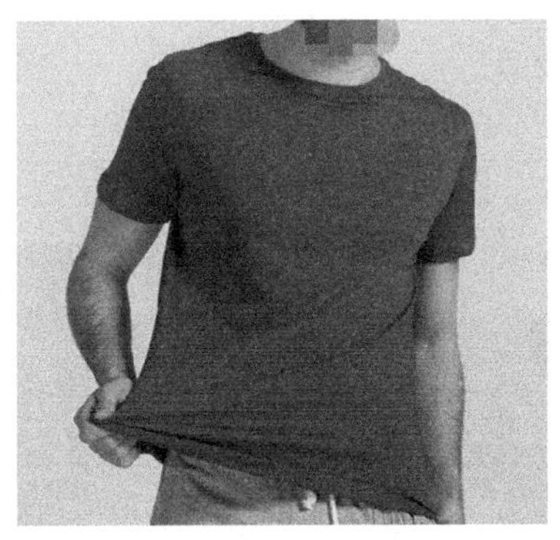

图 3-33

通过速卖通后台数据纵横的搜索词分析的热搜词，可以分析出平台买家搜索男士 T 恤的热搜词是：t shirt men（如图 3-34 所示）。

搜索词	是否品牌原词	搜索人气	搜索指数	点击率	成交转化率	竞争指数	TOP3热搜国家
summer style		187,078	325,305	1.11%	0.01%	0	RU,BY,UA
t shirt		32,172	128,439	27.16%	0.63%	38	FR,RU,IT
polo		21,405	54,644	10.12%	0.25%	6	FR,ES,BR
t shirt men		19,864	96,180	42.02%	0.99%	66	US,FR,IL
sport		14,719	39,012	9.02%	0.21%	10	RU,FR,UA
adidas men	Y	14,277	36,912	11.32%	0.06%	7	ES,RU,CL
футболки		13,798	31,317	11.65%	0.09%	8	RU,UA,KZ
футболка		13,073	32,768	14.61%	0.25%	11	RU,UA,BY
camisa masculina		12,701	34,572	14.67%	0.16%	7	BR,ES,CL
lacoste: t shirt	Y	12,697	30,989	28.10%	1.65%	17	FR,ES,TR

图 3-34

使用“t shirt men”这个关键词在平台进行搜索，查看并分析在搜索结果页面中产品销售的价格区间。图 3-35 所示为关键词“t shirt men”搜索结果页面中一些 T 恤产品的销售价格。

图 3-35

从搜索结果第一页可以分析出，男士 T 恤在平台销售的价格区间是$5~$13.7。而且销售价格在$8.99~$10.99 之间的占到第一页产品数的 60%以上。根据该产品的成本和重量，运费以寄到俄罗斯为标准，那么该产品的基础成本费用是：

产品成本=30+96.3×0.25+8=62=$10.1

根据产品成本以及品质，还有同类目产品的市场销售价格区间，该产品销售的价格区间可以定在$11.99~$15.99 之间。

小贴士

邮政小包寄往俄罗斯的费用是每公斤 96.3 元加每件 8 元的挂号费。

所谓测试定价法，是通过店铺折扣工具和营销方法配合对产品进行多轮测试后确定产品销售价格区间。

店铺折扣工具主要有限时限量折扣、全店铺打折、优惠券、满立减。

营销方法主要有直通车推广、联盟营销推广、关联营销、老客户邮件营销、SNS 营销、站外推广等。

运用测试定价法主要可以分为三步来操作。

（1）分析平台同类目产品销售的价格区间，同时通过 Orders 降序排列分析平台销量最好的产品销售价格区间（如图 3-36 所示）

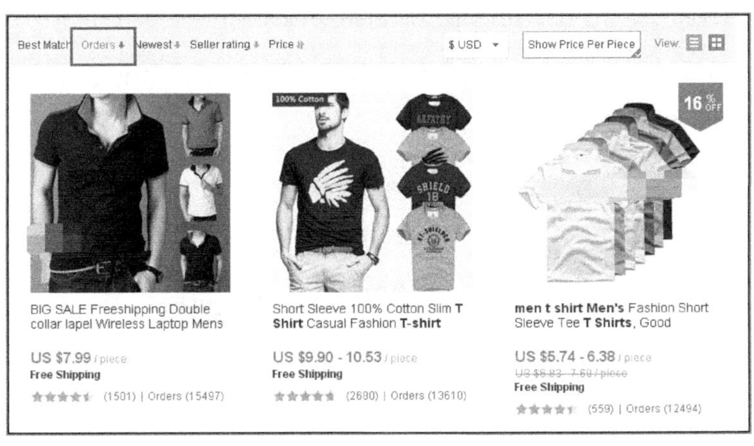

图 3-36

（2）确定店铺折扣工具和营销方法组合以及测试时间，一般测试方法组合不宜过多，最好选择 2~3 种。比如，店铺折扣工具选择限时限量折扣，营销方法选择直通车推广。

（3）第一轮测试主要整理产品测试数据，从第二轮开始就要对测试数据进行对比分析。

主要对比数据如图 3-37 所示。

产品A1						
测试价格	测试时间	订单	转化率	购物车个数	收藏夹个数	平均停留时间

图 3-37

经过多轮测试以后，根据数据反馈最终确定产品销售价格区间。

懂得了产品定价方法后，相信很多卖家朋友已经开始迫不及待地准备为自己的产品来定价了。在这里提醒大家，对产品定价的时候一定要考虑到产品的各种成本，以免做亏本生意。

3.2.3 店铺产品价格架构

对于店铺运营来说，不仅要懂得如何对产品进行定价，而且要懂得把握整个店铺产品的价格架构。那么，什么是店铺产品价格架构呢？

店铺产品价格架构是指对店铺产品在不同时期或者运用不同营销方法的价格进行分类（如图 3-38 所示）。

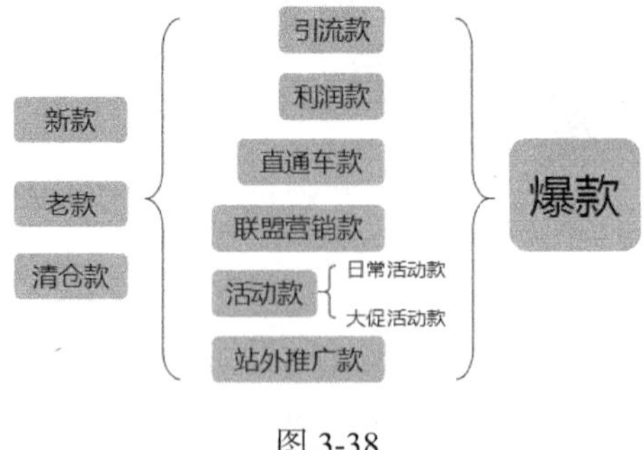

图 3-38

从最基础的新款、老款、清仓款分类开始，再到流量款、利润款、活动款等的分类，其最终的目的是为了打造店铺的爆款。说得更具体一点，就是为了寻找到国外买家喜欢的产品。

（1）引流款是指店铺定位用来引流量的款式，一般产品的定价基本接近成本价（如图 3-39 所示）。

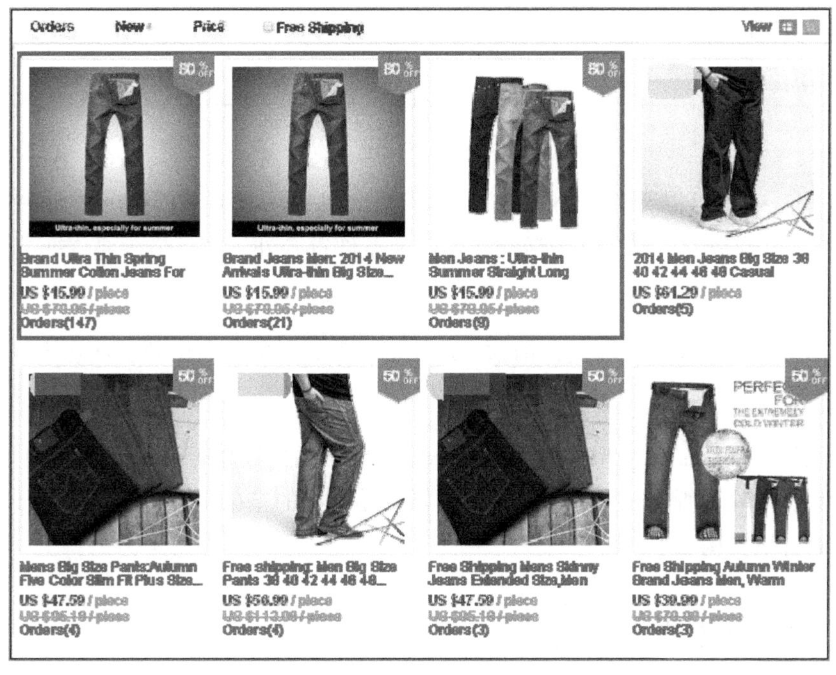

图 3-39

（2）利润款是指店铺正常销售的款式，这些款式的利润比引流款高，通常会用打折和关联营销来配合引流款的流量，最终实现关联销售，如图 3-39 中除灰色框中引流款以外的其他款式都是利润款。

（3）活动款是指专门为了报平台活动的款式，一般可以找 7~10 种款式作为店铺的活动款轮流报活动。因为平台活动的折扣力度比较大，所以活动款在定价时一定要考虑到活动的折扣（如图 3-40 所示）。

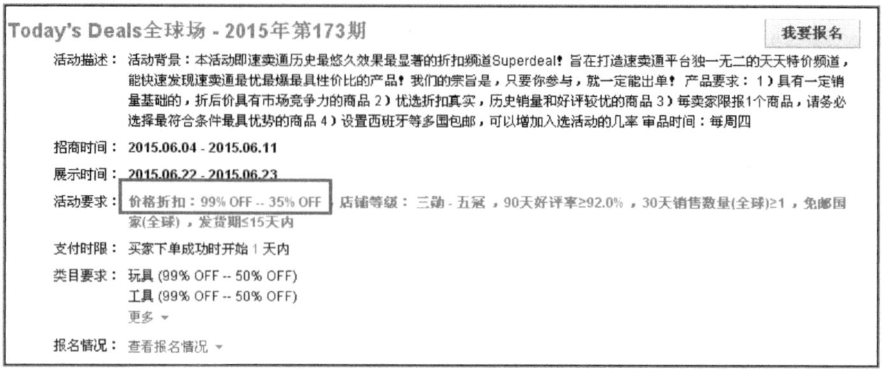

Today's Deals全球场 - 2015年第173期　　我要报名

活动描述：活动背景：本活动即速卖通历史最悠久效果最显著的折扣频道Superdeal! 旨在打造速卖通平台独一无二的天天特价频道，能快速发现速卖通最优最爆最具性价比的产品! 我们的宗旨是，只要你参与，就一定能出单! 产品要求：1）具有一定销量基础的，折后价具有市场竞争力的商品 2）优选折扣真实，历史销量和好评较优的商品 3）每卖家限报1个商品，请务必选择最符合条件最具优势的商品 4）设置西班牙等多国包邮，可以增加入选活动的几率 审品时间：每周四

招商时间：2015.06.04 - 2015.06.11

展示时间：2015.06.22 - 2015.06.23

活动要求：价格折扣：99% OFF -- 35% OFF，店铺等级：三勋 - 五冠，90天好评率≥92.0%，30天销售数量(全球)≥1，免邮国家(全球)，发货期≤15天内

支付时限：买家下单成功时开始 1 天内

类目要求：玩具 (99% OFF -- 50% OFF)
工具 (99% OFF -- 50% OFF)
更多

报名情况：查看报名情况

图 3-40

从图 3-40 中可以看到，Today's Deals 全球场这个活动要求价格折扣为 99%OFF~35%OFF。也就是说，报名这个活动除了其他条件符合外，产品最少要 35%折扣才可以报名。

（4）对于直通车款、联盟营销款、站外推广款，在定价时必须要注意产品的推广费用。

制定好店铺产品价格架构对于店铺不仅在营销运营方面有很大帮助，而且会提高买家的购物体验。所以，大家一定要在定好产品价格的基础上，着手制定属于自己店铺产品的价格架构。

3.3 节假日营销策略

3.3.1 节假日营销的好处

从 20 世纪 90 年代的重视商品性价比到今天同质化时代的感觉消费，消费者越来越随“心”所欲，而商家精心营造的随“心”所欲售卖氛围，就会使消费者不自觉地“跟着感觉走”，实现目标销售。节假日营销是电子商务营销里很重要的一部分，在大多数国家，重要节假日一般都会掀起一股购物的热潮。在速卖通（AliExpress）销售中，利用消费者节日消费的心理，巧妙结合速卖通中的自主营销工具和平台活动，不仅能有效推广新产品，短时间内再度提高老产品的销售，提升整体品牌形象，快速打造爆款，而且对于培育客户的忠诚度，提高卖家服务等级也很有帮助。因此，节假日营销是整个速卖通营销策划中的一部分，而非短期的，特别是对一些节日消费类产品而言（例如：万圣节的衣服和面具、圣诞帽），节假日营销的好处就更为显而易见。节假日营销如图 3-41 所示。

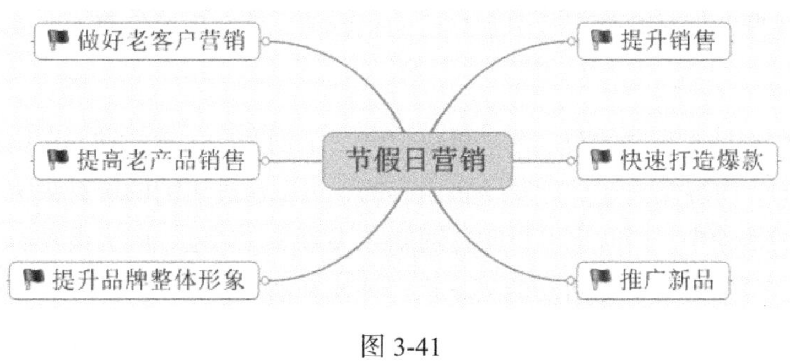

图 3-41

3.3.2　节假日营销运营策略

节假日营销运营策略主要包括：营销策划四要素和营销执行六要点。本节向各位卖家系统性地介绍这两大重要的节假日营销运营策略（如图 3-42 所示）。

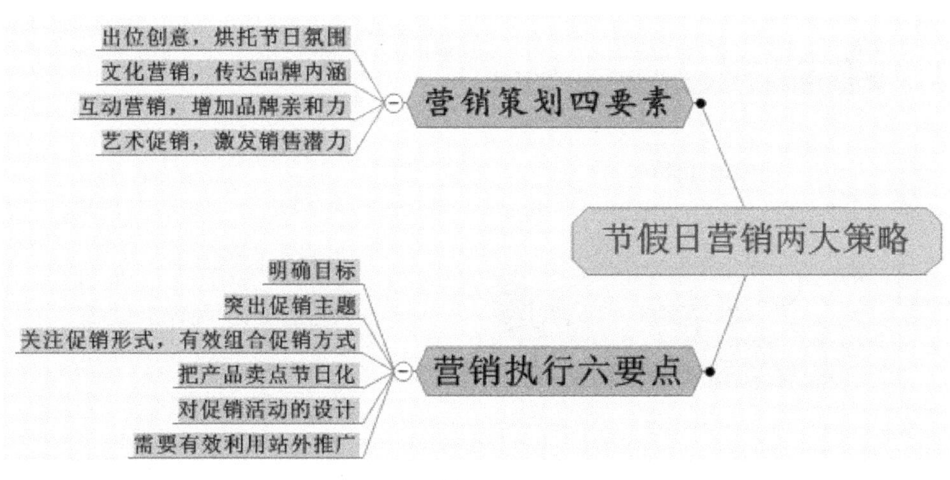

图 3-42

一期成功的速卖通节假日营销，必须基于有效的营销策划，才能实现有的放矢。下面介绍营销策划四要素。

策划要素一：出位创意，烘托节日氛围

倘若节假日是动感的日子、欢乐的日子，那么捕捉人们的节假日消费心理，寓动于乐，寓乐于销，制造热点，最终实现节假日营销。针对不同的节假日，塑造不同的鲜明的活动主题，把最多顾客吸引到自己的柜台前，营造现场气氛，实现节假日销售目的。

例如：在 4 日 4 日复活节之际，可以设计一个创意性店铺活动，在店铺首页设置一个活动页面，内容是关于设计复活蛋内容的，可以让进店铺的所有买家一起参与到复活蛋设计的活动中，同时也可以邮件通知老买家参加活动。因为设置有节假日营销的活动方案，可以针对参加活动的买家进行评比和抽奖，前 20 名给予 3 美元的优惠券，同时抽取 5 位幸运买家，只要分享店铺活动信息到社交网站，那么就可以获得指定产品免单。图 3-43 所示为活动策划文案。

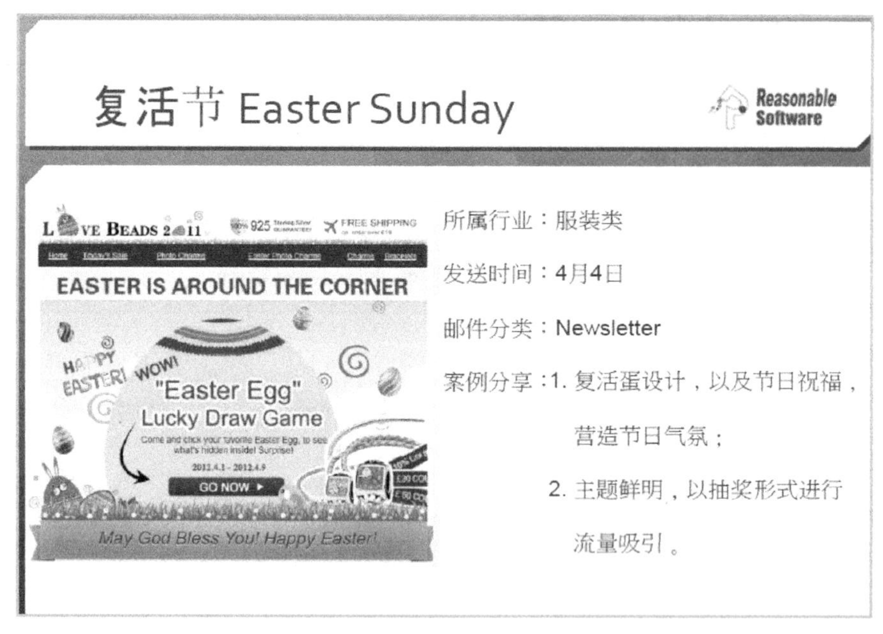

图 3-43

策划要素二：文化营销，传达品牌内涵

文化营销，嫁接节假日的文化氛围，开展有针对性的文化营销。充分挖掘和利用节假日的文化内涵，并与自身的经营理念和企业文化结合起来，不仅可以吸引众多的消费者，在给消费者艺术享受的同时，也能带来良好的市场效益，树立良好的企业形象。

例如：在感恩节，可以设计合照为背景图，突出活动的感恩主题，比如孩子和老人的合照、妻子和丈夫的合照、老师和学生的合照，从而通过感恩节拉近和客户之间的距离，最后通过结合节假日的意义，附上祝福语以表示对客户的祝福。图 3-44 所示为活动策划文案。

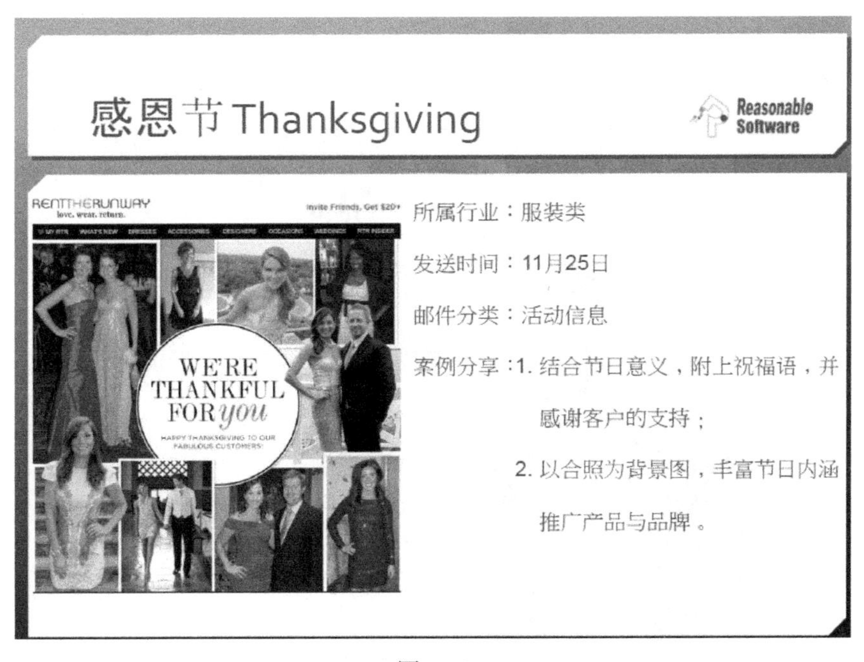

图 3-44

策划要素三：互动营销，增加品牌亲和力

生活水平的提高使消费者的需求开始从大众消费逐渐向个性消费转变，定制营销和个性服务成为新的需求热点，商家如能把握好这一趋势，做活节假日市场也就不是难事了。

例如：在情人节当天，可以在 SNS 网站上面设计世界那么大，我们的爱情尽在咫尺的活动，并把当天的活动信息在社交网站上面公布。活动策划文案如图 3-45 所示。

图 3-45

社交网站上面的展示如图 3-46 所示。

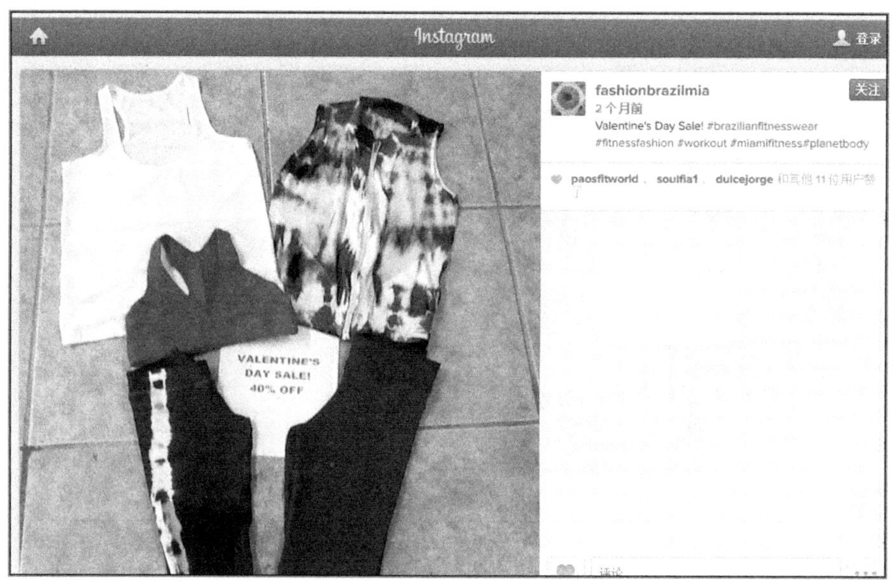

图 3-46

策划要素四：艺术促销，激发销售潜力

节假日营销的主角就是“价格战”，广告战、促销战均是围绕价格战展开的。能否打好价格战是一门很深的学问，许多商家僵化地认为节假日就是降价多销，其实这种做法就落进了促销的误区，结果往往是赔钱还吆喝。当然，作为节假日营销的惯用方法，诸如“全场特价”、“买几送几”的煽情广告已司空见惯，千篇一律，对消费者的影响效果不大。反倒是具备节假日元素的产品，再加上适当的折扣可以达到更加充分的效果。策划案例如图 3-47 所示。

万圣节 Halloween

所属行业：服装类

发送时间：8月31日

邮件分类：产品信息（常规型）

案例分享：1. 以南瓜、骷髅、相关颜色作为设计元素，营造节日气氛；

2. 促销商品结合万圣节活动。

图 3-47

节假日营销经过一轮策划之后，如何才能有效地执行并且实现最佳效果呢？接下来就让我们一起来研究一下节假日营销执行六要点。

执行要点一：明确目标

针对消费者的营销活动，主要目标是分析消费者对产品的倾向程度、节假日消费行为、对促销方法的接受程度、对相似产品的市场态度。节假日营销活动必须有量化指标，才能达到考核、控制、计划目的。

例如：以一家女装店的新年为例来进行讲解。新年是在“黑色星期五”和圣诞节之后，故作为一家女装店其目标主要是为了提升新款的转化率和点击率；其主题是 STYLISTS’ PICKS（新款推荐）for NEW YEAR’S EVE（如图 3-48 所示）。

图 3-48

执行要点二：突出促销主题

促销活动要给消费者耳目一新的感觉，就必须有一个好的促销主题。因此，节假日的促销主题设计有几个基本要求：一要有冲击力，让消费者看后记忆深刻；二要有吸引力，让消费者产生兴趣，例如，很多厂家用悬念主题吸引消费者探究心理；三要主题词简短易记。

例如：一家女装店在母亲节的营销推广，其主题是：Give Mom In Every Color on Mother's Day。首先，活动主题很明确，这是在母亲节做的一个活动；其次，通过主题也突出店铺内目前主推的这个产品颜色品类很多，总有一个适合你的母亲。所以这个文案做得非常到位（如图 3-49 所示）。

图 3-49

执行要点三：关注促销形式，有效组合促销方式

一想到促销，很多人就想到现场秀、买赠、折扣、积分、抽奖等方式。尽管在促销方式上大同小异，但细节的创新还有较大的创意空间。图 3-50 所示为主要的站内与站外营销方式介绍。

类型		解释
价格类	打折	商品价格为原价的*折
	直降	商品价格比原价直降*元
	特价	商品价格为指定的低价
	优惠券	满*元可冲抵*的金额
	红包	可直接抵现金*元使用
	积分	下次消费可按比例冲抵
	限时抢购	特定时间内特价销售
	限量抢购	限定数量特价销售
	团购	凑够*人同享超低价
	秒杀	特定时间抢购（一般数量为1）
	正向拍卖	消费者从低向高叫价至有人购买
赠送类	买赠	买就送
	满赠	满*元或满*件就送
	满减	满*元或满*件就优惠
	抽奖	有几率地获得优惠
组合类	会员等级	随着等级提升享受优惠
	限时限量抢购	特定时间内限量特价销售
	满赠+满减	满*元减*元赠*

图 3-50

针对速卖通最有效的营销方式是自主营销中的限时限量+优惠券或者限时限量+优惠券+满立减。因为过于复杂的计算方式，对国外的买家而言有一定的计算难度，反而会影响产品的转化率（如图 3-51 所示。）

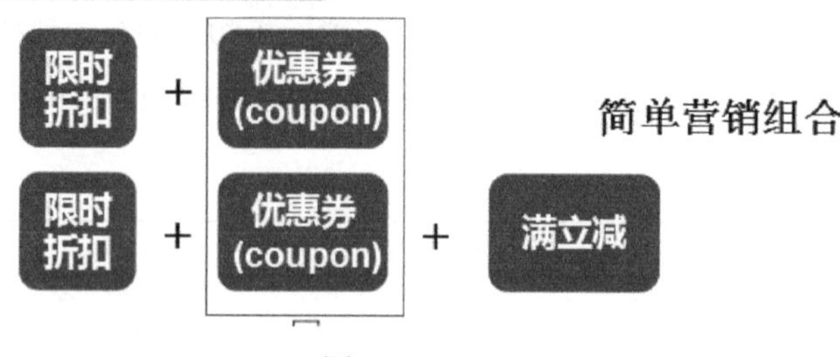

图 3-51

案例：以 Milanoo 的“黑色星期五”为例，当时的促销组合为限时促销+满立减（如图 3-52 所示。）

图 3-52

执行要点四：把产品卖点节日化

如何根据不同的节假日情况、节假日消费心理行为、节假日市场的现实需求和每种产品的特色，研发推广适合节假日期间消费者休闲、应酬、交际的新产品，是顺利打开节假日市场通路，迅速抢占节假日广阔市场的根本所在。

例如：以一家女装店的情人节活动为例。以一条红唇的裙子为 banner 来增加情人节元素和产品卖点，从而凸显产品以及店铺优势（如图 3-53 所示。）

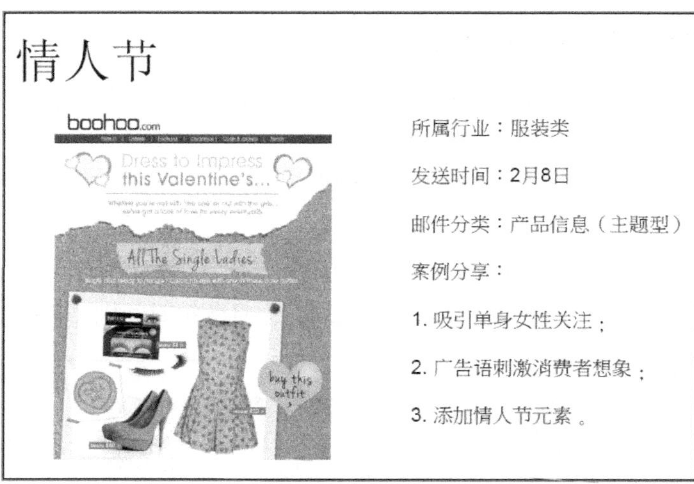

图 3-53

执行要点五：对促销活动的设计

尽量不要和强势厂家正面对抗，尤其是不要和强势对手打价格战，应该独辟蹊径，突出自己的优势和卖点。

例如：以男装店为例，采取精选男士用品，精华设计版面，从而用比较有质感的页面和精选的产品来俘获客户的心，而非通过价格折扣来吸引客户。

图 3-54 所示为父亲节活动案例，供参考。

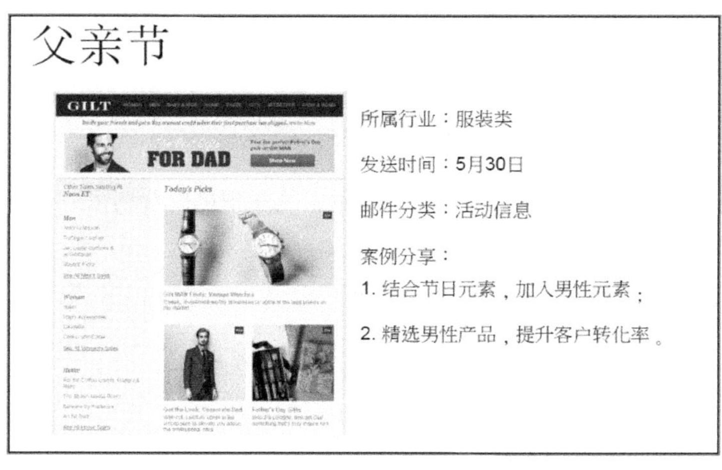

图 3-54

执行要点六：需要有效利用站外推广

在节假日当天通过站外方式和老客户进行互动，能加强节假日营销的效果。

3.3.3　速卖通节假日营销案例分析

这里以巴西节假日营销为例，我们来阐述节假日营销的操作。首先，对 2015 年巴西重要节假日时间表的研究，可以有效规划节假日营销时间轴（如图 3-55 所示）。

图 3-55

巴西节假日营销线上流量如图 3-56 所示，从图中可以看到每一个节假日对巴西当地的电子商务流量都有很大的影响。

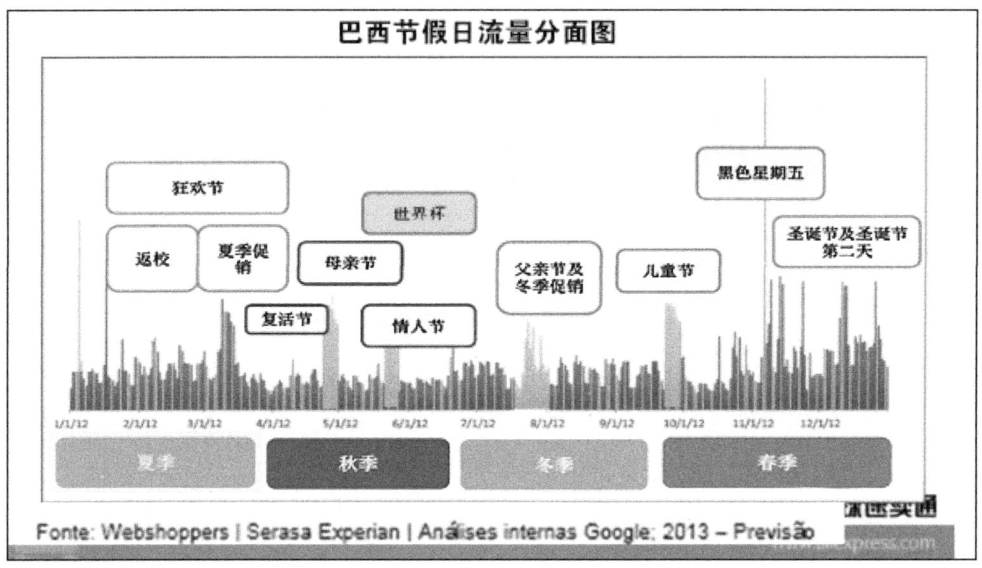

图 3-56

1. 节假日活动策划

活动策划是节假日营销里最重要的环节，一般针对不同的节假日活动策划也是不同的。活动策划既要结合巴西当地人的节假日文化背景，也要考虑当地人的购物习惯以及过节习惯等。接下来我们以巴西情人节为例来进行说明。针对活动策划，首先需要按照节假日的主题和目的，制定出节假日方案图（如图 3-57 所示）。

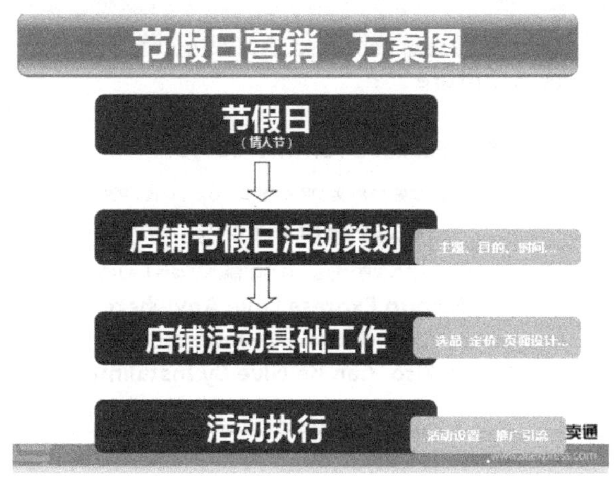

图 3-57

（1）活动时间（如图 3-58 所示）

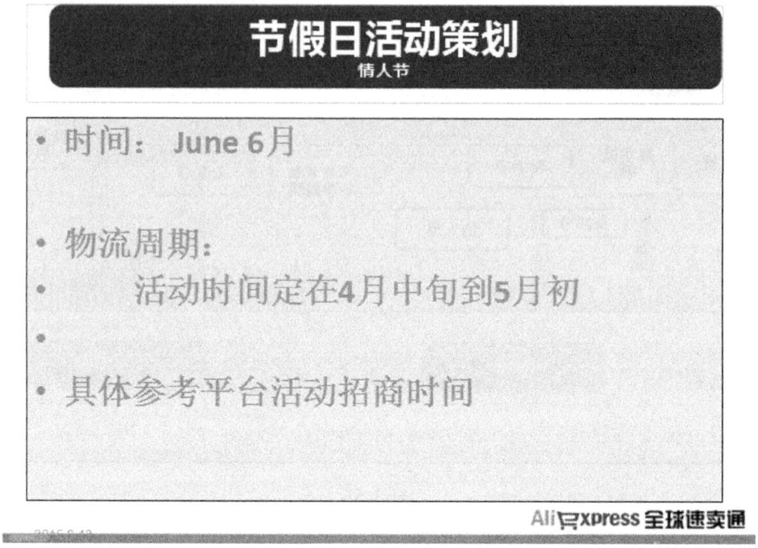

节假日活动策划

情人节

- 时间： June 6月
- 物流周期：
- 活动时间定在4月中旬到5月初
- 具体参考平台活动招商时间

AliExpress 全球速卖通

图 3-58

（2）活动主题（如图 3-59 所示）

针对巴西情人节营销，可以设计活动主题，主题多样，给买家更多的活动选择。

商业节假日活动策划

情人节

- 主题（Culture）：

Special Love For Men 50%OFF

(情人节男式专区男式用品：服装，香水，包包，腰带...

Win Love In Mango

（情人节当天购买男式用品，可获得定制电子版情人卡片）

Mango Express Love Anywhere

（为lover购买礼物，由卖家附货寄送情书邮件)

Love Also Can be Give By Installments

(情人节 当天指定商品，可分2~3次分期付款）

AliExpress 全球速卖通

图 3-59

（3）活动目的（如图 3-60 所示）

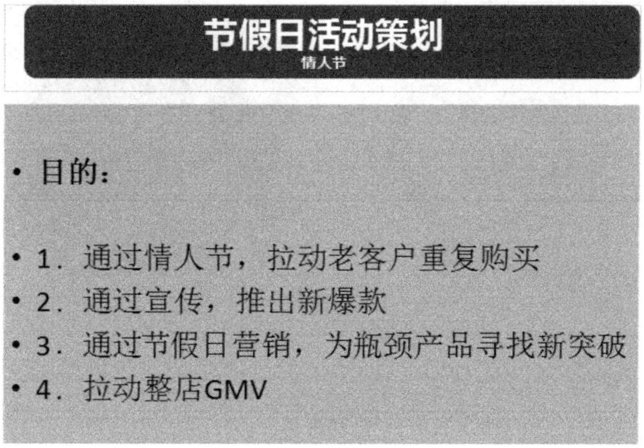

节假日活动策划
情人节

• 目的：

• 1．通过情人节，拉动老客户重复购买
• 2．通过宣传，推出新爆款
• 3．通过节假日营销，为瓶颈产品寻找新突破
• 4．拉动整店GMV

图 3-60

2．活动基础工作准备

（1）店铺页面设计

根据所设计的情人节活动主题对店铺进行装修，装修元素一定要切合主题，把活动信息设计在装修元素里，一目了然。装修色系以暖色调为主，温馨一点，因为是情人节。还要注意的是，巴西人当地多说葡语，所以设计的 banner 尽量用葡语表述。

（2）活动选品和定价（如图 3-61 所示）

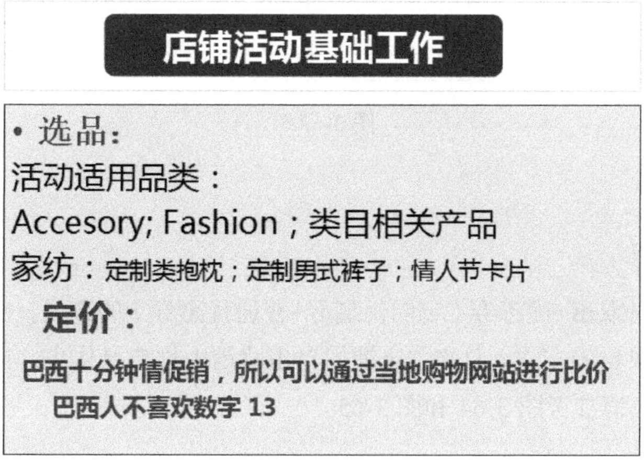

店铺活动基础工作

• 选品：
活动适用品类：
Accesory; Fashion；类目相关产品
家纺：定制类抱枕；定制男式裤子；情人节卡片
定价：
巴西十分钟情促销，所以可以通过当地购物网站进行比价
巴西人不喜欢数字 13

图 3-61

例如：产品选品类型，含有情人节元素（如图 3-62 所示）。

图 3-62

定价时可以与巴西本土的一些线上店铺进行比较，知己知彼。图 3-63 所示是巴西本土的一些品类的购物网站地址。

时尚	体育用品	家电用品和电子产品
www.lelis.com.br	www.netshoes.com.br	www.americanas.com.br
www.ogvestir.com.br	www.kanui.com.br	www.submarino.com.br
www.marisa.com/br	www.centauro.com	www.casasbahia.com.br
www.posthaus.com.br	www.adidas.com.br	www.mercadolivre.com.br
www.lojasrenner.com.br	www.dafitisports.com.br	www.magazineluiza.com.br
www.shop2oether.com.br	www.wtennis.com.br	www.pontofrio.com/br
鞋子	美容用品	婴儿用品
www.dafiti.com.br	www.belezanaweb.com.br	www.tricae.com.br
www.passarela.com.br	www.docebeleza.com.br	www.bebestore.com.br
www.anita.com.br	www.sephora.com.br	www.baby.com.br
http://loja.schutz.com.br	www.maccosmetics.com.br	www.bhappy.com.br
www.shoestock.com.br	http://www.sepha.com.br	

图 3-63

3. 活动执行

（1）活动设置

可以采取限时限惠+优惠券（定向优惠券+普通优惠券）的方式，也可以采取满立减+优惠券+限时限量的方式。总之，店铺的自主营销由你自己作主。自主营销工具和自主营销折扣玩法请参考图 3-64 和图 3-65。

自主营销工具

限时折扣　推新品，造爆品，清库存　详情 >>

满立减　轻松提升客单价　详情 >>

全店铺打折　快速积累销量和信用　详情 >>

店铺优惠券　刺激买家下单　详情 >>

巴西人比较单纯，所以在进行折扣设置时尽可能简单，以提高巴西买家的购物体验。

AliExpress 全球速卖通

图 3-64

自主营销折扣玩法

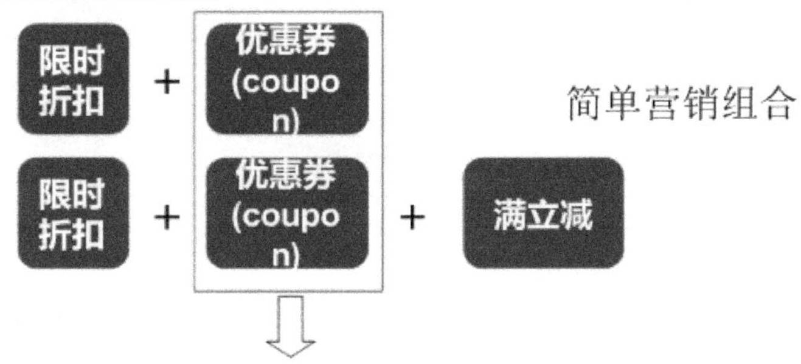

通过引流工具（SNS、EMD）提前向巴西买家发放！
定向优惠券和普通优惠券
通过SNS、EMD进行活动预热！
主要针对老客户

AliExpress 全球速卖通

图 3-65

（2）推广引流

当活动设置都完成以后，最后一步就是推广引流了。花费那么多的时间和精力来准备节假日营销活动，如果在活动期间吸引不到流量的话，那么所有的心血都会付之东流。

关于推广和引流可以采用 EDM 营销（分析客服后针对性营销），也可以借助社会化媒体营销 SNS 的推广引流工具以及 SEO 的优化工具，或者直通车引流等。还可以所有的方法并用，总之是为了让更多的巴西人看到你的活动。

EDM 邮件营销及模板如图 3-66 所示，情人节邮件模板如图 3-67 所示。

Lady Store Promotion FOR VIP

Dear VIP ,

August 19-August 21 is Lady Store Promotion For Valentine's Day.All the item will Sale From 5% To 50 % OFF,

More Discount:

$10 OFF $299　　$5 OFF$129　,

More Coupons:

COUPONS LINK :

http://www.aliexpress.com/store/sale-items/1111xx.html

http://www.aliexpress.com/store/sale-items/138xxxx4.html

Coupons 819 saleVIP

$2 off$2.01　　$5 off $115.00　　$2 off $35.00　　$10 off$175

Store Link:

http://www.aliexpress.com/store/111xxx

http://www.aliexpress.com/store/13xxx

Add store to your store list or Add item to the cart　;You will get more coupons and more news of the item in the further ,What is more ,in Every Monday ,we will offer you gift if purchasing the new arrival item in my store ,Hope Lady Store will serve you best

Remember our Brand Name is S

From Lady Store

Best Regards

图 3-66

情人节

所属行业：服装类

发送时间：2月8日

邮件分类：产品信息（主题型）

案例分享：

1. 吸引单身女性关注；

2. 广告语刺激消费者想象；

3. 添加情人节元素。

图 3-67

站外 SNS 推广案例如图 3-68 所示。

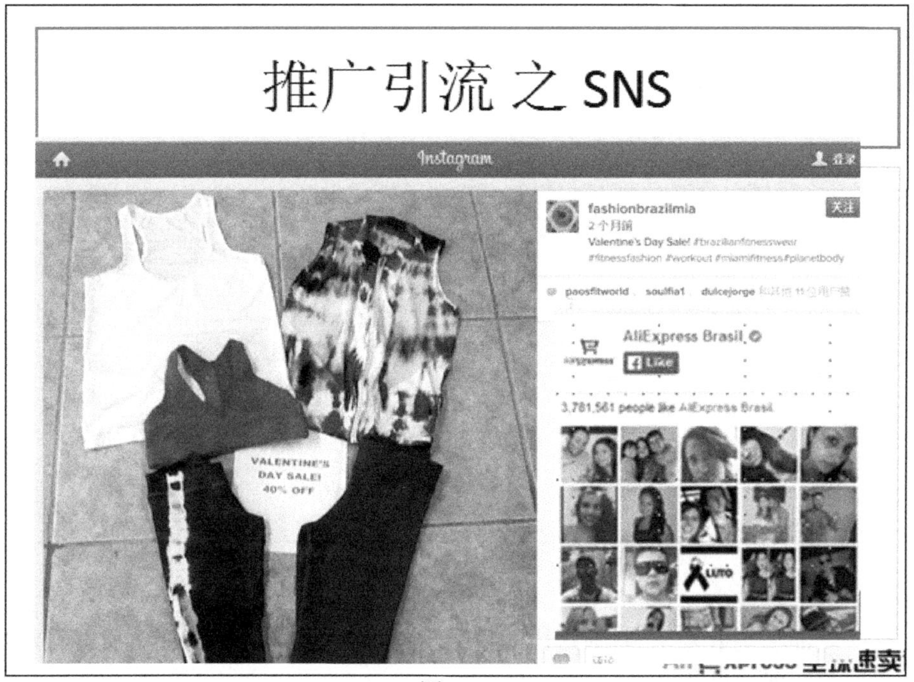

图 3-68

3.4　爆款时间轴打造策略

3.4.1　打造节假日爆款的一般思路

打造爆款一般分两种大思路。第一种：为纯免费流量打造爆款，按照爆款时间轴来打造。

第二种：按照联盟和直通车的不断 PDCA 测试来打造爆款。假设一个新品爆款为 0，怎么来实现打造爆款呢？

（1）新品上架后，曝光量特低，有时几乎为 0（如图 3-69 所示）。

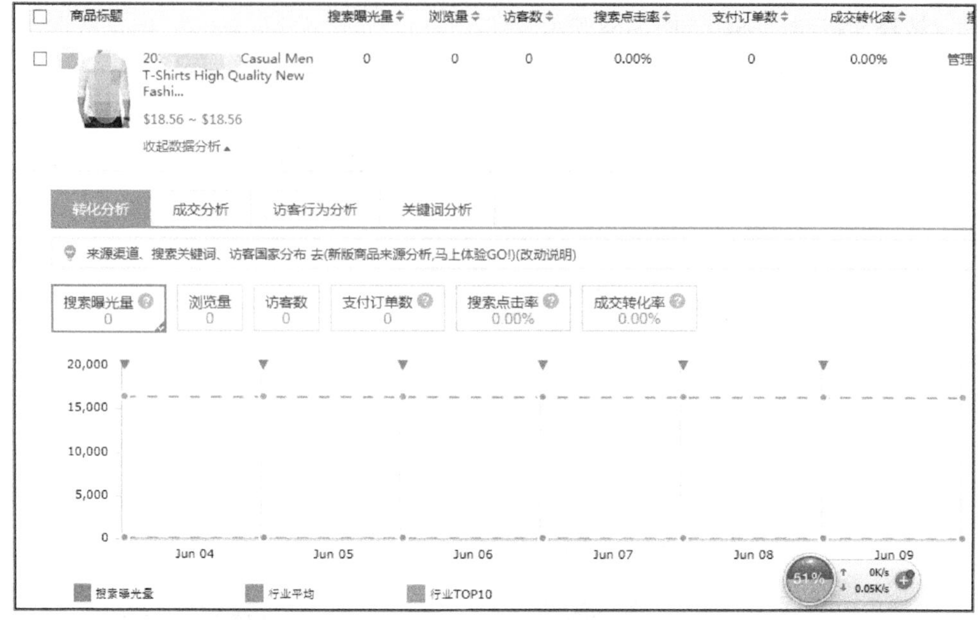

图 3-69

（2）新品曝光量为 0，针对这样的情况，我们需要为其增加曝光，所以需要对产品开直通车，进行测品。

① 新品出单。先增加全店曝光量（通过开联盟和建直通车重点推广），具体方案请参考直通车推广章节中的新品推广内容。

方案一：分开建立单独的推广；每款产品都有自己匹配度高的关键词。

选品：结合行业热卖款；

选词：关键词还是主打精准词；热词和大词还是没有使用；

出价：专攻精准词；

一个产品：对应几个计划；一个计划有多个关键词。

方案二：通过直通车+联盟重点推广+平台活动进行推广。

② 通过 PDCA 阶梯式循环，提高计划精准性，促进产品成交。

PDCA 表示计划+执行+检查+行动。

P（plan）——计划。包括方针和目标的确定，以及活动计划的制定；

D（do）——执行。执行就是具体运作，实现计划中的内容；

C（check）——检查。就是要总结执行计划的结果，分清哪些对了，哪些错了，明确效果，找出问题；

A（action）——行动（或处理）。对总结检查的结果进行处理，成功的经验加以肯定，并予以标准化。

3.4.2　爆款时间轴打造技巧

爆款时间轴打造技巧如图 3-70 所示。

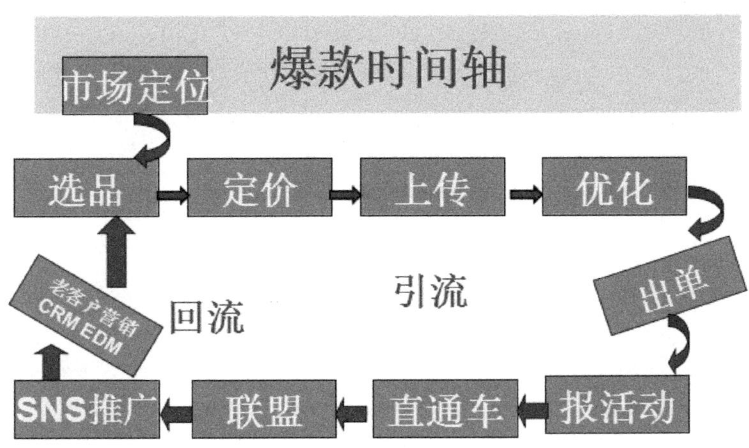

图 3-70

（1）打造一个产品的爆款的前提是，需要对该产品的市场、该产品的目标国家，以及目的客户端买家行为做一个分析和定位，这样可以帮助进行有限选品。

（2）当确定了目标国家和目标市场之后，就需要运营选品策略，进行选品。

（3）在选品的基础上，进行定价和上传。

（4）产品上传之后往往数据会比较低，但是 7 天之后会有数据显示，这时候需要根据显示的数据，综合数据纵横的数据表进行优化。

（5）借助联盟、SNS 推广或者直通车，需要产品尽快出单，这样可以保证产品数据的稳步上升。

（6）因为有了单量之后，就可以尝试去报活动，目前无线端的活动还是比较容易上的。

（7）在主推的几款产品中，针对转化率比较高的产品，可以建立直通车和联盟重点推广计划。

（8）最后对店铺内的老客户进行回访和老客户营销，方便后期增加客户黏度。

打造爆款时间轴是基于客户体验和基本 SEM 搜索规则而提出的，但是具体的 PDCA 周期,以及具体的计算指标是由速卖通搜索部门进行不断优化而周期性改变的，所以目前最佳的方案是按照这个时间轴进行有效操作。

第 4 章

营销活动

本章要点：

- 店铺自主营销
- 平台活动
- 客户管理营销
- 联盟营销

4.1 店铺自主营销

4.1.1 限时限量折扣

在速买通平台有四大店铺营销工具，其中“限时限量折扣”是四大营销工具之首，所以在店铺营销中最常用。它有以下几个好处。

- 买家购物车、收藏夹里的商品一旦打折，立刻会收到系统提示，提升购买率。
- 进入速卖通买家搜索页面，点击“Sale Items”按钮，通过“限时限量折扣”工具打折的商品，都有机会展示在搜索结果的第一页（如图 4-1 所示）。

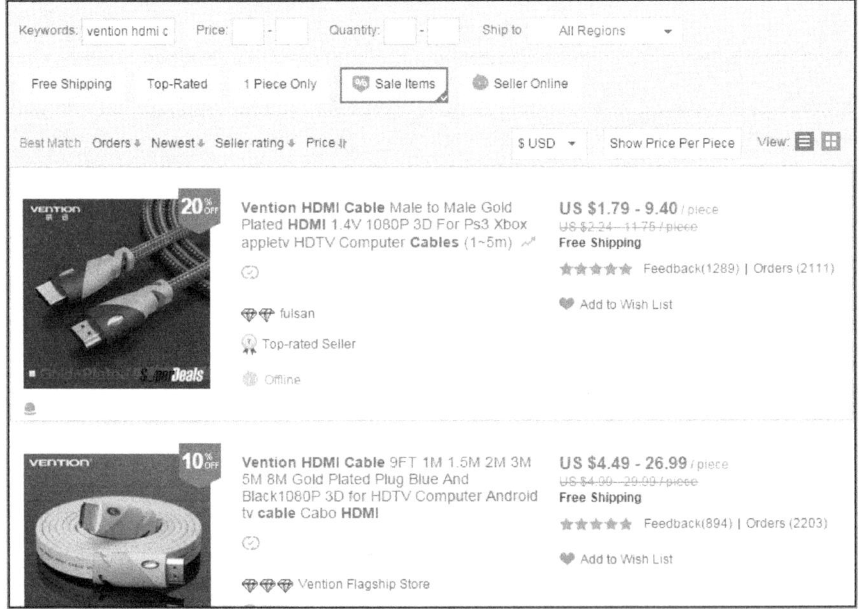

图 4-1

- 利用“限时限量折扣”工具，可以获得额外曝光。
- 在大促期间使用“限时限量折扣”工具，网站会将新流量引入到我们的店铺，使我们冲高销量。
- 在“限时限量折扣”设置页面中，可以为手机渠道设置专属的限时限量折扣活动（如图 4-2 所示）。

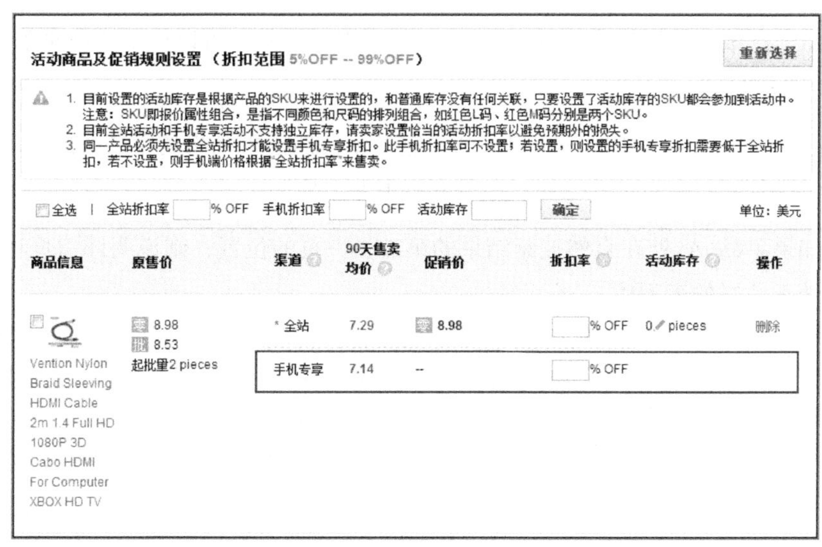

图 4-2

【案例分析】

除了以上所述的好处外，我们还可以灵活地结合其他的工具来配合使用，则会达到出乎意料的效果（如图 4-3 所示）。

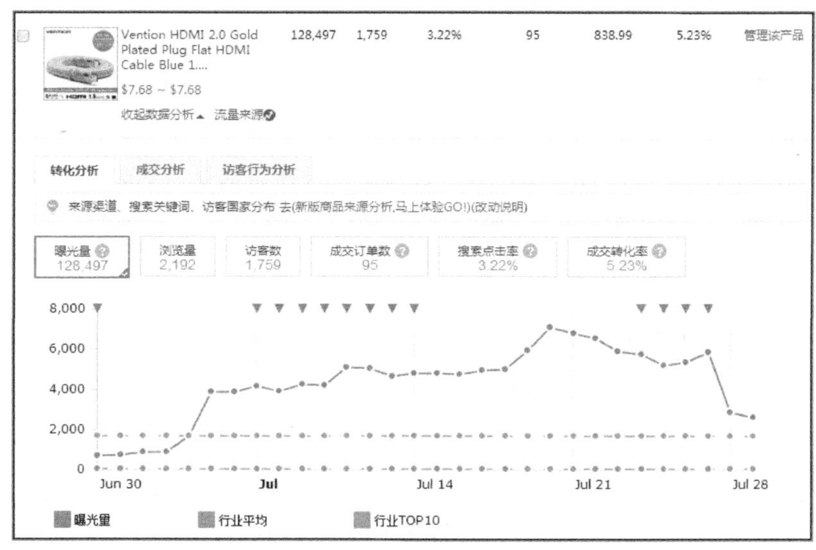

图 4-3

例如，在做产品推优推爆的过程中，“限时限量折扣”可以搭配“直通车”。暂且称为“组合推广”。

我们可以选取店铺中的一个单品 A，它处于自然搜索结果的第二页或者第三页，这样的产品推起来也相对容易些。主要有以下两个原因。

- 如果单品 A 处在自然搜索结果的第二、三页的位置，则说明详情页和转换率处于良好的表现中。
- 单品 A 在平台的销售中是被客户接受的、是有市场的，说明选品是正确的。

从选品和数据中我们可以判断单品 A 处于良好阶段，那么我们就可以使用“组合推广”的方式，使其从良变优乃至到爆。但是需要强调的是：

- 数据是通过自然优化得到的，而不是通过非正规手段获取（如刷单）的。
- 每一页自然搜索结果，一个顶级关键词，一家店铺只能出现一个产品。比如 wedding dress，在第一页已经有本店产品了，处在搜索结果后几页的产品就要换词来推广。

4.1.2 全店铺打折

从客户的购物体验度上分析，“全店铺打折”是最受平台买家欢迎的方式，对卖家朋友提升整店铺销售额有明显的帮助。并且每当全平台大促的时候（如双十一），平台对“全店铺打折”设置的卖家有流量扶持，借助平台大量引流的力量，提升自身店铺的竞争力！平台大促结束后，仍然可以持续地增加销量。除此之外，在多款新品上市时，以及换季时节，“全店铺打折”既可以提升新品销量，又可以对过季商品进行清仓。这就是“全店铺打折”工具的独到之处。

我们设置的时候要注意以下几点。

（1）全店铺打折活动从开始前 24 小时至活动结束阶段，所有商品将无法修改，只能下架。所以，全店铺打折活动的持续时间不宜过长，一般在 7 天之内结束较为合适。

（2）全店铺打折可以根据商品分组设置不同的折扣。一般每个卖家店铺里的商品会根据类目（或分组）的不同，利润率也不相同，如果使用同一折扣反而会顾此失彼，影响购买率。所以，根据自己的利润率设置不同的折扣更容易获得订单。

（3）“全店铺打折”与“限时限量折扣”之间有点小影响，当全店铺打折活动和限时限量折扣活动在时间上有重叠时，以限时限量折扣为最高优先级展示。例如，商品 A 在全店铺打折中的折扣是 10%OFF（即 9 折），在限时限量折扣中是 15%OFF（即 85 折），则买家页面上展示的是限时限量折扣的 15%OFF。

【实例讲解】

“全店铺打折”配合平台秒杀活动是“最佳拍档”。当平台秒杀活动的库存数量销售完后，全店铺打折设置的折扣就奏效了。

另外，用秒杀的噱头将流量引入到我们的店铺中，当客户看到店铺中所有的产品都在疯狂地打折时，客户只会感觉“便宜”。打折营销真正的意图是给客户营造占便宜的感觉。如同在实体购物中我们总喜欢还价一样，还价的目的是只想让自己占到那个便宜。“全店铺打折”是最能烘托占便宜的感觉的，大家可以多多尝试，只要把控好折扣的力度别让店铺亏损，相信卖家朋友会爱上此工具。借用一句广告语就是：“谁用谁知道”！

4.1.3 店铺满立减

满立减是营销活动中店铺活动之一，大家都不陌生，近些年网店商家推出的满立减促销活动热火朝天，已经成为较为常见和重要的营销利器，只要达到一定的数量或者金额就给予减价优惠。速卖通的满立减是达到设置的订单金额自动减价，活动类型分为全店铺满立减和商品满立减，分别是全店铺的产品参加活动和部分产品参加活动。商品满立减活动每次最多可选 200 个商品，商品满立减订单金额只计算商品价格，即不包括运费，如果其他打折活动在同时进行，则折后价参与。如果一个客户购买多个产品刚好金额达到设置的范围，那么必须是在同一个订单里，分开下单不享受活动优惠。

服务等级非不及格店铺每月活动有 10 个，总时长为 720 小时；不及格店铺每月有 1 个，总时长为 180 小时。建议合理分配，全部用完，平均每次活动时间为 3 天，时间短可以促使客户快速下单。与打折活动同时进行时，效果更佳。活动名称最多 32 个字符，仅卖家可以看到，无须纠结。时间为美国太平洋时间，夏令营时差晚 15 小时，冬令营时差晚 16 小时，在一个时间段内只能设置一个满立减活动，创建活动开始时间必须在 24 小时后，展示前 12 小时候进入锁定状态，锁定后产品可以下架，活动信息不可修改编辑，每月底可提前设置下月活动。满减条件分为多梯度满减和单层级满减，其中多梯度满减选项每次可以设置 3 个梯度，至少需要设置 2 个，优惠比例必须大于上一梯度，比如梯度一满$50 减$2，梯度二满$100 的话，必须减$4 以上；单层级满减选项只能设置 1 个梯度，优惠可累加。活动展示在 Store Home 页面、Products 页面、Sale Items 页面、Sale Items 下的 Seller Discount 页面以及产品的详情信息中，在活动开始前 6 小时会展示在店铺内。全店铺多梯度满减活动展示方式如图 4-4 所示。

图 4-4

买家下单后，只要达到设置的优惠金额，系统就会自动减价，若设置了多个优惠梯度，则默认为金额最大的梯度。比如买家设置了满 49-2、99-10、999-101，若一买家下单金额为$1001.05，那么系统默认减$101（如图 4-5 所示）。

图 4-5

设置满立减活动的主要目的是促使客户多买，提高客单价，吸引潜在批发客户。可以根据客单价设置优惠的订单金额，只需要比客单价高一些即可。客单价=当日订单金额/买家数，在数据纵横—店铺概况里，已细分为全店铺和无线端，在正常情况下，两个客单价有差异，但基本不会相差太多，不排除产品本身单价很高的类目和全店铺混单较多的情况，可以满立减的订单金额比客单价高 30%，满减金额比例低于 10：1 最佳。活动设置完后可以通过旺旺、留言、邮件、SNS、店招等方式告知新老客户，在关联产品里推荐价格合适的配套产品，方便客户凑满订单金额。活动设置界面如图 4-6 和图 4-7 所示。

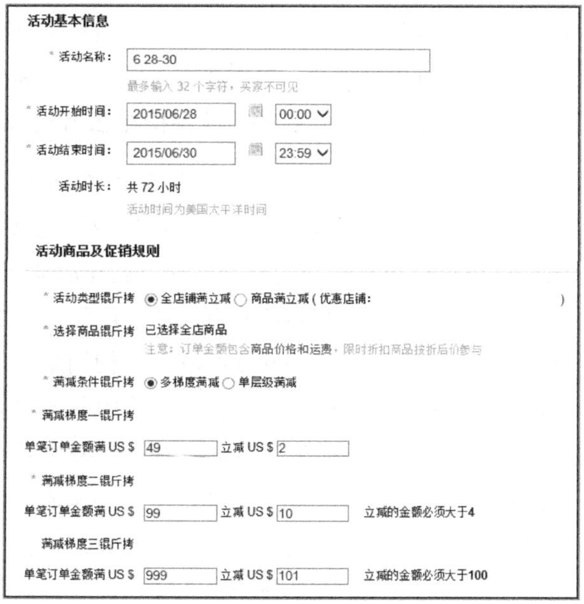

图 4-6

图 4-7

4.1.4　店铺优惠券

与满立减大同小异的一个促销活动是优惠券，其作用类似，不过优惠券更大的一个作用是增加二次营销，巩固老客户。可以定向给交易过的、添加购物车的和加 Wish

List 的客户发放即时生效的优惠券。店铺优惠券分为领取型和定向发放型，定向发放方式又分为选择客户发放和二维码发放，二维码可以下载发送给客户，也可以打印出来跟包裹一起寄给客户。为了方便读取，打印尺寸保持在 2cm×2cm 以上。

服务等级非不及格店铺每月领取型优惠券活动有 5 个，定向发放型优惠券活动有 20 个；不及格店铺每月领取型优惠券活动有 1 个，定向发放型优惠券活动有 5 个。领取型优惠券在一个时间段内可以设置多个优惠券活动，创建活动开始时间必须在 24 小时后，无锁定时间，在活动开始之前可以编辑和关闭。面额可为 2~200 美元之间的正整数，每人限领 1~5 张，发放总数量为 99~99999 张，使用条件分为不限和订单金额满多少美元"，可根据自身情况合理设置订单金额。使用条件"不限"单选钮请慎点，不限的意思是如果面额是$5 的优惠券，那么买家购买$5.01 的产品就可以使用优惠券，换言之，$0.01 就可以购买$5 的产品。当然，土豪卖家请随意。有效期在买家领取成功时开始计，建议在一周内。定向发放型优惠券每人限发 1 张，发放数量为 1~500 张，一旦创建活动，即时生效。全店铺折后价参与，包括运费和商品价格，在同一时间内可以设置多个不同金额的活动，每个订单只能使用一张优惠券，可跨月设置，跨月的活动数量每月各减一个。活动设置界面如图 4-8 所示。店铺内展示位置页面：http://www.aliexpress.com/store/sale-items/xxxxxx.html（××××××为店铺号），优惠券集中展示页面：http://coupon.aliexpress.com。

活动基本信息

* 活动名称：6 28-30
最多输入 32 个字符，买家不可见
* 活动开始时间：2015/06/28 00:00
* 活动结束时间：2015/06/30 23:59 可跨月设置
活动时间为美国太平洋时间

优惠券领取规则设置

领取条件：买家可通过领取按钮领取Coupon
* 面额：US$ 2 （面额：指的是订单金额满足使用条件时的优惠金额）
每人限领：1
* 发放总数量：99

优惠券使用规则设置

使用条件：不限 （即：订单金额只要满足US $2.01即可使用）
订单金额满 US $ 35
* 有效期：买家领取成功时开始的5天内

图 4-8

买家领取优惠券后可以立刻在店铺下单使用，也可以查看后台 My Orders—My Coupons — Seller Coupon 中的优惠券使用情况，买家领取的和卖家定向发放的优惠券都会显示，单击 Use now 按钮即可跳转到该店铺内下单并使用（如图 4-9 所示）。如果在一个店铺内领取了多张不同面额的优惠券，那么下单时可以选择面额最大的一张使用。如果是二维码活动，则可以引导客户扫码使用，提高移动端流量和活动效果（如图 4-10 所示）。

图 4-9

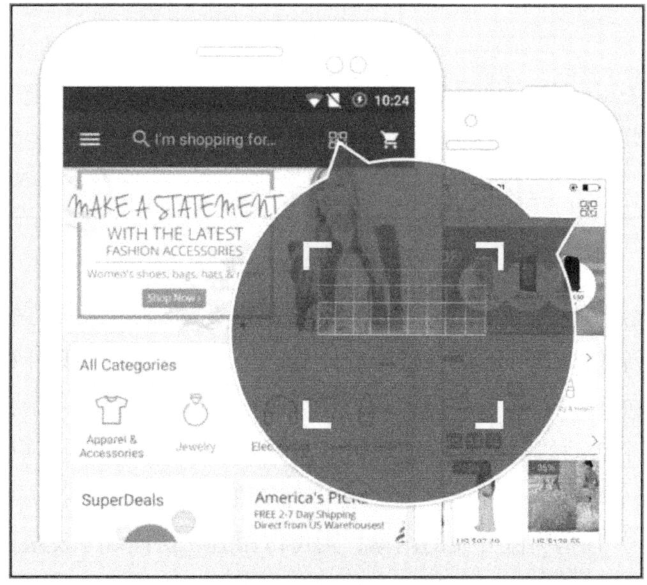

图 4-10

总结：满立减和优惠券的优惠活动可以叠加使用，设置活动的时候一定要根据店铺盈利情况错开订单金额和优惠力度。例如，设置了满立减 999-101，优惠券 99-10，客户下单金额为$1001.05，那么系统会优先立减$101 变成$900.05，接着进入优惠券使用界面再减$10，所以最终买家需要支付的金额是$890.05（如图 4-11 所示）。加上平台扣除的 5%手续费，卖家最终预计可得$845.55。倘若优惠券设置了满 900 减 90，那么最终结果会变成$810.05，预计可得$769.55。我们不能忘记订单的实际金额是$1001.05，所以，在同时设置优惠券和满立减活动的时候一定要谨慎。

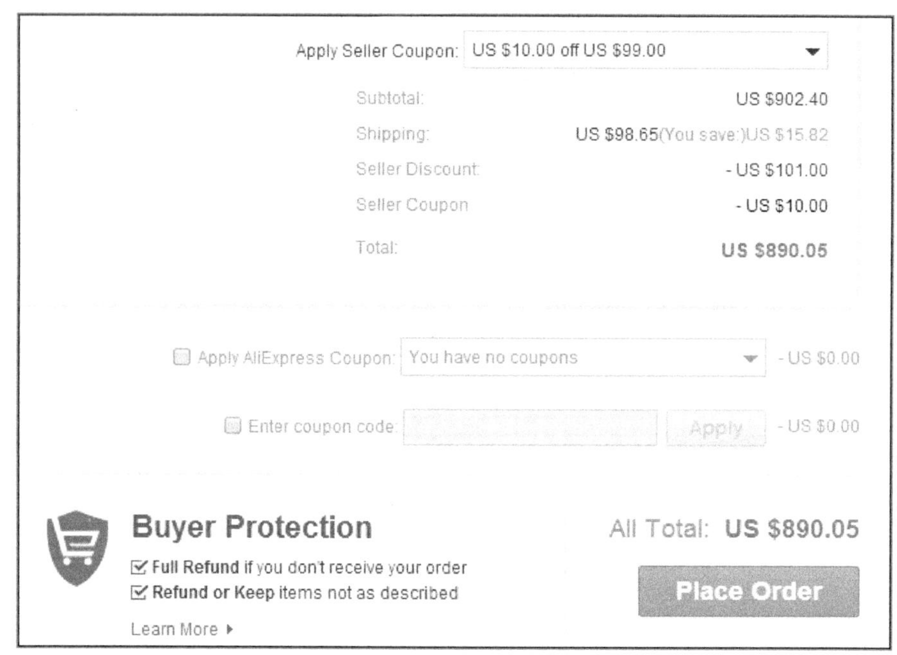

图 4-11

满立减和优惠券两个活动的订单金额均以打折活动（限时限量打折、全店铺打折、平台活动）的折后价计算，除满立减中的商品满立减 200 个产品只计算产品金额不包含运费外，其他的均包含运费在内计算订单金额。订单金额必须大于客单价才有其使用的意义。这两个活动的主要目的就是提高客单价和利润率，促使客户多买和回头买，合理设置金额吸引客户混单才是制胜之道。大多数卖家默认的物流方式是中邮小包，如果金额较大，并且是物流方便的国家，则可以跟客户协商统一发快递，减少打包和运输时间，提高运输稳定性，客户提前收到包裹也可以反馈好评，何乐而不为。创建活动后，尽可能通过各种渠道如旺旺、留言、营销邮件、店招、产品描述、SNS、EDM 等告知新老客户，以达到最佳效果，特别是在店铺参与平台活动和大促期间，抓住和珍惜外来流量，让效益最大化。

4.2　平台活动

4.2.1　平台活动简介

1. 平台活动综述

平台活动（Aliexpress Promotion）是阿里巴巴速卖通面向卖家推出的免费推广服务，主要包括大促活动、团购活动以及针对特定行业和主题的专题活动。

每一期的平台活动都会在 MyAliexpress 的“营销中心”板块进行展示和招商（如图 4-12 所示）。卖家朋友可以选取自己店铺内符合活动招商条件的产品自主申请报名参加，一旦入选，该申报产品就会出现在活动的推广页面，获得大量的流量。

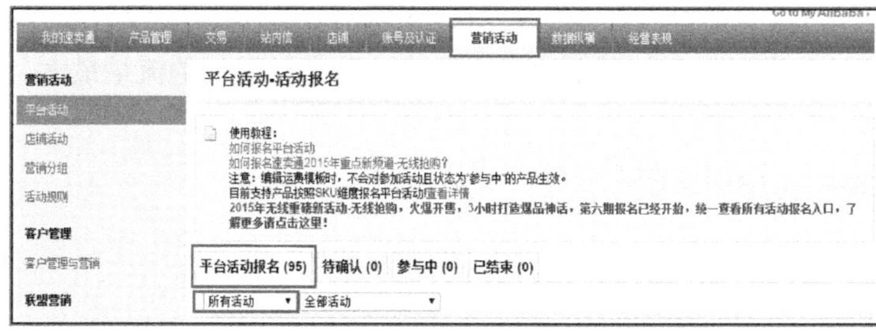

图 4-12

2. 平台活动分类

（1）平台常规性活动

Super Deals：全站唯一享有单品首页曝光，适用于推新品和打造爆款的活动，包括 Today’s Deals、Weekend Deals 和 GaGa Deals 三种活动。

团购活动：针对特定国家的营销活动。目前速卖通后台已开通俄罗斯、巴西、印尼和西班牙四个国家的团购活动报名入口，其中巴西团购现已更改为 Today’s Deals（巴西场）。

（2）行业、主题活动

行业活动：根据不同行业的特性，推出的专属于行业的主题营销活动。比如家具行业的行业活动 Transform your room（如图 4-13 所示）。

Transform your room

活动描述：该活动是6月家装类目主题活动，涉及家居、灯具两大类目。审品时间6月8日　　不符合资质原因

招商时间：2015.05.31 - 2015.06.08

展示时间：2015.06.12 - 2015.06.22

活动要求：价格折扣：99% OFF -- 20% OFF，店铺等级：新店 - 五冠，90天好评率≥93.0%

支付时限：买家下单成功时开始 5 天内

类目要求：照明灯饰>灯泡、灯管 (99% OFF -- 20% OFF)
照明灯饰>LED照明 (99% OFF -- 20% OFF)
更多

图 4-13

主题活动：针对特定主题设定的专题营销活动。比如新年换新季的主题活动、情人节大促活动等。

（3）平台整体大型促销活动

一般来说，一年“平台大促”会有三次，根据不同的情况平台会进行适当的调整。平台大促的流量非常大，尤其是“速卖通双十一”大促活动的流量最大。

4.2.2 Super Deals 与团购

1. Super Deals

Daily Deals 是 Super Deals 中最具代表性的活动，也是速卖通历史最悠久、效果最显著的折扣频道，旨在打造速卖通平台独一无二的天天特价频道，是全球速卖通推出的推广品牌。它占据着全球速卖通平台的首页推广位，免费推广“高质量标准，超低出售价”的产品。目前活动主要针对有销量、高折扣的促销产品进行招商。这里将会是平台最具性价比产品的集合，也是推广自身品牌的最佳展台。

Daily Deals 要求价格折扣为 99%OFF~35%OFF，店铺等级要求三勋至五冠，90 天好评率≥92.0%且针对要求国家 30 天销售数量≥1，对活动要求国家免邮，发货期≤15 天。

每个卖家每次只能报名一个产品，所以希望大家尽量报名折后价格有竞争优势且符合活动要求的产品进行报名。

Daily Deals 的展示位置为首页（如图 4-14 所示）和 Super Deals 活动页面（如图 4-15 所示）。

图 4-14

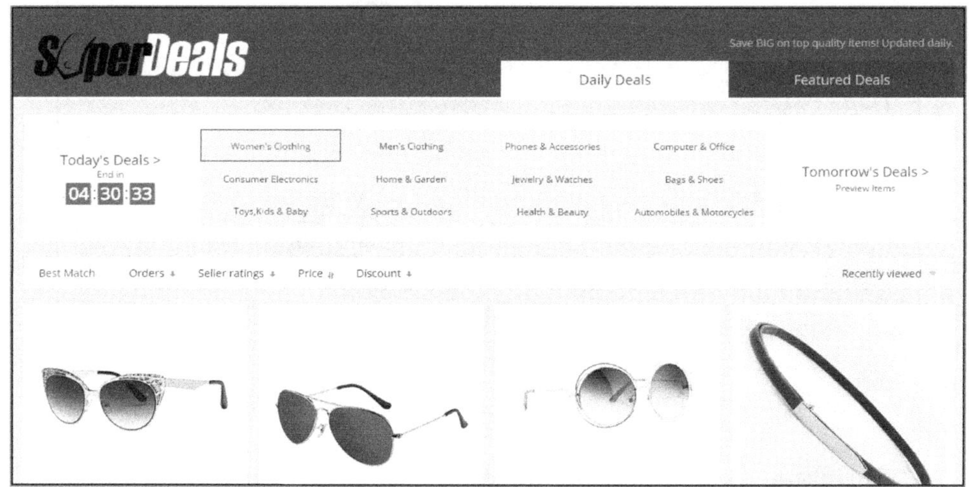

图 4-15

GaGa Deals 活动是速卖通平台的限时秒杀活动。作为每次大促的引流噱头，GaGa Deals 页面几乎是所有外部新流量的着陆点，它的特点就是：限时、限量、秒杀。

2. 团购活动

俄罗斯团购是速卖通国家团购项目中最具代表性的活动，也是目前整个速卖通平台流量最大的常规性活动，团购活动流量可以达到整个俄文站全部流量的 15%以上。活动定位为最大流量、最快出货和买家体验最优的营销渠道。俄罗斯团购展示位置包括俄文站首页展示（如图 4-16 所示）和俄罗斯团购页面（如图 4-17 所示）。

图 4-16

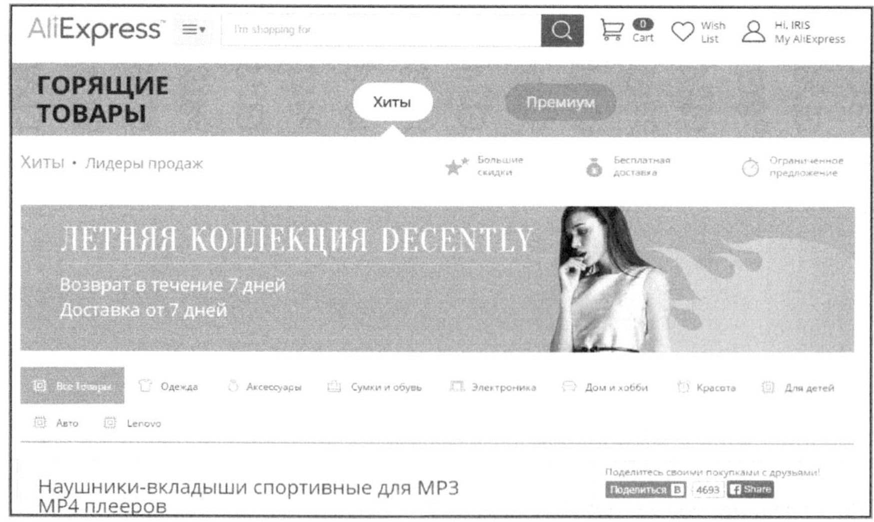

图 4-17

俄罗斯团购可以分为爆品团、秒购团和精品团三种活动，根据不同的活动定位有不同的招商活动要求。

爆品团招商：店铺要求，好评率≥93%，DSR 如实描述达到 4.6，其他达到 4.5；商品要求，俄语系国家近 30 天销量 20 个，以及商品得分 4.6 以上；折扣要求，在 90 天最低价的基础上实现 10%OFF，手机平板类目 5%OFF；物流要求，7 天内发货，俄罗斯、白俄罗斯、乌克兰三国包邮。

秒购团招商：店铺要求，好评率≥93%，DSR 如实描述达到 4.6，其他达到 4.5；折扣要求 90%OFF 且销售价格在 2 美元以内；活动库存要求 100 以内；物流要求，3 天内发货，俄罗斯、白俄罗斯、乌克兰三国包邮。

爆款团（包括秒购团）面向全平台招商，展示页面如图 4-18 所示。

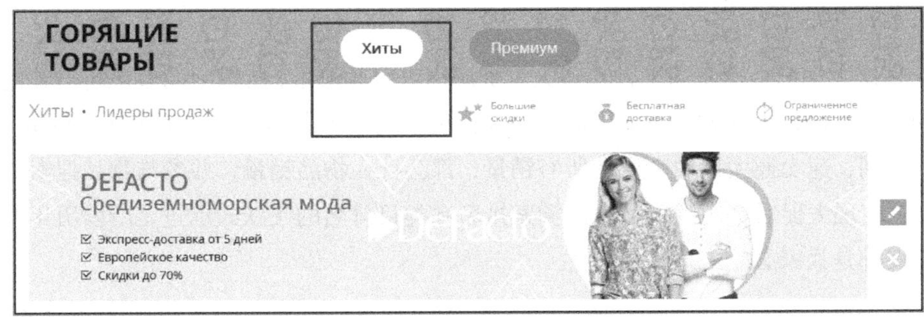

图 4-18

俄罗斯团购精品团目前仅面向精品馆的所有商家进行招商，展示页面如图 4-19 所示。

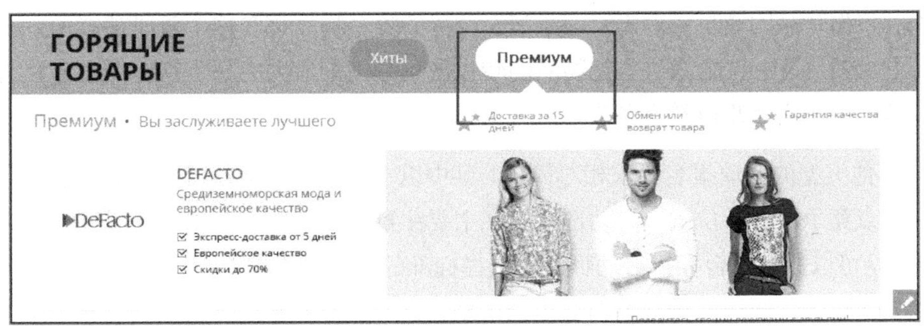

图 4-19

巴西团购目前已经更改为 Today's Deals（巴西场），具体招商要求可参考 Today's Deals 活动要求。

印尼和西班牙团购是新兴起的国家团购项目。团购招商要求较低，适合新店铺和中小卖家报名参加。具体招商要求是：产品符合印尼、西班牙市场；包邮；价格有竞争优势；销量高或者新款；折扣要求 3C 类目≥20%OFF，fashion 类目≥40%OFF。

4.2.3 平台大促与双十一

目前速卖通大促的类型主要有三种：第一种，年初的 325 购物节（Shopping Festival）；第二种，年中的 819 金秋盛宴（Supernova Sale）；第三种，年底的双十一大促（Double Eleven Carnival）。从大促的力度来讲，双十一是促销力度最大，也是流量最大的大促。

每次大促都是速卖通平台花费大量资源引进巨额流量，所以活动效果超出其他所有的营销手段，大促的海量流量能带来大促后店铺及单品排名的快速攀升。与淘宝、天猫不同，速卖通大促中产生的所有销量，都会计入物品销量，并参与物品搜索排名计分，实现大促后全店铺物品自然搜索排名和类目排名的飞跃式前进，所以历年的平台大促都是兵家必争之地。

平台大促主要包含这样几种类型活动：秒杀活动、主会场五折活动、分会场活动、主题馆、优质店铺推广活动、全店铺折扣活动和“海景房”。

“海景房”是双十一大促推出的新型大促活动类型，位于主会场的顶端，占据双十一流量的大部分。但是海景房的审核标准非常高，每个展位每个小时自动计算更新一次，根据物品的销量来确定“海景房”位置的哪个物品该在这个时段被展示。所以对于“海景房”的位置来讲，把物品的转化做到最优是最大的权重指标。适合大卖家去竞争，中小卖家难以符合条件。

其他类型的活动报名要求相对简单，其中以主会场五折活动流量最大，也是中小卖家重点竞争的展示位置。活动选取标准主要注重于物品的综合排名，通过活动前的优化，是可以达到平台五折活动物品的选择标准的。就算报名参加平台五折活动失败，我们自己设置的店铺五折活动也有机会出现在这个黄金位置。

4.2.4 平台活动报名技巧

4.2.4.1 平台活动报名前的准备

平台活动一旦报名参加成功，就没有办法退出活动了，直至活动结束。请卖家朋友在报名参加活动时谨慎选择。

平台活动商品审核流程主要分两个阶段：第一阶段，机器审核，主要删选硬性指标，比如好评率、商品评分等（在前面各类平台活动详细介绍板块中提到过，此处省略）；第二阶段，人工审核，主要审核产品主图、产品报名重复情况，以及产品真实折扣情况等。机器审核后，卖家可以在后台看到相关的报名数据。当机器审核成功后，则交由运营小二审核。所以平台活动报名前期的准备工作非常重要。

（1）前期准备工作的第一步是选品。选品必须符合所要报名平台活动的要求，卖家需要仔细阅读详细的平台活动招商细则。

【案例分析】

平台活动招商细则解析，如图 4-20 所示。

速卖通【无线抢购】 - 6月19日周五场第7期

活动描述：无线抢购是2015年速卖通推出的第一个无线端营销活动。作为无线端最重要的营销频道，此活动的入选商品享受无线端最大的曝光倾斜，将在速卖通APP端首屏占有最重要的固定曝光和流量入口。本活动一天8场，每场10个单品售卖3小时，每场的超高流量全部仅导给这10个商品，旨在打造个个爆品，场场售空的速卖通APP端王牌营销频道。产品要求：1. 此活动为一口价系统招商，请选择单一价的商品参加; 2. 禁止提价打折，且折后价为无线端当天的最低价； 3. 报名商品，活动当天不得参加其它任何平台活动，店铺自主促销的价格必须高于此活动的价格，否则将失去此活动的参与权限; 4. 图片清晰，细节图完善，折扣真实，好评优秀; 5. 为营造抢购的氛围，需要控制合理的商品库存，总库存（各个SKU的库存之和）最少10个，折后价低于5美金的，总库存最多50个，折后价高于5美金的，总库存控制在30以内; 6. 每卖家限报1个商品，请务必选择最符合条件最具优势的商品； 7. 请各位卖家理智选择活动时间报名，避免扎堆报名，提高入选几率。审品时间：每周二

招商时间：2015.06.01 - 2015.06.08

展示时间：2015.06.19 - 2015.06.19

活动要求：价格折扣：99% OFF -- 25% OFF，店铺等级：二勋 - 五冠，90天好评率≥95.0%，30天销售数量(全球)≥2

支付时限：买家下单成功时开始 1 天内

类目要求：服装/服饰配件>婚礼及重要场合 (99% OFF -- 45% OFF)
服装/服饰配件>服饰配饰（男/女/儿童配件，婴儿配饰发到婴儿服装） (99% OFF -- 60% OFF)
更多

图 4-20

我们可以总结出选品时需要注意以下几点。

第一点，一口价招商，即报名商品必须为单一价格。很多商品存在多个 SKU 属性，在选品时应注意，卖家需要选择多种 SKU 价格统一的商品进行报名，避免出现

同一商品不同 SKU 不同报价的情况。

第二点，禁止提价打折且价格折扣为 99%OFF~25%OFF。也就是说，在选品时，卖家需要选择的产品能够接受 25%OFF 以上的折扣减免，并且不存在提价之后再打折的情况。这一点尤其重要，是平台活动报名审核时最重要的考核要素之一，请各位卖家朋友一定要多加留意。

第三点，图片清晰，最好做到主图像素不低于 500×500，白底无边框，主要产品居中且占据图片 85%以上。产品细节图信息完善，介绍充分。

第四点，也是最基础的一点，即店铺等级要求二勋至五冠，90 天好评率≥95%，30 天销售数量（全球）≥2。

完全符合以上要求的产品就是本次活动合适的产品选择，但是仅仅选择合适的产品还是远远不够的，每期平台活动报名的产品多如牛毛，如何在众多产品中脱颖而出，我们还需要更多的前期准备工作。

（2）产品选择好之后，要不断提升产品的信息质量。比如针对所选择的产品进行全面的产品属性优化和产品详情页再优化，进行中、差评营销进一步提高产品评分，以提升产品入选几率。

（3）确认所选择产品的货源稳定，供应链完善，不会出现断货风险，同时确保所选产品的质量是优质的。因为平台活动一旦报名成功，订单量巨大，如果产品质量存在问题，平台活动结束后卖家就很有可能面对的是庞大的纠纷订单数量和差评数；如果供应链出现问题，卖家将面对的是大量的成交不卖订单。所以确保供应链没有问题和产品质量是非常重要的一环，请各位卖家朋友一定要多加留意。

4.2.4.2 平台活动进行时的跟进

报名平台活动时我们需要注意以下几点。

（1）报名平台活动时首先要注意的是活动价格的申报。报名活动时的价格根据不同的活动类型有不同的要求，可以具体参考活动细则。

【举例介绍】

俄罗斯团购价格要求如下。

第一，俄罗斯团购价格为全网最低价格，判定标准为：在 90 天最低价格折扣的基础上进行 10%OFF 以上（手机平板为 5%OFF）的折扣申报价格为最优选择。

第二，不允许提价打折，判定标准为：（原价–实际成交价格）/原价>50%的为严重提价打折商品，活动审核时不具有优势。

【案例分析】

俄罗斯团购价格不符合要求的，如图 4-21 所示。

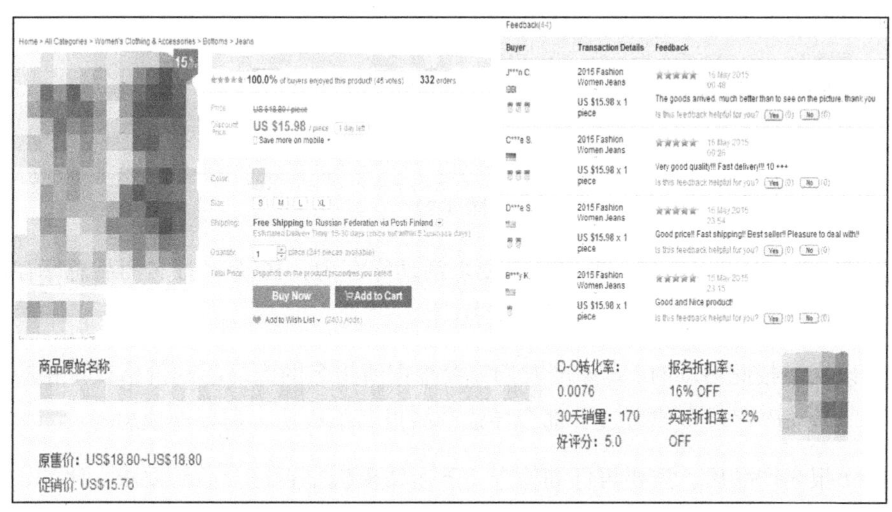

图 4-21

从图 4-21 中我们可以看到，这款商品原价为$18.8，实际成交价格为$15.98，平台活动申报价格为$15.76。所以这款商品的实际折扣率为 2%OFF 左右。

参团申报价格/feedback 实际售卖价格≥95%，所以不符合活动价格标准，平台活动报名不成功。

（2）报名平台活动时还需要注意活动库存的设置。活动库存区别于产品发布时设置的产品库存，活动报名成功后，活动展示的 SKU 是全量展示，无论产品的普通库存是否为 0，活动都会继续进行展示，所以请谨慎设置活动库存。活动库存目前只支持（除团购和秒杀以外）平台活动以及限时限量的活动库存补充功能。具体情况可以参见不同活动所要求的库存量进行设置。

【案例分析】

活动库存报名注意事项，如图 4-22 所示。

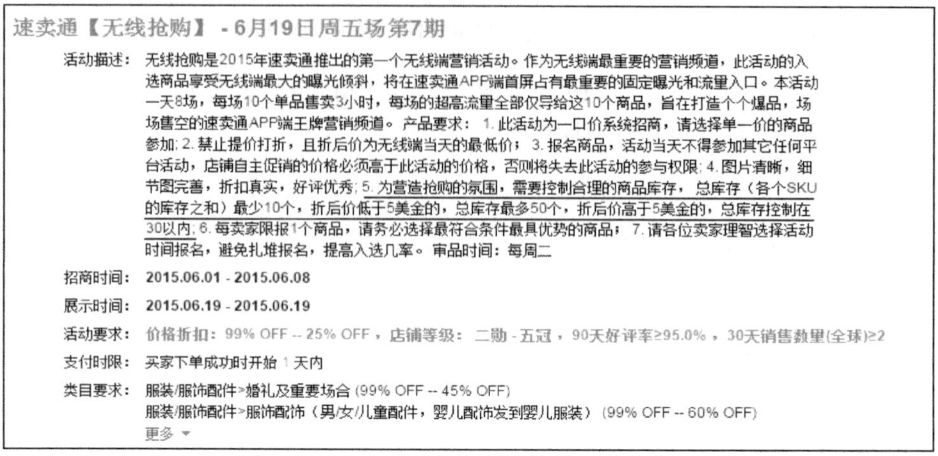

图 4-22

从图 4-22 中可以看出，此次活动要求活动库存为：10 个≤报名商品总库存≤30 个；折后售价低于$5 的商品，总库存≤50 个。

所以在申报此活动时，卖家朋友们需要根据所报名的商品活动价格设置相应的活动库存，活动库存过多或者过少都会导致产品报名不成功，需要谨慎思考。

（3）报名产品后，需要再仔细检查一下运费模板是否符合活动要求。比如，根据俄罗斯团购要求对俄语系国家包邮，巴西团购要求对葡语系国家包邮等不同情况，尽快调整运费模板以符合活动报名要求，产品一旦锁定，运费模板就不能再进行更改了。

（4）尽量第一时间报名平台活动。因为平台每期活动的运营资源有限，为了避免扎堆报名，应尽量提前报名，以提升入选几率。

4.2.4.3 平台活动成功后的维护

（1）产品报名成功后需要做好店铺装修、店招、海报、切片营销和关联营销，以实现平台活动最大化带动全店销售的效果。

（2）做好定向优惠券营销、收藏夹和购物车营销等，以配合平台活动的开展，提升店铺转化率。

（3）注意客服的及时性，提升客服的询盘回复速度，增加客服在线时长，以满足不同国家和地区的时差。

（4）活动结束后应及时发货，做好售后服务，提升好评率，提升客户购买体验和服务体验，留住老客户。

一次优秀的平台活动营销可以为店铺带来极大的流量和订单，也是速卖通平台最快捷有效的营销方式，希望卖家朋友们能够仔细研究，活动报名并没有想象中的那么难。

4.3 客户管理营销

为了帮助速卖通卖家更好地管理自己的买家，识别其中诚信并有购买力的优质买家进行针对性营销，增加销量，速卖通平台推出了买家管理营销工具。本工具包含客户管理和邮件营销两个核心功能，具体功能介绍如下。

1．客户管理功能

登录“我的速卖通”—“营销活动”—“历史客户统计与营销”，进入客户管理营销页面，选择历史客户信息统计页面（如图 4-23 所示）。在该页面可以管理所有和你有过交易的买家信息，包括：买家的采购次数、累计采购金额、最近一次采购时间、买家的国家等信息。同时你也可以根据自己对于买家的了解情况填写相关的备注，方便你记录买家的重要信息。在正常情况下，大家可以在备注栏填写客户的购买需求、购买习惯、购买频率、购买类型等采购信息，方便下次客户过来购买时更好地为客户服务和促进订单交易，对于后续的邮件营销也有极大的帮助。因此，大家要用好历史客户统计与营销的备注栏，做好客户的分类备注。当然，如果条件允许，大家也可以用速卖通后台合作的第三方软件进行客户管理与营销。

图 4-23

除了基本的买家信息展示功能外，还可以通过客户管理营销工具查询最后一次订单成交次数、累计成交金额，方便大家通过各种维度识别需要维护的重点买家。比如，一个买家在你这里有过多笔交易，有很高的交易额，但很久没有在你的店铺进行采购了，你就应该联系该买家了解其流失的原因，并有针对性地改善自己的产品或服务。当然，对于一些国外的恶意客户，也可以直接把他们拉进黑名单，不再和他们交易（如图 4-24 所示）。但是需要注意的是，被加入黑名单的客户将无法在前台对你的产品进行下单，请谨慎设置。

我的速卖通 | 产品管理 | 交易 | 站内信 | 店铺 | 账号及认证 | 营销活动 | 数据纵横 | 经营表现

营销活动
平台活动
店铺活动
营销分组
活动规则
客户管理
历史客户统计与营销
联盟营销
联盟看板
佣金设置
我的主推产品
流量报表
订单报表
退款报表
成交详情报表

历史客户统计与营销-所有客户

为您提供便捷的买家管理和邮件营销功能！ 查看教程

所有客户 (18133) **黑名单 (0)**

发送营销邮件 | 加入黑名单

	客户	国家	最后一次订单	成交次数	累计成交金额	备注
☑	Bobbie Cain		No. 15005500052941 29 Jun 2013 03:11	1	$0.00	编辑
☐	Jessica Beresford		No. 15005700371349 29 Jun 2013 05:21	1	$0.00	编辑
☐	Sergey Kaminer		No. 60002465673872 05 Aug 2013 01:39	1	$8.00	编辑
☐	Dmitriy Mishagin		No. 60028442754573	1	$23.59	编辑

图 4-24

2. 邮件营销功能

卖家可以在客户管理页面勾选需要进行联系或者营销的客户，单击“发送营销邮件”按钮，即进入营销邮件编辑页面（如图 4-25 所示）。

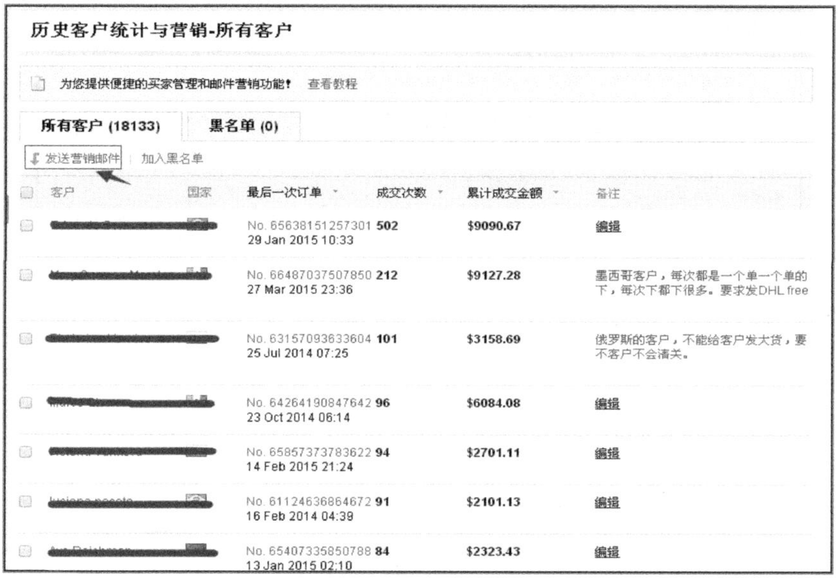

历史客户统计与营销-所有客户

为您提供便捷的买家管理和邮件营销功能！　查看教程

所有客户 (18133)　黑名单 (0)

发送营销邮件 | 加入黑名单

客户	国家	最后一次订单	成交次数	累计成交金额	备注
		No. 65638151257301 29 Jan 2015 10:33	502	$9090.67	编辑
		No. 66487037507850 27 Mar 2015 23:36	212	$9127.28	墨西哥客户，每次都是一个单一个单的下，每次下都下很多。要求发DHL free
		No. 63157093633604 25 Jul 2014 07:25	101	$3158.69	俄罗斯的客户，不能给客户发大货，要不客户不会清关。
		No. 64264190847642 23 Oct 2014 06:14	96	$6084.08	编辑
		No. 65857373783622 14 Feb 2015 21:24	94	$2701.11	编辑
		No. 61124636864672 16 Feb 2014 04:39	91	$2101.13	编辑
		No. 65407335850788 13 Jan 2015 02:10	84	$2323.43	编辑

图 4-25

进入营销邮件编辑页面之后，需要先填写邮件标题和邮件内容。你可以向客户发送新品上架情况，以及打折、促销等信息，或者对售后满意度等进行调查，以此来吸引老买家回头下单。但是不要在短时间内对同一客户多次发送营销邮件，以免造成过度骚扰引发买家的反感，影响交易的达成。建议每月对同一客户的邮件控制在两封以内，而且要注意，邮件内容不能输入中文字符，最多输入 6000 个字符，超出则无法再输入。

与此同时，你可以单击“添加推荐产品”按钮，进入产品添加页面（如图 4-26 所示）。

勾选你需要推荐的产品后，单击“插入产品”按钮，即可完成在营销邮件中插入推荐产品。但是对于所添加的推荐产品，要结合客户管理功能一起使用。例如，我们可以把客户的名字放到交易页面进行查询（如图 4-27 所示），查询该客户的历史购买记录和购买类型，有针对性地推荐相应的产品。比如，该客户的历史购买记录都是裙子，那么我们推荐的就最好是和裙子有关的产品，或者该客户的历史购买记录都是低价产品，那么我们推荐的就最好是价格不要过高的产品。总的来说，推荐关联产品要结合客户管理分析结果来进行，这样才能促进二次营销，增加店铺的交易额。

图 4-26

图 4-27

但是需要注意的是，关联营销推荐产品最多可以添加 8 个，因此大家在推荐产品的时候，要有计划地去添加，尽量每次添加的产品都不一样，通过数据观察来验证哪些产品比较适合客户需求，哪些产品可以为我们带来订单，对于这类产品，大家可以放到推荐产品关联中。完成这些操作之后，你就可以预览并发送平台生成的营销邮件了（如图 4-28 所示）。

图 4-28

大家可以看到，通过平台发送的营销邮件比我们平时通过个人邮箱发出的邮件更显眼、更吸引人。因此建议大家尽量用平台营销邮件联系客户进行客户管理营销，只有平台的营销邮件用完了，才考虑用第三方邮箱进行营销。

3. 营销邮件发送规则

为了控制买家接收邮件的频率，提高买家的感受，营销邮件对于发邮件的量级有一定的控制。平台会根据 “卖家星级”，每个月给予一定的营销邮件发送量，卖家等级越高，拥有的邮件数就越多（如图 4-29 所示）。

卖家服务等级详解

	不及格	及格	良好	优秀
定义描述	符合以下任一条件： 1、ODR>=8% 2、卖家责任裁决率>=0.8%	符合以下所有条件： 1、4%<=ODR<8% 2、卖家责任裁决率<0.8%	符合以下所有条件： 1、ODR<4% 2、卖家责任裁决率<0.8%	符合以下所有条件： 1、考核期内结束的已支付订单数>=90笔 2、ODR<2.5% 3、卖家责任裁决率<0.8% 4、90天好评率>=97%
橱窗推荐数	无	无	1个	3个
搜索排序曝光权利	曝光靠后	正常	曝光优先	曝光优先+特殊标识
提前放款特权	无法享受最高放款比例	无法享受最高放款比例	无法享受最高放款比例	有机会享受最高放款比例
平台活动权利	不允许参加	正常参加	正常参加	优先参加
营销邮件数量	0	100	200	500

成长期卖家和无服务等级的卖家将与及格卖家享受同等的平台资源。
备注：若 “不良体验订单” 里的某项指标表现的严重（如订单数量较多）时，也会影响到您的搜索排序曝光。同时关于影响搜索排序的其他因素点此查看

图 4-29

大家可以看到，及格店铺是 100 封营销邮件，而优秀店铺可以达到 500 封营销邮件，对于大家做客户管理营销或者平时通知客户活动是非常有利的。因此建议大家一定要做好店铺，减少不良体验订单，从而提高店铺等级，为店铺增加营销邮件的数量。当然，也为店铺产品增加曝光。最后提醒大家的是，务必控制对每个买家的邮件发送频率，过度的营销邮件会产生反效果，对你在平台交易造成负面影响。

4.4 联盟营销

既然我们要做联盟营销，那么首先就要知道什么是联盟营销。联盟营销是一种按效果付费的网络营销方式，卖家通过联盟营销渠道收到了订单，按照事先设定的交易比例支付佣金。佣金由卖家决定，每个顶级类目都有平台限额，从 3%到 50%不等。若有退款和订单折扣，则按比例削减佣金，运费无须付佣金。联盟营销和直通车的点击收费不一样，联盟营销是一种成交收费、不成交不收费的营销方式。

让我们一起来看看如何加入联盟营销，进入“我的速卖通”—“营销活动”—“联盟看板”页面，勾选“我已阅读并同意此协议”，单击“下一步”按钮，进入设置联盟佣金比例页面（如图 4-30 所示）。设置好佣金比例后，单击“加入联盟计划”按钮，就可以正式加入联盟营销了（如图 4-31 所示）。

我的速卖通 | 产品管理 | 交易 | 站内信 | 店铺 | 账号及认证 | 营销活动 | 数据纵横

营销活动
平台活动
店铺活动
营销分组
活动规则
客户管理
历史客户统计与营销
联盟营销
联盟看板
佣金设置

加入联盟计划

上次退出联盟时间：2015.03.22(美国时间)

温馨提示：退出后15天内不能再加入联盟营销，买家点击过的推广链接对该用户在30天内继续有

卖家应于申请加入营销计划时认真阅读全部协议内容，对于协议中以加粗字体显示的内容，
问，应向阿里巴巴咨询。如卖家不接受任何协议内容，请勿提交申请。无论卖家是否实际
或实际参与营销计划，本协议即产生法律约束力。
阅读海外联盟营销委托投放协议

我已阅读并同意此协议。

下一步

图 4-30

图 4-31

在这里要说的是，佣金比例要根据店铺的利润度来合理设置。我们的产品在定价的时候要把联盟佣金的成本考虑进去，这样才能更容易地进行联盟营销。如果大家想退出联盟营销，则可以输入 http://cn.ae.aliexpress.com/affiliate/exit.htm 申请退出联盟营销。为了让你了解退出注意事项，请你把店铺主 ID、联系方式及选择退出原因发邮件至 seller-affiliates@aliexpress.com，速卖通工作人员将会在 3 个工作日内回复并帮助你退出。但是有两点大家要注意：一、买家点击过的推广链接对该用户在 30 天内继续有效，仍旧计算佣金，从卖家处扣除；二、退出联盟营销后，15 天内不能再加入联盟营销。由于联盟营销的站长来自全球 100 多个国家，客户群体非常庞大，对我们店铺的营销和订单量的增长有非常大的帮助，所以建议大家要利用好联盟营销。

4.4.1 联盟营销的组成

联盟营销由 7 个部分组成：联盟看板、佣金设置、我的主推产品、流量报表、订单报表、退款报表、成交详情报表。下面我们针对每个板块（除了退款报表）一一进行讲解。

1. 联盟看板

首先打开“我的速卖通”—“营销活动”—“联盟看板”页面（如图 4-32 所示）。

图 4-32

通过联盟看板我们能清楚地知道联盟营销近 6 个月的营销情况。以图 4-32 为例，大家可以看到在 6 个月内，联盟为我们带来的订单金额为 29972.5 美元，而我们真正支付给平台的只是 1261.77 美元，投入产出比为 14.5306。所谓投入产出比是佣金支出金额与联盟渠道订单金额之比。大家通过这个数据可以看到，加入了联盟营销，不管是点击数还是店铺销售额都有非常大的提高，所以我们要充分利用好联盟，让联盟发挥它应有的作用。

2. 佣金设置

每个类目要求的最低佣金比例都是不一样的（如图 4-33 所示）。

类目	最低佣金比例	最高佣金比例
Apparel	5%	
Automobiles & Motorcycles	5%	
Beauty & Health	5%	
Computer Hardware & Software	3%	
Construction & Real Estate	5%	
Consumer Electronics	5%	
Customized Products	5%	
Electrical Equipment & Supplies	5%	
Electronic Components & Supplies	5%	
Furniture	5%	
Gifts & Crafts	5%	
Hardware	5%	
Health & Medical	5%	
Home & Garden	3%	
Home Appliances	5%	50%
Jewelry & Watches	5%	
Lights & Lighting	3%	
Luggage & Bags	5%	
Machinery parts & accessories	5%	
Measurement & Analysis Instruments	5%	
Mechanical Parts & Fabrication Services	5%	
Office & School Supplies	5%	
Packaging & Printing	5%	
Phones & Telecommunications	3%	

图 4-33

在这里需要注意的是，加入联盟营销，是所有的产品都加入，所以设置的佣金比例也要考虑到所有产品的利润度是否可以承受。

3. 我的主推产品

单击“营销活动”—“联盟看板”—“我的主推产品”—“添加主推产品”按钮（如图 4-34 所示）。

图 4-34

联盟营销有 60 个产品可以作为主推产品进行推广，我们要充分利用好，不能浪费了主推产品的良好资源。有很多卖家朋友问过，店铺不是设置了产品的佣金比例了吗？还设置主推产品干吗？其实主推产品和我们全店铺的其他产品是不一样的，只有主推产品才能参加联盟专属推广活动，没有设置为主推产品的产品是没有这个权限的。所以我们要用好主推产品功能，最好能选出我们店铺比较热销的产品，这样推广起来更有效果。设置佣金的时候比其他产品稍微高一些，假如我们全店铺的联盟佣金为 5%，那么就可以选出一些爆款进行主推，佣金比例可以为 6%、7%、8%等。

设置好主推产品之后，我们要学会分析。在正常情况下，可以以两个月为周期，进行主推产品的检测。能为我们带来订单的主推产品就保留，不能为我们带来订单的主推产品就删除。这样经过几个月的循环，最终留下来的都是能为我们带来订单的主推产品。最后再把能为我们带来订单的主推产品进行从高到低的排序，把能带来小订单的主推产品删除，继续更换新的主推产品。最终的目的是主推产品都能为我们带来大量的订单。但是有一点需要注意，当重新设置主推产品的时候，在每月的 1 日、10

日、20 日才会生效。在生效日之前，所有的设置都维持原样（时间均为太平洋时间 UTC-08：00）。

4. 流量报表

通过流量报表，我们可以知道联盟营销近 6 个月内每天的流量状况，包含联盟 PV、联盟访客数、总访客数、联盟访客数占比、联盟买家数和总买家数（如图 4-35 所示）。大家可以看到，在 3 月 20 日当天，联盟就为店铺带来访客数 1973 个，占店铺总访客数的 1/3，从这一点就更加证明了联盟对店铺的巨大作用。大家要养成每天看联盟流量报表的习惯，只有这样，才能更好地做好联盟营销。

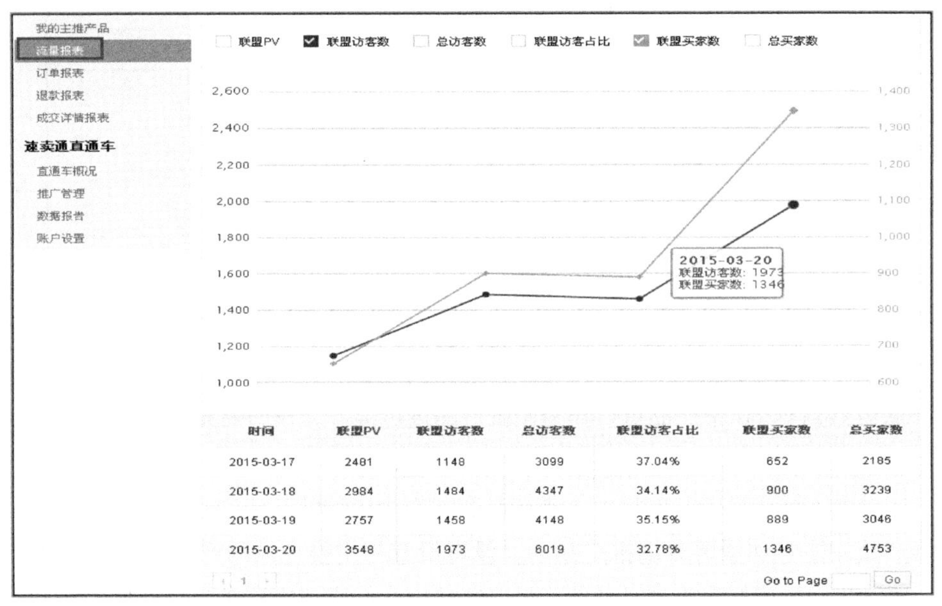

时间	联盟PV	联盟访客数	总访客数	联盟访客占比	联盟买家数	总买家数
2015-03-17	2481	1148	3099	37.04%	652	2185
2015-03-18	2984	1484	4347	34.14%	900	3239
2015-03-19	2757	1458	4148	35.15%	889	3046
2015-03-20	3548	1973	6019	32.78%	1346	4753

图 4-35

5. 订单报表

通过订单报表可以知道近 6 个月内联盟营销每天为我们带来的订单情况。订单报表主要包含联盟营销每天为我们带来的订单数、支付金额、预计佣金、结算订单数、结算金额、实际佣金（如图 4-36 所示）。在这里需要注意的是，联盟为我们带来的订单数不等于结算订单数；同样的，联盟为我们带来的订单销售额的佣金也不等于实际佣金，因为发生退款的订单数和订单金额会被排除在外。

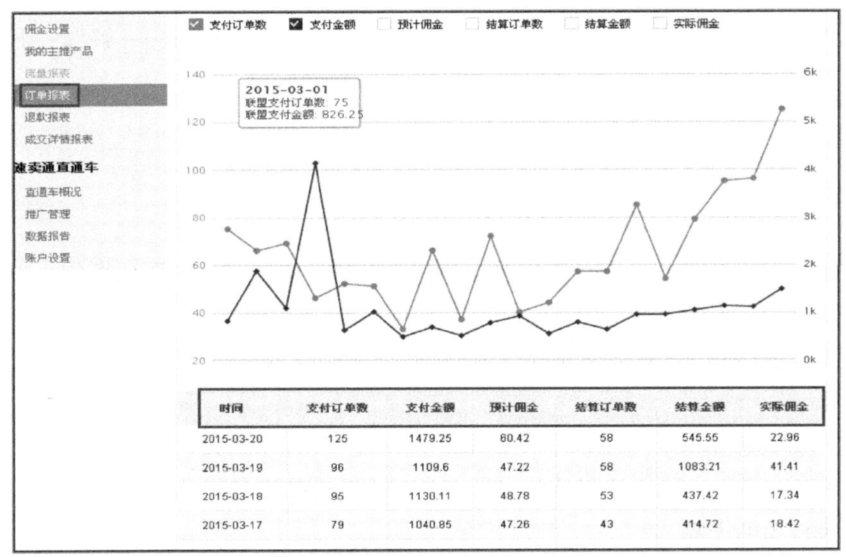

时间	支付订单数	支付金额	预计佣金	结算订单数	结算金额	实际佣金
2015-03-20	125	1479.25	60.42	58	545.55	22.96
2015-03-19	96	1109.6	47.22	58	1083.21	41.41
2015-03-18	95	1130.11	48.78	53	437.42	17.34
2015-03-17	79	1040.85	47.26	43	414.72	18.42

图 4-36

6. 成交详情报表

通过成交详情报表，我们能清清楚楚地知道联盟营销的效果（如图 4-37 所示）。

图 4-37

通过成交详情报表可以清楚地知道，在某个时间段内，联盟营销为我们带来的每一笔订单和收取的佣金等。联盟营销做的效果如何，都可以通过观察成交详情报表知道。在成交详情报表里，大家可能会看到如下几个符号，在这里一一解释一下。

表示未发生金额变化或退款的订单；

表示在买家付款前，金额被提高或降低的订单；

表示发生了部分退款的订单。

大家看到这些符号一定要明白什么意思，这样才能更好地做联盟营销。

4.4.2 总结

做联盟营销需要一个过程，切不可急于求成。在做联盟营销主推产品的时候，我们需要不断去总结，不断去淘汰不良的产品，不断更换新的产品，最终才能留下能为我们带来订单的产品。

第 5 章

流量引入和使用

本章要点：

- 直通车推广
- SEO 优化
- SNS 站外流量引入攻略

5.1 直通车推广

速卖通直通车，是阿里巴巴全球速卖通平台会员通过自主设置多纬度关键词，免费展示产品信息，通过大量曝光产品来吸引买家，并按照点击付费的全新网络推广方式。本节主要从营销角度，分别从前期准备、直通车运营、直通车优化与提高三方面介绍直通车推广的操作方法。

5.1.1 前期准备

5.1.1.1 直通车选品策略

对于一个店铺的运作，热销款是店铺能够持续引进流量的重要条件。因此，作为一个店铺的操作人员，每天都会想尽办法来持续提高一款商品的销量。但是一些卖家往往会忽略一个问题：推广商品的选择。推广商品选得好，商品推广起来销量会容易上去，选错推广商品，结果可能会是做很多无用功。所以，我们在选择推广商品时，需要思考一下整个平台，买家想要什么样的商品，买家喜欢的商品有哪些属性参考。这里介绍两种选品思路：流行趋势选品和数据化选品。

小贴士

> 选品误区：我们选择推广商品时，可能会选择店铺库存商品，或者是主观意识选择自己喜欢的商品。但结果并不是平台买家喜欢的商品。

1. 流行趋势选品策略

我们可以通过了解平台上热销和热搜商品的属性，跟自己的商品进行比较，如果有类似属性的商品，就可以挑选出来，这样的商品与买家喜欢的款式类似。具体操作方式有两种。

第一种方式，可以通过卖家后台单击“数据纵横”—“选品专家”—选择热销（热搜）—选择行业和时间段，点击需要查看的分类（这里以 stud earring 为例），进入 stud earring 销量详细分析页面，下载 TOP 热销（热搜）属性的 30 天原始数据（如图 5-1、图 5-2 所示）。

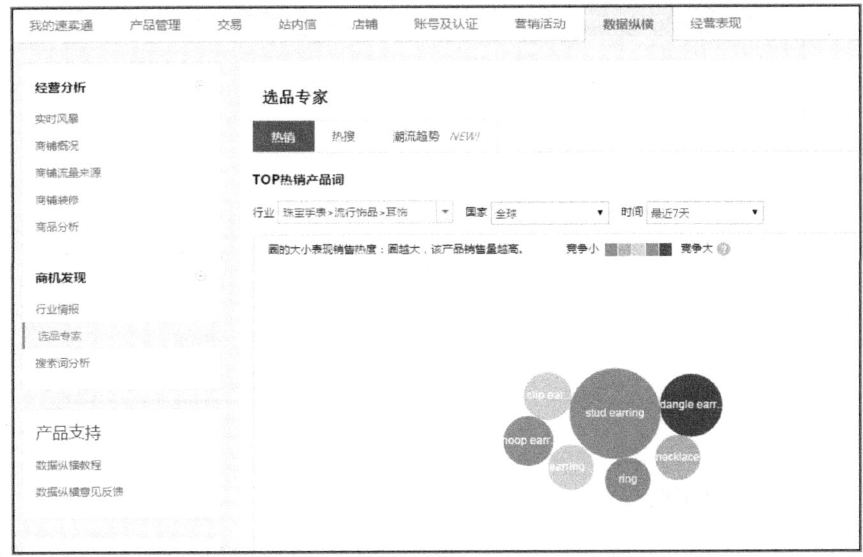

图 5-1

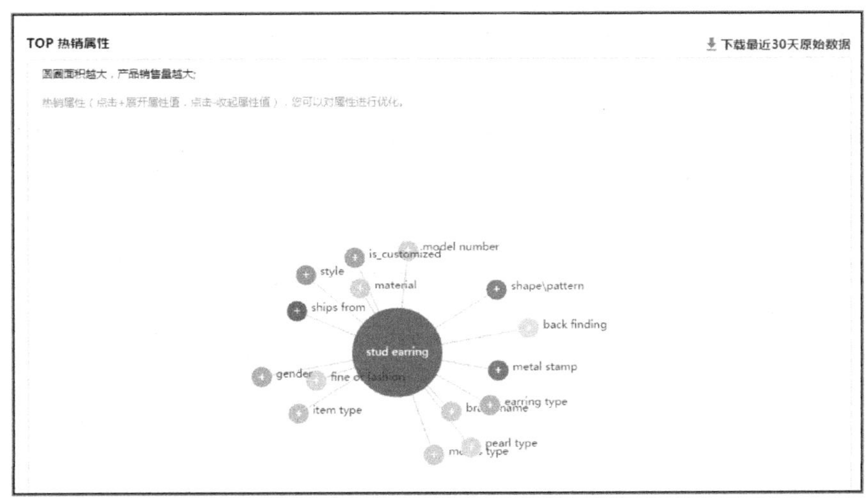

图 5-2

第二种方式，可以通过直通车工具。进入直通车页面—选择“优化工具”—“选品工具”，在这里直通车选品工具已经智能地将卖家的商品与平台上的热销、热搜以及潜力商品相对应，匹配相似的商品属性。我们只需要通过参考数据，选择自己的商品即可（如图 5-3 所示）。

图 5-3

2. 数据化选品策略

电子商务最大的特点就是一切都可以通过数据化来监控和改进，相对于我们主观判断某一款商品在平台的潜在价值，数据更能真实地反映买家对这一款商品的接受程度。因此，我们在选择商品进行重点推广之前，可以通过一段时间后该商品的数据表现来决定是否是潜力款。具体操作方式有两种。

第一种方式，进入卖家后台，选择“数据纵横”—“商品分析”，可以查看店铺商品最近 7 天/最近 30 天曝光量、浏览量、访客数、转化率等多维度数据（如图 5-4 所示）。

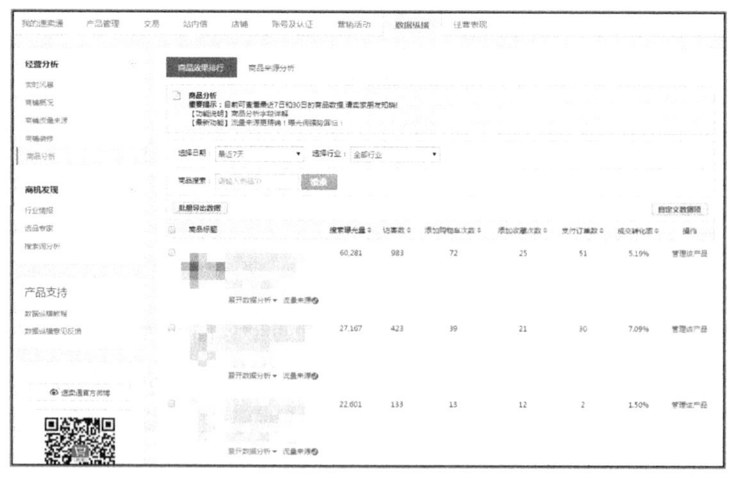

图 5-4

第二种方式，将商品加入直通车快捷推广，通过一段时间后的直通车“数据报告”—“商品报告”，判断哪些商品适合重点推广（如图 5-5 所示）。

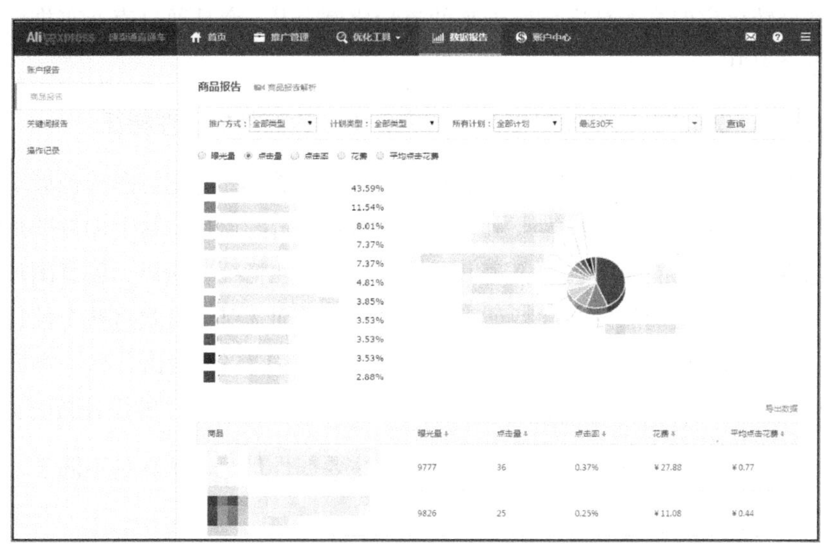

图 5-5

5.1.1.2 基础转化率的提升

转化率是直通车运营的生命线，提高转化率的关键在于把商品精准投放在购买意愿较高的诚意买家面前，并且通过优化直通车广告图的设计把商品的个性特征充分地表述出来，让买家进行“视觉筛选”，让喜欢的买家点击。在此过程中要注意尽量排斥“非意向买家”的“非诚意点击”。提升转化率需要从以下几方面入手。

1. 严把“词关”：尽量多地使用精准关键词

不同的搜索用词代表着买家不同的购买意图，如果买家的搜索用词是一些范围较大的类目词，如 dress、mobile phone、phone case，这时很难从这些大词中把握买家具体的属性需求。精准关键词一般是指与本身商品高度匹配，且属性表达明确的词，在形式上常见的是“属性词+类目词”或单独的属性词，如 sleeveless dress（无袖裙）。这类词的指向性相当明确，买家用此词去搜索就说明其购买意向是对“无袖”这个属性有着非常强烈的倾向性。所以在一般情况下，直通车推广时使用这类精准关键词，其转化率会明显地高于其他非精准定位的大类目词。

需要说明的是，在这里并不是不建议使用非精准的大类目词，毕竟大类目词因搜索热度高也会贡献相当一部分的点击量及成交量，最好的办法是将两类词结合起来，特别是要重视精准关键词，适当调高其出价，使其出价水平高于大类目词。这样一来，一旦这部分转化率偏高的精准词所带来的流量比例上升，商品通过直通车推广总体的转化率也会提升。

2. 严把“图关”：让直通车创意图片充分地表达商品的个性特征

直通车一般是需要设置创意标题和创意图片进行推广的，创意图片被展示在搜索页面的右侧和底部的位置，作为吸引意向买家兴趣点击的窗口，这个创意图片就起到了“信息表达”的功能，由它来表达出商品的各种个性特征。所以，创意图片就必须以一种清晰的方式把商品的个性特征表达出来。一方面，对于喜欢这些个性特征的买家来讲，这些明显的个性特征将成为“亮点”，吸引他们兴趣点击；另一方面，又能避免不喜欢这些个性特征的买家“误解性”点击。广告创意图片的设计技巧如下：

（1）创意图片要尽量充分地表达出商品的主要属性信息，尤其是不同于一般的个性信息。

（2）创意图片的底色要鲜明，不要掺杂其他商品，商品占整个图的比例要尽量大。

（3）如果有多种颜色，则可重点用比较大的比例突出一种颜色（个性展示清晰），其他颜色做成多个“超小图”组合排列

（4）标题的前几个词可以用来表达富有吸引力的属性词，以吸引眼球。

图 5-6 所示是质量相当优质的直通车广告图：个性清晰，易于买家判断。

图 5-6

3. 严把“详情页关”：增加买家的购物信任感

买家的购物决策是一个复杂的心理过程，除了受到商品本身属性偏好度的影响外，商品详情页里的各种信息要素也是影响买家购物的重要因素，这就包括了详情页的整体装修美感、销量人气、买家评价、材质品质介绍、承诺物流期限、商品好评率等。所以为了提高直通车的转化率，以上各要素在直通车推广的同时就必须重视去完善，或者在这些信息要素都得到优化和完善之后，可以考虑加大直通车的推广力度。在服装类目商品的详情页中重要的是尺码的说明，毕竟尺码的信息在直通车广告图里是很难体现出来的，衣服尺码的适用范围过窄，或者买家对自己适合哪个码数无法肯定判断，是拉低服装类产品转化率的最不利因素。因此，对于服装商品来讲，一方面，卖家必须尽量增加自己的直通车主推产品的尺码适用范围；另一方面，也必须在详情页里针对各种不同身材的买家具体适用什么码数做出明确的说明，这样才能使买家买得放心，进而提升转化率。

5.1.2　直通车运营

5.1.2.1　直通车选词技巧

关键词是直通车推广的基石，直通车的运营效果在很大程度上依赖于选词的数量与质量。关键词的质量要求就是指关键词与商品的匹配情况，用词越精准越好；在数量方面，就是要求有尽量多的合适关键词形成推广合力来推广商品。那么，卖家的选词渠道有哪些呢？最实用、高效的选词方式就是用好直通车后台强大的关键词工具，根据不同的商品推广需要，关键词工具的使用可分为“自上而下法”和“自下而上法”。下面结合一个案例来介绍具体的选词步骤。

1. 关键词工具“自上而下法”

选定行业和具体类目之后，按“30 天搜索热度”从上至下进行排序，然后逐一选择与商品匹配的关键词放入左边的“加词清单”中进行推广。在此过程中，需要注意应排除与商品根本不匹配或匹配度较低的词。比如在本案例中，搜索热度排序最前面的 10 个词中就有 2 个词属于不匹配或匹配度较低的词，不应加入推广计划（如图 5-7、图 5-8 所示）。

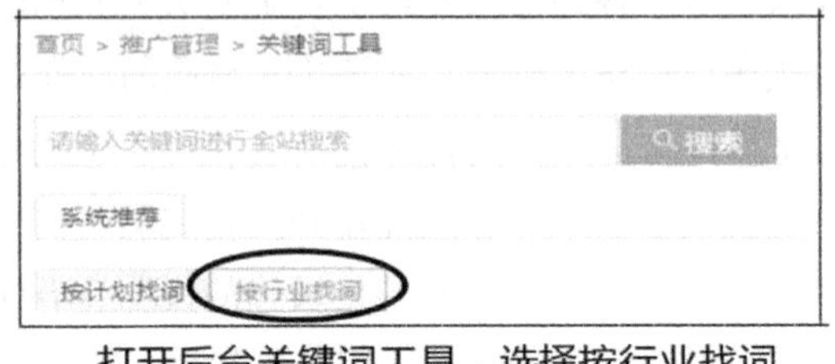

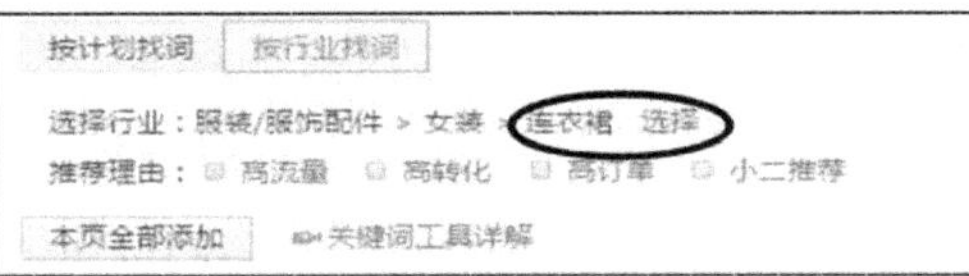

图 5-7

关键词	推荐理由			
dress	高流量 高订单 小二推荐	26893360	18592	¥0.73
women	高流量 高订单 小二推荐	1653194	9493	¥1.03
women's clothing & acc...	高转化	1316216	150	¥0.14
summer style	高流量 高订单	649652	6744	¥0.62
cocktail dresses	高流量 高订单 小二推荐	350719	2792	¥0.41
summer dress	高流量 高订单 小二推荐	202301	9643	¥0.77
celebrity-inspired dresses		191731	106	¥0.24
vestidos	高流量 高订单 小二推荐	176297	4527	¥0.46
lips X	高流量 高订单	160562	1428	¥0.60
wedding party dress X	高流量	113013	1711	¥0.31

图 5-8

针对这个案例商品而言，按 30 天搜索热度排序的第 1 页 50 个词中只有 26 个词是与商品匹配的，接着继续找第 2 页、第 3 页……直至找到第 10 页，才为这个推广计划初步找齐了 200 个词（如图 5-9 所示）

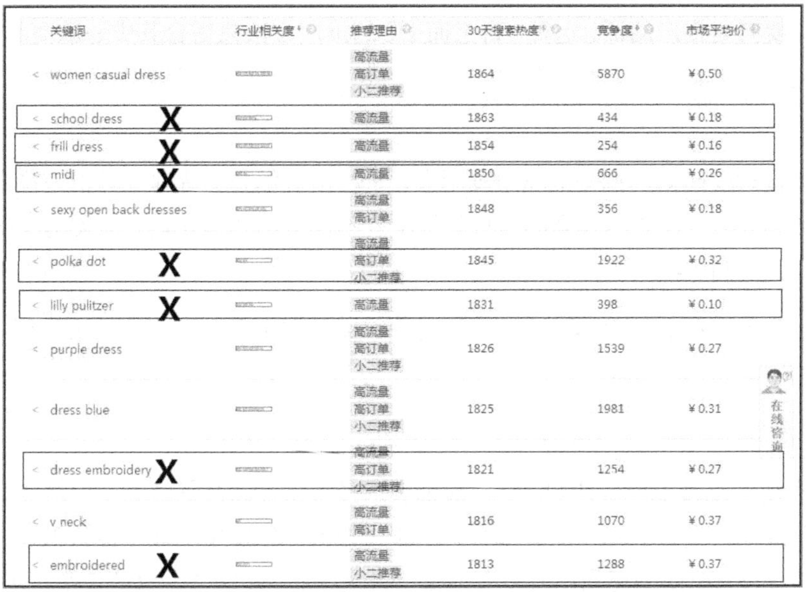

关键词	行业相关度	推荐理由	30天搜索热度	竞争度	市场平均价
women casual dress		高流量 高订单 小二推荐	1864	5870	¥0.50
school dress		高流量	1863	434	¥0.18
frill dress		高流量	1854	254	¥0.16
midi		高流量	1850	666	¥0.26
sexy open back dresses		高流量 高订单	1848	356	¥0.18
polka dot		高流量 高订单 小二推荐	1845	1922	¥0.32
lilly pulitzer		高流量	1831	398	¥0.10
purple dress		高流量 高订单 小二推荐	1826	1539	¥0.27
dress blue		高流量 高订单 小二推荐	1825	1981	¥0.31
dress embroidery		高流量 高订单 小二推荐	1821	1254	¥0.27
v neck		高流量 高订单	1816	1070	¥0.37
embroidered		高流量 小二推荐	1813	1288	¥0.37

图 5-9

需要记录当前找到第 200 个关键词的位置，在本案例中这个位置是第 10 页第 12 个词，在后续的优化过程中，需要删除一些曝光量或点击量不明显的词，并不断地补充新词。有了当前这个记录，下次补充新词的时候就可以直接从第 10 页第 12 个词的后续位置继续补词了。

运用关键词工具“自上而下法”，有以下几个优点。

所选用的关键词都是行业内搜索度排前列的热词，在出价或推广评分有优势的情况下，能获得非常可观的曝光量及点击量。

在选词过程中，注重精选高匹配词，严格排除低匹配词，最大限度地减少了“非意向买家”的无效点击。这将大大提升直通车推广的点击率与转化率，一方面，能有助于提高直通车推广计划的盈利能力；另一方面，较高的转化率与销量能增加商品的排序权重，有助于打造爆款。

然而，这种关键词工具“自上而下法”也存在一定的局限性，主要表现在：

（1）根据直通车后台的推广规则，一个关键词一般只能用于一个推广计划的一个商品。所以，如果多个推广计划都用同一个关键词的话，卖家会发现只有其中一个推广计划的这个词的曝光量是正常的。因此，如果一个店铺有多款类目属性相同或相似的商品需要同时推广的话，这种“自上而下”的推广方法只适合其中一款商品的推广，而通过关键词工具“自上而下”的找词法，这一款商品已经用尽了搜索度最热的那些词。

（2）搜索度越高的词一般竞争度越大，平均出价偏高，特别是对于一些竞争严重白热化的词而言，没有比较高的出价就根本拿不到足够的曝光量，而关键词出价过高又很难守住盈利底线。

有鉴于此，就店铺整体推广而言，可采取关键词工具“自上而下法”和“自下而上法”相结合的推广方法。

2. 关键词工具“自下而上法”

卖家建立直通车推广计划时，一般都会选择搜索度较高的热词。搜索度较高的词一般竞争度也较大，但不排除有部分词处于“搜索热度适中、竞争度极低”的状态，因为竞争度极低，所需要的出价也非常低。因此，如果能够善用这些“搜索热度适中、竞争度极低”的词，就有助于直通车推广避开激烈的竞价竞争，从而大大地降低直通车推广成本。具体操作如下：

在关键词工具中选定行业之后，点击“竞争度”进行从低至高的排序（如图 5-10 所示）。

请输入关键词进行全站搜索　搜索

系统推荐

按计划找词　按行业找词

选择行业：服装/服饰配件 > 女装 > 连衣裙　选择

推荐理由：高流量　高转化　高订单　小二推荐

本页全部添加　关键词工具详解

关键词	行业相关度	推荐理由	30天搜索热度	竞争度	市场平均价
skirt bart simpson		高转化	11	1	¥0.10
skirt 10xl		高转化	8	1	¥0.10
skirt 100% silk			2	1	¥0.10
skirts and sundresses f...		高转化	2	1	¥0.10
skirt women knee-lengt...		高转化	3	1	¥0.10
skull summer 2015			3	1	¥0.10
slash face			8	1	¥0.10
slank			9	1	¥0.10
sleeve print dress floral...		高转化	2	1	¥0.10
sleeve paisley print jers...		高转化	2	1	¥0.10

图 5-10

但此时会发现，尽管这些词的竞争度极低，市场平均价是底价水平，但 30 天搜索热度也是处于极低的状态，这些词根本没有任何价值，所以有必要把竞争度提升到一个适度的高度，再开始进行筛选（如图 5-11 所示）。假设在这个案例中直接从第 1 页跳至第 1400 页（总共 1675 页），这时就从竞争度为 59 的词逐步往上开始筛选了。

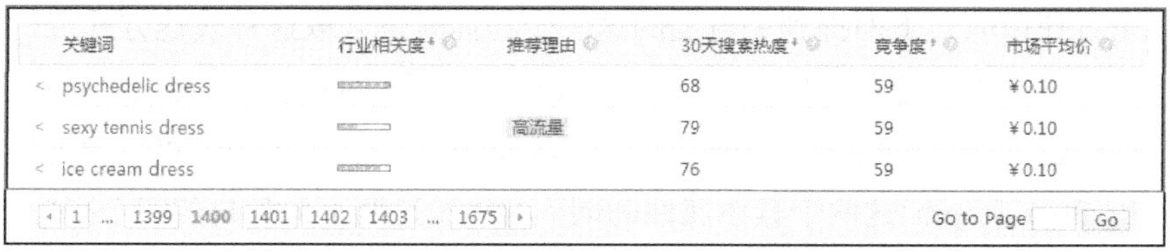

关键词	行业相关度	推荐理由	30天搜索热度	竞争度	市场平均价
psychedelic dress			68	59	¥0.10
sexy tennis dress		高流量	79	59	¥0.10
ice cream dress			76	59	¥0.10

1 ... 1399 1400 1401 1402 1403 ... 1675　Go to Page　Go

图 5-11

在具体选词的过程中，第一个筛选标准是"30 天搜索热度"越大越好，但具体的标准各个行业不大一样，对于属性分类偏多的连衣裙类目来说，这个数据如果太小就意味着价值很低，但对于已经指定具体型号的手机配件来说，即使"30 天搜索热度"只有个位数的词也是有一定价值的。在满足了"30 天搜索热度"的要求后，第二个筛选标准就是关键词必须与商品匹配，包括类目匹配和属性匹配，从买家的搜索用词就可以判断买家要购买什么商品。

如表 5-1 所示，在本案例中，这个商品按照"自下而上"的搜词法，在竞争度为 60 这个小区间就筛选出了 7 个高匹配并且搜索热度并不低的好词。

表 5-1

	30 天搜索热度	竞争度	市场平均价
tie dye maxi dress	287	60	0.11 元
cheap casual summer dress	427	60	0.11 元
print dress 2015	196	60	0.13 元
tricot dress	287	60	0.10 元
tea party dresses	299	60	0.11 元
dress outlet	456	60	0.12 元
vetidos	576	60	0.20 元

3. 关键词联想法

关键词联想法是一种发散化思维，具体的操作就是将某个或某组关键词作为"原词"，然后从这个"原词"经过发散思维联想到其他词，再对所联想到的其他词进行搜索热度的检验，借此方法能够找出一些别人很少会想到的“好词”。在这种方法的使用过程中，如果能与关键词工具结合使用，将起到事半功倍的效果。

最常用的关键词联想方式就是相近词的替代。例如，通过关键词工具查询到 long dress 这个词的“30 天搜索热度、竞争度、市场平均价”三个指标分别是[57874，6354，0.48]（为方便说明，下面提到关键词的这三个指标时也采取这种表达方式）。首先，把两个词的顺序调转过来，得到 dress long，放在关键词工具中检验，得到[12261，4826，0.39]，表明也是非常好用的一个词。然后，从 long 这个属性中我们可以分解出 ankle length 和 floor length 这两个具体属性的词，并检验这两个词各自的三个指标，得到 ankle length dress 是[174，152，0.14]，而 floor length dress 是[7679，1082，0.27]，可见 floor length dress 是一个符合“高搜索、低竞争”的非常有价值的词。但找词收获之旅还没有结束，当我们把 floor length dress 放置在关键词工具中去搜索时，在搜索页面的第 1 页发现了 floor-length dress[275，564，0.11]，第 5 页发现了 floor length evening dresses[455，584，0.29]，第 7 页发现了 dress length [5726，2500，0.24]。

从前面的找词过程中，我们找到了 floor length dress，从这个词出发可以做进一步的联想拓展，可能很容易就想到了 floor dress，放在关键词工具里检验，发现 floor dress 的搜索度偏低，30 天搜索热度只有 37。但在这个搜索页面的第 1 页发现了 dress floor[269，466，0.13]，第 2 页分别发现了 dress to floor[765，84，0.11]和 long dress in floor[395，37，0.23]，第 3 页分别发现了 summer dress in floor[521，17，0.10]和 dress to the floor[516，414，0.14]……如果继续扩散思维，还可以联想出更多的词。这种关键词联想法用图表示如图 5-12 所示。

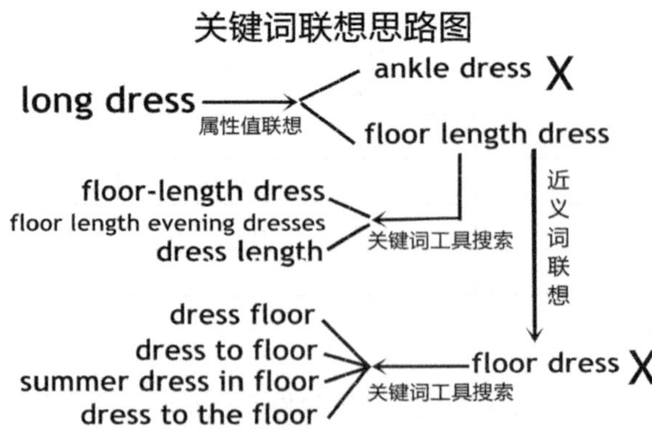

图 5-12

5.1.2.2　直通车出价技巧

直通车推广所用的每一个词都是一把“双刃剑”，即能为商品带来流量，促进成交，但每次点击都有相应的成本。所以，关键词的出价就是把握盈利与亏损之间的“度”，如何把握好这个“度”，在整个直通车推广策略中是非常重要的环节。在探讨出价策略之前，我们先来掌握决定直通车排名的综合得分是如何计算的：

直通车推广排名综合得分 ＝ 关键词出价 × 推广评分

如以上公式，某个关键词推广的直通车排序是由其推广综合得分决定的，而综合得分取决于关键词出价和推广评分这两个因素。这里的推广评分就相当于淘宝直通车的质量得分，在直通车后台只能看到推广评分有三个等级，分别是优、良、差，如果推广评分为差的话，系统就会显示出“--”，在差的情况下根本没有任何曝光的能力。推广评分可以理解为系统判断这个词是否适合于推广这个商品，推广评分的主要影响因素包括商品信息质量、关键词与商品之间的匹配程度、买家喜好度等，在推广计划刚刚建立的时候，系统会针对所有的推广词都评定出初始的推广评分，但这种推广评分是动态变化的，会根据推广情况反馈发生改变。一般来说，直通车的点击率、点击转化率都会影响到推广评分的变化。

直通车的出价管理是一个系统性工程，应该根据各个关键词的词性、商品不同的推广阶段、点击效果设置不同的出价，并进行动态管理。具体的出价管理方法如下。

（1）根据关键词的精准度与匹配度设置不同的出价

买家的搜索用词能表达出其购买需求，可以从买家的搜索用词与所推广商品的匹配度来判断买家点击转化的可能性，即转化率的研判，对于研判为高转化率的词可以提高出价，而低转化率的词就应该降低出价。如果对高转化率的词提高出价的话，必然会增加这些词的曝光度，进而增加这些高精准词的点击量占商品全部占击量的比例，这样一来，商品的整体点击转化率也提高了，这在另一方面有助于增加商品的搜索排序权重。

（2）根据不同的推广阶段确定整个出价水平

一般来说，新品刚用直通车进行推广时，因销量较少，没有客户好评记录，人气低迷，转化率理论上会比较低，所以在前期阶段，为了加强对直通车的亏损控制，建议适度调低整体出价。但随着销量的增长与好评的反馈，商品人气逐步旺盛起来，销量记录与好评的积累会促进客户成交，在转化率逐步上升的情况下，可提高整体出价水平，以最大化地获得优质流量。

（3）初期亏损比例控制法

根据转化率随着商品销量人气逐步积累而提高的一般性规律，在直通车推广的前期可以用亏损比例控制的方式来测试目前的直通车出价是否合理。比如可以把开始推广的第一周设为第一阶段，在第一阶段设置一个目标亏损比例，如 20%。具体的公式如下：

直通车运营亏损比例=（平均单件直通车推广成本 - 单品毛利润）/单价

单品毛利润=单品销售收入 - 单品销售成本（含运费）

举个例子。某个商品在第一周通过直通车销售了 10 件，直通车共花费 500 元，那么平均单件直通车推广成本是 50 元，这个商品的销售价格转换为人民币是 120 元，进货成本是 50 元，邮费是 30 元，单品毛利润是 40 元，则在前期通过直通车推广，每卖出一件商品亏损 50 元-40 元=10 元，这 10 元占了商品总价值 120 元的 8.33%。所以在第一周时间里，直通车运营亏损比例是 8.33%，低于 20%的控制目标，因此可以适当地增加关键词出价水平；如果第一周的亏损比例大于 20%，这就说明整个出价水平过高，不利于长期利润线的控制，所以应该调低出价。这里需要特别注意的是，直通车推广初期的短暂性亏损是正常的，但关键是要把这个亏损比例设在 可控范围之内，随着销量的提升与商品人气的积累，转化率会逐渐上升，盈利能力也会大大增加。

5.1.2.3 基础推广方案的制订

掌握了找词技巧和出价管理策略后，接下来就制订直通车的整体推广计划。

第一步：建立直通车重点推广计划。

打造重点计划的目的是引入精准流量，提高产品的转化率、最大限度地提升投入产出比（如图 5-13 所示）。

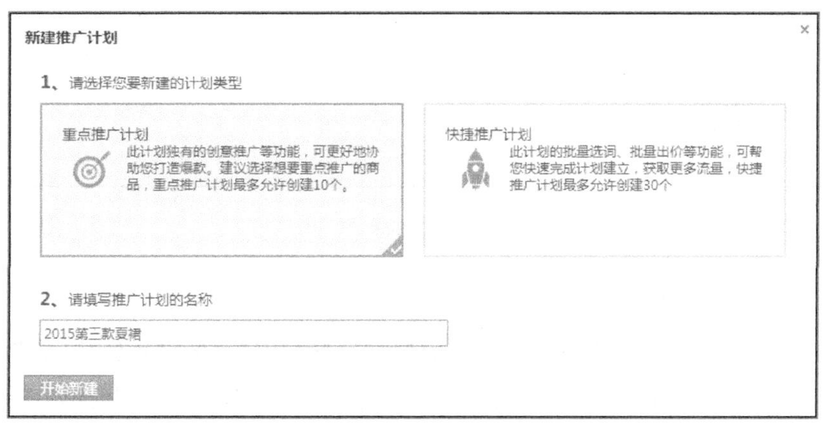

图 5-13

第二步：增加推荐词。

在新建直通车推广计划的“新增关键词”操作界面上，按“7 天搜索热度”进行从上往下的排序，选择 7 天搜索热度较大的加入推广计划（如图 5-14 所示）。

新增关键词

推荐词　搜索相关词　批量加词　　已添加关键词(0/200)

关键词	推广评分	7天搜索热度	竞争度	市场平均价	操作
dress	优	17569744	18418	0.87	添加 >
summer style	优	480376	6214	0.63	添加 >
maxi dress	优	42553	3495	0.53	添加 >
women's clothing	优	33922	5323	0.47	添加 >
sexy	优	21661	4218	0.44	添加 >
clothing	优	21034	9265	0.77	添加 >
summer	优	19970	11006	0.66	添加 >
sexy dress	优	19275	7391	0.49	添加 >

本页全部添加　本页全部取消　　全部取消添加

按市场平均价 + ¥ 0.01　底价 +

上一步

图 5-14

如图 5-15 所示，采用了部分系统推荐词，目前该推广计划已经有 37 个关键词，这批系统推荐的词一般是系统根据商品的标题及相关属性而推荐的，相关性强，精准度高，因此推广评分一般为“优”。但目前关键词数偏少，并不能满足推广的需要，因此需要通过关键词工具增加其他的关键词。

状态	推广单元	关键词数	曝光量	点击量	花费	操作
●	新增备注名 chiffon beach Halter maxi Quinceanera dresses sexy	37	0	0	¥0	删除

图 5-15

第三步：植入更多的词。

按照前面所分析的方法，植入更多的词，充分利用后台的“关键词工具”，从“自上而下”或者“自下而上”的角度逐一将合适的词放置到右边的加词清单中启动推广。如果是采用自己采集关键词的方式，就把采集到的词放置到左边的加词清单里。

第四步：调整出价。

根据制订的出价策略为每个词调整出价，在图 5-16 所示的案例中，根据以往的推广经验给这类连衣裙的基本出价是 0.45 元。在设定好基本出价后，一般针对以下两类词需要适度提高出价：一是高精准词；二是当前基本出价距离“当前进入第一页右侧最低出价”的词。后者因为差距太小，所以不如适当调整出价，使该词的推广能出现在首页右侧。比如某个词的原出价是 0.45 元，点击其出价框显示“当前进入第一页右侧最低出价”是 0.48 元，因为差距只有 0.03 元，为获取首页更可观的曝光量，应将其出价调整为 0.48 元。

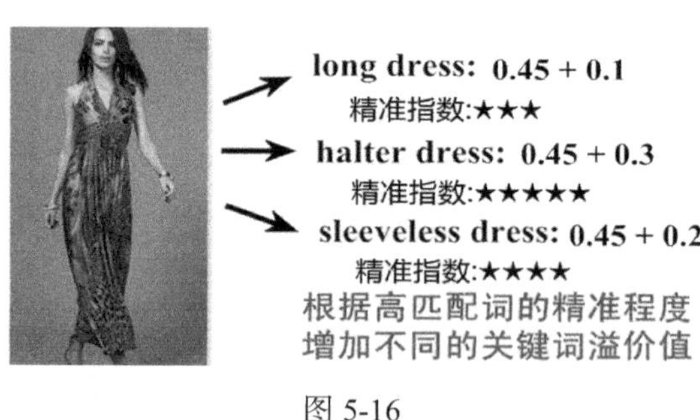

图 5-16

经过上述两项出价调整，有部分词已经能占据首页右侧的位置。然而，直通车的推广计划并没有结束，直通车后台管理可以添加两组“创意图片+创意标题”功能，借此功能可以明显地提高部分关键词的推广评分，一般只需要把选中的关键词放在创意标题中就可以实现。添加这两组创意推广的时机有两种选择，其中第一种是新建推广计划植入关键词，重点挑选一些热搜的词组合起来分别植入两组创意标题中，这样使得推广一开始这些热搜词就能提升推广评分了；第二种是暂时不添加任何创意标题，而是经过为期 1~2 天的“推广试行期”后，通过观察点击量与曝光量，再决定将那些“值得进一步提升推广评分”的词组合起来放在创意标题里，以进一步提高推广评分，获得更可观的点击量。具体操作如下：

（1）点击推广计划进行查看，按“点击量”从高到低进行排序（如图 5-17 所示）。

关键词	推广评分	曝光量	点击量	花费	出价	预估排名
dress	优	30554	165	¥74.02	¥0.45	其他位置
cocktail dresses	良	2107	4	¥1.63	¥0.45	其他位置
dress to income	良	134	4	¥1.57	¥0.45	其他位置
fashion dress	优	223	2	¥0.9	¥0.45	其他位置
women	优	187	2	¥0.9	¥0.45	其他位置
dress cotton	良	45	2	¥0.9	¥0.45	其他位置
dress women	优	182	2	¥0.9	¥0.45	其他位置
china clothing cheap	良	55	2	¥0.42	¥0.45	其他位置
dress renda	良	87	2	¥0.69	¥0.45	其他位置
women beach dress	优	140	2	¥1.15	¥0.60	其他位置
indian dress	良	61	2	¥0.68	¥0.45	其他位置
dress female	良	215	2	¥0.87	¥0.45	其他位置
maxi dress	优	459	2	¥1.1	¥0.55	其他位置
cheap dresses	良	19	1	¥0.32	¥0.45	其他位置
boho dress	良	91	1	¥0.41	¥0.45	其他位置
summer dress women	优	67	1	¥0.45	¥0.45	其他位置
dress year	良	52	1	¥0.4	¥0.45	其他位置
clothing woman	优	32	1	¥0.45	¥0.45	其他位置
female clothes	良	93	1	¥0.43	¥0.45	其他位置

图 5-17

从图 5-17 我们可以看出，能给商品推广带来点击量和可观曝光量的并不一定全部是高热搜度的词，因为高热搜度的词一般都面临着激烈的竞争，而且高热搜度的词即使有一定的曝光量，其点击率和点击量也比不上一些本来并不起眼的“小词”。所以第二种选择的优势就在于“让市场检验”，每个词在既定出价的前提下表现出不同的曝光量，这就很自然地反映出这些词不同的供需状况，也让那些很适合这件商品的词能“脱颖而出”。毫无疑问，这些点击量和曝光量较高的词，就是“值得” 进一步通过设置创意标题来提升推广评分的词（除非该词目前已出现在第一页右侧）。

（2）点击“创意”—“创意标题”，把点击量和曝光量较高的词拼凑成创意标题，

注意尽量不要出现关键词堆砌现象（如图 5-18 所示）。

关键词 创意
添加创意 创意设置详解
创意图片 创意标题 曝光量 点击量 花费
创意图片 创意标题 曝光量 点击量 花费 状态
female cotton cocktail dresses renda china clothing cheap women beach fashion dress to income 0 0 ¥0 审核通过

图 5-18

在直通车后台并没有直接显示每一个关键词的推广评分是多少，但可以通过测试来检测推广评分是否提高了。比如在加入创意标题后，某个词的推广评分等级从“良”升级为“优”，这说明其推广评分明显提高了。此外，如果原来的推广评分是“优”，那么可以点击其出价框查看目前能让该词进入“当前第一页右侧最低出价”是多少，比如是 0.80 元，把词放进创意标题中后，第一时间立即查看该词的“当前第一页右侧最低出价”，如果这时最低出价有所降低，比如从 0.80 元降到了 0.70 元，则根据“直通车推广排名综合得分 = 关键词出价 × 推广评分”公式，在短时间内综合得分不变的情况下，对关键词出价的要求降低，说明此时推广评分提高了。

在本案例中，在设立了第一个创意标题之后，放进创意标题中的绝大部分关键词的推广评分都有了明显的提升，如表 5-2 所示。

表 5-2

	设立创意标题前		设立创意标题后		推广评分提升效果
	推广评分	首页最低价	推广评分	首页最低价	
dress	优	1.3 元	优	1.23 元	轻微提升
cocktail dresses	良	——	优	0.52 元	显著提升
dress to income	良	——	优	0.1 元	显著提升
fashion dress	优	1.17 元	优	1.17 元	无提升
women	优	1.21 元	优	1.21 元	无提升
dress cotton	良	——	优	0.48 元	显著提升
dress women	优	1.37 元	优	1.37 元	无提升
China clothing cheap	良	——	优	0.1 元	显著提升
dress renda	良	——	优	0.18 元	显著提升

需要注意的是，直通车后台的一个创意标题不能超过 256 个字符，所以在设立创意标题时，可以考虑把更多需要提升推广评分的词放进创意标题里，最多可以创建两个创意标题，两个创意标题都要充分利用起来。

至此，直通车的基础推广方案制订完毕。下一步工作就是对直通车推广在一定时期内的表现进行诊断和优化。

5.1.3　直通车优化与提高

5.1.3.1　推广效果诊断与优化

1. 查看直通车效果

直通车推广效果的好坏，可以在直通车后台—“数据报告”里面查看。数据报告包括：账户报告、商品报告以及关键词报告（如图 5-19、图 5-20、图 5-21 所示）。

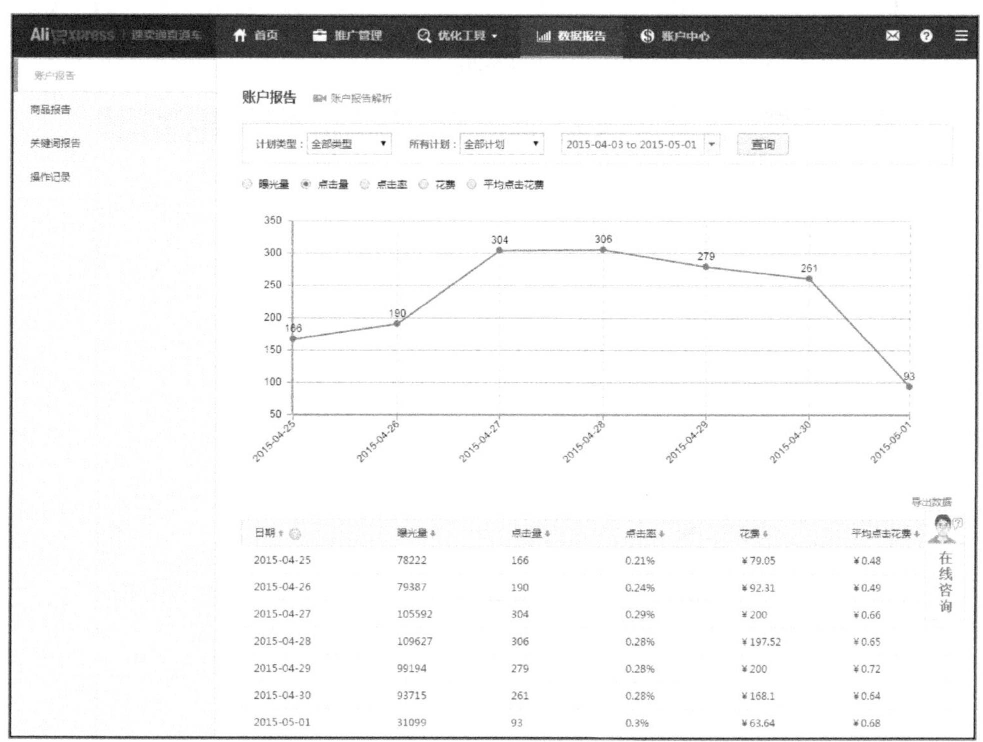

日期	曝光量	点击量	点击率	花费	平均点击花费
2015-04-25	78222	166	0.21%	¥79.05	¥0.48
2015-04-26	79387	190	0.24%	¥92.31	¥0.49
2015-04-27	105592	304	0.29%	¥200	¥0.66
2015-04-28	109627	306	0.28%	¥197.52	¥0.65
2015-04-29	99194	279	0.28%	¥200	¥0.72
2015-04-30	93715	261	0.28%	¥168.1	¥0.64
2015-05-01	31099	93	0.3%	¥63.64	¥0.68

图 5-19

首页
推广管理
优化工具
数据报告
账户中心
账户报告
商品报告
关键词报告
操作记录
商品报告
查询
曝光量
点击量
点击率
花费
平均点击花费
36.80%
20.81%
9.14%
6.35%
5.84%
5.84%
3.81%
3.05%
2.79%
2.79%
2.79%
导出数据
商品 曝光量 点击量 点击率 花费 平均点击花费
927 82 8.85% ¥12.72 ¥0.16
9777 36 0.37% ¥27.88 ¥0.77
9826 25 0.25% ¥11.08 ¥0.44

图 5-20

首页
推广管理
优化工具
数据报告
账户中心
账户报告
商品报告
关键词报告
操作记录
关键词报告
查询
曝光量
点击量
点击率
花费
平均点击花费
最近30天 TOP 10关键词的点击量
45.31%
16.50%
9.71%
8.09%
4.53%
3.56%
3.56%
2.91%
2.27%
1.94%
1.62%
关键词 曝光量 点击量 点击率 花费
494 51 10.32% ¥7.83 ¥0.15
6166 30 0.49% ¥23.01 ¥0.77
342 25 7.31% ¥4.12 ¥0.16
4632 14 0.3% ¥7.87 ¥0.56
4719 11 0.23% ¥8.64 ¥0.79
1911 11 0.58% ¥6.6 ¥0.6
在线咨询

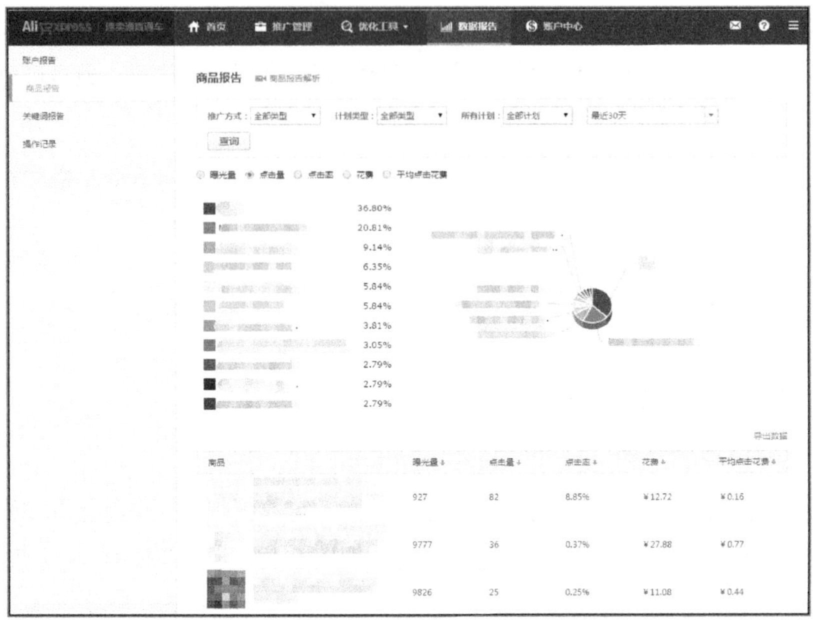

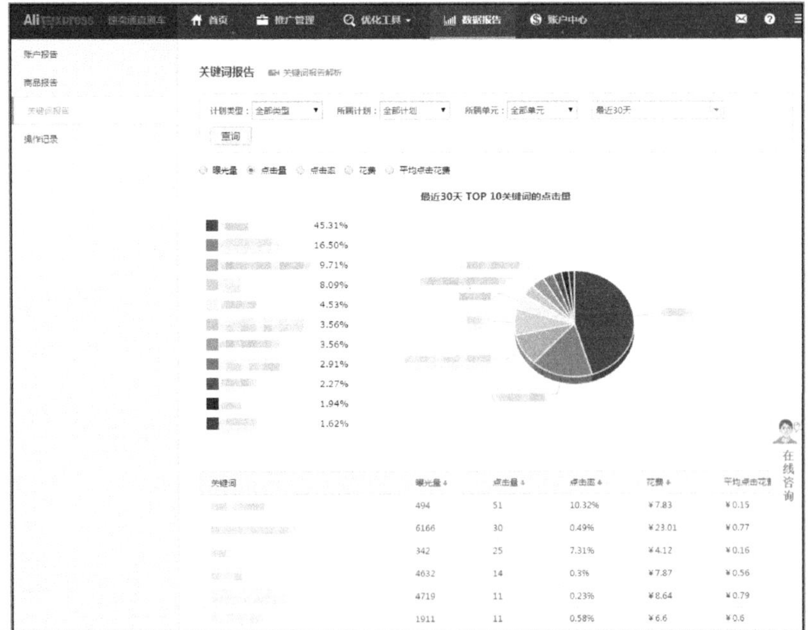

图 5-21

2. 诊断与优化

直通车推广效果的好坏，我们可以从商品报告和关键词报告中获得数据。

（1）商品报告

商品报告中的数据体现的是一款商品整体的推广效果。主要参考数据有曝光量和点击量。

曝光量高、点击量高，说明商品属性与关键词匹配度高，商品吸引客户。我们只需要优化单次点击花费即可。

曝光量高、点击量低，说明商品属性与关键词匹配度高，但客户对商品不感兴趣。可优化主图或者打折促销。

曝光量低，说明商品关键词少，或者匹配的关键词不多。要从关键词入手。

（2）关键词报告

关键词报告中的数据体现的是具体关键词的效果。主要参考数据有点击率和平均点击花费。

点击率高、平均点击花费高，说明该关键词多数是类目词或者热搜词。这类词如果是在重点推广方案里面，则可以适当保留一部分。因为这部分关键词是大词，要得到好的曝光需要高价点击花费。这类词视直通车推广预算而定。使用这类大词，由于点击花费大，如果直通车日消耗预算不多，推广文案很快会停止推广，则会影响一整天的直通车推广效果；如果这类词是在快捷推广方案里面，则建议删除，毕竟快捷推广的目的是曝光更多的关键词和数据的积累。

点击率高、平均点击花费低，说明该关键词多数是长尾关键词。特点是关键词比较精准，但是曝光量比较低。这类词可以多挖掘，适当添加到推广计划里面。运用“优胜劣汰”的办法，最终能挖掘到一些有效果（曝光量大、点击花费低）的长尾关键词。

点击率低、平均点击花费高，说明这类关键词推广费用高，而且关键词和商品匹配度底，在优化过程中有更多的关键词更新时建议将这类词删除。

点击率低、平均点击花费低，说明这类词可以先提高单次点击花费，提高曝光量后看一下点击率有没有提升。如果点击率还是没有提升，则可以淘汰这类关键词。

5.1.3.2 直通车新品测款方案

1. 新品测款的好处

当店铺上架一批新品后，我们并不清楚哪些款式好卖，哪些款式不好卖。主观性挑选主推款，可能会导致将时间和推广资金浪费在这款产品上，甚至埋没了潜力款的推广时期。因此，对新上架的产品进行测试，通过数据判断新品是否受买家喜欢，是新品推广很重要的一步。而当一款新上架的产品没销量、没搜索权重时，直通车测款就成为测试新品立竿见影的一种方法了。

2. 案例实操

（1）选品

对于要测试的新品，首先我们要选择符合平台热销和热搜属性的新品来参加推广。因为这会直接影响到后期推广的点击量及订单的转化率。

以“饰品”类目中的“戒指”为例。

方法一：

第一步：确定热销/热搜属性。

进入“数据纵横”—“选品专家”—“热销”页面，选择好行业（戒指）、国家（全球）、时间（最近 7 天）后，点击圆圈“ring”，下载“TOP 热销属性”30 天原始数据（如图 5-22、图 5-23 所示）。

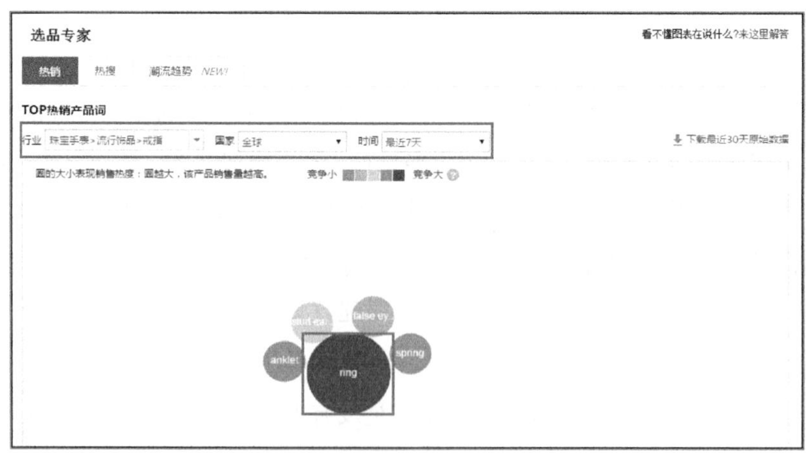

图 5-22

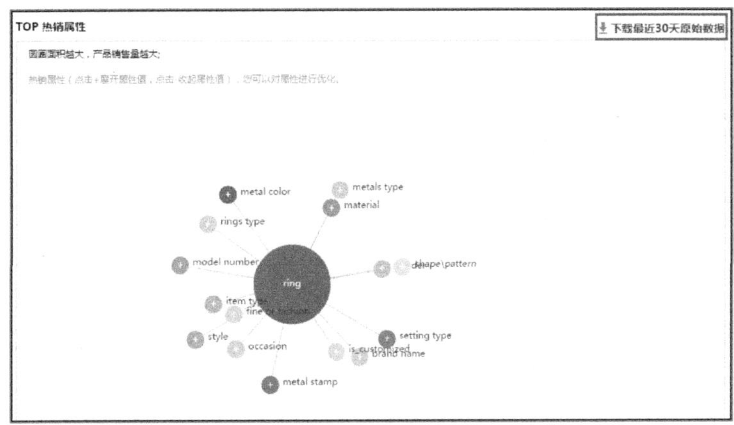

图 5-23

第二步：排序热销属性。

打开下载的原始数据表格，选中左上角有绿色三角型的表格，转换为数字。选中全部数据，单击“插入”—“数据透视表”—“确定”。接下来将“属性名”和“属性值”拖动到“行标签”处，将“成交指数”拖动到“数值”处。这样，数据透视表就生成了（如图 5-24、图 5-25 所示）。

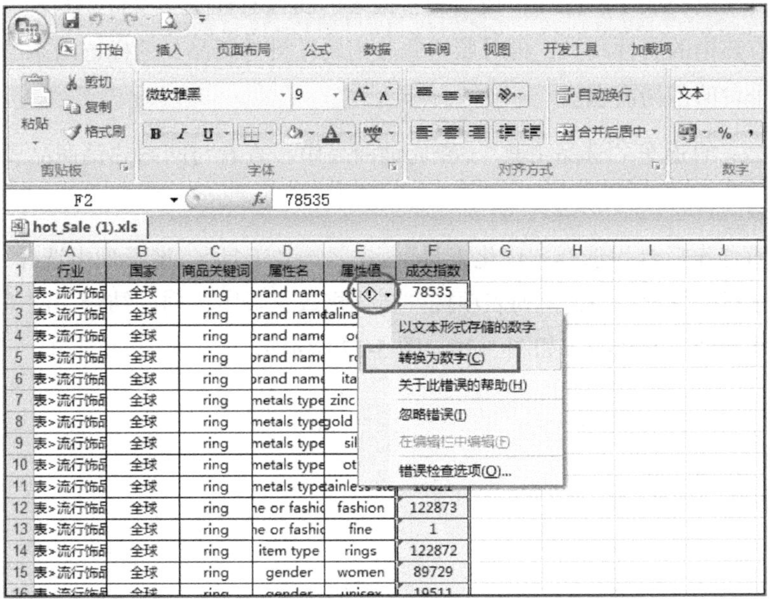

图 5-24

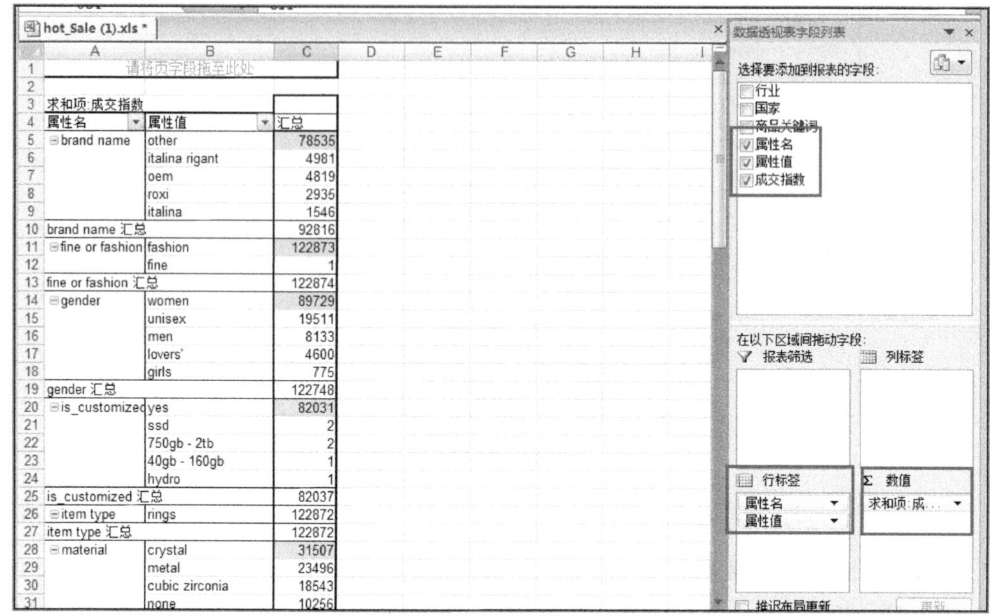

hot_Sale (1).xls *

请将页字段拖至此处

求和项:成交指数

属性名	属性值	汇总
brand name	other	78535
	italina rigant	4981
	oem	4819
	roxi	2935
	italina	1546
brand name 汇总		92816
fine or fashion	fashion	122873
	fine	1
fine or fashion 汇总		122874
gender	women	89729
	unisex	19511
	men	8133
	lovers'	4600
	girls	775
gender 汇总		122748
is_customized	yes	82031
	ssd	2
	750gb - 2tb	2
	40gb - 160gb	1
	hydro	1
is_customized 汇总		82037
item type	rings	122872
item type 汇总		122872
material	crystal	31507
	metal	23496
	cubic zirconia	18543
	none	10256

图 5-25

我们将所有数值按照从大到小的顺序排列，就可以很清楚地看到所有属性名对应的属性值哪些成交最多。比如，戒指销售最多的属性有性别：女性；材质：水晶等。我们将所有热销的属性归类，再对照这些热销属性挑选新品，这样选出来的新品比较符合整个平台的市场需求。

方法二：直通车“选品工具”（在店铺商品中，查看与网站热销商品属性相符的近似商品）。

进入直通车后台，选择“优化工具”—“选品工具”，推荐理由选择“热销”，数据维度选择“最近 7 天”，列表项按“转化指数”降序排列，结合“浏览量”的高低，选择适合推广的新品（如图 5-26、图 5-27 所示）。

图 5-26

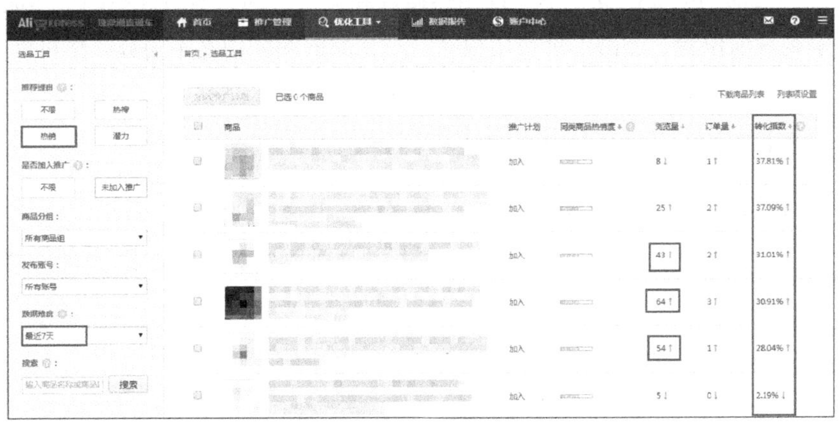

图 5-27

结合“数据透视表”热销属性和直通车“选品工具”选品方法，我们可以筛选出适合推广的店铺新品。

以上就是按照平台热销因素找出店铺同类新品的方法。同样，我们也可以挑选出买家热搜属性的店铺同类新品进行推广（与热销属性操作方法一样）。

（2）建立方案

① 选择商品。

按二级分类新建快捷推广计划，将通过上面步骤选好的新品对应地加入到各自分类的快捷推广计划里面（如图 5-28 所示）。

我的推广当前状态

新建推广计划　如何新建重点推广｜如何新建快捷推广｜直通车诊断与优化　列表项设置

状态	计划名称	类型	计划概况	曝光量	点击量	点击率	花费	平均点击花费	操作
●	项链吊坠	快捷推广	商品：16　关键词：3126	0	0	0%	¥0	¥0	删除
II	套装	快捷推广	商品：18　关键词：1803	0	0	0%	¥0	¥0	删除
●	戒指	快捷推广	商品：12　关键词：3392	0	0	0%	¥0	¥0	删除

1　2　Go to Page　Go

图 5-28

② 选择关键词。

新品测试前期的关键词，不建议用热搜词和类目大词。因为这些词虽然流量大，但要竞争到靠前位置，点击单价费用很高，对新品的测款用途不划算。尽可能多用长尾词和精准词，与商品匹配、有曝光量的词都可以加进来观察。

找词途径如图 5-29 至图 5-33 所示。

系统推荐词，如图 5-29 所示。

新建重点推广计划——选择关键词

推荐词　搜索相关词　批量加词　已添加关键词(0/200)

关键词	推广评分	7天搜索热度	竞争度	市场平均价	操作
925 ring	优	185	789	0.54	添加
925 silver ring	良	2683	950	0.57	添加
brand jewelry ring	优	7	451	0.64	添加
brand ring	优	165	1721	1.15	添加
cute ring	优	64	415	0.43	添加
fashion jewelry rings	优	8	1192	0.61	添加
fashion rings	优	401	2573	0.94	添加

本页全部添加　本页全部取消　全部取消添加

按市场平均价+ ¥ 0.01　底价+ ¥ 0.01

上一步　下一步

图 5-29

关键词工具，如图 5-30 所示。

关键词	行业相关度	推荐理由	30天搜索热度	竞争度	市场平均价
pack anillos		高订单	2	2	¥0.11
pacifier silver			26	3	¥0.12
pacifier pendant			19	10	¥0.12
pacifier charm			17	9	¥0.21
pacifier beads			25	5	¥0.10
pacifier acrylic			9	5	¥0.10
poseidon trident pendant			42	3	¥0.10
poseidon trident		高流量	124	5	¥0.10
poseidon pendant		高转化	7	3	¥0.11
poseidon necklace			25	3	¥0.10
prom crown			13	16	¥0.11

图 5-30

搜索词分析，如图 5-31 所示。

我的速卖通　产品管理　交易　站内信　商铺管理　帐号设置　营销中心　数据纵横

经营分析　实时风暴　商铺分析　商品分析　商机发现　行业情报　选品专家　搜索词分析　产品支持　数据纵横教程　数据纵横意见反馈　速卖通官方微博　+关注

搜索词分析　看不懂图表在说什么?来这里解答

热搜词　飙升词　零少词

行业：全部行业　服装/服饰配件　国家：全球　时间：最近7天

搜索：请输入搜索词　搜索　下载原始数据

搜索词	是否品牌词	搜索人气	搜索指数	点击率	成交转化率	竞争指数	TOP3热搜国家
winter dress	N	595,325	6,055,921	27.53%	0.15%	10	RU,BY,UA
dress	N	92,656	955,706	29.87%	0.41%	110	RU,BR,US
new 2013	N	137,665	761,727	24.84%	0.17%	18	RU,BY,UA
winter	N	148,629	758,545	28.50%	0.20%	37	RU,UA,BY
girl dress	N	72,598	703,332	33.36%	0.76%	58	RU,BR,BY

图 5-31

导航词，如图 5-32 所示。

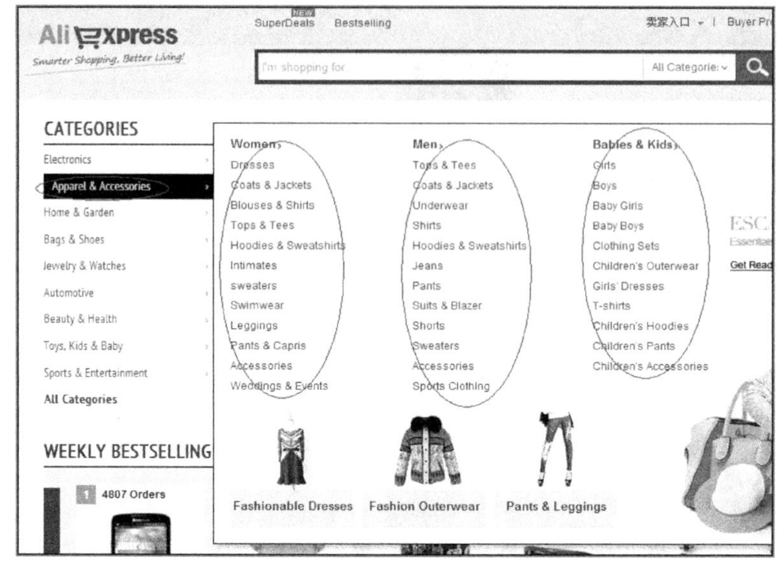

图 5-32

“数据纵横”—“商品分析”—“展开数据分析” —“关键词分析”，如图 5-33 所示。

图 5-33

③ 出价。

商品可分为两种出价。

- 关键词出价。关键词分为类目词、长尾关键词、精准词。在新品推广前期，主要是为了增加曝光，积累数据，用来判断市场的喜好程度，所以不需要在测款上花费太多资金。因此不适合用类目词，应多用长尾关键词+精准词。
- 商品推荐投放出价。为了获得更多的曝光量，建议新品加入商品推荐投放。商品推荐投放会根据买家的行为习惯或流量特性来进行匹配，将商品推荐在买家关注的位置，例如，商品详情页面下方的推荐位（如图 5-34 所示）。如果是用来进行新品测款的话，则建议出价不要高于市场平均出价（如图 5-35 所示）。

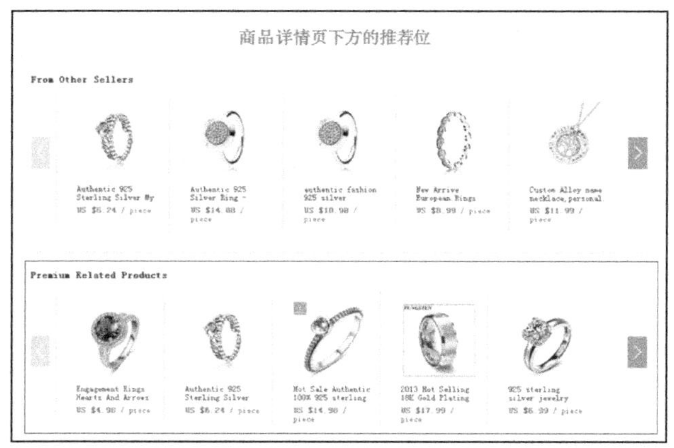

图 5-34

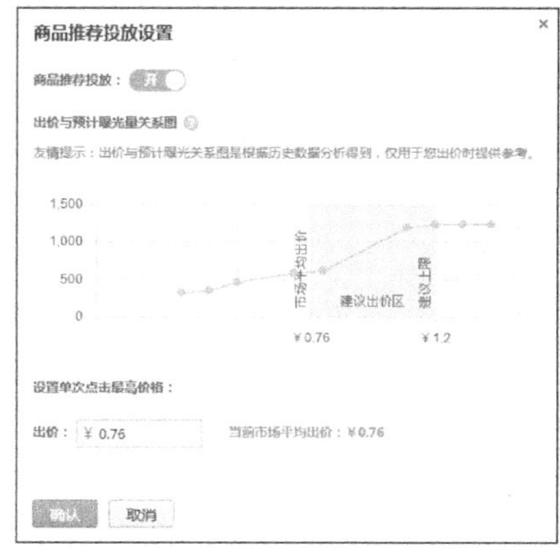

图 5-35

（3）分析

在推广过程中，直通车后台会对商品营销效果进行数据统计和分析。你可以通过直通车后台的“数据报告”，了解到所有商品或某个推广计划中效果最好、最受买家关注的是哪些商品，也可以对单个商品在一段时期内的表现做数据趋势分析，还可以通过卖家后台的“数据纵横”—“商品分析”，了解到买家对商品的访问数据（如图5-36、图5-37所示）。

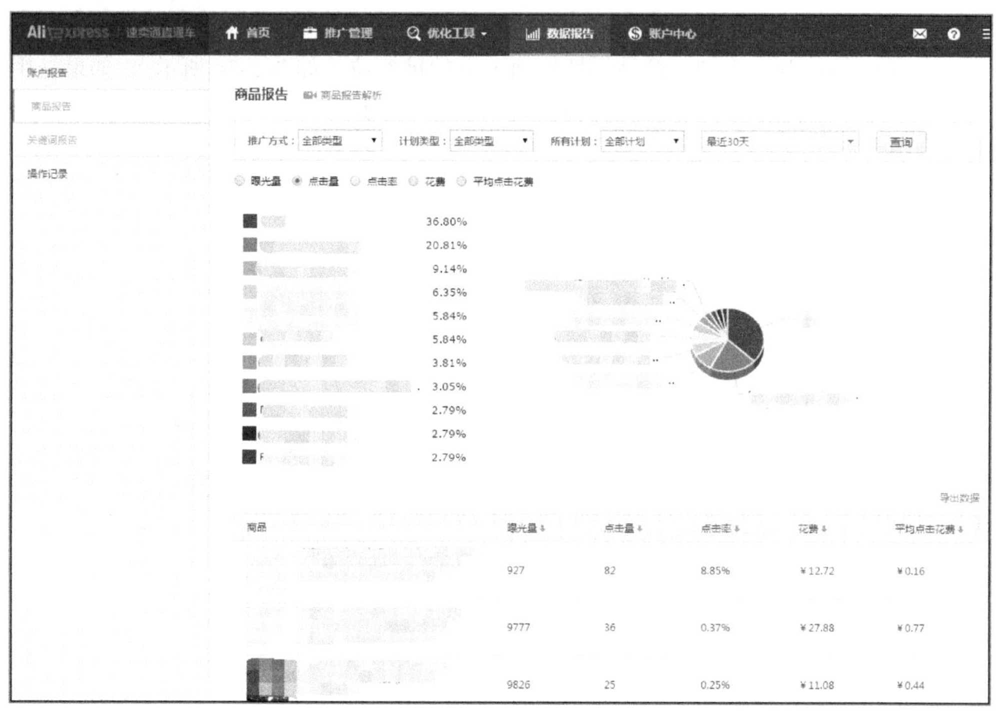

图 5-36

图 5-37

关于新品投放，我们主要观察如下几个维度。

① 点击率。

点击率是最直观体现一款产品是否被客户认可的参考数据。点击率的高低取决于产品自身的款式、推广主图、推广标题以及出价。所以，当我们测试一款新品是否可以成为潜力款时，应该在这几个地方进行优化并分析数据。经过一段时间后点击率好的，说明是受大众喜欢的款式。

② 停留时长。

通过停留时间长短可以判断一款产品受顾客关注的程度多或是少，进而判断这款产品是否适合当潜力款推广。停留时间少，表示客户没看几眼就退出该产品的页面，客户不喜欢这样的产品，推广这样的产品只是在浪费时间和资金。

③ 收藏量/加入购物车次数。

收藏量和加入购物车次数是判断客户有没有意愿购买该产品的数据。收藏量表明客户喜欢这款产品并继续关注，加入购物车次数直接反映了客户想购买的欲望。这部分客户是很有可能成为下单客户的，收藏量和加入购物车次数越多表示产品越受欢迎。

（4）确定主推新品，重点推广

通常测款为期 1~2 周，我们不能在测款上花费太多的时间，款式选定后就要重点推广了。款式选择正确与否直接关系到整个店铺的经营情况，如果不能通过测款选出适合推广的产品，之后的运营推广工作将会事倍功半。

通过 1~2 周的测款，我们将快捷推广方案里面数据好的产品一键转移到重点推广计划中，加上好的创意主图和创意标题，进行重点推广。

5.1.3.3 直通车爆款打造策略

1. 爆款的好处

爆款，相信对于每个卖家来说都是诱惑无限的。也许一个店铺不需要太多的产品冲销量，只要有一个爆款就足够了。爆款之所以这么让人关注，主要在于它可以使某件单品热销，拉动店铺整体交易额持续增长，还代表了其背后店铺的崛起，乃至在这一销售季节当中的销售格局。在成功地打造爆款之后，卖家可以从这个周期的循环中获得更多的好处。

首先，爆款的热销使得店铺销售火爆，吸引买家，制造盈利。

其次，爆款的成交会提升店铺的总成交量和信誉度，也会带动关联销售，在消费者中制造良好的口碑。

最后，爆款还能带动店铺的总体评分，提高店铺其他宝贝的搜索排名。很多时候，爆款都是店铺成功的主力，如果一个店铺有多个爆款，那么必将大大地提升店铺的评分与排名，使店铺成功。

爆款的特性：受众面广、价格有诱惑、内页转化高、销量高、评价好。

2. 直通车爆款打造流程

（1）选品

选品方法有两种。

① 选择店铺中已有一定销量的商品。

店铺中有一定销量的商品，好评率高、应季、有库存、平台成交转化率在上升中、价格有优势，与该类商品的行业均价差不多，卖家可查看速卖通网站同行的销量情况，看是否有打造爆款的空间。

② 择新品推广方案里数据表现好的商品。

在新品推广方案中，经过一段时间的测试后商品已经有反馈数据，我们可以通过对商品数据报告的分析，挑选出表现好的商品作为爆款打造的对象。操作页面如图 5-38 所示。

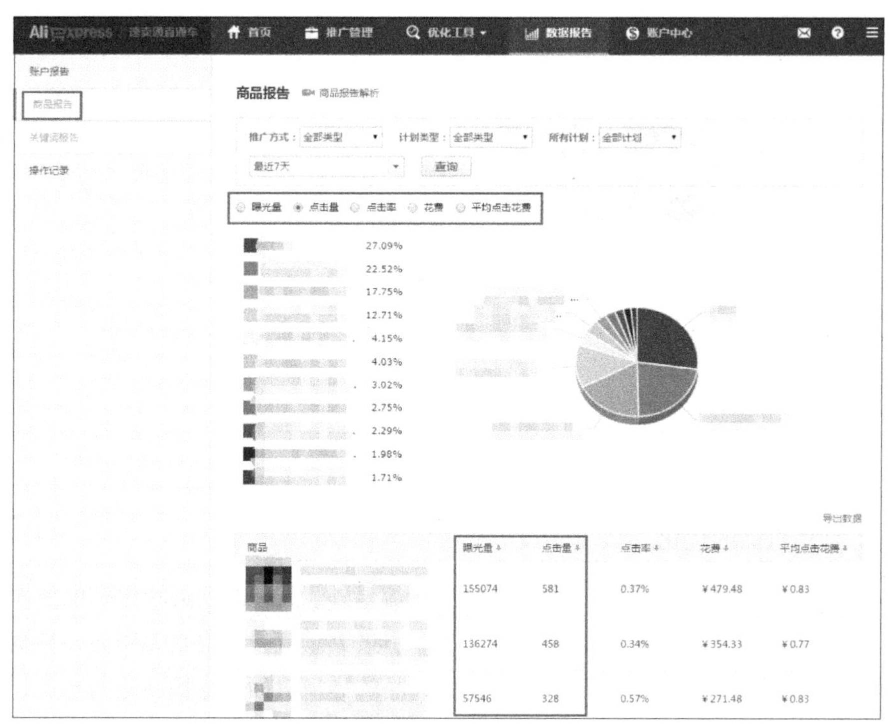

图 5-38

（2）优化商品信息

① 创意。

在重点推广计划中，每个推广单元可以设置两组创意。创意推广图片和标题可随意修改，以更吸引买家眼球。我们可以通过创意功能，测试出最佳的直通车推广图片和推广标题；根据客户的搜索意向，展现出与客户搜索关键词更为符合的推广主图和标题。所以，在决定要将一款商品打造成爆款时，应该先整理好商品主图和推广标题。创意设置如图 5-39 所示。

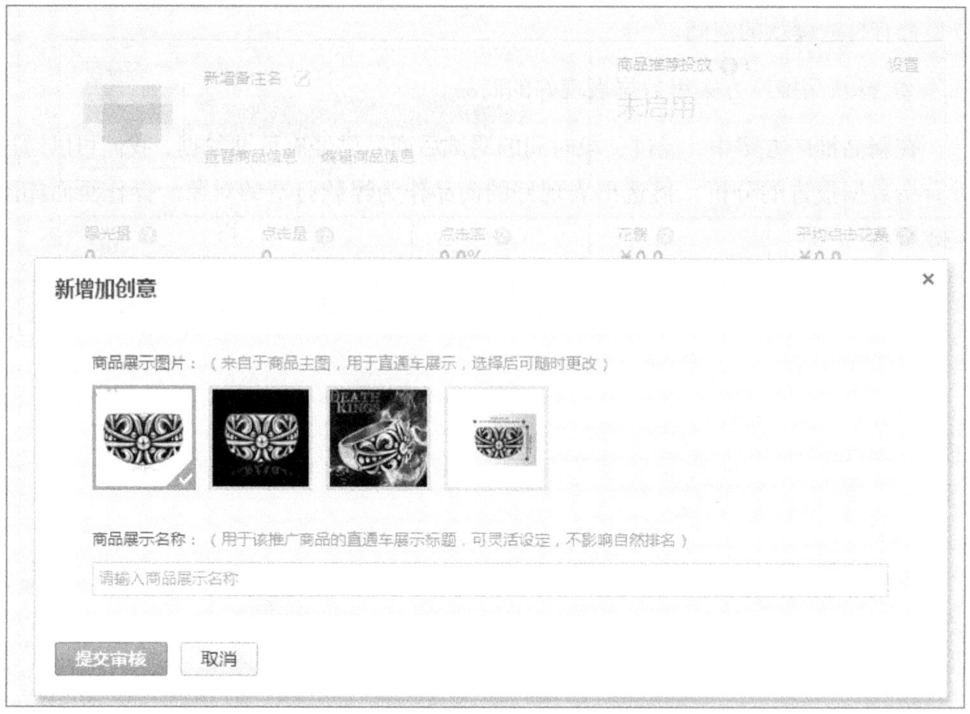

图 5-39

② 详情页面的优化。

想将一款商品打造成爆款，除了引进大量流量外，商品的购买转化率也是很重要的因素。如果购买转化率低，即使通过直通车引进大量流量，也是无用功，甚至浪费了我们的推广费用。因此，我们必须优化好商品的详情页面，挖掘商品的卖点、优势和细节。

一个好的详情页面，需要有完整的商品展示、卖点体现、模特效果、购物须知、实力展示等。由于本章节是直通车知识，这里就不详细阐述详情页面的操作了。简单概括如下。

商品详情页页制作要点：

挖掘、引导买家的需求，通过商品功能展示引发买家的兴趣，通过情景再现激发顾客的潜在需求，通过图文并茂的商品外形、细节使顾客产生共鸣，最终达成顾客的购买（转化）。

③ 产品定价。

定价，一定要参照平台同类商品的价格，尤其是与搜索首页销量比较好的商品进行比价，在利润允许的情况下，不要高于销量好的同行的价格。在价格的显示上，定一个折后价，一口价可以设置得稍微高点，然后用一些促销工具显示一个折后价，折后价有竞争力、有诱惑力。

（3）建立方案

打造爆款的方案不同于新品测试方案。商品选定后，我们就已经确定这款商品的推广价值了。因此，我们一开始就可以用主要推广资金、最优质的关键词来推广。

第一步：新建推广方案—重点推广计划—选择我们选中的商品—选择关键词—出价选择“市场平均价+￥0.01”—新建重点推广计划完成。

在选择关键词这块，我们可以按“7 天搜索热度”从高到低排序，选择搜索热度高的关键词（如图 5-40 所示）。

新建重点推广计划——选择关键词

推荐词　搜索相关词　批量加词　　已添加关键词(0/200)

关键词	推广评分	7天搜索热度	竞争度	市场平均价	操作
	优	423200	5962	1.40	添加 >
	优	122134	5551	2.71	添加 >
	优	22868	1417	0.86	添加 >
	优	10480	1527	0.92	添加 >
	优	8720	762	0.79	添加 >
	优	1389	2423	1.22	添加 >
	优	1062	2386	0.59	添加 >
	优	1005	3754	2.67	添加 >

本页全部添加　本页全部取消　全部取消添加

按市场平均价+ ￥0.01　底价+ ￥

上一步　下一步

图 5-40

第二步：管理该计划—添加更多的关键词。

点击该商品，进入计划详情页面—添加关键词，进入关键词工具页面。关键词工具找词途径有三种：“按计划找词”、“按行业找词”和“关键词搜索找词”。我们可以根据商品特性和自己的找词习惯选择使用。由于推广商品是通过筛选的优质商品，选词这里优先选择“高流量词”，再依次选择其他推荐理由的关键词（如图 5-41、图 5-42 所示）。

图 5-41

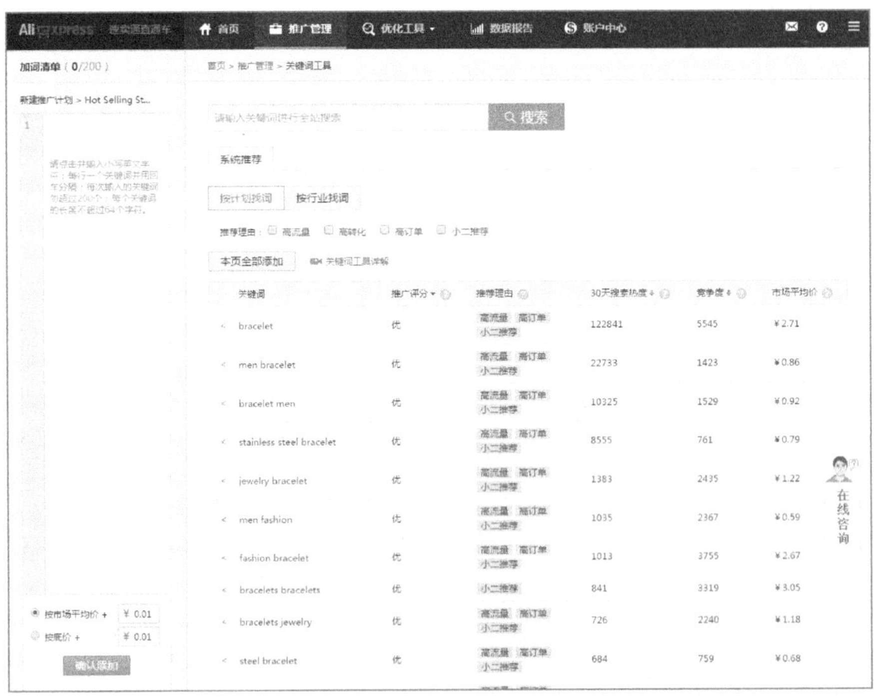

图 5-42

除了关键词工具，我们还可以通过以下途径找词。

- 数据纵横—搜索词分析。
- 买家首页类目“导航词”。
- 数据纵横—商品分析—展开数据分析—关键词分析。

第三步：竞价。

有两个需要竞价的地方，即关键词竞价和商品推荐出价。

① 关键词竞价。

- 优词，推广评分为“优”。优词竞价总原则是，在不超出个人承受的范围内合理出价。优词可分为精准词、蓝海词和热门大类词。
  - ✧ 精准词：需要全力竞价到首页。什么是精准词？例如，对鳄鱼纹钱包来说，“wallet”就是精准词。
  - ✧ 蓝海词：全部竞价到首页。什么是蓝海词？例如，对鳄鱼纹钱包来说，“crocodile wallet for women 2015”就是蓝海词。这类词虽然流量不大，但往往竞价也不是很高，用这类词搜索的买家，购买意向很强，建议竞价到首页。
  - ✧ 热门大类词：视情况出价，建议竞价到第 3 ~ 5 页。什么是热门大类词？例如，对鳄鱼纹钱包来说，“bag”就是大类词。这类词搜索热度大，竞价激烈，适合打广告做宣传，但订单转化率没有精准词和蓝海词高。这类词需要设置，但是不建议出很高的价格，让它们出现在第 3 ~ 5 页就够了。
- 良词，推广评分为“良”。需要有选择性竞价，选择与自己产品相关性强的关键词竞价。
- 需优化的词，推广评分为“--”。 该类关键词与推广产品不能很好地匹配上，需要通过优化产品信息才能匹配。对这类关键词目前可以做“删除”操作。

② 商品推荐出价。

利用好商品推荐功能，爆款方案建议出价在“建议出价区”或“建议上限”。对推广计划内的商品设置价格，此商品就有机会展现在更多的推荐区域，从而获得更大的曝光量和点击量（如图 5-43 所示）。

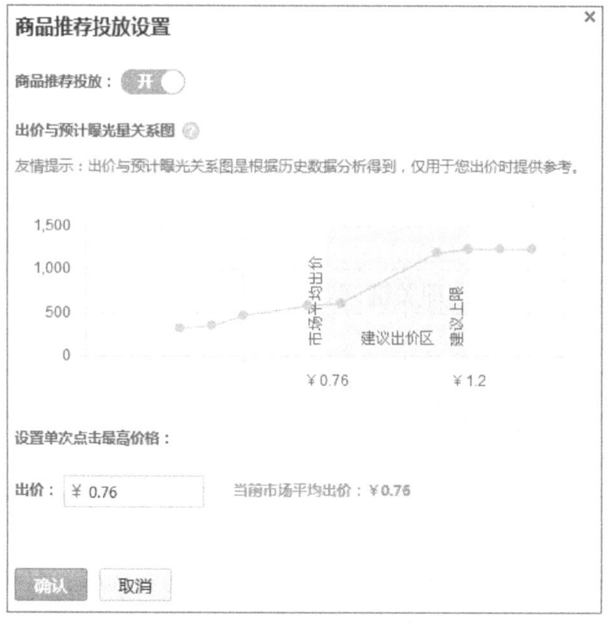

图 5-43

第四步：设置创意。

在重点推广计划中，每个推广单元可以设置两组创意。创意推广图片和标题可随时修改，不影响商品的搜索权重。我们可以通过创意功能，测试出最佳的直通车推广图片和推广标题；加上商品的原始主图和标题，共三组创意，根据客户的搜索意向，系统会展现出与客户搜索习惯更为贴切的推广主图和标题；通过设置创意标题，可以提高关键词的推广评分。

管理该计划—添加创意，在商品主图中，选择其中一张作为创意主图，并设置创意标题，提交审核通过后，就可以展示了（如图 5-44 所示）。

那么，如何判断一个创意的好坏呢？我们设置创意，目的是为了展示最相关的信息给客户看，提高直通车推广的点击率。因此，只要对比该款商品直通车推广的平均点击率，就能判断创意的好坏（平均点击率是指原始推广+创意推广+商品推荐投放的平均数）。如图 5-45 所示，下方的两组创意点击率分别是 0.36%和 0.53%，上方的平均点击率是 0.5%，所以可以判断在这两组创意中，第一个创意设计不好，第二个创意较成功。

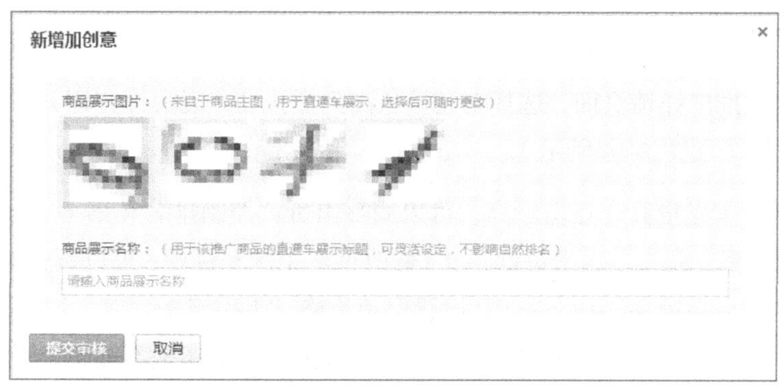

图 5-44

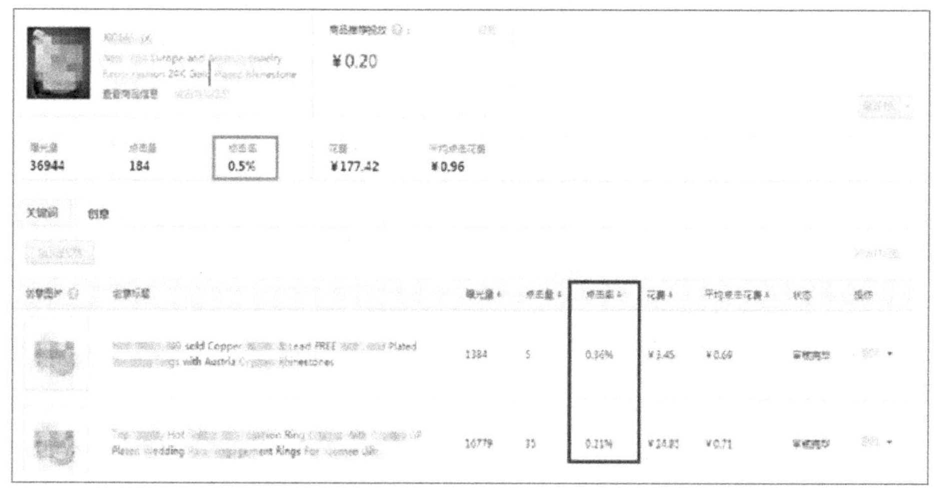

图 5-45

（4）观察数据不断调整优化

从潜力爆款的选品，到重点推广方案的建立、选词、出价、创意设置，爆款推广方案的第一轮设置结束。但并不是说直通车推广爆款的方案就完成了，可以坐等爆款诞生了，我们还需要根据推广数据不断去调整、优化产品和关键词。

第一轮设置结束后，如果选品正确的话，销量会慢慢增加。每天花费多少推广费用，带来多少曝光、多少点击，都可以从数据报告里面查看到。经过 3~7 天的数据积累，就可以开始第二轮优化了。

对于第二轮优化，我们可以从以下几个方面入手。

① 对关键词出价的调整。

打开爆款推广详情页面，选择曝光量从高到低排序，观察推广评分、点击量和出价的对应数据（如图 5-46 所示）。

- 优词，曝光量高、点击量高，可以调整出价，控制排名在第 1~3 页。
- 优词，曝光量高、点击量低，（1）修改推广主图和标题；可以调整关键词出价，控制排名在第 4~10 页；商品设置促销价格，吸引点击。
- 优词，曝光量低，尝试提高出价，观察数据，如果还是不理想，则淘汰这个关键词。
- 良词，数据表现理想的，则优化相关属性，尽可能让这个关键词变优。

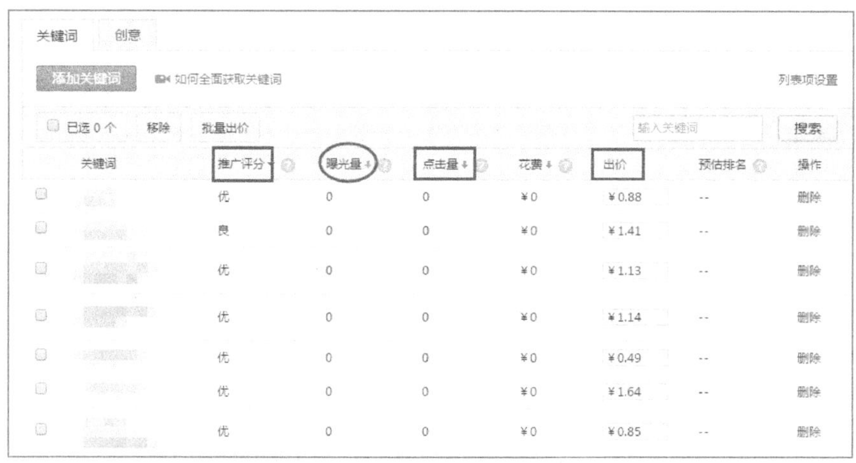

图 5-46

② 关键的词添加与删除。

- 关键词曝光量大，点击量大的词保留。
- 关键词曝光量大，点击量小的词进行优化，效果不好的删除。
- 推广评分显示“-”的删除。
- 良词，相关属性优化，曝光量、点击量数据理想的保留，优化后仍然没数据的删除。

③ 创意的优化。

创意的优化，上文也提到过。创意可以测试推广图片和推广标题，操作方法如下。

新建两个创意：

- 测试推广主图的效果——不同主图，相同标题。
- 测试推广标题的效果——不同标题，相同主图。

注意

只使用单一变量，其他设置请保持一致。

直通车爆款的打造，靠一两轮优化是远远不够的，应该持之以恒，在推广过程中要实时跟踪推广的各项指标数据以及关键词情况，并不断总结改进。只要爆款还在，优化就不该停止。

（5）持续引爆

持续引爆就是在爆款打造到成熟期时，能带出一个次爆款。这个次爆款就是第二个爆款的雏形。建议在选择主爆款时，次爆款也一同选择。这样整个推广才会循序渐进地进行，保证持续流量的引进；否则，到了爆款的衰退期，如果没有新的爆款支撑店铺的主要流量来源，店铺流量就会波动很大。持续引爆是店铺良性发展的最好途径。

5.2　SEO　优化

5.2.1　什么是 SEO

SEO 是英文 Search Engine Optimization 的缩写，中文意思是搜索引擎优化。最早期的 SEO 诞生于 20 世纪 90 年代初，即互联网刚起步的年代。原意是指从自然搜索结果中获得网站流量的技术和过程，是在了解搜索引擎自然排名机制的基础上，对网站进行内部及外部的调整优化，改进网站在搜索引擎中的关键词自然排名， 获得更多的流量，从而达成网站销售及品牌建设的目标。

但是在速卖通中，SEO 引申为一个狭义的理解，即产品搜索排序优化，目的在于在既定的速卖通网站搜索规则下，让目标产品在其搜索关键词下能够被系统抓取，但是抓取不等同于曝光，如图 5-47 所示

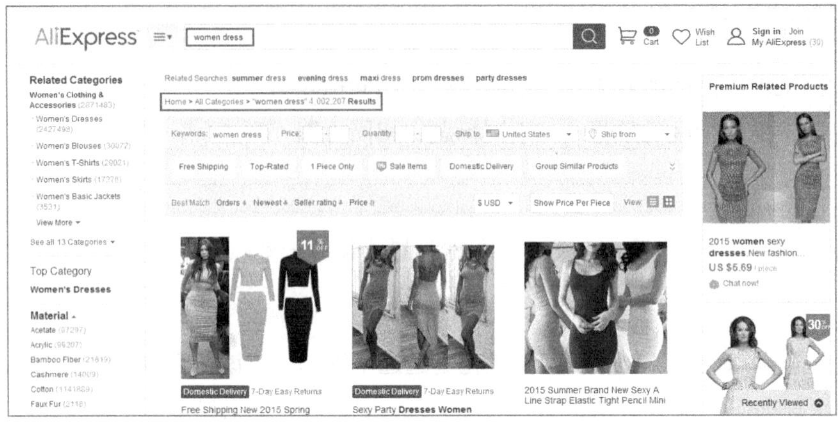

图 5-47

当我们通过速卖通搜索引擎检索“women dress”的时候，系统总共抓取了 4 002 207 个商品。但是我们注意到，通过翻页翻到“women dress”搜索页最后部分，只有 262 页（如图 5-48 所示），也就是找到了 262×36=9 432 个产品（一页呈现 36 个产品）。也就是说，有 4 002 207-9 432=3 992 775 的产品被抓取却不可能得到展示，也就是没有任何曝光机会。这就是说，像这类大词搜索，99.8%是得不到展示的！

图 5-48

以上是通过关键词搜索抓取的平台产品，还有通过类目搜索抓取的平台产品，如图 5-49 和图 5-50 所示。

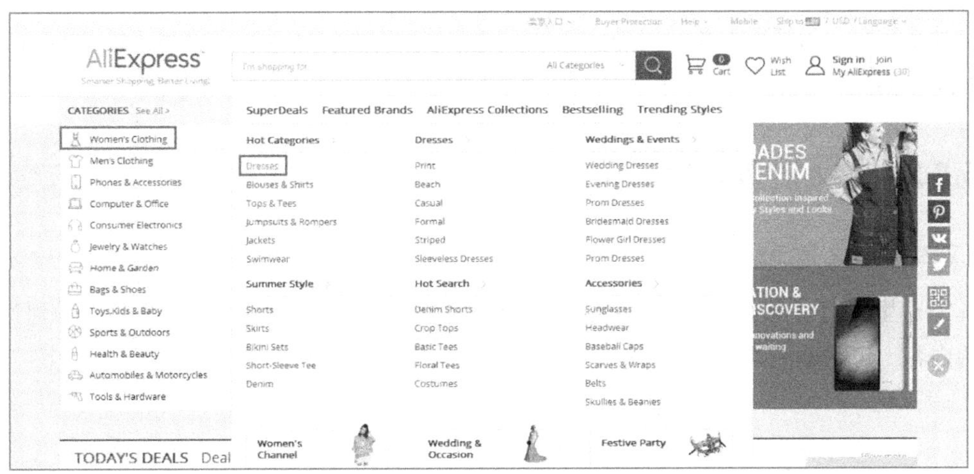

图 5-49

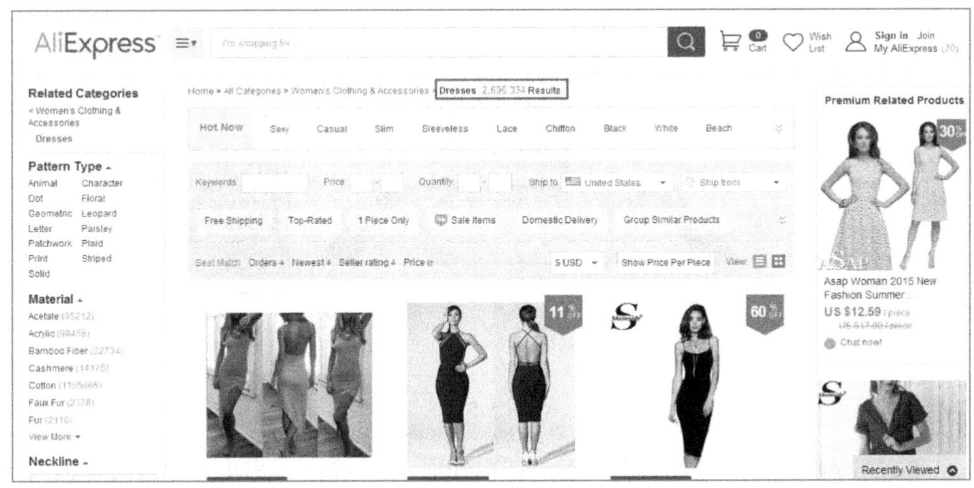

图 5-50

当我们通过类目搜索，直接在速卖通首页搜索“Dresses”类目时，系统抓取了 269 334 个产品。同样的，类目搜索呈现了 262 页也就是 9 432 个产品，2 686 902 个产品是没有任何展现机会的，也是近 99.7%的比例！

这时候出现一个问题：为什么通过关键词搜索“women dress”出现的产品数量会大于“Dresses”下的类目搜索呢？答案就是关键词搜索和类目搜索是两个独立的搜索引擎，它们是分开工作的，当产品的标、关键词或属性中出现“women dress”时就会被系统判定为抓取对象，但是该产品不一定是发布在“Dresses”类目下的“women dress”商品。

5.2.2 放大流量入口

5.2.2.1 什么是流量入口

这里我们讨论的流量入口是指速卖通站内流量，站外流量部分不属于本章节讨论的内容。也就是说，一般的流量起点都来自于如图 5-51 所示。

图 5-51

可以看到速卖通首页也就是 http://www.aliexpress.com/，当买家或者访客进入这个网站的时候，大致可以分为 5 个流量导向：一是最顶部的关键词搜索；二是左侧的类目搜索；三是平台的活动 banner；四是购物车 cart 和收藏 wish list 的直接访问；五是 Topselling 和平台推广的商家以及商品。由此可以看出，平台的访问客户大致的流向是这 5 个方向。再次强调这仅限于平台站内流量，如果是商品链接的直接访问，则更偏向于站外流量。这只是一个粗略的统计，不精确，但是有指导意义。在访客进入速卖通首页后，通过这 5 个渠道分流，买家分别找到了自己的目标产品，并且点击访问产生后台数据 PV（PageView），即页面浏览。由此可以知道流量的走向是呈漏斗型的，遵循从大往小走、从粗略往精准走这么一个规律。另外要指出的是，目前展示的是 Global site，即英文的国际站，流量入口可以细分为多语言的分站，如：俄语站、葡萄牙语站、西班牙语站和印尼语站。通过站点的更改可以找到对应的分站点。国际站如图 5-52 所示。

图 5-52

俄语站如图 5-53 所示。

图 5-53

葡萄牙语站如图 5-54 所示。

图 5-54

西班牙语站如图 5-55 所示。

图 5-55

印尼语站如图 5-56 所示。

图 5-56

细心的读者可以发现，速卖通首页的布局决定了整个平台的流量导向。例如，我们发现一个成熟的产品，自然搜索包括关键词和类目搜索的流量占了整个产品流量的 40%左右，与速卖通首页的流量布局有着密切的联系。因此 SEO 部分就是帮助大家抓住并且优化这 40%的自然流量、平台活动流量以及不是本章节考虑的其他内容。

下面我带大家分析一个有效的 PV，它的源头从何而来。

当买家通过关键词搜索或类目搜索进入商品 listing 页面时，以“women dress”为例，如图 5-57 所示。

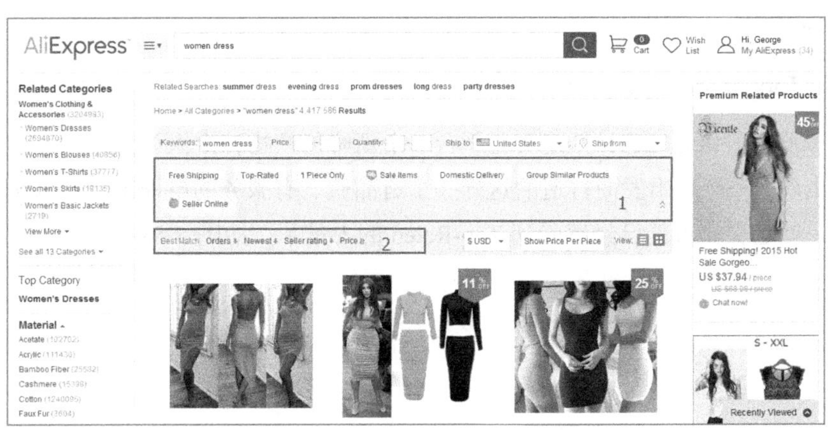

图 5-57

从图 5-57 中我们发现已经有产品成列了，因此买家会选择目标产品点击。listing 页面的右侧就是 P4P 栏，也就是我们通常所说的直通车，这不属于 SEO 自然搜索的内容，不予讨论。

我们可以通过图 5-57 看到标号为 1 的框和 2 的框分别有这几个选项："Free Shipping""Top-Rate""1 Piece Only""Sale Items""Domestic Delivery""Group Similar Products""Seller Online"，以及"Best Match""Orders""Newest""Seller rating""Price"。这些就是 listing 页面下的细分流量入口，我们逐一分析。

5.2.2.2 Free Shipping 流量入口

由于速卖通本身的跨境性质，跨境物流会有一个物流成本较高的影子在大家脑中，这样的情况同样出现在买家的心中，他们会认为跨境的、来自中国的东西，运费一定不便宜。事实确实如此，国际物流费用一般远高于国内的普通快递费用，在有些产品上甚至出现国际物流费用高于产品本身的情况，因而出现本末倒置的价格设定。弱化了产品本身的价值，强化了物流的价格，对买家心里本身就是一种不良体验。因此，在速卖通这个平台上 90%以上的产品是通过包邮设置的，也就是 Free Shipping，将产品的运费计算在产品的成本上，从而弱化产品运费的影响。有很长一段时间，速卖通上的所有产品标题中都会出现 Free Shipping，从而达到增加曝光的目的。现在已经逐渐被卖家们淘汰，除了本身因为邮政分区物流费用全球分布不均匀的情况而对运费模板设置部分包邮导致不必要的纠纷外，Free Shipping 本身已经在搜索中没有任何权重，后文会有证实，很大一部分速卖通的老买家已经习惯了速卖通的购物方式，即 Free Shipping。

5.2.2.3 Top-Rated 流量入口

卖家服务等级是 2015 年速卖通平台一个新鲜的产物，个人认为这是速卖通旨在从电商本质——产品出发而打造的这样一个有品质、有服务的电商平台。这是一个分水岭，一些老卖家可能已经感受到 Top-Rated 的力量了，如图 5-58 所示。

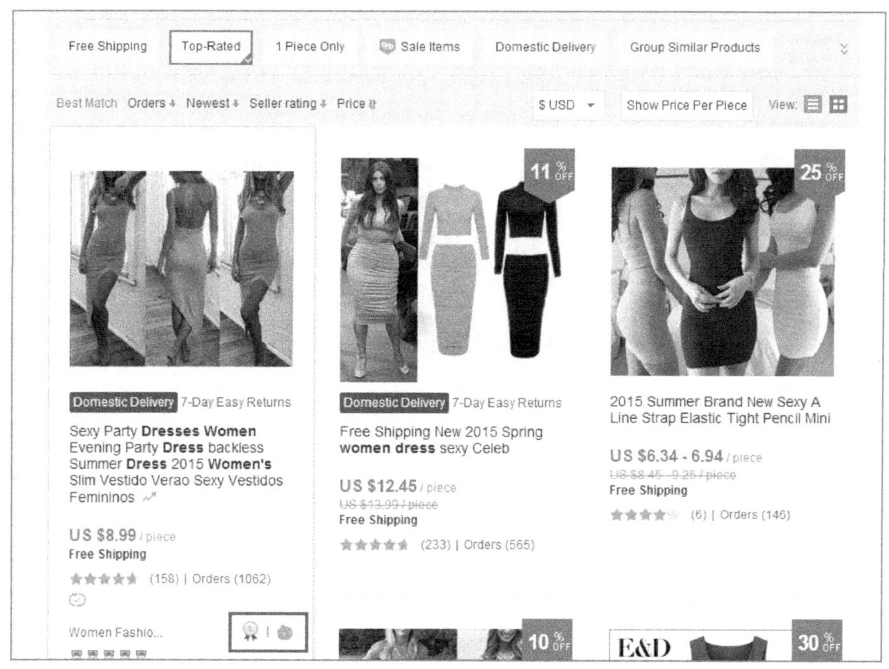

图 5-58

2015 年速卖通政策发生变动，listing 页面出现了一个新的流量入口，并且非常有效，Top-Rated 的卖家流量的提升是很快见效的，但是这也是一个基于自然搜索流量下的产品曝光排序。简单地说，就是 SEO 的优化使好的更好。具体 Top-Rated 的事项不在本章节讨论。

5.2.2.4　1 Piece Only 流量入口

早期的速卖通主要定位是一个小额批发的平台，大量的卖家在速卖通平台上做商品的小额批发，因此大部分商品以 LOT 为计量单位。但是近几年的政策变化使得速卖通往跨境 B2C 方向转型，越来越多的买家集中于零售而非批发。

5.2.2.5　Sale Items 流量入口

顾名思义，就是折扣产品，当买家点击这个链接之后，就会进入如图 5-59 所示的页面。

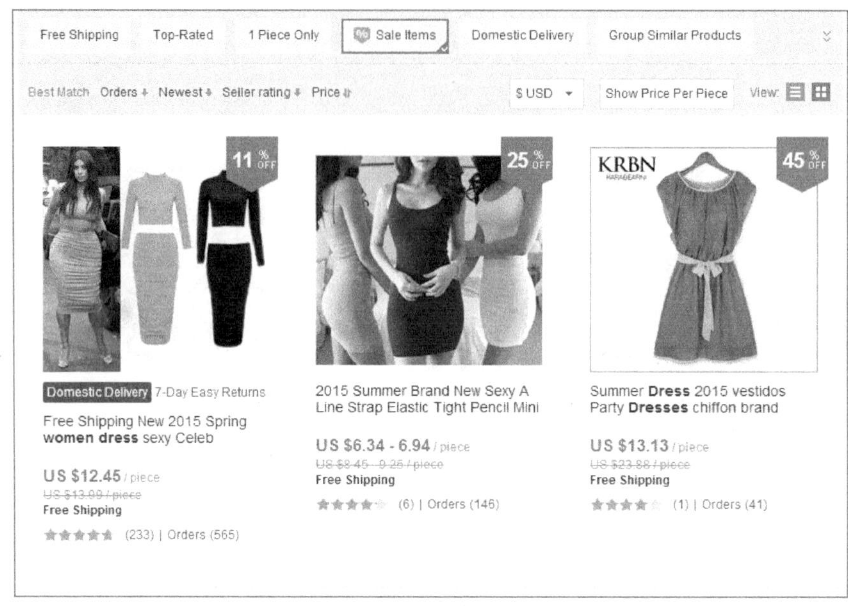

图 5-59

只有折扣产品才能参与展示，因此产品折扣的持续跟进能够维持着产品的有效曝光展示，但是折扣不会影响 BestMatch 下的产品排序。

5.2.2.6 Domestic Delivery 流量入口

这也是 2015 年速卖通旨在提高买家购物体验的一项新政策，就是海外仓的概念。为了提升物流的时效性，部分卖家在海外设置了仓储，可以直接在海外当地发货，把整个物流时效性缩短到 2~3 天。这也是一个新的流量入口，有很大一部分买家会选择这个入口，然后找到目标产品。

5.2.2.7 Seller Online 流量入口

顾名思义，就是淘宝中旺旺在线的概念。一般国内电商对旺旺在线以及客服的及时询盘回复有较高的要求，但是在速卖通平台，没有那么强的时效性。由于时差的问题导致了海外买家跟我们的作息时间很难同步，并且速卖通在全球 220 多个国家和地区有销售，时区分布遍布全球，买家本身也对此服务要求不高。因此，旺旺在线也是一个流量导向，但是并不明显。

5.2.2.8　Best Match 流量入口

这块是 SEO 的核心，SEO 优化对 Best Match 的提升是我们的最终目的，通过 SEO 优化达到在 Best Match 部分的最大化曝光。Best Match 是买家进行关键词搜索时默认的产品 listing 方式，因此这是最具有默认流量导向作用的入口，大部分买家会通过 Best Match 找到目标产品。

5.2.2.9　Orders 流量入口

订单数排序，买家点击这个链接之后，所有的 listing 产品会同 Orders 进行降序排列，如图 5-60 所示。

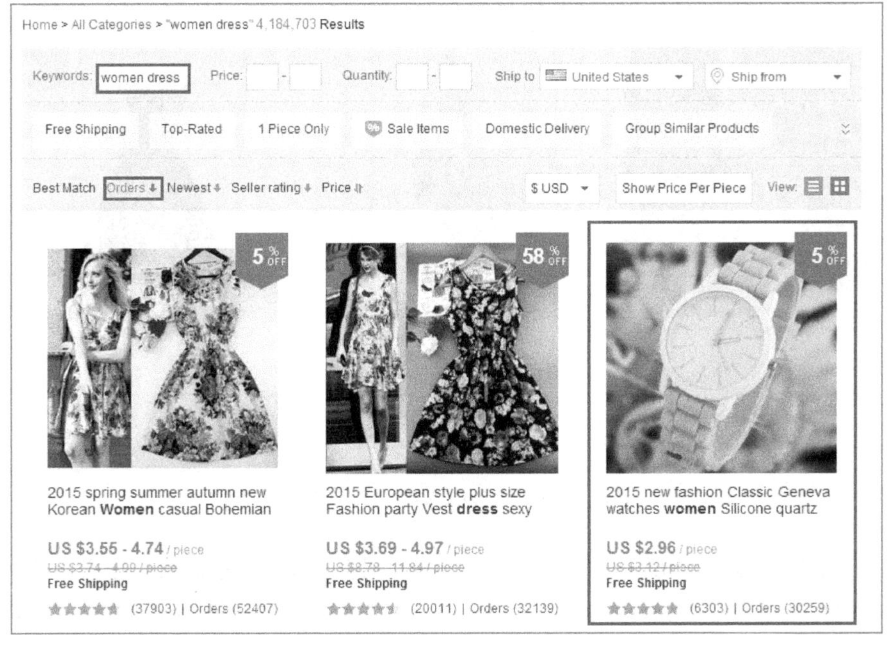

图 5-60

这时候我们发现，产品根据订单数量从多到少排列。这也解释了很多卖家为什么不惜血本要把销量做起来，因为这是一个非常可观的流量入口。同时，我们发现在关键词“women dress”的搜索下出现了第三个产品手表，该产品标题中出现了 women，但其并不是“women dress”类目下的，这就解释了之前我们提到的当搜索“women dress”时出现的产品数量会大于类目搜索“Dresses”下的产品数量的原因。

5.2.2.10 Newest 流量入口

顾名思义，就是最新的产品。这个很好理解，就是只要发布了最新的产品，就有产生曝光的一个 Newest 渠道，如图 5-61 所示。

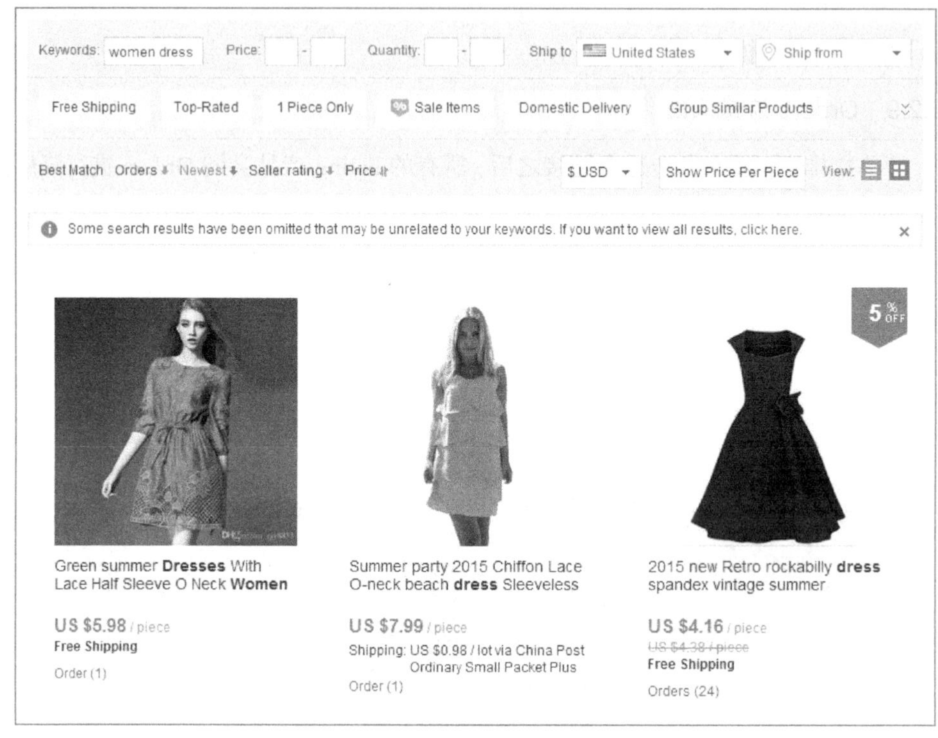

图 5-61

因此，新品的发布能够有一次非常好的曝光机会。这时候我们就要思考一个问题：在什么时候发布新品能够使得曝光最大化呢？答案就是在店铺一天中曝光最高的时间段，因为该段时间拥有最多的访客浏览，从而增加了曝光基数，提升了产品 PV 和成交的可能。因此，这是一个新手店铺最容易以及最便捷的获取曝光的渠道。

5.2.2.11 Seller rating 流量入口

不同于 Top-Rated，Seller rating 是指卖家的店铺得分，即淘宝中钻石、皇冠店铺的区别。因此，这也是一些老店铺能够获得稳定有效流量的来源之一，如图 5-62 所示。

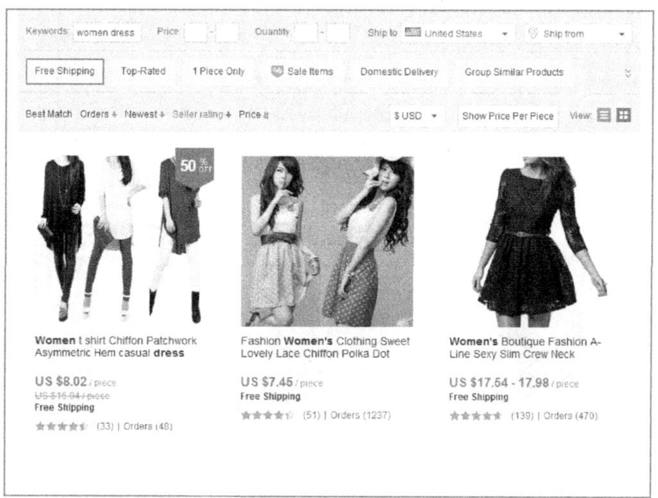

图 5-62

类似于 Orders 排序，卖家通过这块获得的流量也是一个积累的过程。

5.2.2.12　Price 流量入口

这是一个不那么有技术的按钮，即“Price”的升序或降序排列，本身和 SEO 没有联系，重点在于价格是否够高或够低，如图 5-63 和图 5-64 所示。

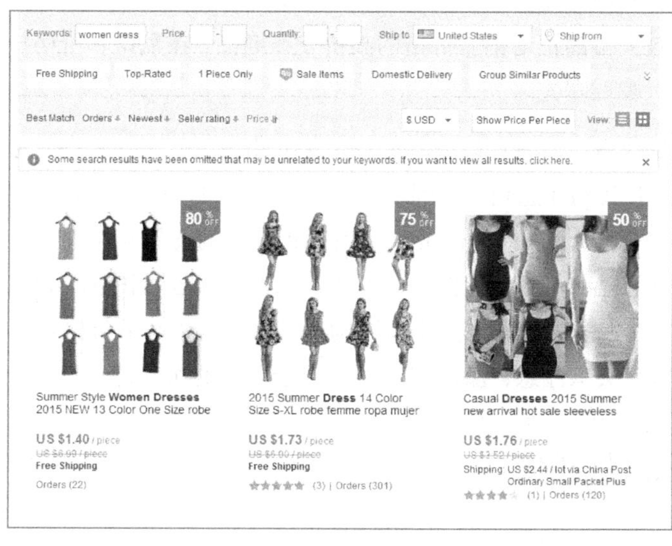

图 5-63

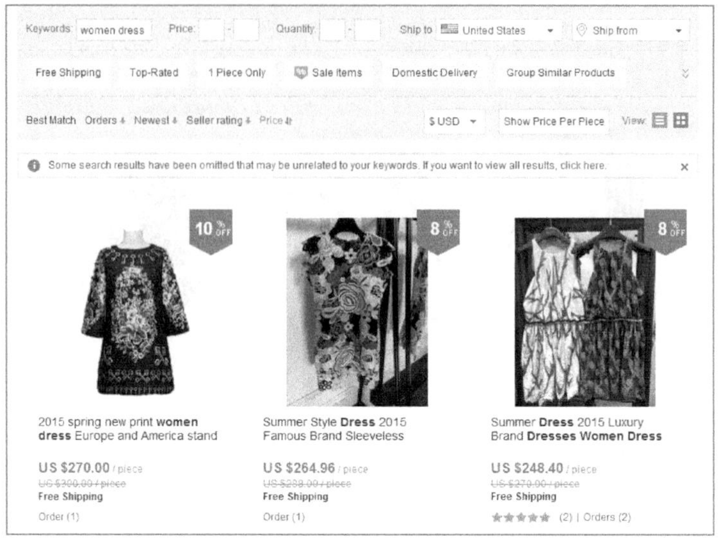

图 5-64

通过 Price 降序或升序排列，可以使商品直接获得曝光。但是之前在速卖通搜索规则中有明确规定：

- 卖家以较大偏离正常销售价格的低价发布商品，在默认和价格排序时，吸引买家注意，骗取曝光。
- 卖家以较大偏离正常销售价格的高价发布商品，在默认和价格排序时，吸引买家注意，骗取曝光。

但是只要操作得当，就可以以较低的价格获得 Price 升序下的曝光，从而带动整体店铺流量。同时我们注意到一个问题，Price 升序下的商品 listing，排序规则不与商品运费挂钩。也就是说，Free Shipping 运费模板设置的商品与收取运费的商品是一同排序的。因此也衍生出很多卖家作弊的方法，设置高额运费和极低的商品价格来骗取流量。同样的，在速卖通搜索规则中有明确规定：卖家以超低价格发布商品，同时调高运费价格，吸引买家注意，骗取曝光的，属于严重的作弊行为！

5.2.3 商品属性优化

5.2.3.1 商品自带属性的优化带动流量入口

回到商品 listing 页面，我们可以看到在 listing 页面的左侧有属性选择栏，如图

5-65 所示。

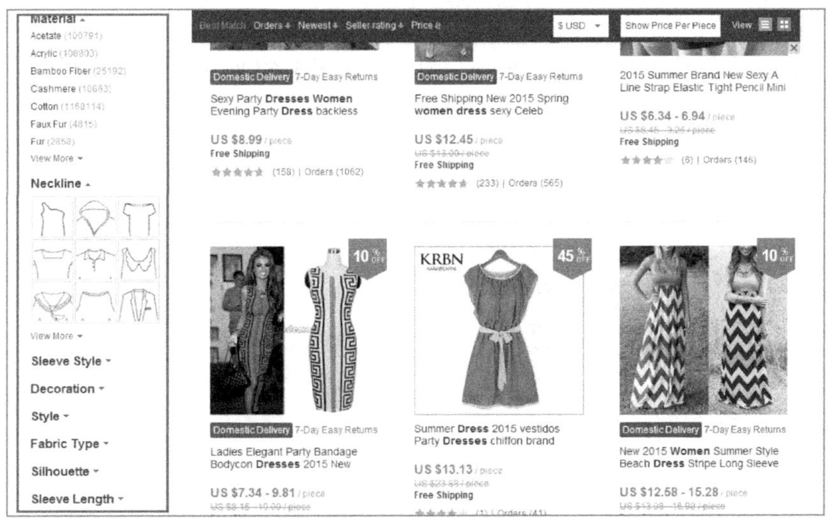

图 5-65

从属性选择栏我们可以看到，商品被细分为各种属性，如 Material、Neckline、Sleeve Style、Decoration、Style、Fabric Type、Sleeve Length、Silhouette 等，通过这些属性的选择买家可以更精准地找到其所需要的目标产品，如图 5-66 所示。

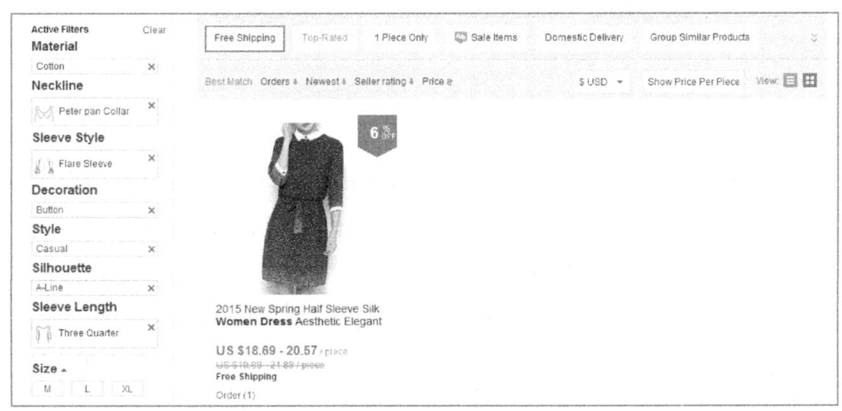

图 5-66

买家通过属性的选择，如“Cotton”“Peter pan Collar”“button”“A-Line”“Three Quarter”等属性要求，最终精准地找到了唯一的产品。这就是精细化的产品优化，带动精准的曝光。通常这类曝光具有非常高的转化率，可以让新品快速地出单，不断推动新品的排名，从而不断地提升后续的曝光增长空间。

具体的后台操作以“women dress”为例，如图 5-67 所示。

1. 产品基本信息

产品属性：当前产品的属性填写率为0%，该产品所在类目下优质商品的属性填写率为 78%，完整且正确的产品属性有助于提升产品曝光率！

系统属性中没有合适的属性或者属性值？点此提交

性别 Women
风格 ---请选择---
裙型 ---请选择---
图案类型 ---请选择---
袖长 ---请选择---
袖型 ---请选择---
腰线 ---请选择---
领型 ---请选择---
裙长 ---请选择---
面料类型 ---请选择---
材质 Silk(真丝) Cotton(棉) Polyester(涤纶) Nylon(尼龙) Genuine Leather(真皮) Linen(亚麻) Wool(羊毛) Cashmere(羊绒) Faux Fur(假皮草) Lycra(莱卡) Acetate(醋酸纤维) Acrylic(腈纶) Modal(莫代尔) Rayon(人造丝) Spandex(氨纶) Bamboo Fiber(竹纤维) Synthetic Leather(人造皮革) Fur(皮草) Viscose(纤维胶) Microfiber(超细纤维) Rabbit Hair(兔毛) Mesh(网纱) PU(PU) Lace(蕾丝) knitting Cotton(针织棉) Jacquard(提花) Voile(薄纱) Lanon(聚酯纤维)
装饰 ---请选择---
型号
品牌
部分品牌（参考列表）的商品需提交申请后方可发布。我要申请
颜色风格 ---请选择---
季节 ---请选择---

添加自定义属性

图 5-67

首先需要强调的是，不论做什么产品，产品的属性填写率必须高于所要求的 78%，一方面是你对产品本身的了解；另一方面是你对这类产品市场的把握。我们可以看到，在发布产品的页面有多个属性需要填写，因为产品本身的特点决定了其在发布的时候需要填写的属性。比如一款无袖印花的迷你裙，在属性方面你绝对不能选择长袖或短袖的长裙或中长裙。这是属性填写的硬性要求，一方面是避免因为属性填写失误导致买家在收到货物之后的不良订单体验而引起的纠纷；另一方面也是避免由于产品属性填写不准确导致买家在精准搜索到目标产品时却发现不是其想要的。这里的曝光我们称之为无用曝光，即在该曝光下，买家不会产生 PV，或者产生 PV 之后也很难完成订单的转化。对于新品我们应该避免这类无效曝光，因为持续的低转化会使得该新品被

系统判定为在未来可成交性低的产品，取消对其推送，因而商品的搜索排名一直无法提升。这类商品在搜索端很容易被作死，但是如果是老卖家，店铺流量导向大于搜索流量导向的话，这类产品也会有订单的。因此，在这里要强调的是，虽然产品出单了，但并不代表这是一个信息优质的产品，它仍然有在搜索端提升曝光的空间。

产品属性的填写一定要趋于精准化，因为属性的不可变性，属性选择这块内容与选品相似，大家可以参考选品的内容。

5.2.3.2　边缘化属性的优化带动流量入口

什么是边缘化属性的优化？可以理解为产品的颜色、尺码、风格、流行元素、适合人群等一些偏向于主观因素可控制的产品属性优化。边缘化属性的优化会围绕着产品发布时，自定义属性的填写进行，如图 5-68 所示。

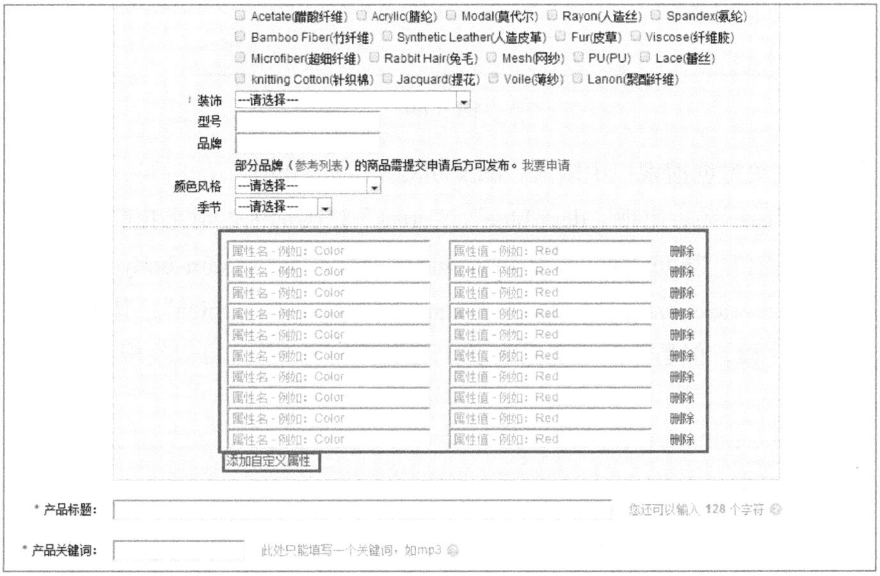

图 5-68

可以通过对自定义属性的丰富，来优化产品的精细化搜索，达到提升转化、推动产品流量的目的，如图 5-69 所示。

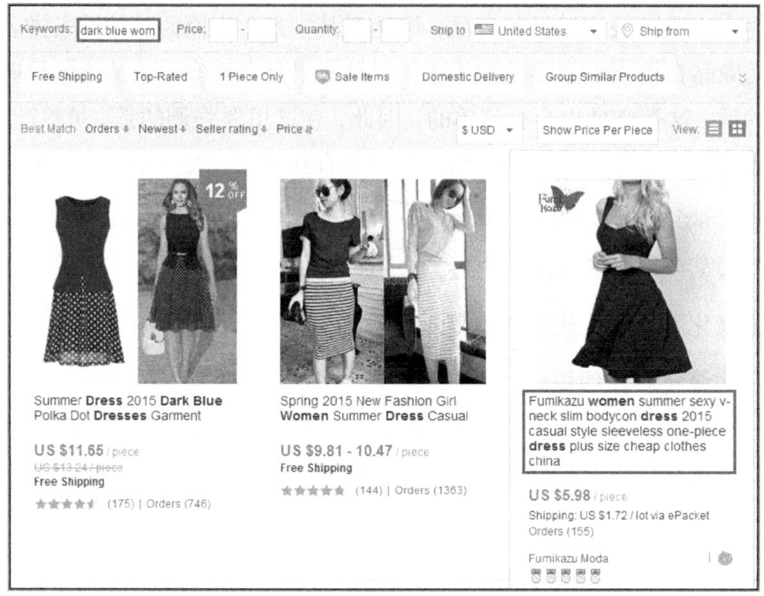

图 5-69

当我们在关键词搜索栏中输入“dark blue women dress”的时候，可以发现平台系统抓取的产品标题中出现“dark blue”、“dress”这类词汇。但是我们注意到，灰色框中的产品标题为“Fumikazu women summer sexy V-neck slim bodycon dress 2015 casual style sleeveless one-piece dress plus size cheap clothes china”，其中并没有出现“dark blue”字段，但是却被系统抓取了，因此点击该产品，可以发现如图 5-70 所示的结果。

Item specifics

Gender:	Women
Waistline:	Empire
Brand Name:	FUMIKAZU
Fabric Type:	Poplin
Season:	Summer
Dresses Length:	Above Knee, Mini
Silhouette:	A-Line
Neckline:	V-Neck
Color Style:	Natural Color
Sleeve Length:	Sleeveless
Decoration:	None
Pattern Type:	Solid
Sleeve Style:	Regular
Style:	Casual
Material:	Polyester,Acrylic
Model Number:	A1072
SIZE:	S,M,L,XL
style:	fashion
color:	black,dark blue

图 5-70

这是该产品详情页面中的属性信息。我们注意到，该产品的属性“color”的属性值有“black，dark blue”字段，因此可以理解了系统在“dark blue women dress”关键词的搜索下能抓取该产品的原因。但是细心的读者会发现一个问题，在发布 dress 产品的时候，系统自带的属性中并没有 color 选项，所以该属性只有通过自定义属性来添加。

同样的方法可以出现在加大码、产品尺寸、产品风格的填写上。具体如何选择产品的边缘化属性，我们可以参考后台的平台热销和热搜属性，如图 5-71 所示。

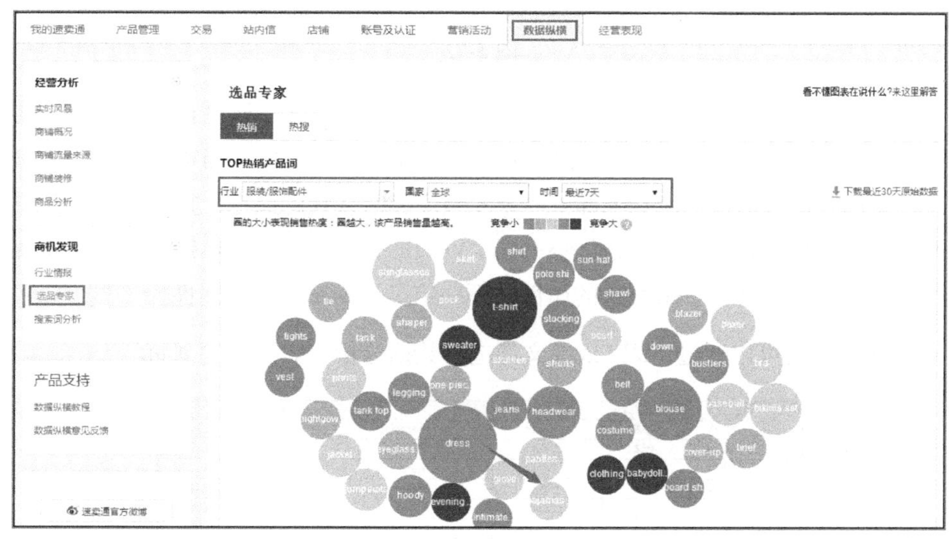

图 5-71

进入速卖通后台，通过选择后台的数据纵横—选品专家—热销—行业—国家—时间，同样以“dress”为例，以全球范围最近 7 天为时间维度进行热销选品的检索。这里要指出的是，如果你希望做到精细化运营目标国家，则可以选择相应的国家进行相关信息检索，这样可以做到国家偏好对口。在这里我们就以全球为例，从图中可以看到很多的圆圈，圆越大代表该产品的销量越高，颜色由蓝转红，代表该类产品的竞争度从低到高，可以理解为现在较为流行的蓝海和红海。这块内容涉及到选品，因此这里我们不做过多讨论，点击 dress 圆圈进行热销产品属性分析，如图 5-72 所示。

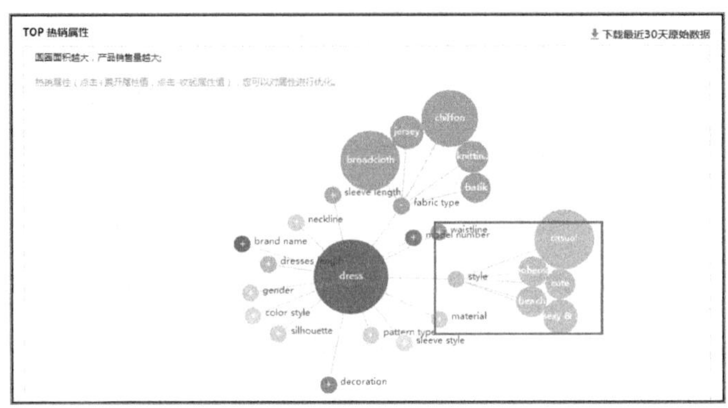

图 5-72

从图 5-72 中我们可以看出产品的一些热销属性。点击主属性查看属性分支热销的维度，可以说明两个问题：一是这些热销属性是买家偏好的，确实是买家需求的属性；二是这些热销属性可能是大部分商家发布产品时选择的属性，并且这类属性的商品是平台的热销款，凭借其价格优势占据了巨大的销量，带动了热销属性。因此热销属性的选择具有迷惑性，最热销的属性并不一定是买家所需求的属性。

同时，我们可以通过下载 Excel 文件进行数据分析，如图 5-73 所示。

行业	国家	商品关键词	属性名	属性值	成交指数
服装/服饰配件	全球	dress	material	polyester	196847
服装/服饰配件	全球	dress	material	cotton	125159
服装/服饰配件	全球	dress	material	spandex	55872
服装/服饰配件	全球	dress	material	lace	24640
服装/服饰配件	全球	dress	material	lanon	23081
服装/服饰配件	全球	dress	pattern type	solid	116628
服装/服饰配件	全球	dress	pattern type	print	78093
服装/服饰配件	全球	dress	pattern type	patchwork	21773
服装/服饰配件	全球	dress	pattern type	striped	17300
服装/服饰配件	全球	dress	pattern type	dot	7945
服装/服饰配件	全球	dress	gender	women	261214
服装/服饰配件	全球	dress	gender	girls	4
服装/服饰配件	全球	dress	gender	unisex	1
服装/服饰配件	全球	dress	dresses length	bove knee, mir	136571
服装/服饰配件	全球	dress	dresses length	knee-length	67091
服装/服饰配件	全球	dress	dresses length	floor-length	29123
服装/服饰配件	全球	dress	dresses length	ankle-length	14377
服装/服饰配件	全球	dress	dresses length	mid-calf	13455
服装/服饰配件	全球	dress	style	casual	133922
服装/服饰配件	全球	dress	style	sexy & club	35483
服装/服饰配件	全球	dress	style	beach	18599
服装/服饰配件	全球	dress	style	cute	16401
服装/服饰配件	全球	dress	style	bohemian	15881
服装/服饰配件	全球	dress	sleeve length	sleeveless	134465
服装/服饰配件	全球	dress	sleeve length	short	65330
服装/服饰配件	全球	dress	sleeve length	full	32674
服装/服饰配件	全球	dress	sleeve length	half	15551
服装/服饰配件	全球	dress	sleeve length	three quarter	12580
服装/服饰配件	全球	dress	waistline	natural	208247

图 5-73

可以从表格中看出服装类目下的 dress 产品属性的热销状况，以及一些边缘化属性，如 style、pattern type 等。可以通过自定义属性来丰富产品的搜索信息，从而让该产品在精准化搜索时增加被系统抓取的概率。

同时，我们还需要结合后台的数据纵横—选品专家—热搜属性，来了解市场的需求层面，如图 5-74 所示。

图 5-74

同样的，数据纵横的选品分析中，以全球范围最近 7 天为时间维度，可以发现这些圆圈大的代表着买家的搜索量大。这里要提出两个概念，其中是曝光基数。有很多朋友会疑惑选择蓝海和红海的区别，其实这就是在选择一个曝光基数。一般情况下，红海的曝光基数高，原因在于这个类目本身竞争激烈，但是市场庞大，每天都有非常大的搜索基数，只要产品占据有利的曝光位，就会为你带来源源不断的曝光和订单转化。这就是红海的特点，曝光基数高、竞争激烈、变化频率高，例如时尚快销品类目等。而蓝海类目通常没有那么高的曝光基数，但是有相当的转化，市场上存在一部分买家对这种小类目产品的渴求，因此很多朋友会说，为什么自己做这个类目曝光那么低，而他们的类目曝光那么高，原因就在于类目与类目之间的曝光基数是不一样的。既然有类目的曝光基数，那么这里要提出另一个概念，就是曝光阈值，即曝光的最高值。由于各个类目不同，导致了各个类目下的商品有不同的阀值，但是一般情况下同商品的阀值是相同的，就是在其各个流量入口都最大化的时候，即曝光阈值。但是有一点要指出的是，我们这里讨论的曝光阈值仅仅局限于站内流量，因为平台的整体流量是有限的，所以通过 SEO 优化我们能够抓取的流量是有限的，因为买家的需求是有限的。站外流量这里不予讨论，通常我把站外流量称为活水。这里要提出一个很重要的工具，叫作联盟营销。联盟营销是通过联盟网站以广告投放的形式在订单成交后需要支付一定佣金的营销方式。这是一个直接能从速卖通站内获取站外流量的渠道，因此我本人是十分赞同的。这一步来自站外的流量就是在曝光阈值的基础上增加产品曝光，提升转化订单的。

点击 dress，可以看到如图 5-75 所示的效果。

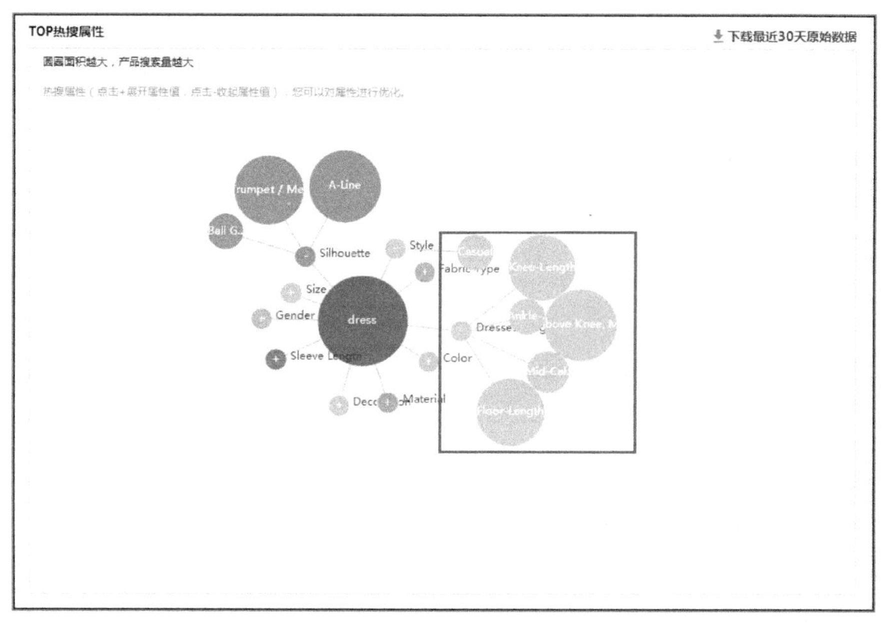

图 5-75

从图 5-75 中我们可以大致看出买家在搜索端的属性偏好。在“Dresses Length”属性选择上，搜索端的买家偏好于“Floor-Length”“Knee-Length”“Above Knee”。通过下载 Excel 表格，我们进一步分析其属性情况，如图 5-76 所示。

行业	国家	商品关键词	属性名	属性值	搜索指数	搜索人气
服装/服饰配件	全球	dress	Color	Blue	3639	3087
服装/服饰配件	全球	dress	Dresses Length	Knee-Length	8760	7867
服装/服饰配件	全球	dress	Dresses Length	Above Knee, Mini	7706	7230
服装/服饰配件	全球	dress	Dresses Length	Floor-Length	7256	6594
服装/服饰配件	全球	dress	Dresses Length	Mid-Calf	1974	1704
服装/服饰配件	全球	dress	Dresses Length	Ankle-Length	1335	1181
服装/服饰配件	全球	dress	Fabric Type	Chiffon	5256	4470
服装/服饰配件	全球	dress	Fabric Type	Satin	877	691
服装/服饰配件	全球	dress	Gender	Girls	2028	1732
服装/服饰配件	全球	dress	Gender	Women	1768	1614
服装/服饰配件	全球	dress	Image Type	Actual Images	756	729
服装/服饰配件	全球	dress	Material	Cotton	26508	23716
服装/服饰配件	全球	dress	Material	Polyester	6765	6190
服装/服饰配件	全球	dress	Material	Spandex	3697	3524
服装/服饰配件	全球	dress	Material	Silk	2150	1965
服装/服饰配件	全球	dress	Material	Linen	1293	1184
服装/服饰配件	全球	dress	Material	Rayon	737	684
服装/服饰配件	全球	dress	Silhouette	Ball Gown	1372	1230
服装/服饰配件	全球	dress	Silhouette	Trumpet / Mermaid	1028	974
服装/服饰配件	全球	dress	Silhouette	A-Line	952	919
服装/服饰配件	全球	dress	Size	4XL	650	587
服装/服饰配件	全球	dress	Sleeve Length	Sleeveless	2345	2206
服装/服饰配件	全球	dress	Sleeve Length	Short	2267	1877
服装/服饰配件	全球	dress	Sleeve Length	Full	2249	2077
服装/服饰配件	全球	dress	Style	Casual	1715	1447

图 5-76

通过表格中的信息数据筛选我们可以发现，买家近期关注的“dress”颜色集中在“Blue”，同时也可以发现其他属性的情况，对于一些边缘化属性，如“Image Type”“ Silhouette”“Style”等可以进行优化和丰富，从而达到搜索最优的目的。

5.2.4　标题的优化

5.2.4.1　曝光的概念

曝光的概念最早出现在相机摄影中，原意是指被摄影物体发出或反射的光线，通过相机镜头投射到感光片上，使之发生化学变化，产生显影的过程。在这里我们做一个类比，即眼睛是镜头，作为买家，在浏览速卖通平台购物的时候，所有的产品呈现在眼中就是一个曝光的过程。这就是曝光在电商中的定义，即商品呈现在眼中，即使直接被买家过滤了，也产生了曝光。

5.2.4.2　标题的作用

在速卖通或者阿里巴巴的其他电商平台中，标题的作用往往远远大于其本身的标记意义。由于速卖通的搜索系统，标题本身的每个字符被赋予了电商意义，一个看上不通顺的标题往往却承担着重要的电商曝光搜索排序的任务。所以在速卖通 SEO（搜索引擎优化）的世界里，商品的标题更多的时候是没有实际意义的 128 个有序排列的字符有机组合形成的一个电商搜索编码。因此我认为，标题的电商意义大于其实际的展示意义。在这里我们先了解标题的展示意义，如图 5-77 所示。

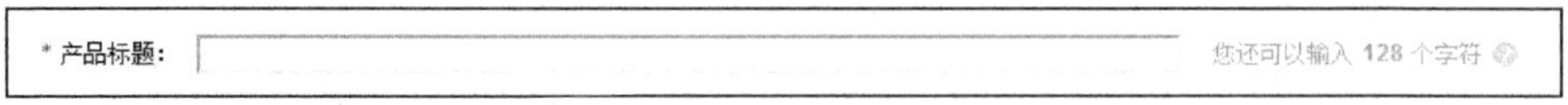
* 产品标题：
您还可以输入 128 个字符

图 5-77

一个速卖通的标题，在国际站（英语站）包括标点符号和空格在内，最多允许存在 128 个字符，如图 5-78 所示。

* Наименование на русском (Россия) :
Вы ещё можете ввести218символов

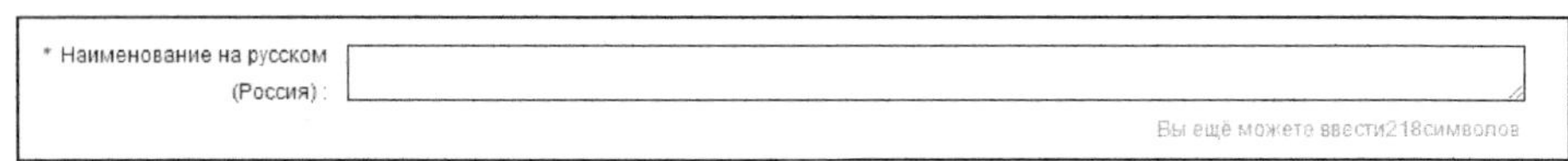

图 5-78

在俄语站的标题包括标点符号和空格在内，最多允许存在 218 个字符，如图 5-79 所示。

* Titulo em Português (Brasil) :
Ainda pode inserir218carateres

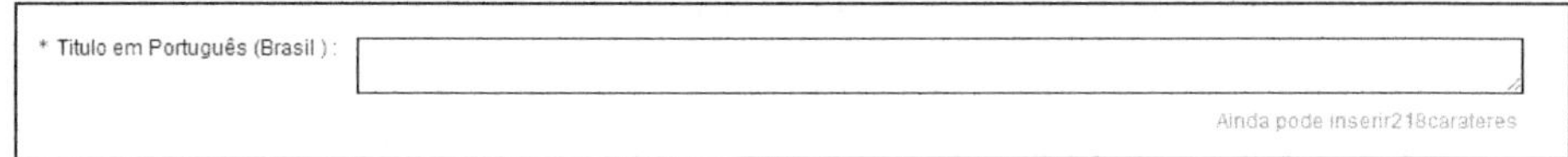

图 5-79

在葡萄牙语站的标题包括标点符号和空格在内，最多允许存在 218 个字符，如图 5-80 所示。

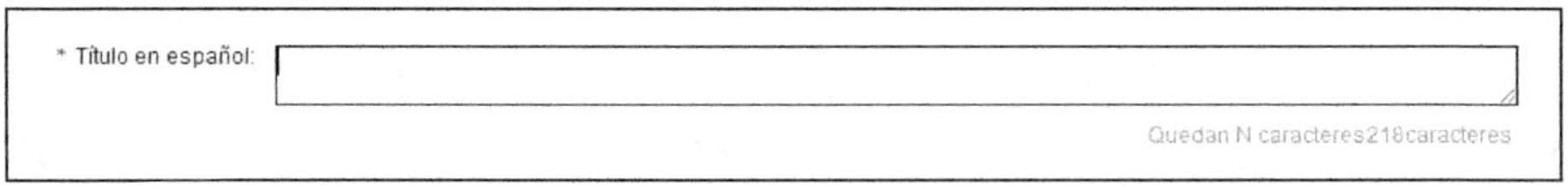
* Título en español:
Quedan N caracteres218caracteres

图 5-80

在西班牙语站的标题包括标点符号和空格在内，最多允许存在 218 个字符，如图 5-81 所示。

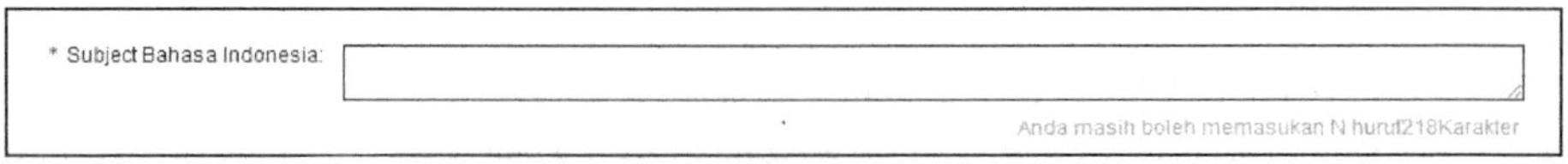
* Subject Bahasa Indonesia:
Anda masih boleh memasukan N huruf218Karakter

图 5-81

在印尼语站的标题包括标点符号和空格在内，最多允许存在 218 个字符。

图 5-82

如图 5-82 所示，同样的道理体现在直通车的展示上，如图 5-83 所示。

图 5-83

直通车商品直接展示前 35 个字符，因此直通车商品建议把核心的前 35 个字符放在标题前部分。

5.2.4.3 标题的电商意义

标题的电商意义在于当买家用关键词搜索时，系统会抓取标题中的相关词汇，从而抓取目标商品，这个过程称之为相关性抓取。举个简单的例子，如图 5-84 所示。

图 5-84

当买家在关键词搜索栏中输入“women dress”时，系统会以空格为分隔点，分别抓取关键词“women”和“dress”，同时出现“women dress”时为最高优先级。因此关键词间的紧密度会影响搜索的相关性。在关键词搜索“women dress”时，一般情况下，相关度的紧密排列顺序是“women dress”>“dress women”>“dress….women”>“dress”>=“women”。也就是说，标题中直接出现“women dress”时，商品会被系统最先抓取，当所有“women dress”的商品抓取完毕之后，搜索引擎会开始抓取“dress women”，依此类推，最后抓取完所有标题中含有“dress”和“women”的商品。

众所周知，在英语表达中有单复数的存在，部分单复数只需要添加“s”或“es”，有些特别的会有变形，那么单复数的表达会影响产品的相关性吗？

如图 5-85 所示，当我们通过“women dresses”搜索商品时，出现的商品排序是不变的，并且我们发现第三个商品标题中并没有出现“dresses”字符，但是却可以被系统抓取，因此判定单复数的变形不会影响标题的相关性，如图 5-85 所示。

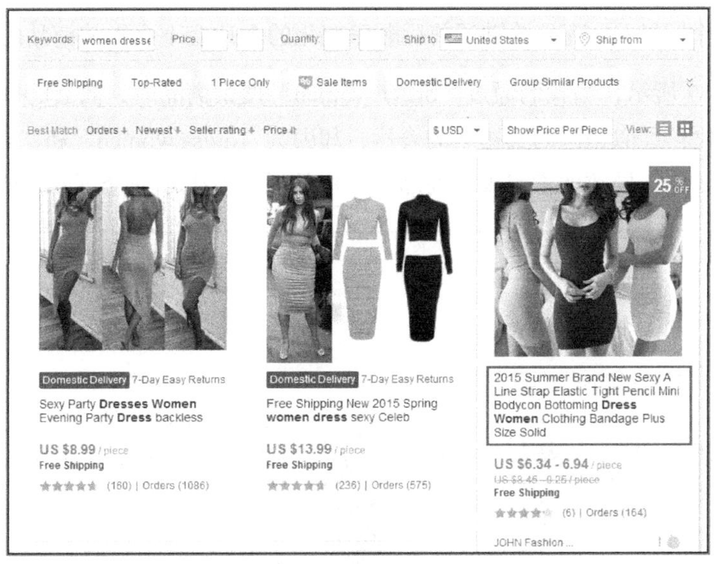

图 5-85

同样的，当我们通过“woman dress”搜索商品时，出现的商品排序是不变的。并且我们发现第三个商品标题中并没有出现“woman”字符，但是却可以被系统抓取，因此判定单复数的变形不会影响标题的相关性，如图 5-86 所示。

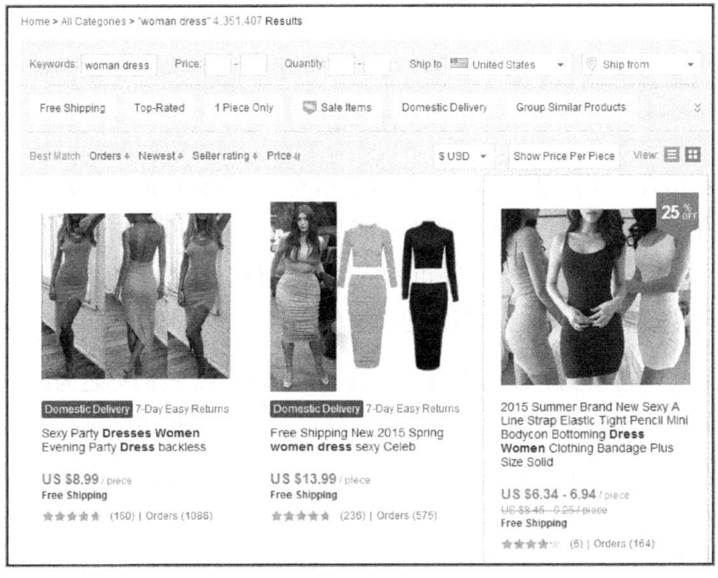

图 5-86

另外一个问题是，商品关键词前后顺序变化的表达会不会影响商品的相关性呢？

如图 5-87 所示，当我们通过“dress women”搜索商品时，商品的排序发生了完全不同的变化！看似相同的女裙装的表达，却因为“dress women”和“women dress”前后顺序的变化，导致搜索引擎对商品相关性的抓取发生了完全不同的变化。

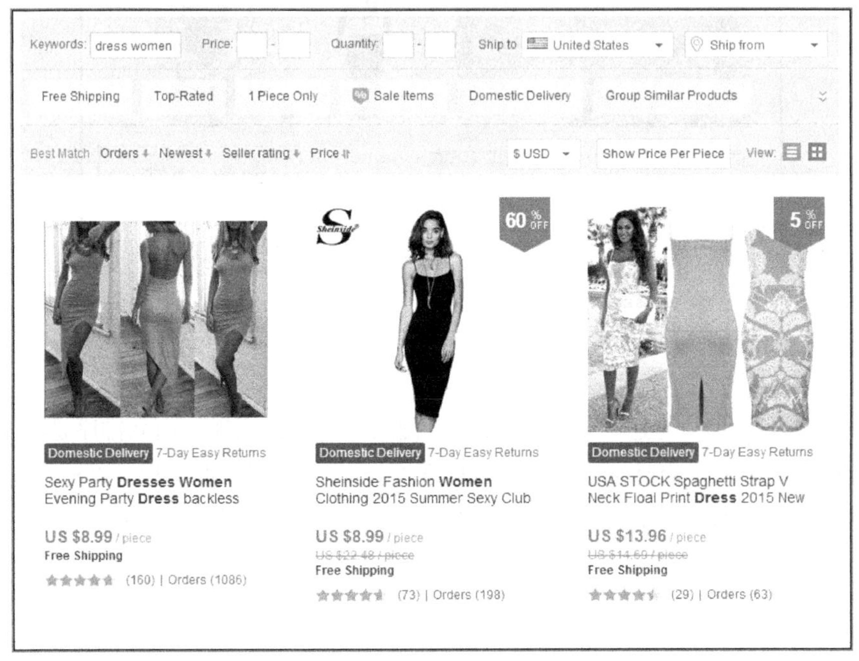

图 5-87

这时候就出现一个问题，当系统抓取了所有“women dress”的商品后，这些商品又是如何排序的呢？即，在相关性之后商品是如何通过排序来展示的？同时也解释了一个问题，有的卖家看到平台热销的商品，通过标题和商品的复制上传商品，为什么通过关键词搜索后排序靠前的不是此卖家的商品，而是原来热销的商品？

在这里就可以理解为，商品本身是具有一定分值的，我们称之为商业性得分。当系统通过相关性找到目标商品后，会跟进这些商品的商业性得分进行商品的排序。具体的商业性得分可以简单地理解为，曝光的顺位作为一个绝佳的平台资源，系统在认定这些产品的可成交性后，会把这个资源让给有竞争力并且未来会吸引买家购买的商品，从而增加平台的热度。这是系统的判定。商品的商业性得分具体商品的转化率、PV 基数和好评率等相关。

既然我们注意到"women dress"和"dress women"是两个不同的流量入口，那么应该如何放大这个入口呢？这时候我们就需要用到一个后台的数据工具，如图 5-88 所示

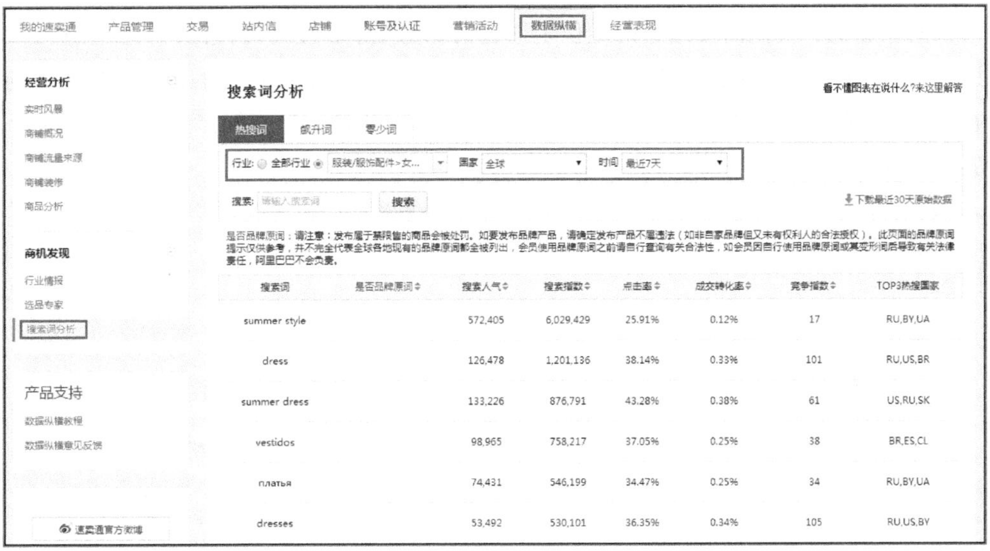

我的速卖通　产品管理　交易　站内信　店铺　账号及认证　营销活动　数据纵横　经营表现

经营分析：实时风暴　商铺概况　商铺流量来源　商铺装修　商品分析

商机发现：行业情报　选品专家　搜索词分析

产品支持：数据纵横教程　数据纵横意见反馈

速卖通官方微博

搜索词分析　看不懂图表在说什么?来这里解答

热搜词　飙升词　零少词

行业: 全部行业　服装/服饰配件>女...　国家 全球　时间 最近7天

搜索: 请输入搜索词　搜索　下载最近30天原始数据

是否品牌原词：请注意：发布属于禁限售的商品会被处罚。如要发布品牌产品，请确定发布产品不属违法（如非自家品牌但又未有权利人的合法授权）。此页面的品牌原词提示仅供参考，并不完全代表全球各地现有的品牌原词都全被列出，会员使用品牌原词之前请自行查询有关合法性，如会员因自行使用品牌原词或其变形词后导致有关法律责任，阿里巴巴不会负责。

搜索词	是否品牌原词	搜索人气	搜索指数	点击率	成交转化率	竞争指数	TOP3热搜国家
summer style		572,405	6,029,429	25.91%	0.12%	17	RU,BY,UA
dress		126,478	1,201,136	38.14%	0.33%	101	RU,US,BR
summer dress		133,226	876,791	43.28%	0.38%	61	US,RU,SK
vestidos		98,965	758,217	37.05%	0.25%	38	BR,ES,CL
платья		74,431	546,199	34.47%	0.25%	34	RU,BY,UA
dresses		53,492	530,101	36.35%	0.34%	105	RU,US,BY

图 5-88

进入到数据纵横—搜索词分析中，找到目标行业服装/服饰配件—女装—女裙后，我们可以找到该类目下曝光基数高的词汇，这些词汇是买家在搜索该类目下女裙产品时所用的关键词。我们可以发现，不同的词汇搜索人气和成交转化率不同，从高到低排列。因此，我们的思路是，合理运用这些高曝光的词汇来增加流量入口；上文中提到过曝光阈值的概念，因为商品标题的字符数有限，我们能够从各个字符获得的曝光值是有极限的，所以需要合理运用标题中的 126 个字符。

这时候有的卖家会有疑问，为什么自己用了这些词汇，而商品却没有任何曝光呢？

前面提到过关于商品的商业性得分的概念，因此这里就有商品曝光的一个计算方法，即商业性得分×相关性搜索曝光基数。也就是说，如果商品没有任何商业性得分，那么即使在标题中设置了再高的曝光基数也同样是零，即零乘以任何数都是零。简单地理解就是，如果商品是没有任何订单的新品，那么相关度的影响在那些有订单成交、有商业性得分基础的商品面前是非常弱的。

所以，这里提出的商品的流量入口放大的概念是针对有商业性得分基础的商品的，我们要做的就是让其获得更多的曝光，来拉升商品的点击和订单转化。

那么针对新品，如何能快速增加其商业性得分呢？

对于新品，我们需要给它的定位是通过精准化搜索，提高其转化，从转化拉升其订单，从而拉动商业性得分后，再提速其曝光。因此，新品在标题的拟定策略中会与有曝光基数的商品略有不同，我们需要追求的是高转化的词汇，可以称之为蓝海词汇。如图 5-89 所示。

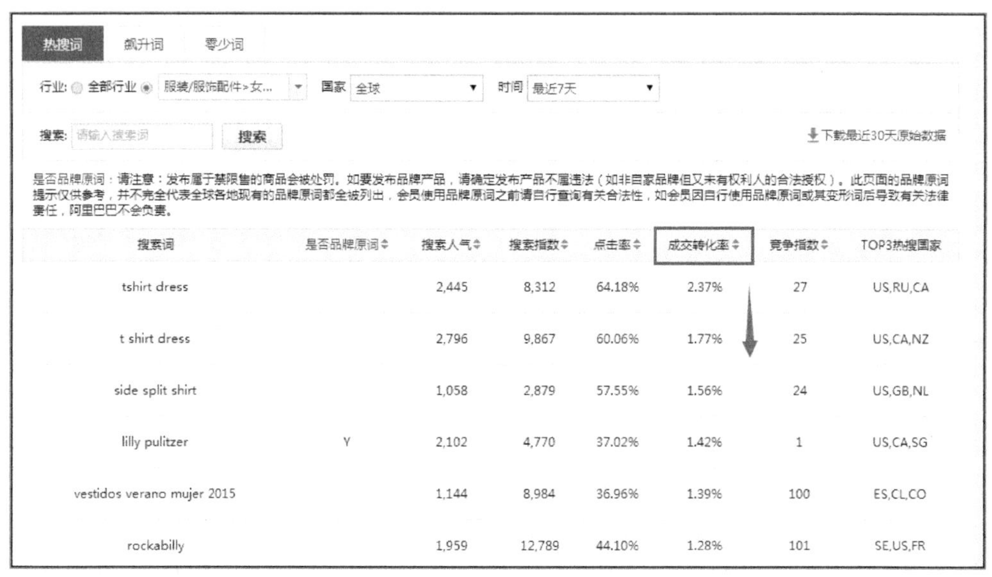

搜索词	是否品牌原词	搜索人气	搜索指数	点击率	成交转化率	竞争指数	TOP3热搜国家
tshirt dress		2,445	8,312	64.18%	2.37%	27	US,RU,CA
t shirt dress		2,796	9,867	60.06%	1.77%	25	US,CA,NZ
side split shirt		1,058	2,879	57.55%	1.56%	24	US,GB,NL
lilly pulitzer	Y	2,102	4,770	37.02%	1.42%	1	US,CA,SG
vestidos verano mujer 2015		1,144	8,984	36.96%	1.39%	100	ES,CL,CO
rockabilly		1,959	12,789	44.10%	1.28%	101	SE,US,FR

图 5-89

同时选择高转化的搜索词来拉动订单。

5.2.4.4 标题设计模板

在开始介绍标题模板设计之前，我们需要阅读一条全球速卖通平台搜索作弊规则，标题堆砌：指在商品标题描述中出现关键词使用多次的行为。平台规则给出的具体案例如图 5-90 所示。

图 5-90

在此案例的商品标题的描述中使用相同或相似的关键词堆砌，如“lace wig”出现了 3 次，“wig”词汇出现了 4 次。平台规则指出商品标题是吸引买家进入商品详情页面的重要因素，字数不应太多，应尽量准确、完整、简洁，用一句完整的语句描述商品。标题的描述应该是完整通顺的一句话，如描述一件婚纱：Ball Gown Sweetheart Chapel Train Satin Lace Wedding Dress，这里包含了婚纱的领型、轮廓外形、拖尾款式、材质，用“Wedding Dress”来表达商品的核心关键词。产品如图 5-91 所示。

图 5-91

从平台规则的要求中我们可以解读到的信息是，一个优质的标题必须简洁，字数不应该太多，用一句完整的语句描述商品，其中包含了产品的属性信息、款式、流行元素、产品参数、外形轮廓、材质等。

但是，在这里我提出的观点可能有悖于速卖通平台规则。思考这么一个问题，当我们通过淘宝、天猫或者其他任何电商平台购物的时候，我们通过搜索找到目标产品的 listing 页面，到点击商品进入商品详情页面，有多少时间或多少次，我们的目光会落到产品的标题上呢？我想这个道理很简单吧，应该很少有朋友会看产品的标题，能够吸引我们点击的往往是产品的图片，主要是首页图，特别是在非标类产品中，产品标题的点击转化作用更是微乎其微。因此产品的标题，特别是非标类产品的标题，起到的是一个数字化的系统搜索层面的作用，而本身传达信息的作用是非常弱化的。因此，标题更多的是赋予了电商意义。也就是说，在所有的电子商务平台中它的电商意义大于其本身的产品定义，当然有部分平台会弱化商品本身标题的电商作用，如 Amazon、Lazada、Wish 等。但是在速卖通平台，或者可以称之为阿里大体系下的电子商务，标题本身一直都赋予了搜索的使命，从 1688、淘宝、天猫到速卖通，因此在买家点击商品进入商品详情页面之前，我们所做的一切都是在切合速卖通搜索引擎，达到搜索相关度最优。这是数字层面的内容，也就是我们可控制的搜索权重操控。但是当买家处于产品首页图的选择时，更多的就是买家主观意愿在控制其是否选择点击，一直到购买阶段。这部分内容的细化操作超出了 SEO 范畴。

综上所述，我要提出的动作可能会是一个比较边缘化的操作，因为它很有可能会不适用于某些类目，但是它适用于非标类产品，这样的操作可能会在不久的将来被判定为一个搜索作弊的动作。这个动作的目的很明确，就是为了放大标题本身的作用，使得标题尽可能完成其在搜索端的作用。

首先，我们发现，一个标题的组成包括了产品本身属性（不可变性）、边缘化属性（可优化性），以及非标类产品中的风格、款式、流行元素等可变性属性，还有最关键的大类目搜索词汇，比如“women dress”“lace dress”等（具体问题具体分析，这是个例子），这些内容简单地组成了一个完整的标题。先明确一点，有序的组合能够优化搜索，上文中已经证实，关键词之间的链接会影响搜索的相关度。其次，根据上文我们知道，一个商品在搜索端有不同的流量入口，因此大类目搜索入口是不同的，即使是在同类目“women dress”下，如“summer dress”“fashion dress”（例子）也代表着两个不同的流量入口。也就是说，买家可能会从“summer dress”或“fashion dress”

端搜索目标产品。因此，我们设计标题的目标就是为了满足不同搜索端的买家需求，让产品可以在“summer dress”和“fashion dress”两个不同的搜索端，或者称之为买家不同的搜索偏好或习惯来完善产品的曝光最大化。简而言之，就是让买家在搜索“summer dress”关键词时能够看到我们的产品，在搜索“fashion dress”的时候也同样能够看到我们的产品。

这里有两个引申的话题存在，其中一个是比较大的话题，叫作国家站。众所周知，俄罗斯当地的官方语言是俄语，美国当地的语言是英语，巴西当地的语言是葡语，语种的不同使得它们的语法也不尽相同，导致了在电子商务平台搜索的习惯不同，因此全球速卖通平台本身细分化语言站是一个非常明智的做法。但是对于大部分卖家而言，其实并不是像传统贸易一样，需要目标贸易国家的语言才能进行贸易往来，而更多的是只需要了解当地国家的买家搜索端的搜索习惯，就可以发现其中的电商意义，指导我们针对目的国家进行搜索优化。这就是其中的一个引申话题，就是从目标贸易国家的买家搜索习惯出发，研究买家购物偏好、搜索习惯来进行 SEO 产品优化。同时这里要指出的一点是，全球速卖通平台后台数据的开放性非常强，数据的广度和深度都很有挖掘的意义。

另一个引申的话题就是关于有效曝光和无效曝光的概念。当通过标题的优化扩大了曝光入口后，能够直接有效地带动产品曝光，但是曝光并不意味着订单，往往会看到曝光的增长却不见订单增加，这时候我们就可以称之为无效曝光过高。当无效曝光过高时，往往不是一件好事，产品只有曝光却没有转化，会影响产品的商业性得分，也就是产品搜索排序重要内容之一的产品转化率。只有在一段时间内产品通过曝光后，生成了订单才代表着产品有转化，这样一个转化比率是评判一个产品是否优质的非常重要的标准。当速卖通搜索引擎系统判定该产品在未来一段时间内会有持续的转化时，该产品就会被系统推送，增加搜索排序，提升曝光，从而进入这么一个良性循环中。

但是在现在的情况下，在设计标题时开放了太多无效曝光的入口，直接拉低了该产品的转化率，对产品的影响是否弊大于利呢？答案是否定的，在大类目流量入口下，该产品的搜索排序只有在一定的商业性得分基础上，才能让该产品在大类目搜索下排序靠前产生曝光，一般情况下该类产品已经是比较成熟的产品，在一定程度上可以称之为小爆款。此时，该产品的转化率相对稳定在一个比较合理的范围内。因此，如果假设这个算式成立，订单数=曝光基数×产品转化率，那么在不能控制产品转化率的前提下，增大曝光基数是一个非常明智的做法。所以针对相对有曝光基础的产品，可以忽略其无效曝光带来的影响。

另外，与此同时，我们在设计标题时，需要考虑到新品的曝光获取。前文中已经提到，在新品的大类目搜索词类似于“summer dress”下，产生曝光的几率为 0，所以在设计标题时，我们需要加入长尾词来增强新品的精准化搜索，通过新品的精准化搜索来拉动新品订单成交，从而提升新品搜索排序，增加曝光，这个动作同时也弥补了因为增加了流量入口而带来的无效曝光。

再回到速卖通平台搜索作弊规则上，对于规则中指出的关键词多次使用的概念，多次是一个什么范围呢？在这里根据以往的经验可以基本判断的是，多次是指次数大于三次以上，不包括三次（可能会存在类目差异）。根据这个经验和速卖通平台的搜索规律，以及速卖通平台搜索作弊规则的有效规避，我们可以得出结论：一是高流量的类目搜索词可以出现三次，目的是放大流量入口；二是结合属性、材质、流行元素、款式等词汇形成长尾词来达到优化精准搜索的目的。综上所述，我们可以基本得出一个标题的万能格式：

___A___大流量搜索词 1___B___大流量搜索词 2___C___大流量搜索词 3

首先，我们来分析一下这个格式的好处。根据上文内容，大流量搜索词的目的是为了放大流量入口。也就是说，当某商品具有一定曝光基础的时候，通过以上三个大流量搜索词可以极大地放大单品的曝光路径，即买家通过搜索“大流量搜索词 1”可以极快且有效地找到我们的商品，通过“大流量搜索词 2”和“大流量搜索词 3”也是如此，这样我们可以保证该单品在通过三个大流量搜索词的放大下曝光最大化。

然后，标题格式中的“___ABC___”是由卖家自已填写的产品属性、参数、款式、材质等词汇，同样可以参考速卖通后台数据中的高转化词汇和精准搜索词，也就是将这个标题分段成“___A___大流量搜索词 1”、“___B___大流量搜索词 2”和“___C___大流量搜索词 3”这三个长尾词的搜索，直接通过关键词间的紧密度搜索完成这三个长尾词的精准定位。与此同时，类似于“___A___+大流量搜索词 2”、“___A___+大流量搜索词 3”、“___A___+___B___+大流量搜索词 3”或“___A___+___B___+___C___大流量搜索词 3”这样的长尾词组合，更大范围地覆盖了非紧密的长尾词搜索，从而达到了高流量入口的覆盖和高密度长尾词精准搜索的覆盖。

因此，这是一个相对合理并且边缘化的标题设置，本身与平台规则有一定的背离，但是却是一个曝光最大化的有效渠道。

5.2.5　商品分析带动产品优化

一些卖家朋友，甚至是一些老卖家经常会质疑：一个成熟的商品是否需要修改优化？很多朋友会说不需要修改了，以不变应万变。但是我这里要指出的是，对于一个优质的爆款打造，是需要不断微调与优化的。注意这里是微调。我们看一条速卖通平台规则。

全球速卖通平台“更换产品”行为规范

适用范围：为促进公平的交易环境，卖家不得以“更换产品”的形式在阿里巴巴全球速卖通平台发布新产品，而应该选择“重新发布”的形式，“更换产品”的行为将在全球速卖通平台受到处罚。

“更换产品”的行为指通过对原产品的修改来发布不同的产品，包括但不局限于：更换产品图片、标题、价格、关键字、类目等；但是如果修改只涉及对原有产品信息的补充、更正而不涉及产品，则不视为“更换产品”的行为。

如卖家“更换产品”，全球速卖通平台将移除该产品所有累积的销量记录等信息。

全球速卖通平台将保留对更换产品影响恶劣者追加处罚的权利。

全球速卖通平台建议您选择重新发布产品，尽可能不更换原有的产品，避免之前累积的销量记录等被清空。

从规则中我们可以看到，平台对于“更换产品”的行为处罚非常严格，但是规则中明确说明了该行为是指通过对原产品的修改来发布不同的产品，而信息的补充和更正不涉及更换产品的话则不属于违规范畴。因此，在这里需要明确指出的是，修改和优化产品的属性及标题关键词甚至图片在一定范围内是允许的。

所以在爆款打造之路上，日常的产品维护和优化也是必不可少的一个动作。从速卖通后台的数据纵横工具中进入商品分析的来源和去向中，如图 5-92 所示。

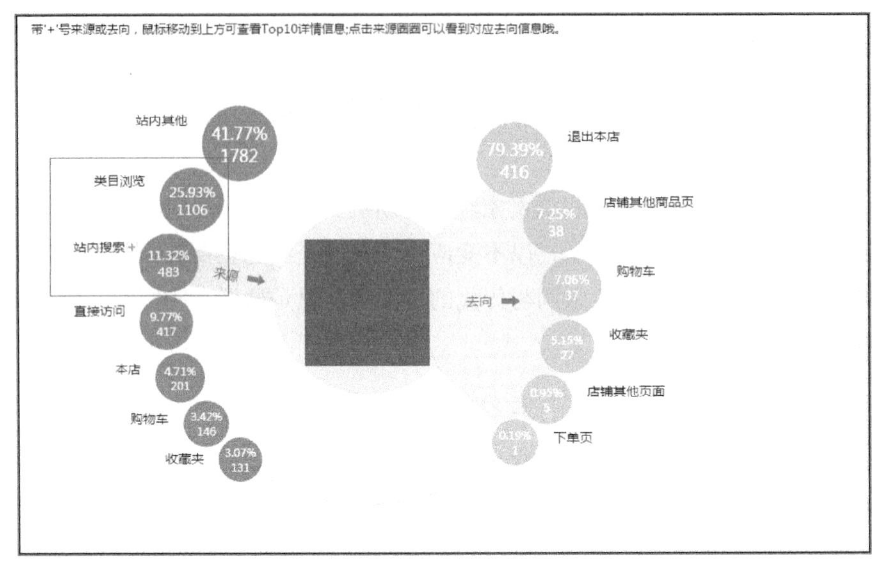

图 5-92

从图 5-92 中我们可以直观地看出该产品的流量来源和去向，这里一直讨论的流量入口也可以简单地理解成图左侧的流量来源，在流量来源中站内搜索和类目浏览是 SEO 部分。从图中可以看出，这个产品没有来自直通车的浏览，因此它是一个靠自然搜索起来的产品。我们可以发现，站内搜索和类目浏览是直接可控的流量入口，可能会有朋友质疑：为什么可控的流量这么少？往往其他的流量入口比如站内其他是由站内搜索和类目浏览的有效订单拉动商品的商业性得分，从而拉动排序的因素来带动单品的其他流量入口的，所以站内搜索和类目浏览也是一个商品的基础。

针对不同类目的产品，往往站内搜索和类目浏览的比例是不同的，所以这里不能一概而论地说通过站内搜索和类目浏览的比例来指导产品的优化，是关键词优化还是类目搜索优化。但是针对同类目，这个比例是有一定规律性的，如果两者之间的比例存在较大的差异性，则往往说明这个产品有曝光提升的空间，通过关键词或者属性的优化能够拉动在类目浏览或站内搜索的曝光，从而达到一个曝光阈值即最大值。

5.2.6 未付款订单带动流量入口转化商业性得分

在日常的经营中我们经常会遇到这样一些订单，就是买家朋友下了订单却没有付款。很多时候卖家朋友会对这些订单置之不理，或者敷衍地进行一次催款。但是在这里我想要告诉大家的是对未付款订单催款的重要性。我们前文中已经强调过买家端的流量是从曝光到浏览的转化，再从浏览到订单的转化，前者称之为浏览转化率，后者称之为订单转化率，同时产品的转化率是影响单品产品排序的重要因素。当一个买家从产品曝光到点击购买再一直到支付页面却没有完成支付时，表示这是一次无效的商业性得分加分动作，并且这个动作直接拉低了单品的转化率，提高转化率能提升排序，同理，降低转化率会使得排序下降。所以，这是我们需要引起重视的原因，对于未付款订单，我们必须竭尽所能来获得付款。

这里分三步走。第一步，勘察买家情况，如图 5-93 所示。

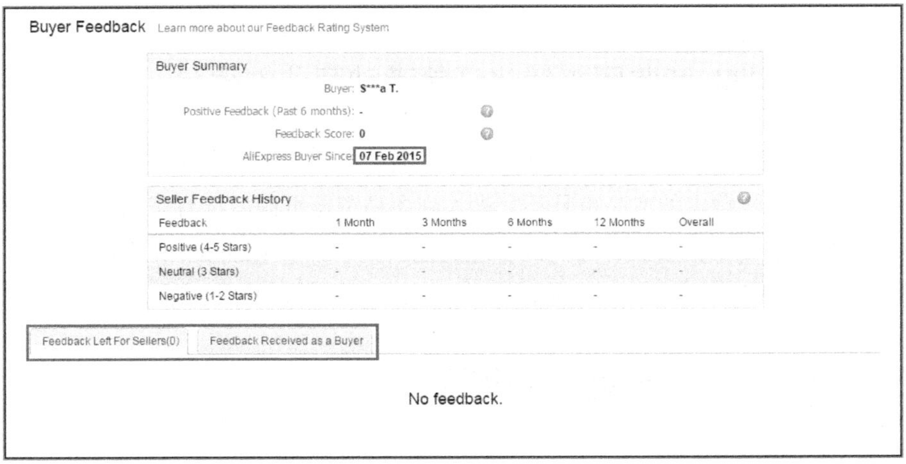

图 5-93

从图 5-93 中我们可以看出，这个买家在近 6 个月内没有任何购买记录，或者他近期的购买还在路途中。同时可以看到这个买家是一个新手，注册速卖通账号的时间并不久。针对这类客户，我们需要引导他正确地购买并且支付，买家很有可能并不会支付，我们就需要通过站内信或订单留言的方式指导买家完成订单支付。

第二步，如果发现这是一个有购买记录的买家，并且没有完成支付，则应该进行语言沟通，尝试用英语或其本国语言（通过翻译器完成），询问支付中发生的困难，以及卖家能够提供的帮助，甚至可以用礼品作为辅助完成买家订单支付。

第三步，如果连礼品都不能引起买家的兴趣，那么就需要用最后一招，直接修改价格来吸引买家支付，完成产品的转化，如图 5-94 所示。

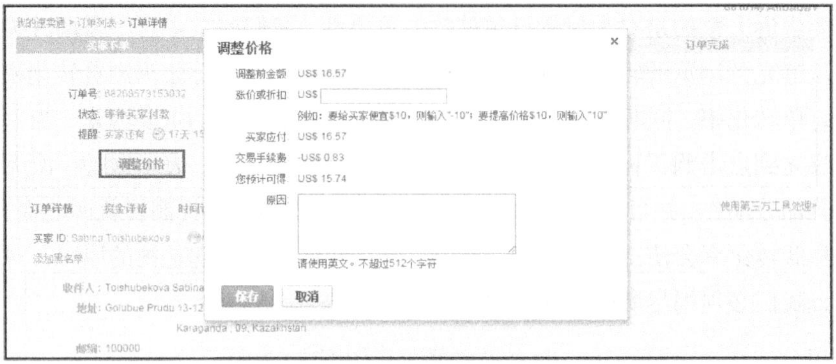

图 5-94

5.2.7 wish list 和收藏夹转化订单带动商业性得分

与未付款订单同理，这类 wish list 和收藏夹的订单往往更容易引起卖家朋友的忽视，wish list 和收藏夹的产品也是买家进入到商品浏览页面后没有完成转化的潜在订单。通过优惠券的定向发放，在利润合理的范围内，针对 wish list 和收藏夹的客户发放没有购买限制或有一定购买限制的优惠券，以达到完成订单转化的目的。

5.3 SNS 站外流量引入攻略

5.3.1 SNS 社交平台定义

SNS 全称为 Social Networking Services（社会性网络服务），国际上以 Facebook、Twitter、Instagram、Pinterest、VK 等 SNS 平台为代表，专指旨在帮助人们建立社会性网络的互联网应用服务。也指社会现有已成熟普及的信息载体，如 SMS 服务。SNS 的另一种常用解释是：全称为 Social Network Site，即“社交网站”或“社交网”。社会性网络（Social Networking）是指个人之间的关系网络，这种基于社会网络关系系统思想的网站就是社会性网络网站（SNS 网站）。SNS 也指 Social Network Software，即“社会性网络软件”，是一个采用分布式技术（通俗地说是采用 P2P 技术）构建的下一代基于个人的网络基础软件。

让我们来看一下全球各大 SNS 社交网站的排名情况（如图 5-95 所示）。

Rank	Domain	Category
1	facebook.com	Internet and Telecom > Social Network
2	google.com	Internet and Telecom > Search Engine
3	youtube.com	Arts and Entertainment > TV and Video
4	yahoo.com	News and Media
5	vk.com	Internet and Telecom > Social Network
6	live.com	Internet and Telecom > Email
7	wikipedia.org	Reference > Dictionaries and Encyclopedias
8	twitter.com	Internet and Telecom > Social Network
9	yandex.ru	Internet and Telecom > Search Engine
10	bing.com	Internet and Telecom > Search Engine
11	google.com.br	Internet and Telecom > Search Engine

图 5-95

5.3.2　SNS 社交平台属性分析

5.3.2.1　Facebook 市场流量分析与粉丝行为分析

Facebook 是全球最大的社交网络服务网站，中文网名译为“脸谱网”。它于 2004 年 2 月 4 日上线，据 2007 年 7 月数据显示，Facebook 在所有以服务于大学生为主要业务的网站中，拥有最多的用户：3400 万活跃用户，包括在非大学网络中的用户。从 2006 年 9 月到 2007 年 9 月，该网站在全美网站中的排名由第 60 位上升至第 7 位。同时 Facebook 是美国排名第一的照片分享站点，每天上载 850 万张照片。2010 年世界品牌 500 强：Facebook 超微软居第一。

下面先通过图 5-96 来了解一下 Facebook 的流量情况。

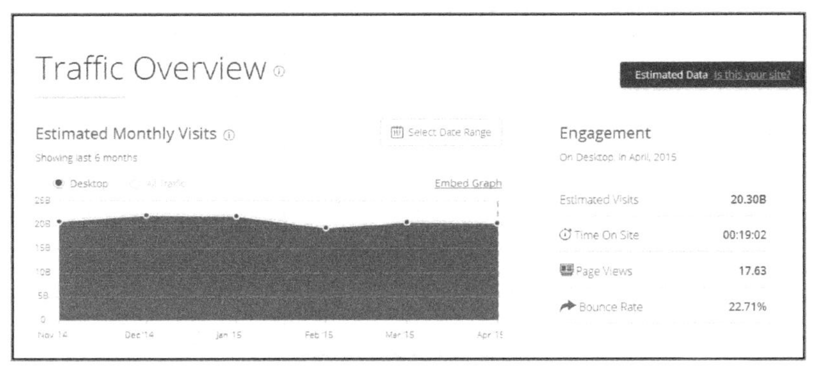

图 5-96

2015 年四月，Facebook 仅仅一个月的浏览量就达到了 2.03 亿次，每个客户的平均停留时间为 19 分钟，客户的访问深度为 17.63，客户的跳出率低至 22.71%，由这些数据可见 Facebook 的客户群体的黏度和忠诚度是极高的。

我们已经知道了 Facebook 的浏览量是惊人的，那么每天这么庞大的用户群体都是通过什么方式进入 Facebook 主页的呢？下面我们就来分析一下客户的访问来源(如图 5-97 所示)。

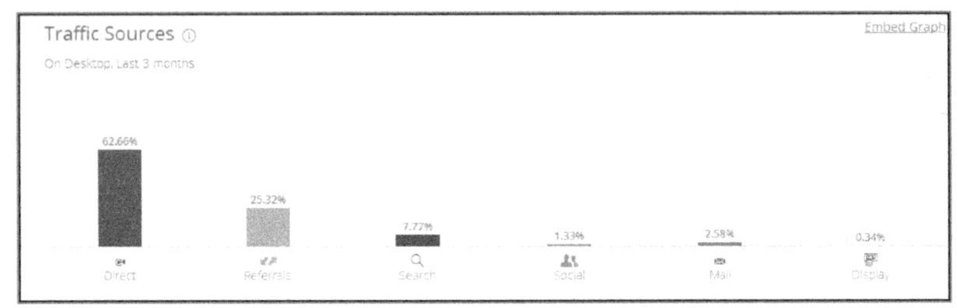

图 5-97

直接访问的人多达 62.66%。也就是说，大部分客户是通过直接键入域名进入 Facebook 官方网站的，可见客户忠诚度极高，大部分访客是经常浏览 Facebook 的。25.32%的访客来源于其他网站的推荐，这是 Facebook 的口碑营销。7.77%的人来源于搜索。也就是说，这部分群体是听说了 Facebook，然后直接通过搜索引擎搜索来进入网站。1.33%来源于社交网站，2.58%来源于 E-mail，0.34%来源于付费广告。可见 Facebook 的客户黏度极高！

我们再来看一下访问 Facebook 的人群都分布在哪些国家（如图 5-98 所示。）

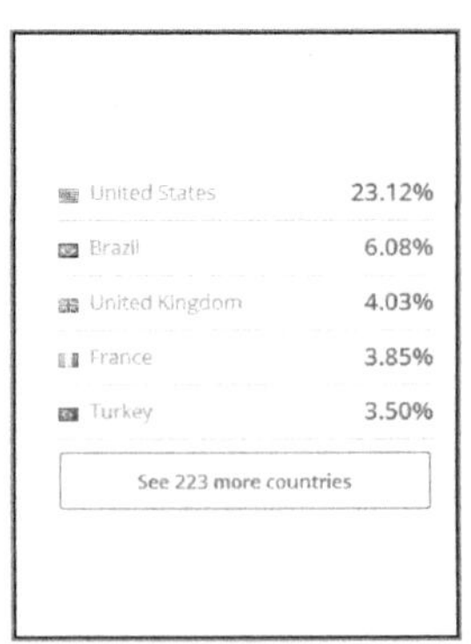

图 5-98

从图 5-98 中可以看到，来自 Facebook 出生地美国的客户占比明显是最大的，其次是速卖通上的热销国家巴西。结合 4 月份的访客数据，2.03 亿人群中有 6.08%来源于巴西，那么 4 月份访问 Facebook 的巴西客户就有 1380 万，我们应该怎样抓住这 1380 万庞大的客户人群呢？下面我们就来看一下拥有 Facebook 账号的群体都是什么样的人。

正如你所知道的，Facebook 是最大的社交平台，有 14 亿活跃用户，但也许你不知道，在使用 Facebook 的人群中占比最大的其实是学生。如图 5-99 所示，使用 Facebook 的女性要比男性占比多，高等学历或者受过大学教育的人是使用 Facebook 的主流人群，而使用 Facebook 最频繁的地点是在学校里。

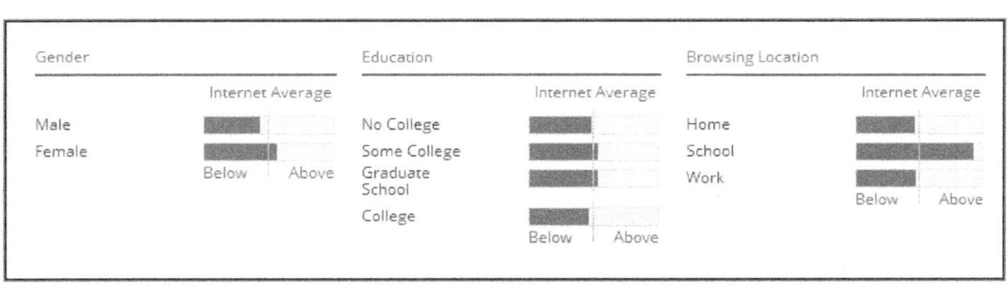

图 5-99

5.3.2.2　Twitter 市场流量分析与粉丝行为分析

Twitter（非官方中文译名为“推特”）是社交网络和微博客服务，它可以让用户更新不超过 140 个字符的消息，这些消息被称作“推文（Tweet）”。Twitter 在全世界都非常流行，据 Twitter 现任 CEO 迪克·科斯特洛（Dick Costolo）宣布，截至 2012 年 3 月，Twitter 共有 1.4 亿活跃用户，这些用户每天会发表约 3.4 亿条推文。同时，Twitter 每天还会处理约 16 亿的网络搜索请求。Twitter 被形容为“互联网的短信服务”。网站的非注册用户可以阅读公开的推文，而注册用户则可以通过 Twitter 网站、短信或者各种各样的应用软件来发布消息。Twitter 公司设立在旧金山，其部分办公室及服务器位于纽约城。Twitter 是互联网上访问量最大的十个网站之一。

下面我们就来看一下 Twitter 的互联网上排名（如图 5-100 所示）。

图 5-100

从图 5-100 中可以看到，Twitter 在全球排名第 13 位，在美国本土排名第 13 位，在 SNS 社交类网站中排名第 4 位。而且所有排名都在持续上升中。

如 Twitter 的流量情况如图 5-101 所示。

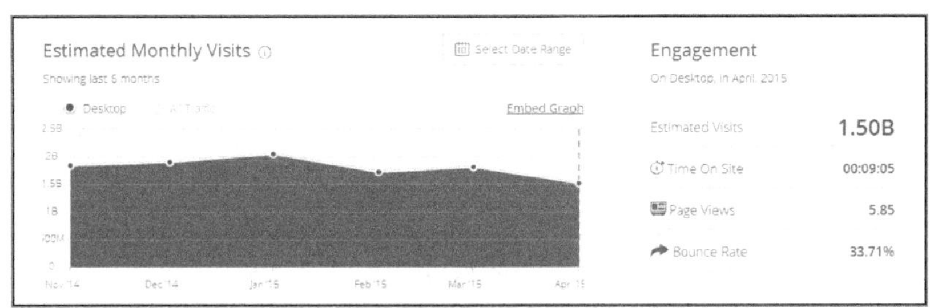

图 5-101

从图 5-101 中可以看到，仅 4 月份一个月的时间，Twitter 的浏览量就达到 1500 万，停留时间也高达 9 分钟，平均访问深度为 6。

下面看一下访问 Twitter 的人群都分布在哪些地区（如图 5-102 所示）。

图 5-102

从图 5-102 中可以看到，Twitter 的访问人群的主要来源依旧是美国，位于亚洲的日本也有很高的占比，英国、土耳其和巴西这几年的流量也在逐渐增加。而土耳其和巴西正是我们速卖通上的热卖国家。

接下来我们分析一下客户是通过什么方式进入 Twitter 网站的（如图 5-103 所示）。

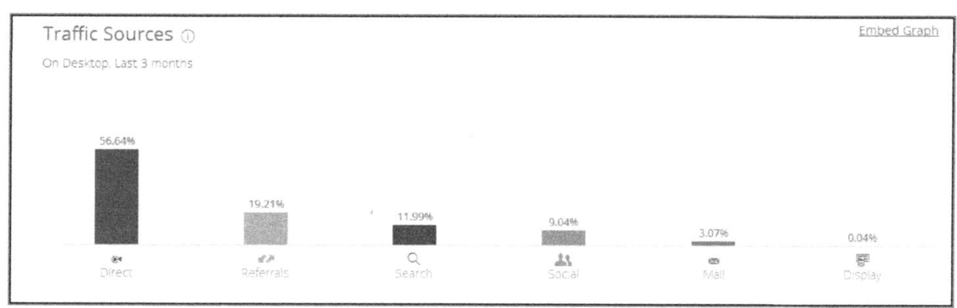

图 5-103

从图 5-103 中可以看到，直接访问的人多达 56.64%。也就是说，大部分客户是通过直接键入 Twitter 域名进入官方网站的，可见客户忠诚度极高，大部分访客是经常浏览 Twitter 的。19.21%的访客来源于其他网站的推荐，这是 Twitter 的口碑营销。11.99%的人来源于搜索。也就是说，这部分群体是听说了 Twitter，然后直接通过搜索引擎搜索进入 Twitter 网站的。9.04%来源于社交网站，3.07%来源于 E-mail，0.04%来源于付费广告。可见 Twitter 的客户黏度极高！

如图 5-104 所示，正如我们所看到的，在 Twitter 的客户群体中来自学校的人群占比非常大，但受教育程度相比 Facebook 来说是不高的，主要以女性访问人群居多。

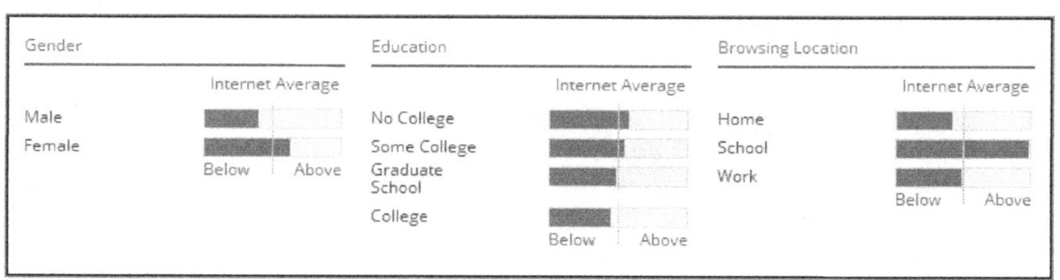

图 5-104

5.3.2.3　Instagram 和 Pinterest 市场流量分析与粉丝行为分析

Instagram 是一个免费提供在线图片及短视频分享的社交应用，于 2010 年 10 月发布。它可以让用户用智能手机拍下照片后再将不同的滤镜效果添加到照片上，然后分享到 Facebook、Twitter、Tumblr 及 Flickr 等社交网络服务或者 Instagram 的服务器上。

Instagram 的名称取自“即时”（英语：instant）与“电报”（英语：telegram）两个单词的结合。因为创始人的灵感来自即时成像相机，且认为人与人之间的照片分享“就像用电线传递电报消息”一样，因而将两个单词结合成软件名称。Instagram 的一个显著特点是，用它拍摄的照片为正方形，类似用宝丽来即时成像相机拍摄的效果，而通常所使用的移动设备的相机的纵横比为 4：3 和 16：9。

图 5-105

如图 5-105 所示，Instagram 在全球排名第 34 位，在美国排名第 30 位，排名一直处于持续上升的状态，在社交类网站中排名第 5 位。

如图 5-106 所示是 Instagram 近半年的流量情况。我们看到 4 月份达到了 590 万，平均访问时间为 5 分钟，访问页面高达 9.43，访问深度高于 Facebook 很多，说明在 Instagram 上所发内容的有趣程度和内容的关联性都比 Facebook 做得好。

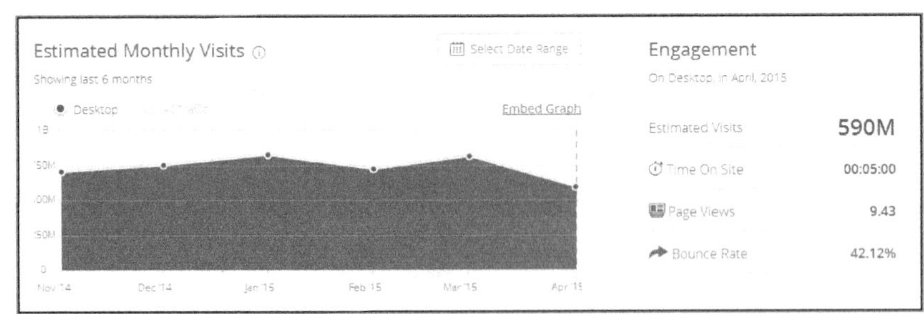

图 5-106

Instagram 的访客人群依旧是美国居多，而排名第二和第三的地区是速卖通上的超级热卖国家俄罗斯和巴西，这也说明俄罗斯和巴西这两个国家的移动设备的使用率非常高（如图 5-107 所示）。

图 5-107

接下来我们分析一下客户是通过什么方式进入 Instagram 网站的（如图 5-108 所示）。

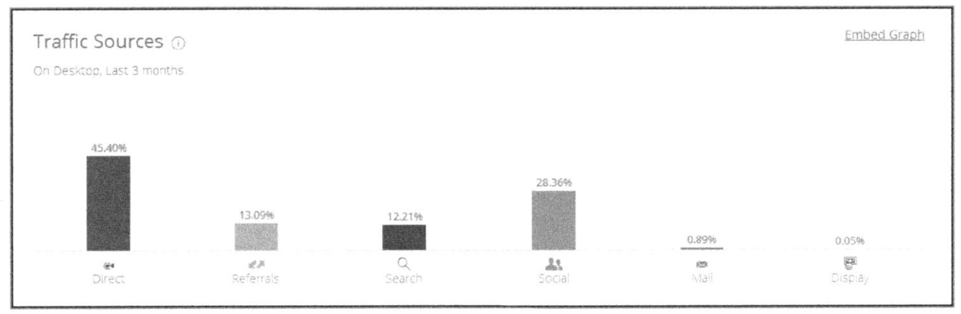

图 5-108

在 Instagram 的访问人群中绝大多数人依旧是通过直接访问而来的，而与 Facebook 和 Twitter 不同的是，占比第二的不是通过推荐而是通过其他社交网站而来的。那么我们可以来看一下它是通过哪些社交网站引流过来的呢？如图 5-109 所示，在社交网站的点击来源中，占比较大的是 Twitter 和 Facebook。

如图 5-110 所示，在访问 Instagram 的客户群体中来自学校的人群占比依旧是非常大的，但受教育程度相比 Facebook 来说不高，主要以女性访问人群居多。

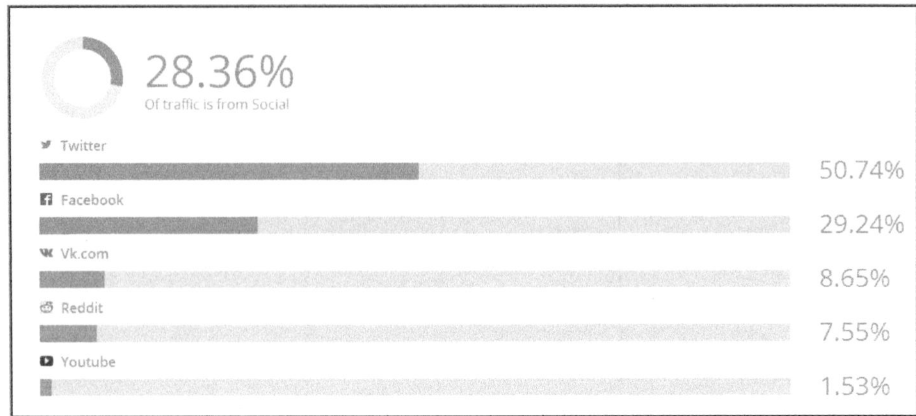

图 5-109

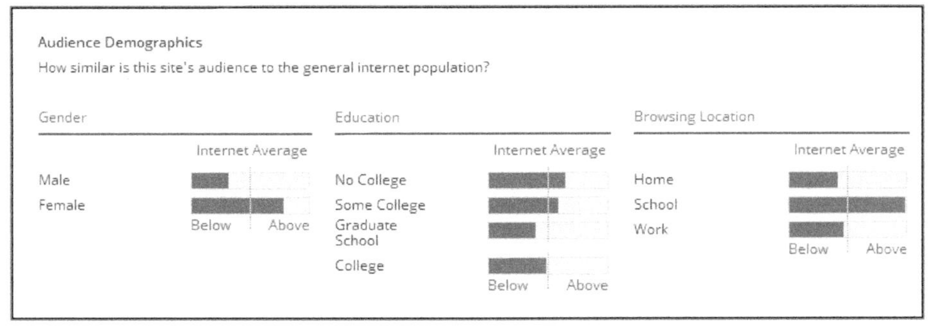

图 5-110

下面我们再来了解一下 Pinterest。Pinterest 是一个图片分享类的社交网站，用户可以按主题分类添加和管理自己的图片收藏，并与好友分享。其使用的网站布局为瀑布流布局。Pinterest 是由美国加州帕罗奥多的一个名为 Cold Brew Labs 的团队创办的，2010 年正式上线。Pinterest 是由 Pin 和 interest 两个词组成的，在社群网站中的浏览量仅次于 Facebook 及 Youtube。我们来看一下 Pinterest 的排名情况（如图 5-111 所示）。

图 5-111

从图 5-111 中可以看到，Pinterest 在全球排名第 54 位，在美国排名第 26 位，在社交类目中排名第 9 位。

如图 5-112 所示是 Pinterest 近半年的流量情况。我们看到 4 月份达到了 387 万，平均访问时间为 9 分钟，访问页面高达 8.61，访问深度高于 Facebook 很多，说明在 Pinterest 上所发内容的有趣程度和内容的关联性都比 Facebook 好。

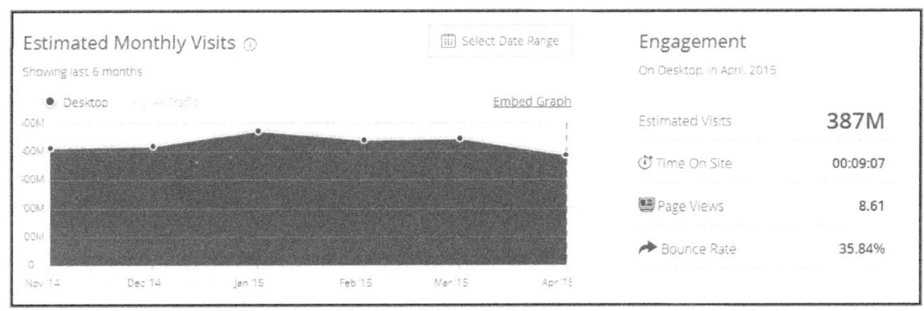

图 5-112

如图 5-113 所示是客户来源区域的分布图。从图中可以看出，大部分客户依旧来源于美国市场，所以使用 Pinterest 针对美国客户的营销显得尤为重要。

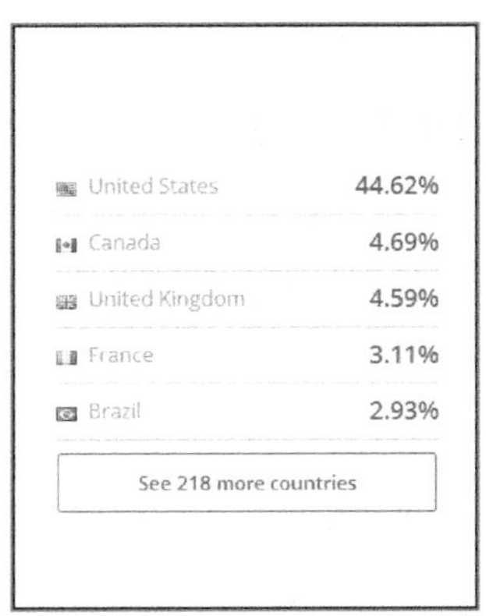

图 5-113

如图 5-114 所示是访问 Pinterest 的方式，其中占比较大的还是直接访问，其次是通过搜索。

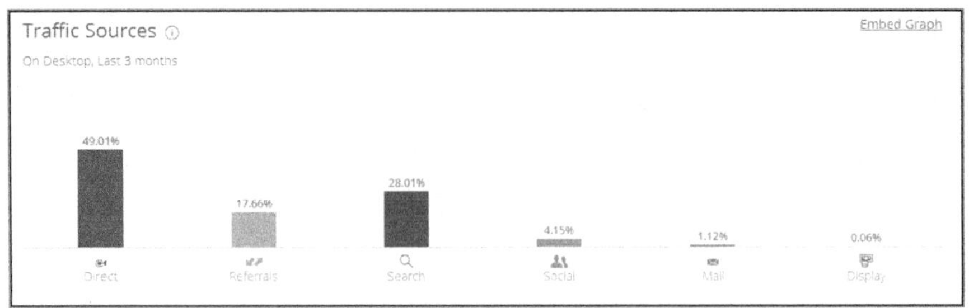

图 5-114

如图 5-115 所示，在访问 Pinterest 的客户群体中来自学校的人群占比依旧是非常大的，但受教育程度相比 Facebook 来说不高，访问者多半为女性。

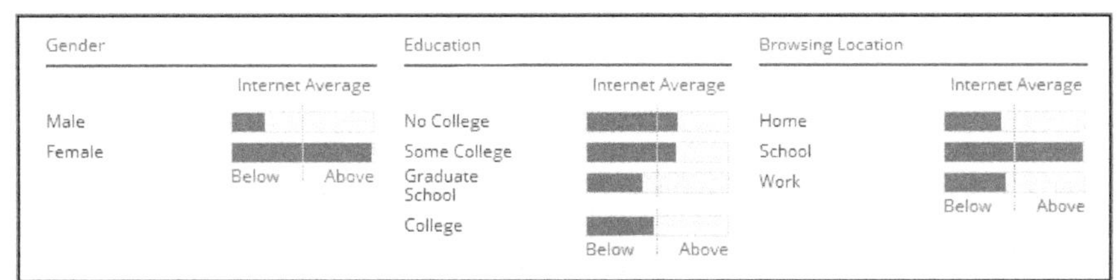

图 5-115

5.3.2.4 VK 市场流量分析与粉丝行为分析

VKontakte（俄语：В К о н т а к т е，简称 VK）是俄罗斯知名的在线社交网络服务网站，为“接触”之意，拥有 70 多种语言，用户主要来自俄语系国家，其中在俄罗斯、乌克兰、阿塞拜疆、哈萨克斯坦、摩尔多瓦、白俄罗斯、以色列等国家较为活跃。

如图 5-116 所示为 VK 在全球的排名情况。由图可见，VK 在俄罗斯排名第 1 位，VK 在俄罗斯的影响力极大。在全球的排名也达到了第 5 位，在社交网站排名中仅次于 Facebook。

图 5-116

如图 5-117 所示是 VK 近半年的流量情况。我们看到 4 月份达到了 1500 万，平均访问时间高达 24 分钟，访问页面高达 53.84，访问深度和访问时间都超过了我们之前所讲到的 SNS 社交网站很多，由此可见 VK 在全球的影响力是极大的！

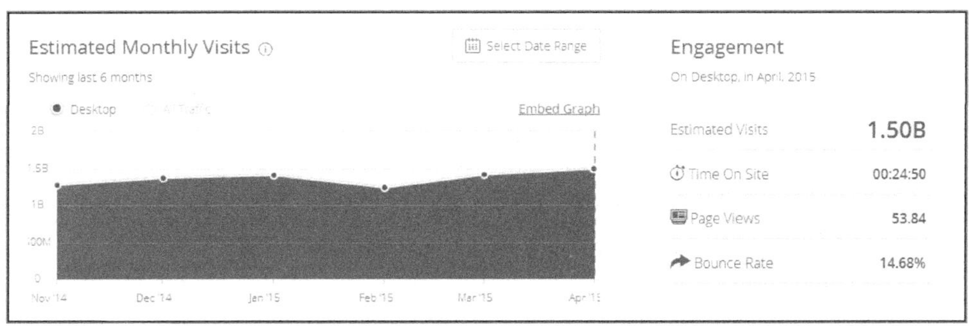

图 5-117

如图 5-118 所示为 VK 流量的分布区域。俄罗斯理所当然占比最大，其次是乌克兰、白俄罗斯、哈萨克斯坦等俄语系国家，它们的访问量也是极高的。

图 5-118

如图 5-119 所示是访客的来源途径。与 Facebook 一样，直接访问的人多达 55.73%。也就是说，大部分客户是通过直接键入域名进入 VK 官方网站的，可见客户忠诚度极高，大部分访客是经常浏览 VK 的，VK 的客户黏度也是极高的！

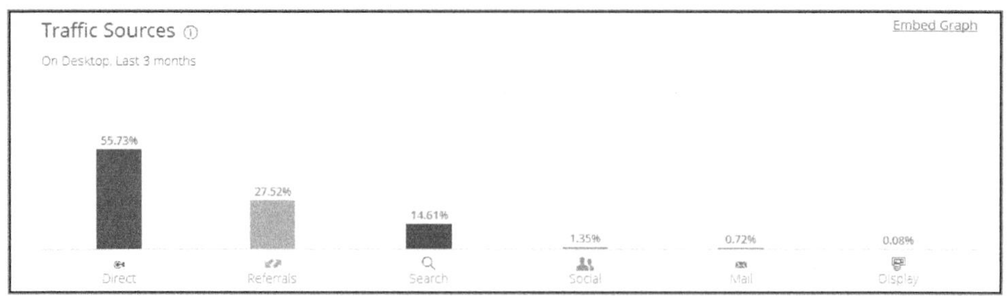

图 5-119

我们再来看一下访客人群有什么不同？如图 5-120 所示，VK 的访问人群大部分为男性，而且学历偏高，最常使用的场合是家里和学校。

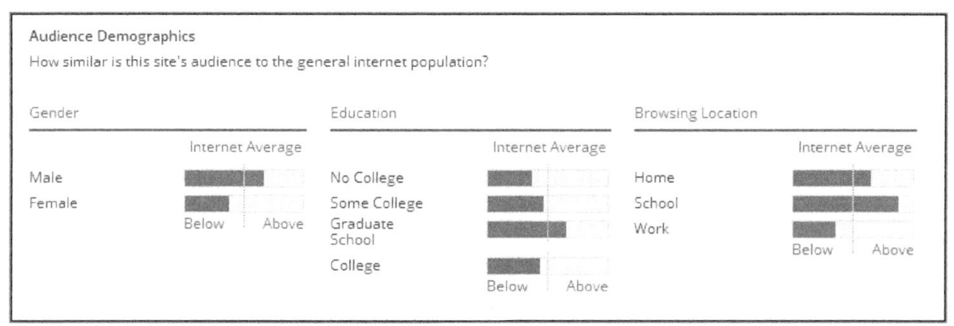

图 5-120

5.3.3 SNS 营销策略

本节涉及的速卖通社交网站营销策略，主要包括社交网站老客户二次营销、社交网站新客户开发，以及社交网站三大核心操作。下面我们来讲解一下速卖通借助 SNS 是如何完成老客户二次营销的。

首先，SNS 中的老客户营销是基于 IM（Instant Message）的，通过邮件或者站内信让客户添加到我们的 Facebook、Pinterest、VK、Twitter 等账号中，成为我们的粉丝好友。然后，我们可以通过文字、图片、促销消息等形式进行 IM 老客户营销推广。

5.3.3.1 社交网站老客户二次营销推广

SNS 网络社区的结构和特点为大部分国外企业实行互动营销提供了一个热门的平台。企业利用互动营销，吸纳消费者的意见和建议，从而可以有针对性地开发和设计产品，并进行指向性营销活动。而很多独立网站和速卖通大卖家们通过与消费者的良性互动，对当地市场以及文化做了进一步的了解，并在互动中实现企业品牌和产品信息的良好传播。SNS 的用户信息的真实性以及用户之间的互动性，不仅可以使企业更有效地推广品牌和提高产品销量，还可以为企业建立客户数据库，也就是本节涉及的老客户二次营销推广（CRM Promotion）。

速卖通 SNS 老客户营销要点如下。

（1）社区用户身份信息真实，用户集中度高，为企业的互动营销活动提供了精准客户数据。

速卖通卖家可以根据产品的主要目标客户选择合适的 SNS 网络推广社区，制定恰当的互动营销活动，从而有效地推广产品品牌，提升产品销售和排名。

以 Pinterest 和 VK 为例，Pinterest 是美国团队创建的图片收集网站，用户可以将自己喜欢图片从任何网站（包括 Pinterest）pin 到自己建立的 boards 上；有鲜明主题的 boards 能够吸引具有相同爱好和审美的群众，这样会具有更精准的营销性质；特点：Pinterest 的主要用户为 25~44 岁女性（美国最多，欧洲其次），家庭妇女居多，而女人通过图片形式而产生的购物冲动是最明显的。这一点在 Pinterest 上体现得淋漓尽致，在 Pinterest 上用户带来的流量、转换率都比其他的社交网站高，也比科技男专用的 Google+高。因此，在 Pinterest 上分享的产品，没有地域限制，但是目标人群主要针对女性市场，并且需要选择优质的产品图片。针对 VK 市场，是俄罗斯和乌克兰的综合性社交分享网站，可以分享的品类更加多元化，但是目标客户会有一定的地域性。

（2）SNS 推广应用功能的有效使用，以及 SNS 附件中的相册、游戏、应用和投票等，赋予互动营销内容的娱乐性。

速卖通老客户营销借用以上功能，能加强老客户黏度，使互动营销内容更加丰富、有趣，提高了用户参与的积极性。图 5-121 显示的是应用日历创建活动。

SNS 中的分享机制、订阅提醒和及时聊天，丰富了互动营销的互动方式和互动渠道，提高了信息传播速度和传播效率（如图 5-122 所示）。

傅海燕
编辑资料
我的活动
活动预告
活动日历
订阅活动
往期活动
创建活动
2015年6月
周一
周二
周三
周四
周五
周六
周日
+ 创建

图 5-121

搜索用户、地点和事物
首页
编辑资料
动态消息
消息
活动
照片
Mango NO1 T Sh...
Mango Creation
公共主页
Mango Creation
主页动态
赞主页
创建广告
创建主页
小组
Internationale V...
FASHION MEN
Vladimir Putin R...
Education Lecture
I Love Guangzhou
Halk pazari Hela...
Tutti i crimini deg...
EVLI MUTLU C...
YEMEK Sofram...
更新状态
添加照片/视频
创建相册
公开
发布
GUCCI/古奇 经典款水晶皮/纯皮贝壳包单肩手提女包。訂購請加LINE ID：tw2222感恩。黑猫宅配 货到付款
Mango Creation T Shirt Pants ...
Ofertas AliExpress
Nguyên Ngọc
可能认识
Анна Минеева
加为好友
Aleksandr Volkoff
Yatao Gan
Cindy Liu
Yu Chin H
Mahmuda
Facebook © 2015
Hi !
How are you ?
hello , i am fine
and you ?

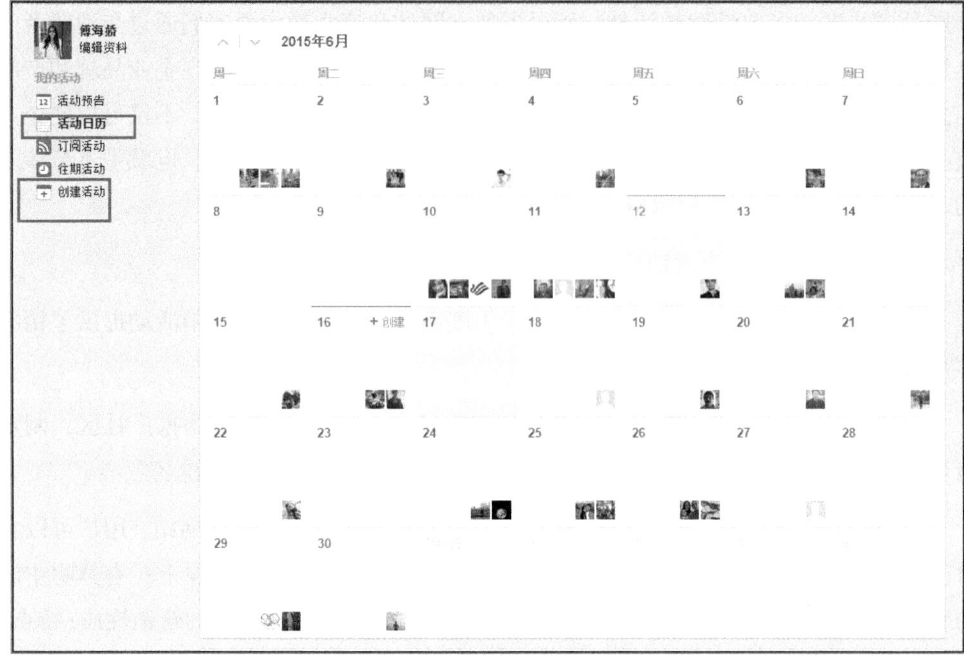

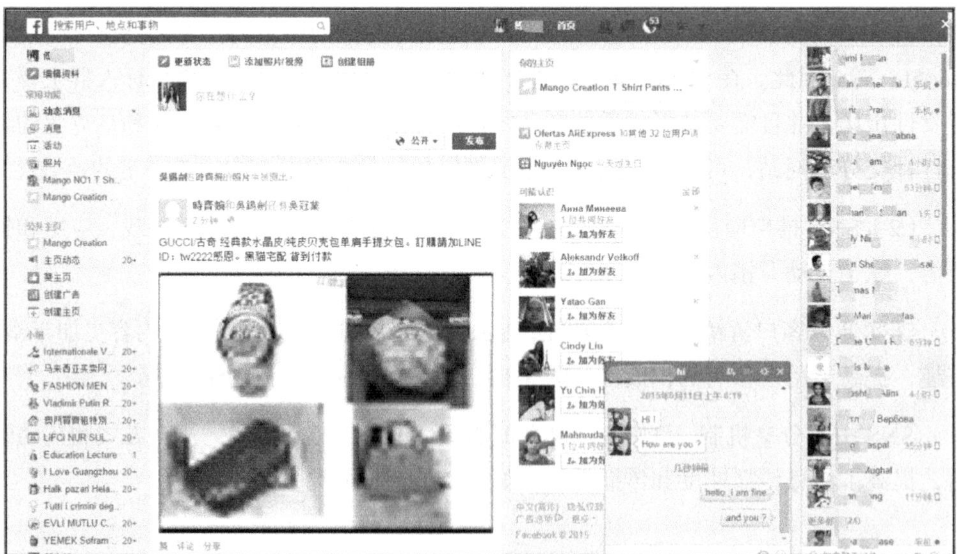

图 5-122

以下为 SNS 老客户营销的具体操作步骤。

（1）我们需要在阿里速卖通（AliExpress）后台对老客户进行分析总结。按照客户的成交次数或者按照客户的成交金额进行筛选，从而确定优质客户加入我们的 Facebook、VK、Twitter 或者 Pinterest 账号成为粉丝好友

以 Facebook 为例，如图 5-123 所示为分析客户成交金额与成交次数的界面，从而得出优质客户的信息，进而找到客户的名字，复制到 Facebook 搜索条中加好友。每天加好友的限制是尽量控制在 15~20 以内，所以建议发邮件给客户，鼓励客户主动加好友。

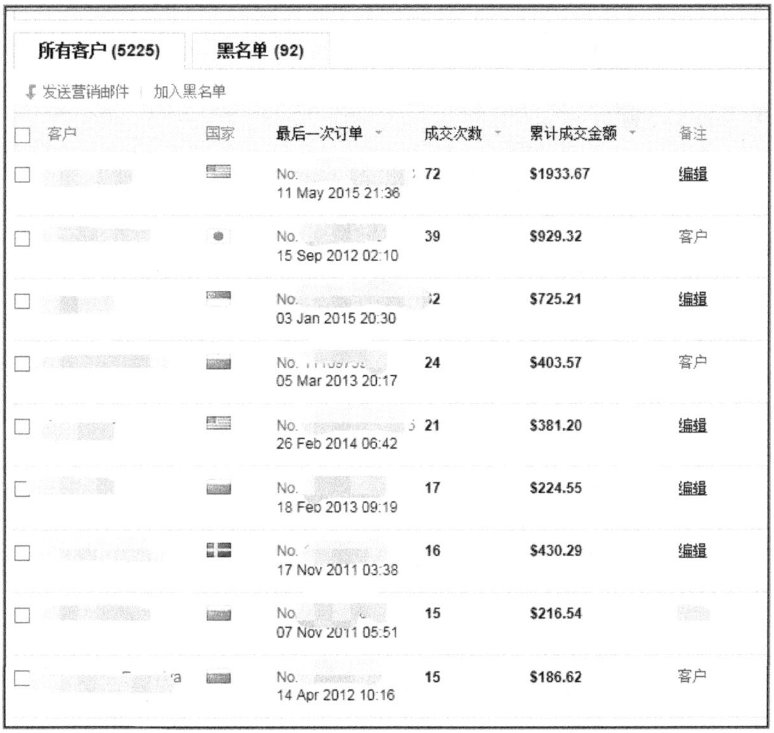

所有客户 (5225)　黑名单 (92)

发送营销邮件 | 加入黑名单

客户	国家	最后一次订单	成交次数	累计成交金额	备注
[illegible]		No. [illegible] 11 May 2015 21:36	72	$1933.67	编辑
[illegible]		No. [illegible] 15 Sep 2012 02:10	39	$929.32	客户
[illegible]		No. [illegible] 03 Jan 2015 20:30	[illegible]2	$725.21	编辑
[illegible]		No. [illegible] 05 Mar 2013 20:17	24	$403.57	客户
[illegible]		No. [illegible] 26 Feb 2014 06:42	21	$381.20	编辑
[illegible]		No. [illegible] 18 Feb 2013 09:19	17	$224.55	编辑
[illegible]		No. [illegible] 17 Nov 2011 03:38	16	$430.29	编辑
[illegible]		No. [illegible] 07 Nov 2011 05:51	15	$216.54	[illegible]
[illegible]		No. [illegible] 14 Apr 2012 10:16	15	$186.62	客户

图 5-123

（2）把搜索出来的客户名字加入 Facebook 或者 Twitter 等 SNS 账号中，或者给客户发邮件，让客户主动添加账号。如图 5-124 所示为 Facebook 加好友界面，如图 5-125 所示为 VK 加好友界面。

Wagner Mendes
用户
按照搜索进行添加好友
公共主页
更多有关"Wagner Mendes"的结果
显示前8条结果

图 5-124

搜索
游戏
帮助
邀请
音乐
退出
我的首页
我的好友
我的照片
我的视频
我的音乐
我的短信
我的社团
我的记录
我的回复
我的收藏
我的设置
应用中心
我的文档
聊天记录
好友名单
写短信
249 个聊天记录 | 展示未读信息
Kiss :)
Beautiful town!
I am a student in hangzhou and I want to learn more about other country can we become friends..
I would like to know about china too. What do you study?

图 5-125

（3）把老客户加入 SNS 推广渠道，和老客户进行互动营销，如图 5-126 所示。

图 5-126

（4）可以在 Facebook 中参考日历创建活动，从而实现定期举办促销活动，如图 5-127 所示。

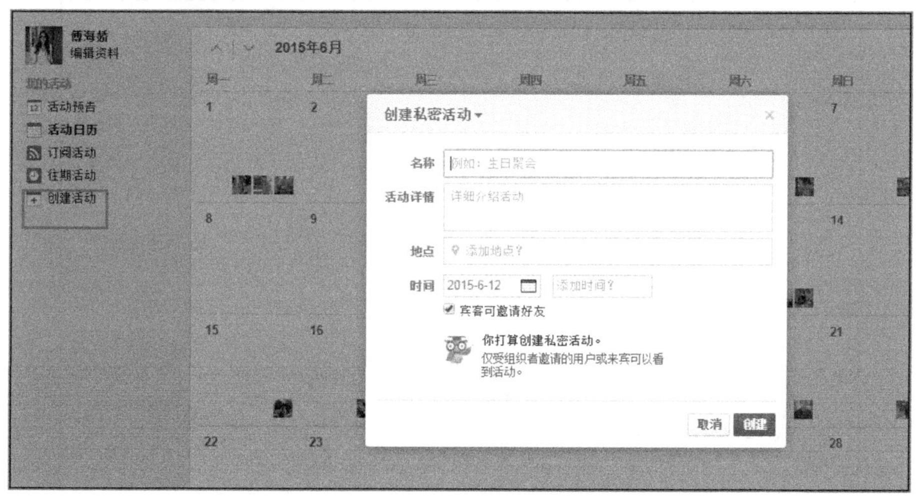

图 5-127

此外，我们可以针对老客户推出特殊的促销让利活动，如图 5-128 所示为往期活动。

图 5-128

以 VK 为例，老客户与业务员之间的互动如图 5-129 所示。通过日常的互动，可以增加老客户的黏度。

图 5-129

Twitter 老客户营销如图 5-130 所示。

图 5-130

5.3.3.2　社交网站新客户开发策略

（1）针对新客户开发，最重要的操作就是增加粉丝量。下面介绍一下添加好友的方法，主要是通过搜索添加好友。

以 Facebook 为例，通过搜索添加好友，如图 5-131 所示。

图 5-131

以 VK 为例，通过搜索添加好友，如图 5-132 所示。

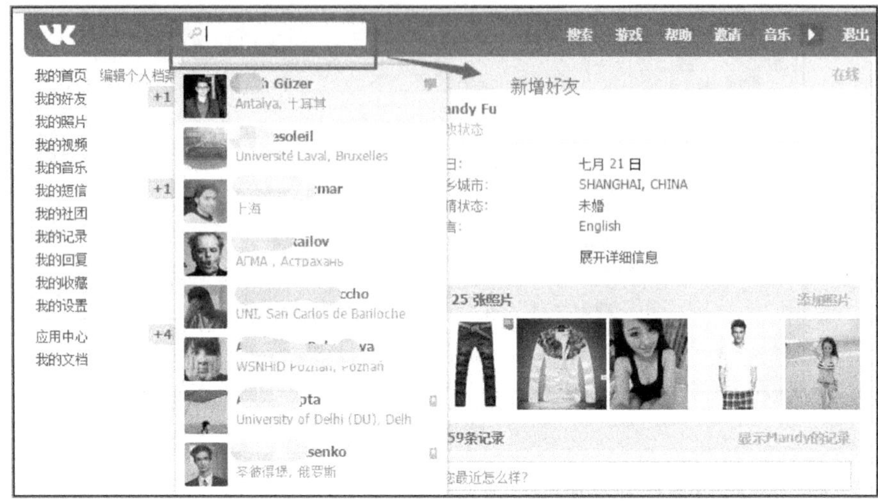

图 5-132

以 Twitter 为例，通过搜索添加好友，如图 5-133 所示。

图 5-133

（2）新客户 SNS 营销推广策略，主要体现在企业推广技巧上。下面就以 Facebook 为例，讲解 SNS 营销推广技巧。Facebook 企业推广技巧（Facebook 是真实性个人社交网站）需要准备的材料如图 5-134 所示。

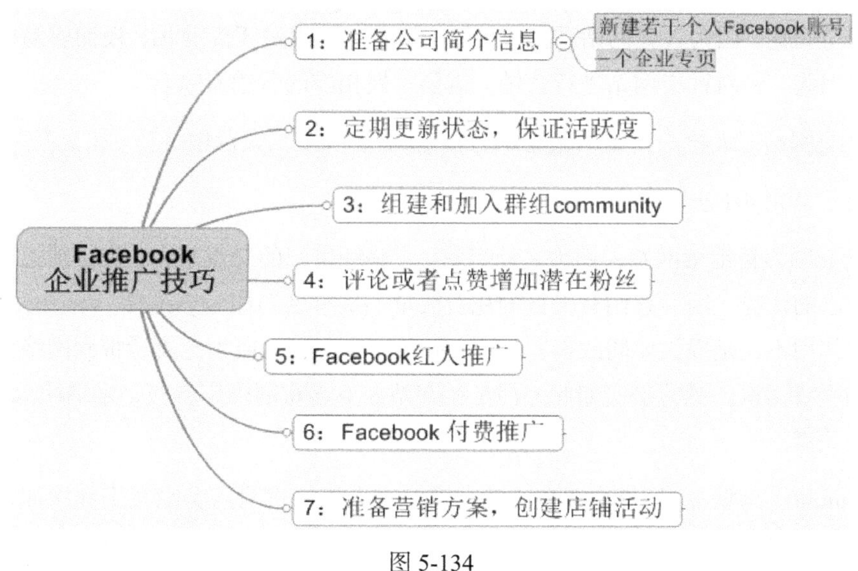

图 5-134

Facebook 进行企业推广，首先需要准备公司和个人简介信息，用于注册账号。Facebook 注册时需要的信息如图 5-135 所示。

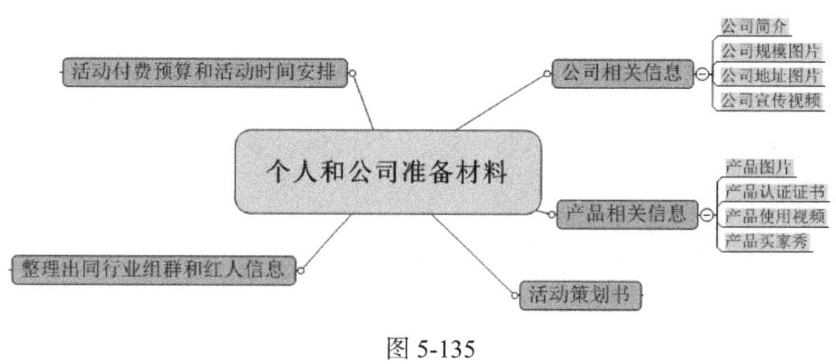

图 5-135

5.3.3.3 社交网站三大核心营销策略

社交网站营销的核心是关系营销。社交的要点在于建立新客户关系，巩固老客户关系。任何创业者都需要建立新的强大关系网络，以支持其业务的发展，速卖通亦是。SNS 推广特点是：第一，直接面对消费人群，目标人群集中，宣传比较直接，可信度高，更有利于口碑宣传；第二，氛围制造销售，投入少，见效快，利于资金迅速回笼；第三，可以作为普遍宣传手段使用，也可以针对特定目标，组织特殊人群进行重点宣传；第四，直接掌握消费者反馈信息，针对消费者需求及时对宣传战术和宣传方向进行调查与调整。因为社交网站是真实性社交圈子，如果过于商业化，反而容易被客户屏蔽。因此，针对社交网站进行营销，需要掌握相应的营销策略。

社交网站三大核心营销策略总结为营销 4H 法则、三大营销技巧、社交五大误区。

（1）营销 4H 法则

社交网络营销型网站人们称之社交站，它是新世纪的交流平台，你必须把社交站当作自己的优势，因为它们有大量的免费流量。最有名的如 Myspace、Facebook 等，它们的作用不仅是提供要闻故事，而且人们关注它们开始成为把流量带到网络商在线网页的主要因素。尽管事实如此，但是社交站并不喜欢网络广告商，采纳简单的 4H 法则是关键。

Humor（幽默）：只要你在自己的社交站个人资料里写点幽默文字和添加些幽默图片，或者仅仅是一段自己的简介，就可以吸引很多朋友和拓宽你的网络。例如，在 Facebook 中如果能添加如图 5-136 所示的幽默图片，则可以增加粉丝的黏度。

图 5-136

Honesty（诚实）：自始至终你必须坚持诚实原则，上传吹牛老爹（P Diddy）或者帕米拉·安得森（Pamela Anderson）的照片，假扮成他们是没有意义的，人们想了解诚实的你。

Have fun（有趣）：社交站重要的一点就是你能做许多有趣的事情，认识新朋友，学习新知识，与此同时可以从中得到流量赚钱。

例如，在 Facebook 神奇 Viralnova 的运营中分享世界各地有趣的故事帮助积累了很多粉丝。比如《15 个只能在中国沃尔玛才能够买到的东西，第 14 个最怪异》这篇文章，配上如图 5-137 所示的在中国沃尔玛超市司空见惯的猪头，在美国人看来就是奇闻（因为美国超市卖的肉，你是永远看不到头的，别说猪头了，鱼头都没有）。沃尔玛是美国人都知道，也都去过的超市，但是中国沃尔玛估计没有几个美国人去过，如果你能够告诉他们中国沃尔玛有哪些奇怪的产品是在美国沃尔玛买不到的，那么就会有太多的人愿意在他们的 Facebook 分享了。

图 5-137

Help people（助人）：助人如助己，可以在你的个人资料里加些有用的链接和建议，给别人指出正确的方向，给留言或者和你联络的人解答任何问题。例如，Coffee Review 是 Facebook 上的咖啡分享网站，坚持分享食谱、趣闻、促销互动，帮助客户了解到更多关于咖啡的知识和口味，如图 5-138 所示。

图 5-138

（2）三大营销技巧

社交网站三大营销技巧主要包括：事件营销、红人营销、信息流与瀑布流营销。

事件营销：在速卖通中利用 Facebook，主要指店铺自主营销后，通过分享和活动营销发送到 Facebook 页面，如图 5-139 和图 5-140 所示。

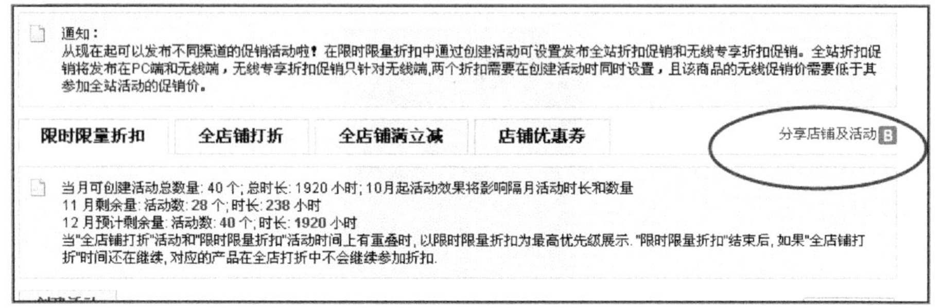

图 5-139

图 5-140

红人营销：主要通过模特的试用和试穿效果来体现，比如在 Youtube 上利用红人模特展示假发效果，如图 5-141 所示。

图 5-141

信息流与瀑布流营销：主要是指可以把速卖通上面的产品直接发布到 Pinterest 上面进行分享。

（3）社交五大误区

社交五大误区分别指：错失品牌推广机会、回复不及时、没有清晰的社交营销战略、信息流没有连续性、文章错误百出

误区一：错失品牌推广机会

在大多数社交媒体网站（如 Facebook、VK、Pinterest 等）中有很多地方可以供速卖通卖家个性化设计自己的页面，但许多人白白地把那些地方留成空白，特别是简介页面，要求写明公司简介和发展历程，或者是以企业身份参与活动的。类似这样免费的品牌推广机会，一定要把握好。

误区二：回复不及时

在出现公关危机时，让人等待很长时间会使事情变得更糟，在速卖通中往往指的是卖家负面评价（Negative Feedback）。因此，应定期维护社区账号，查看消息和文章列表，特别是对一些网友的回帖和评论要积极响应、互动。用户是上帝，必须伺候好，服务好用户才能够不断积累人气；特别是老客户买了产品后，如果在你的粉丝页对产品进行攻击，你需要对攻机进行及时回应。

误区三：没有清晰的社交营销战略

作家 Pamela Springer 在文章中常常写到："即使许多社会化媒体应用是免费的，

但它们也仍然需要时间的投入，而时间就是金钱”。因此，我们建议企业要有正式的速卖通站外营销推广计划，在这个过程中每一步都要有一个清晰的目标。

误区四：信息流没有连续性

有了市场营销计划后，在 Twitter 和 Facebook 上的每一篇帖子都应当事先策划，以避免出现不连贯现象。很多企业两天打鱼三天晒网，没有连贯系统的推广社区，而用户需要一个阶段的积累和关注才能够认知到某一企业或品牌，并不是靠一两篇文章或帖子就能够大功告成的。因此做社交网站营销，需要团队对整个营销方案进行连续性操作。

误区五：文章错误百出

在社交网站上发布的文章出现语法和拼写错误，会让一个网页的内容看上去很糟。所有的博客、微博上发的帖子都应当做到看上去专业，即使社交媒体网站本质上是非正式的也应如此。因此在写作的时候，应当随时查看自己写的东西，多次检查文章的流畅性和可读性。即便是三言两语，也不要让文章毁了公司形象。

5.3.4 社交平台营销团队构成与策略准备

社交平台营销团队主要由运营主管、策划（创意）、文案（编辑）、客服、推广、设计（美工）和业务构成。

在做 SNS 推广之前，需要准备的材料有：① 公司相关信息；② 产品相关信息；

③ 公司和产品图片；④ 公司和产品视频；⑤ 活动策划书；⑥ 分析整理出同行业组群和红人信息；⑦ 付费预算和活动安排。

下面介绍一下几大主流 SNS 平台账户的开立操作。

1．Facebook 账户的开立

在注册之前我们先要明白以下问题。

使用 Facebook 需要付费吗？Facebook 是否真的要向用户收费？

Facebook 是一个免费网站，用户无须付费即可使用。当然，你可以选择购买相关的游戏、应用和其他商品。此外，如果你选择在手机上使用 Facebook，则需要向移

动运营商支付由此产生的互联网使用费和/或短信费，请务必记住这一点。

必须年满多少岁才能注册 Facebook?

要符合 Facebook 的注册资格，你必须至少年满 13 岁。

现在开始注册 Facebook 账户。

如何注册 Facebook?

如果你没有 Facebook 账户，则只需简单的几步便可注册一个账户

（1）前往 www.facebook.com。

（2）如果出现注册表格，请填写你的姓名、电子邮箱或电话号码、密码、生日和性别。如果未出现该表格，请点击注册，然后填写表格。

（3）点击注册，如图 5-142 所示。

图 5-142

注册后，将需要确认电子邮箱或手机号码。Facebook 将给你发送一封电子邮件或一条文字短信，帮助你确认账户。

为完成注册过程，Facebook 需要确认你是否是用于创建账户的电子邮箱或手机号码的持有者。

2. 注册 Twitter 账户

（1）前往 www.twitter.com。

（2）出现注册表格，请填写你的姓名、电子邮箱、密码。

（3）点击注册 Twitter，如图 5-143 所示。

图 5-143

3. Instagram 账户的开立

对于 iOS 设备，请通过 AppStore 下载 Instagram 应用；对于 Android 设备，请通过 GooglePlay 商店下载；对于 WindowsPhone，请通过 WindowsPhone 商店下载。Instagram 应用如图 5-144 所示。

图 5-144

安装应用后，轻触 打开，如图 5-145 所示。

图 5-145

轻触注册，输入你的电子邮箱，并轻触下一步，或轻触用 Facebook 登录，使用 Facebook 账户登录，如图 5-146 所示。

图 5-146

如果使用电子邮箱注册，请创建用户名和密码并填写个人主页信息，然后轻触完成。如果使用 Facebook 账户登录，系统将在你退出 Facebook 账户的情况下提示你登录账户。

4．**Pinterest 账户的开立**

（1）前往 www.pinterest.com。

（2）点击创建账号，如图 5-147 所示。

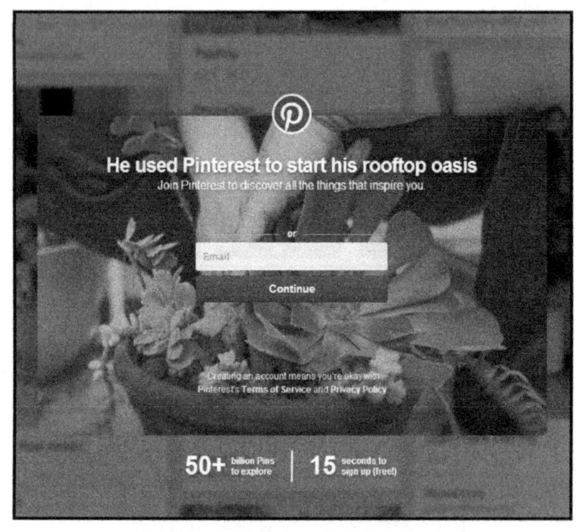

图 5-147

（3）填写你的邮箱、密码和用户名，如图 5-148 所示。

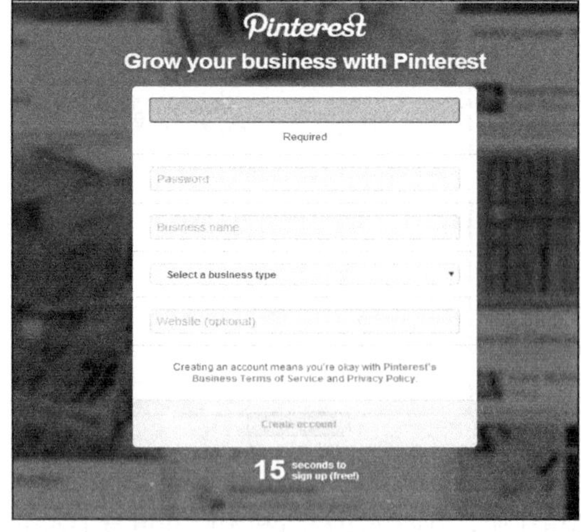

图 5-148

（4）如果使用电子邮箱注册，请创建用户名和密码并填写个人主页信息，然后轻触完成。如果使用 Facebook 账户登录，系统将在你退出 Facebook 帐户的情况下提示你登录账户。

5. VK 账户的开立

（1）前往 www.vk.com。

（2）出现注册表格，填写姓名和性别，进入下一步，如图 5-149 所示。

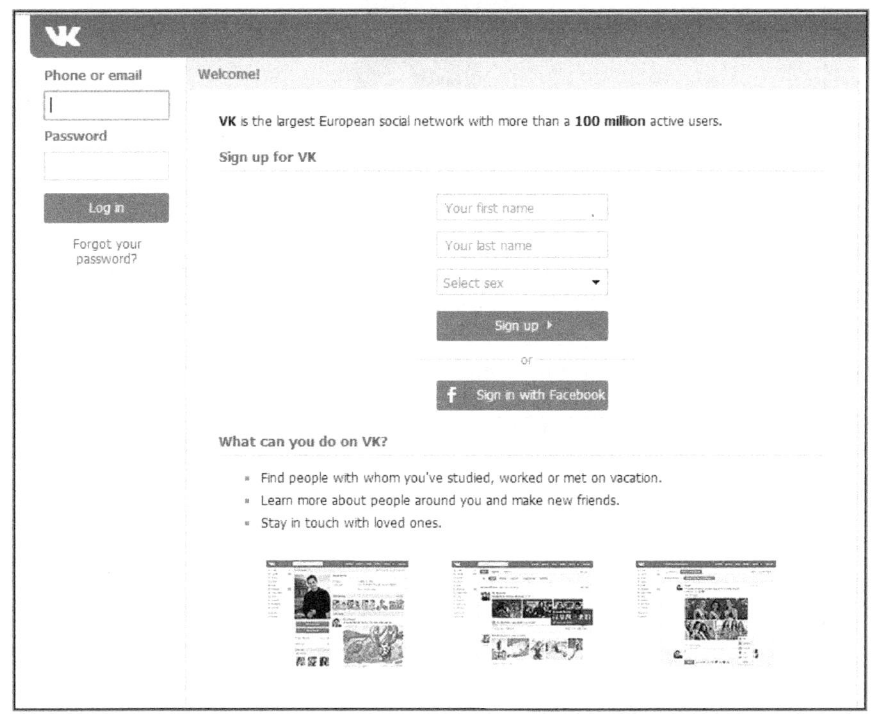

图 5-149

（3）填写手机号码进行验证，之后输入手机验证码和密码，如图 5-150 所示。

图 5-150

（4）填写个人基本信息和资料，如图 5-151 所示。

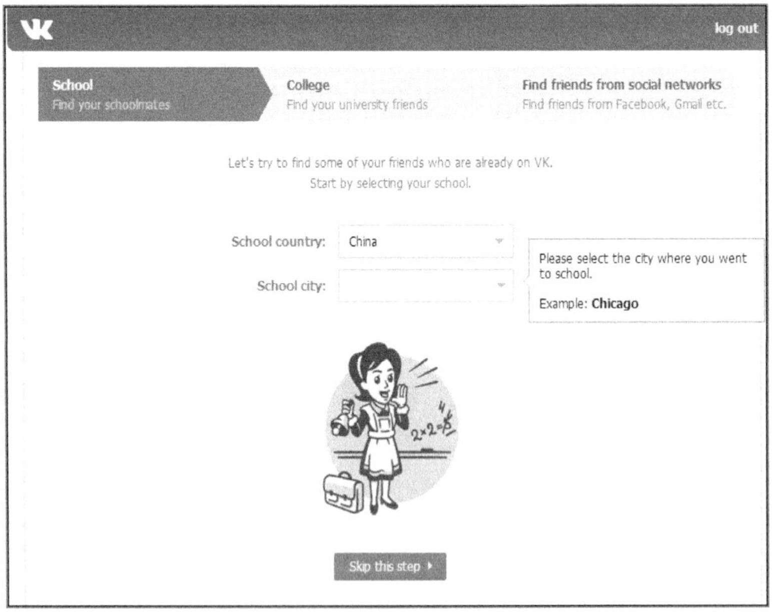

图 5-151

5.3.5 国外卖家 SNS 营销成功案例分析

（1）成功案例（如图 5-152 所示）

图 5-152

LovelyWholesale 使用 Facebook 广告套装，在 3 个月内成功扩张海外市场并获得 50%的销售额增长，如图 5-153 所示。

50%	20倍	3倍
的销售增长(3个月内)	广告投资回报率	网站浏览增幅 (其中65% 的增长来自手机用户)

图 5-153

（2）品牌故事

LovelyWholesale 在网上为全球时尚女性提供与销售价格相宜的潮流服饰。该公司以中国香港为总部，市场横跨多个大陆，包括欧洲、北美和东南亚。

LovelyWholesale 对其多元化市场缺乏充分的了解，因此品牌使用 Facebook 广告辨认、统计顾客资料，从而接触到更多的全球顾客，增加 LovelyWholesale 网站的人流。同时希望优化其广告投资回报率（ROAS），并最大程度地实现网络转化。

> “现在人们是越来越依赖移动装置，而 Facebook 则成为电子商务中最重要的营销平台。除了广泛和独特的受众接触，它亦提供各种其他解决方案让您准确定位所需受众，然后将他们转换为顾客。我们的 Facebook 广告宣传活动助我们获得了 50% 的销售增长。”
>
> ——LovelyWholesale 营运总监 Guo Le

（3）解决方案

LovelyWholesale 以建立品牌知名度及赢得新顾客为目标，开始了其 Facebook 广告旅程。首先，品牌以推赞广告建立用户基础，以相似受众设定寻找与现有顾客相近的受众，并用推广专页帖子增加曝光率。

其次，LovelyWholesale 使用链接广告增加网站的人流，并使用 Facebook 的 conversion tracking pixel 转化追踪。

品牌使用自定义广告受众重新设定没有完成购买购物车物品的顾客，通过显示相同（或类似）的产品，提示他们回到网站完成购物。

得到正面结果后，LovelyWholesale 于 2014 年 7 月到 9 月，为其 3 个月的宣传广告投入更多的资金使用 Facebook 广告。

使用的广告产品：广告、转化追踪、自定义受众、类似受众。

目标：提升品牌知名度，提升线上销量。

（4）成功启示

通过达成新发展前景、推动网站人流、重新定位和增进销售，Facebook 帮助 LovelyWholesale 这个女性服装品牌管理客户购物之旅的每一个阶段。

宣传活动达到了：3 个月内销售增长 50%；20 倍广告投资回报率；3 倍网站浏览率增幅（其中 65%的增长来自手机用户）；180 万新增 Facebook 用户。

第 6 章

无线端营销

本章要点：

- ■ 无线端基础
- ■ 无线端数据
- ■ 无线端介绍
- ■ 无线端活动
- ■ 无线端提高

无线端购物，也叫移动端购物，是脱离传统 PC 网线束缚之后的一种主流在线购物方式。主要指买家用智能手机、平板电脑等无线终端，通过无线局域网或者移动数据网络在线浏览、生成订单并付款的过程。

目前的主流网购人群在上、下班途中或者候车、候餐等碎片时间用智能手机在网上购物已经成为常态，而移动网络运营商不断将通讯网络升级换代以提高传输速度更是将手机购物推成了现在一种主要生活方式。任何国家和地区的网络运营都是不断向前发展的，部分国家和地区甚至因为传统有线网络铺设进展缓慢而直接跨入了无线购物时代。所以，速卖通平台会不遗余力地推进无线端的普及，而我们卖家也要想尽办法配合平台操作，以达到双方都受益的双赢局面。

速卖通平台的无线端分两部分：一部分是买家无线端；另一部分是卖家无线端。本章主要讲述买家无线端的基础知识、数据展示、无线端活动以及无线端提高等内容，下文如未做特殊说明均指买家无线端。

6.1 无线端基础

正如上文所述，无线端与买家、卖家双方都有关联，目前与买家有关联的无线端主要有：M site（又叫 M 站）、Android 客户端、iPhone 客户端、iPad 客户端；与卖家有关联的主要有：卖家后台数据和卖家客户端，如图 6-1 所示。

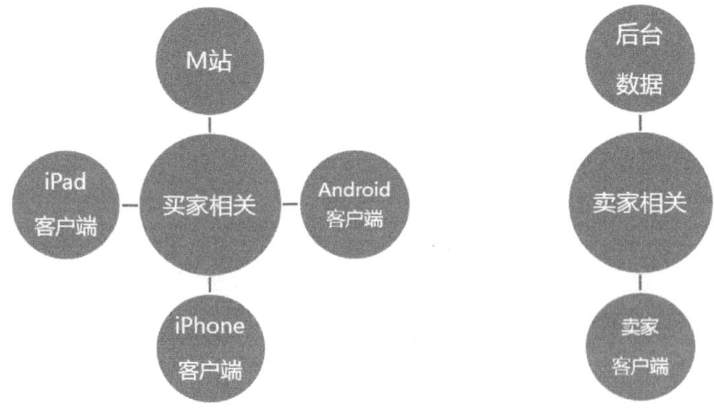

图 6-1

6.1.1 无线接入分类

我们在很多地方都可以看到如图 6-2 所示的宣传图片，使用 AliExpress 速卖通无线端 App 可以 Shop Anywhere, Anytime（随时随地购物）。这张图片上出现了三种适用不同平台的 App，即 iPhone App、iPad App 和 Android App，除了这三种 App，还有一个 M site，即 m.AliExpress.com，也叫 M 站。

图 6-2

6.1.1.1 M 站介绍

M site 也叫 M 站，网址是 m.AliExpress.com，主要是方便手机上没有安装 AliExpress App 的买家用手机上的浏览器直接访问 AliExpress。图 6-3 展示的是用手机浏览器访问 M 站首页的截图。

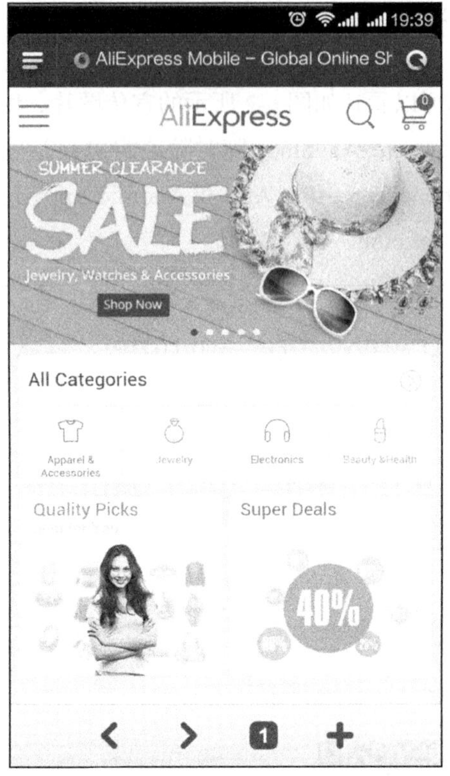

图 6-3

M 站的访问途径有两个：一个是用手机浏览器直接访问 m.AliExpress.com；另一个是用手机浏览器访问主站 www.AliExpress.com，系统监测到这是手机浏览器的时候会自动跳转到 m.AliExpress.com 上面。

M 站的用途也有两个：一个是方便尚未安装 App 的买家直接访问速卖通；另一个是卖家可以用 M 站来调试页面，以达到 PC 端和无线端详情页的适配。

6.1.1.2 Android 客户端介绍

Android 是智能手机操作系统的一种，也是占据一大半份额的绝对重要的手机端操作系统。市面上多家手机厂商围绕着 Android 系统开发出了一系列型号繁多的各种 Android 手机，大多数 Android 应用程序在这些手机上都是通用的。

AliExpress 速卖通 Android 客户端是平台专门为 Android 手机开发的 App，到目前为止，也是俄罗斯 Google Play 里下载量排行第一的 App。

Android 客户端图标如图 6-4 所示。

图 6-4

Android 客户端运行之后的第一屏如图 6-5 所示。

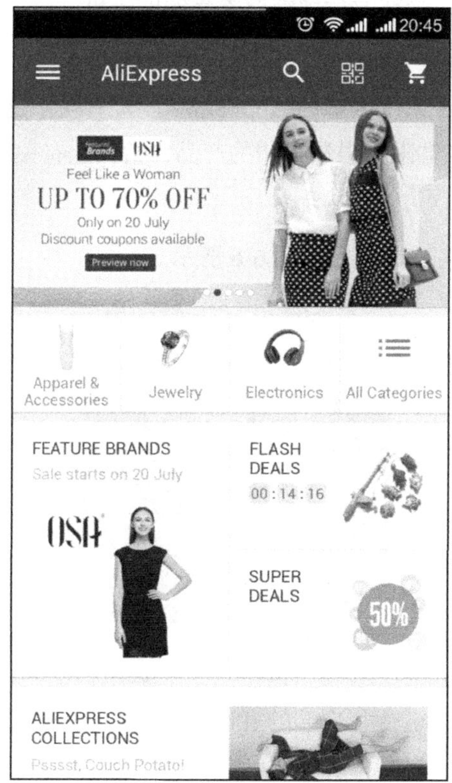

图 6-5

买家获取 Android 客户端 App 的方法有两种；一种是通过 Google Play 搜索下载；另一种是扫二维码下载 apk 文件直接安装。

Android 系统是谷歌公司开发的一种手机端操作系统，而 Google Play 是 Android 系统官方内置的应用程序商店。对于 Google Play，在不同的国家和地区又有不同的称谓，比如原生 Android 系统在我们国内把 Google Play 叫作安卓市场。

只要买家访问 Google Play，即可搜索并下载安装 AliExpress Android 客户端。买家还可以通过扫描平台各种活动页面，以及设置了手机端限时限量折扣的产品详情页上有关 Android 客户端的二维码来触发下载 apk 文件，安装 Android 客户端。

6.1.1.3　iPhone 客户端介绍

iPhone 手机是苹果公司研发的具有划时代意义的智能手机，至今为止，牢牢占据智能手机市场近半份额，是深受全球消费者喜爱的手机。

AliExpress iPhone 客户端是速卖通团队针对 iPhone 手机使用的 iOS 系统开发的一款 App，它可以通过 iOS 系统内置的 App Store 搜索下载，或者通过扫描平台各种活动页面，以及设置了手机端限时限量折扣的产品详情页上有关二维码链接到 App Store 下载页面点击下载安装。

AliExpress iPhone 客户端图标如图 6-6 所示。

图 6-6

运行了 AliExpress iPhone 客户端的 iPhone 手机如图 6-7 所示。

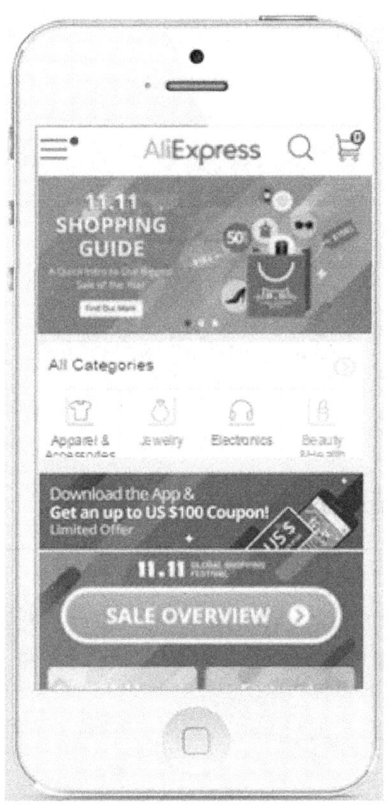

图 6-7

6.1.1.4　iPad 客户端介绍

AliExpress iPad 客户端是速卖通团队针对 iPad 平板电脑开发的 iOS 系统里的另一款 App，之所以在 iOS 里要开发两款 App，是因为 iPad 平板电脑的屏幕尺寸比手机大很多。

AliExpress iPad 客户端内容的展现不同于 iPhone 客户端，iPad 客户端主体界面采用的是横屏模式，而到了产品详情页则采用的是左右分栏模式，这样可以提供更好的浏览体验。

与 iPhone 客户端下载安装方式类似，AliExpress iPad 客户端也是通过 iPad 里 iOS 系统内置的 App Store 搜索下载，或者通过扫描平台各种活动页面，以及设置了手机端限时限量折扣的产品详情页上有关二维码链接到 App Store 下载页面点击下载安装的。

AliExpress iPad 客户端图标如图 6-8 所示。

图 6-8

AliExpress iPad 客户端运行截图如图 6-9 所示。

图 6-9

6.1.2　卖家无线相关

6.1.2.1　卖家后台无线数据介绍

随着卖家后台数据纵横的升级，现在已经能通过数据纵横——商铺概况来查看店铺与无线端相关的数据了，具体包括：商铺经营 GMV 看板、平台分布及趋势看板、商铺核心指标分析、商铺访客全球分布。

商铺经营 GMV 看板有关无线的展示如图 6-10 所示。

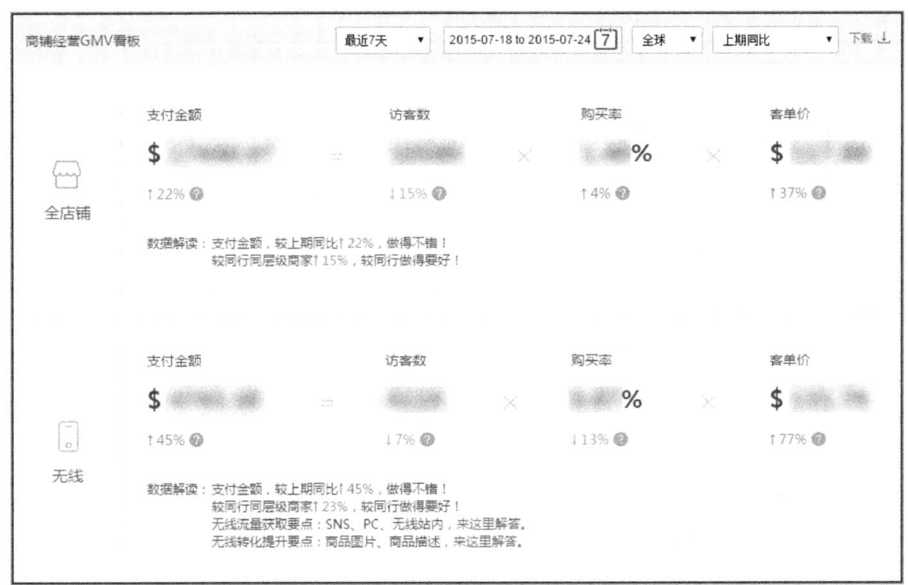

图 6-10

通过商铺经营 GMV 看板可以非常直观地看到全店铺和无线端的支付金额、访客数、购买率、客单价等信息。

平台分布及趋势看板有关无线的展示如图 6-11 所示。

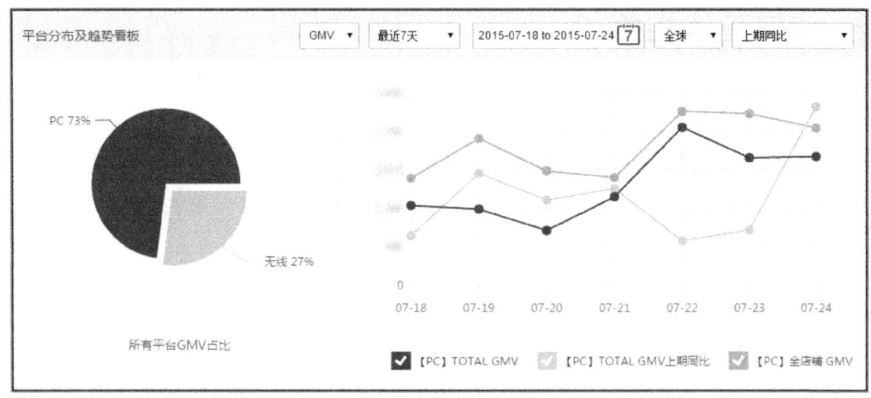

图 6-11

通过平台分布及趋势看板可以很直观地看出 PC 端和无线端 GMV 的比例，定期记录这个比例可以为优化产品描述以及选品提供很好的参考。

商铺核心指标分析有关无线的展示如图 6-12 所示。

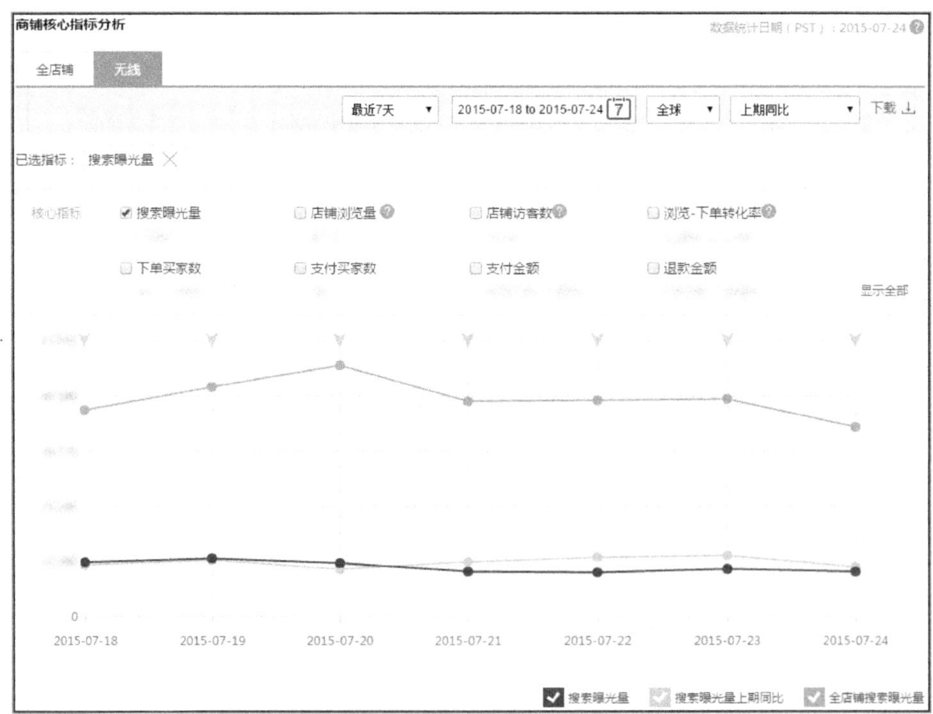

图 6-12

商铺核心指标分析切换到“无线”选项卡之后，可以很清晰地看到各项核心指标。

商铺访客全球分布有关无线的展示如图 6-13 所示。

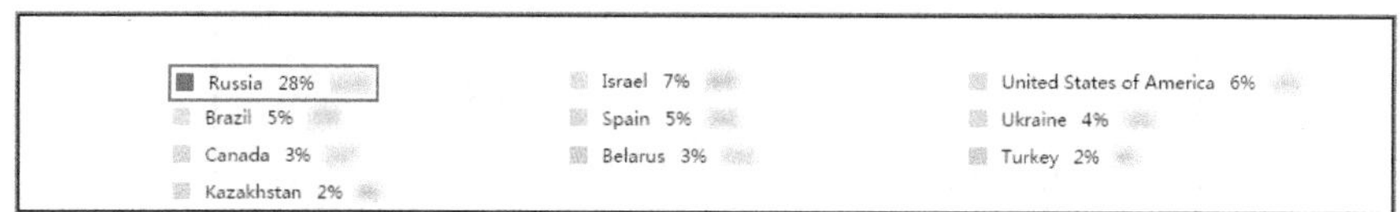

图 6-13

商铺访客全球分布选择“无线”之后的数据可以反映出无线端客户来源，以图 6-13 为例，该店铺俄罗斯、乌克兰、白俄罗斯等俄语语系的国家和地区访客占了近四成，所以很有必要为俄语语系客户优化页面，甚至模拟俄罗斯客户使用无线端访问我们的产品。

6.1.2.2　卖家无线客户端介绍

与买家无线客户端对应的还有卖家无线客户端，只不过卖家无线客户端不是用来购物的，而是用来管理订单和查看店铺数据的。

与买家无线客户端下载安装方式类似，卖家也可以使用 Android 手机或者 iPhone 手机到安卓市场或者 App Store 里搜索下载卖家客户端，或者扫描卖家 PC 端后台展示的二维码跳转到相关链接下载客户端安装并使用。

卖家客户端图标如图 6-14 所示。

图 6-14

卖家客户端 Android 版运行截图如图 6-15 所示。

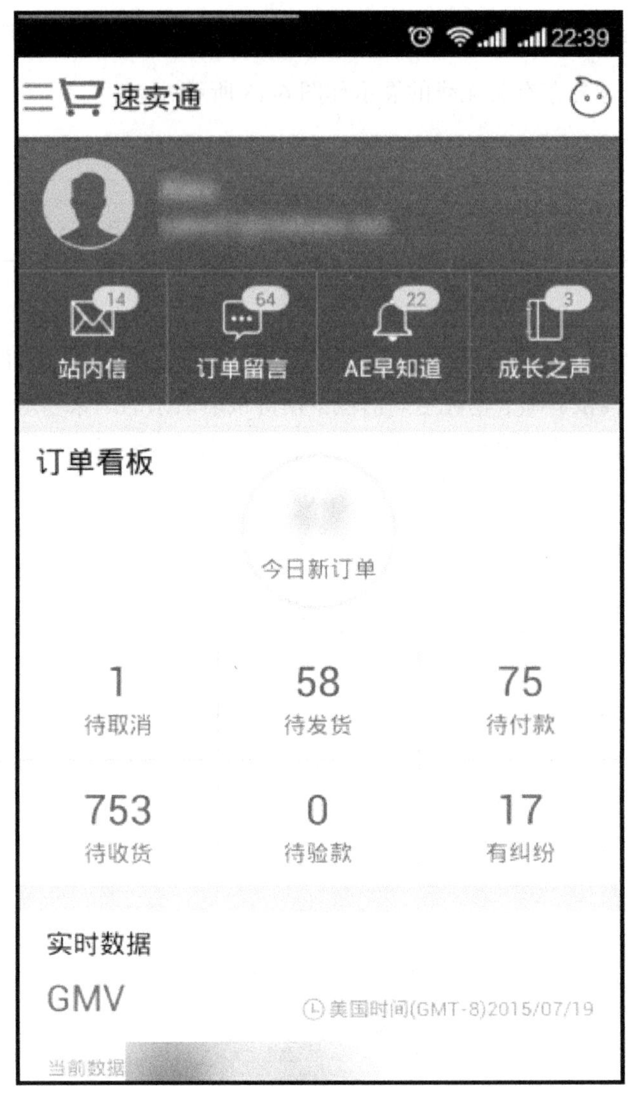

图 6-15

因为本章主要介绍买家客户端相关功能和界面，所以，下文如未特殊说明均指买家客户端。

6.2 无线端数据

在介绍完无线端基础之后，我们来看看无线端在 2014 年的整体表现。以下是两组相关数据。

6.2.1 AliExpress 无线流量和成交情况

AliExpress 无线简介——无线流量&成交情况，如图 6-16 所示。

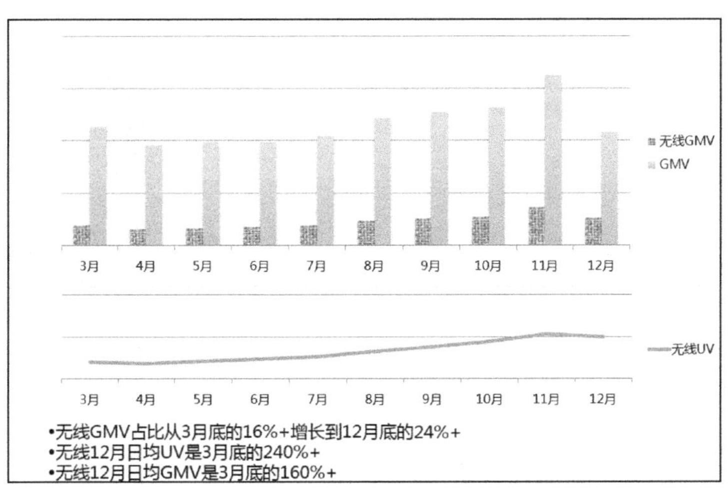

图 6-16

从图 6-16（2014 年数据）可以看出：

- 无线端 GMV 占全部 GMV 的比例从 2014 年 3 月底的超过 16%增长到了 12 月底的超过 24%；
- 无线端 2014 年 12 月日均 UV 是 3 月底的 240%多一点；
- 无线端 2014 年 12 月日均 GMV 是 3 月底的 160%多一点。

由此可见，AliExpress 无线端不管是 GMV 还是 UV 都处于一个迅猛增长的阶段，作为卖家，要顺应形势、重视无线端产品优化、做有针对性的选品，来更好地利用无线端增长的流量。

6.2.2 AliExpress 无线用户访问特点

AliExpress 无线简介——用户访问特点，如图 6-17 所示。

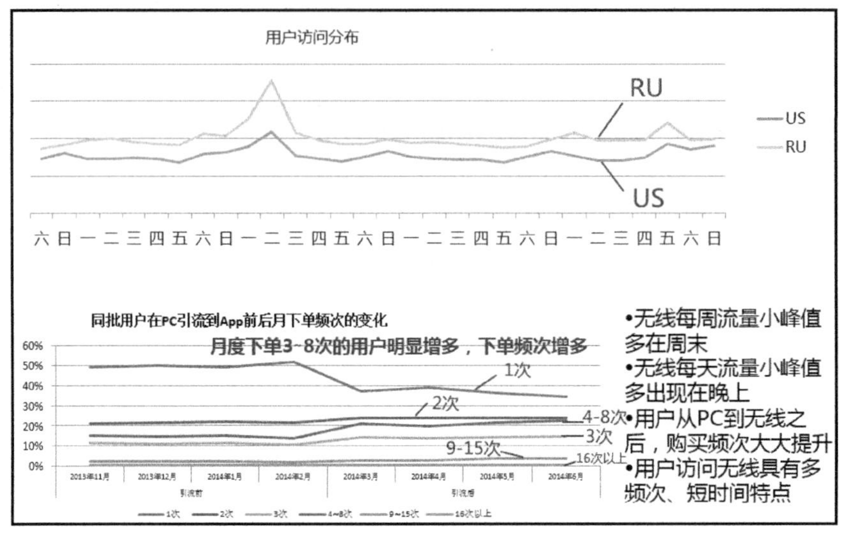

图 6-17

从图 6-17（2014 年数据）可以看出：

- 无线端每周流量小峰值多在周末；
- 无线端每天流量小峰值多出现在晚上；
- 用户从 PC 引流到无线端之后，购买频次大大提升；
- 用户访问无线端具有多频次、短时间等特点。

由此可见，无线端订单在周末和晚上等休闲时间段产生得比较多，而且买家一旦从 PC 端引到无线端之后，会被无线端下单、付款的便捷性吸引，往往会反复下单。这就给我们一个信息：可以适当安排倒班适应客户在线询盘，以给新老客户更好的购物体验。

6.3 无线端介绍

本节以 AliExpress Android 客户端为例介绍无线端各项基本功能，包括无线端界面介绍、模拟俄罗斯客户无线端访问、无线端店铺展示、无线端产品展示等。

6.3.1　无线端界面介绍

运行 Android 客户端以后，分别截取第一屏、第二屏、第三屏，如图 6-18 所示。

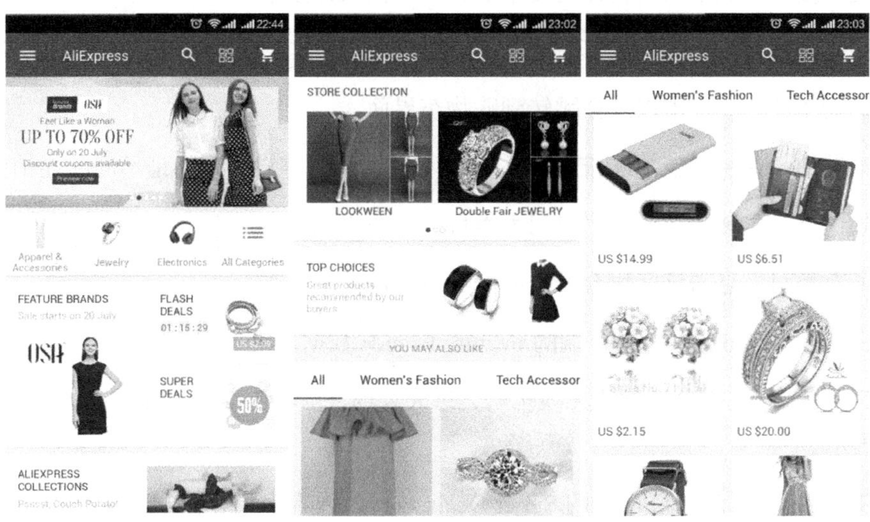

图 6-18

把无线端第一屏各区块做上注释，如图 6-19 所示。

图 6-19

Android 客户端第一屏从上到下分别是如下这些元素。

目录菜单按钮：点击以后会滑出一个目录菜单，包含各种功能。

搜索按钮：点击以后会弹出搜索框，可以输入并搜索。

扫码按钮：点击以后会出现扫描二维码的界面，对准二维码即可扫描、识别并跳转。

购物车按钮：点击以后会跳转到购物车界面。

滚动 Banner：轮流展示滚动 Banner，不同国家的客户看到的是不同的促销信息。

热门类目：该区块放三个热门大类目，方便买家点击。

所有类目：点击该区块会弹出所有类目，供买家点击。

Feature Brands：同步 PC 端的 Feature Brands 数据，内容生成方在 PC 端。

Flash Deals：大名鼎鼎的无线抢购，每天 8 场，每场 3 小时，PC 端后台报名，无线端展示。

Super Deals：同步 PC 端的 Super Deals 数据，内容生成方在 PC 端。

AliExpress Collections：同步 PC 端的 AliExpress Collections 数据，内容生成方在 PC 端。

把无线端第二屏各区块做上注释，如图 6-20 所示。

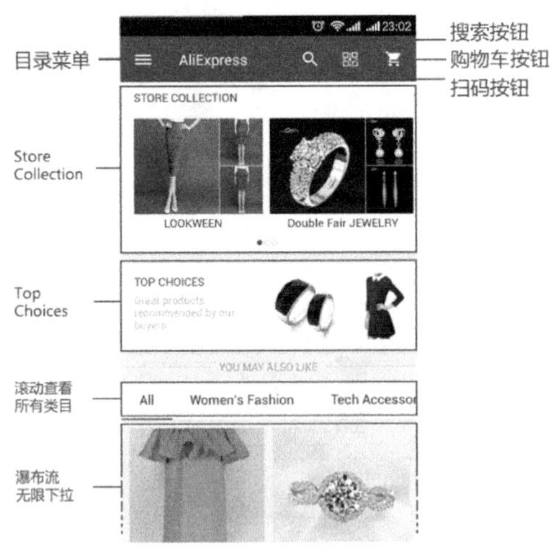

图 6-20

由此可见，在往上滑动到第二屏时，目录菜单按钮、搜索按钮、扫码按钮、购物车按钮这几个功能按钮是固定不动的，页面下方出现了一些新元素。

STORE COLLECTION：

- 每日好店，通过算法选取优质店铺进行推荐，店铺必须满足：
  - ✧ 服务好，好评率（不同行业要求不同，最低 93 起）、DSR（4.5 以上）；
  - ✧ 商品图片符合无线要求（http://bbs.seller.aliexpress.com/bbs/read.php?tid=262898）；
  - ✧ ToP SELLING 的前 3 件商品不能有包邮、补差价之类的非真实商品。
- 专业店铺，不推杂货铺。

TOP CHOICES：

- 有好货，通过算法提取有优质评价的商品进行推荐；
- 评价好；
- 商品图片符合无线要求（http://bbs.seller.aliexpress.com/bbs/read.php?tid=262898）。

滚动查看所有类目：左右滑动可以显现所有一级类目，点击可访问该类目产品。

瀑布流无限下拉：采用瀑布流无限下拉的展现方式来展示该类目下所有产品。

把无线端第三屏各区块做上注释，如图 6-21 所示。

图 6-21

在第二屏的基础上继续往上拉的时候，会显示第三屏。与第二屏类似，目录菜单按钮、搜索按钮、扫码按钮、购物车按钮这几个功能按钮是固定不动的。同时，为了方便切换类目，从第三屏起滚动查看所有类目栏固定在顶端不动。

6.3.2 模拟俄罗斯客户无线端访问

为什么要模拟俄罗斯客户在无线端访问呢？正所谓“知己知彼，百战百胜”，考虑全面的卖家会看看从客户的角度是怎样发现自家店铺的，会试着从重点国家客户的角度出发来观察自家产品的展示。

这里要强调一遍无线端访问的规律，因为无线端和 PC 端不同。

PC 端是根据访客的 IP 地址来判断是展示主站还是分国家站的，比如美国客户访问 www.aliexpress.com 则展示主站 www.aliexpress.com，俄罗斯客户访问 www.aliexpress.com 则跳转到 ru.aliexpress.com。

在这一点上，无线端和 PC 端有着根本的不同，无线端是根据客户手机设置的国家地区和语言选项来判断客户从而决定展示内容的。

还记得一部新的智能手机第一次开机的时候第一步我们要干什么吗？第一步就是设置国家地区和语言选项，我们一般设置为中国大陆和简体中文，正是这个设置决定了手机客户端展示的内容。

还好，速卖通团队非常人性化，设计出来的 App 也非常人性化，不需要我们在手机里把国家地区和语言选项设置成目标客户国家或地区来调试，只需要在 App 里切换到目标客户所在国家或地区并设置好语言就可以正确显示了。

如果要模拟俄罗斯客户使用 Android 客户端，先要将国家设置为俄罗斯，然后把语言设置为俄语。整个过程分三步走。

模拟俄罗斯客户无线端访问（第一步），如图 6-22 所示。

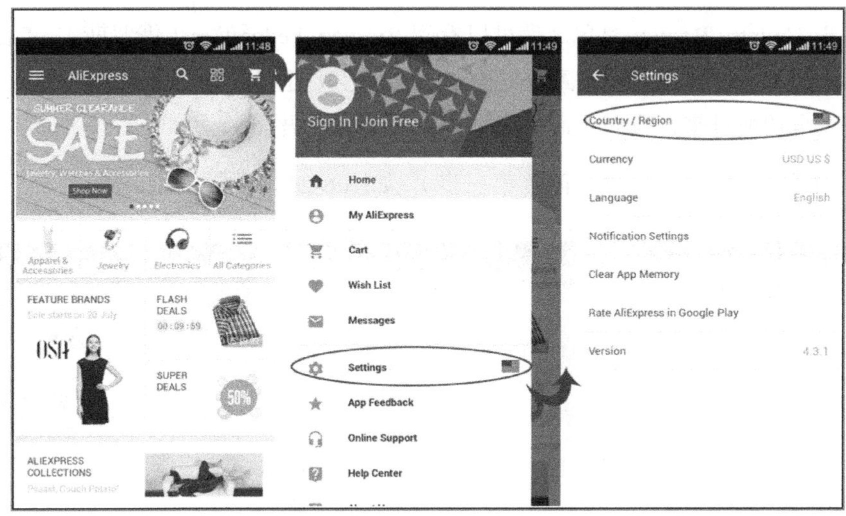

图 6-22

图 6-22 展示了三张截图，第一张是 Android 客户端默认第一屏，点击目录菜单按钮之后会滑出目录菜单，点击其中的 Settings，再点击 Settings 菜单下的 Country/Region 菜单。

模拟俄罗斯客户无线端访问（第二步），如图 6-23 所示。

图 6-23

点击 Country/Region 菜单之后可以看到 Russian Federation（俄罗斯），点击其对应的单选钮，系统会自动切换到主界面，此时已经接近俄罗斯客户看到的界面了，但还没有完全切换过来，我们要进行第三步，切换为俄语。

模拟俄罗斯客户无线端访问（第三步），如图 6-24 所示。

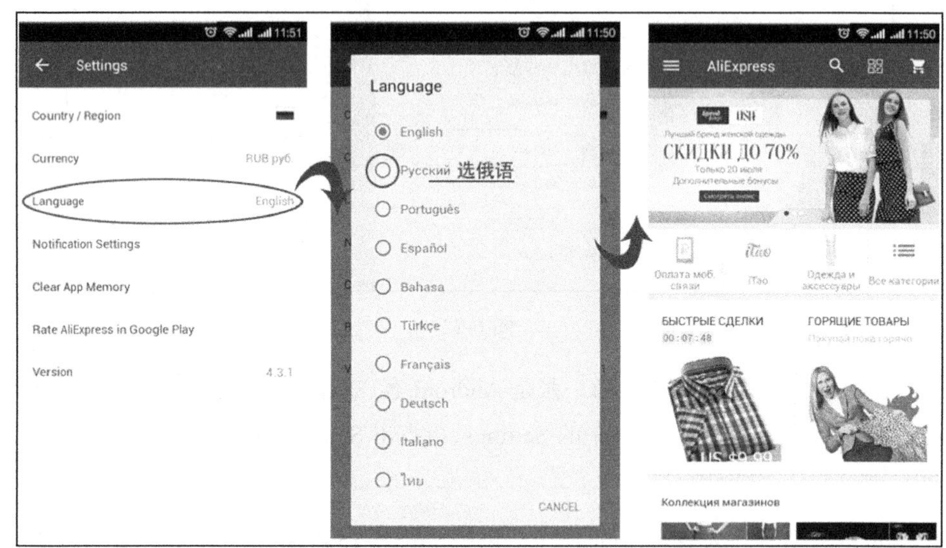

图 6-24

在主界面点击目录菜单按钮之后，点击其中的 Settings，此时 Country/Region 已经变为俄罗斯了，但 Language 还是 English（英语），点击 Language，选择俄语，系统会自动切换到完全的俄语界面。

至此，切换已经完成，可以模拟俄罗斯客户搜索或者通过类目访问产品了。

6.3.3 无线端店铺展示

无线端店铺是指店铺在手机浏览器和无线客户端上的展示形式。访问无线端店铺有两种方法。

一是用手机浏览器直接访问 PC 端店铺首页，系统会自动跳转到 M 站店铺首页。

比如用手机浏览器访问 www.aliexpress.com/store/123456 这个店铺，系统会自动跳转到该店铺对应的 M 站店铺首页 m.aliexpress.com/store/storeHome.htm?storeNo=123456。

通过这种方法可以得知今后推广店铺的时候只需要推广 PC 端店铺首页即可，不需要推广更多的网址。

二是用无线客户端搜索相关关键词找到自己的产品，点击进入，下拉到最下面点击 Go To Store，即可访问店铺首页。

本节以 Android 客户端为例来讲解无线端店铺。无线端店铺展示如图 6-25 所示。

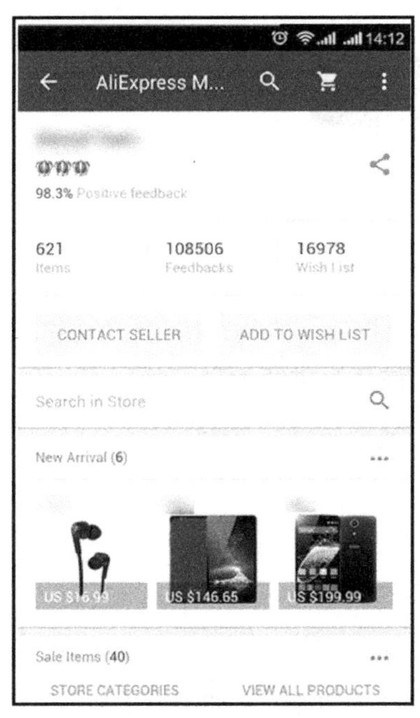

图 6-25

图 6-25 展示了无线端店铺第一屏和第二屏，我们分别做出注释。

无线端店铺第一屏如图 6-26 所示。

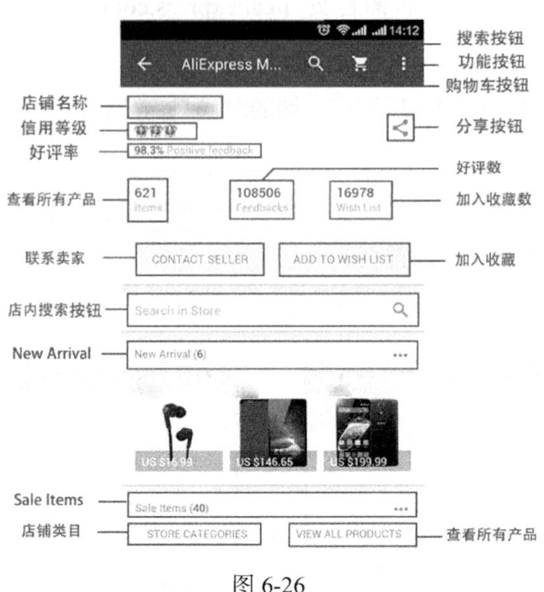

图 6-26

Android 客户端店铺首页在顶端会出现搜索按钮、购物车按钮和功能按钮这个模块，无论怎样滑动都会在顶端固定不变，这个模块与店铺本身无关。

无线端店铺第一屏从上往下分别有如下这些元素。

店铺名称：和 PC 端的店铺名称一致。

信用等级：和 PC 端的店铺信用等级一致。

好评率：和 PC 端的店铺好评率一致。

分享按钮：点击分享按钮会调用手机上的分享功能，比如小米手机，就会弹出一个界面让我们选择分享到哪个渠道（QQ、微信、米聊、邮件或者其他本机上已经安装了的应用程序）。

查看所有产品：这里显示了所有在售产品数量，点击可以访问所有产品。

好评数：和 PC 端的店铺好评数一致。

加入收藏数：和 PC 端的店铺收藏数一致，如果没有登录，点击之后会提示登录后再加入收藏。

店内搜索按钮：点击可以输入关键词进行店内搜索。

New Arrival：调用 PC 端 New Arrival 数据。

Sale Items：调用 PC 端 Sale Items 数据。

店铺类目和查看所有产品：这两项是无线端店铺里固定不动的项目，不会随屏幕的上下滑动而动。

无线端店铺第二屏如图 6-27 所示。

图 6-27

当滑动到无线端店铺第二屏的时候，会发现最顶端的搜索按钮、购物车按钮、功能按钮和最底端的店铺类目按钮、查看所有产品按钮是固定不动的，只有中间的 Sale Items 栏目和 TOP SELLING 栏目会动。

Sale Items：调用 PC 端 Sale Items 数据。

TOP SELLING：调用 PC 端 TOP SELLING 数据。

无线端店铺的基本模块就是这些，如果店铺里做了满立减、优惠券这两个店铺活动的话，还会显示单独的模块。

由此可见，无线端店铺实际上是把 PC 端店铺上各种模块按照无线端屏幕小的特点重新排列了一遍，既保证了店铺重要信息的展示，又能非常好地适应买家的手机屏幕。

6.3.4 无线端产品展示

不管是从搜索结果还是从店铺首页进来的，或者是直接访问，最终让买家决定购买的是产品页面，产品页面的优劣直接决定了流量转化。我们来看看无线端产品展示的效果，依然以 Android 客户端为例。

无线端产品落地页，如图 6-28 所示。

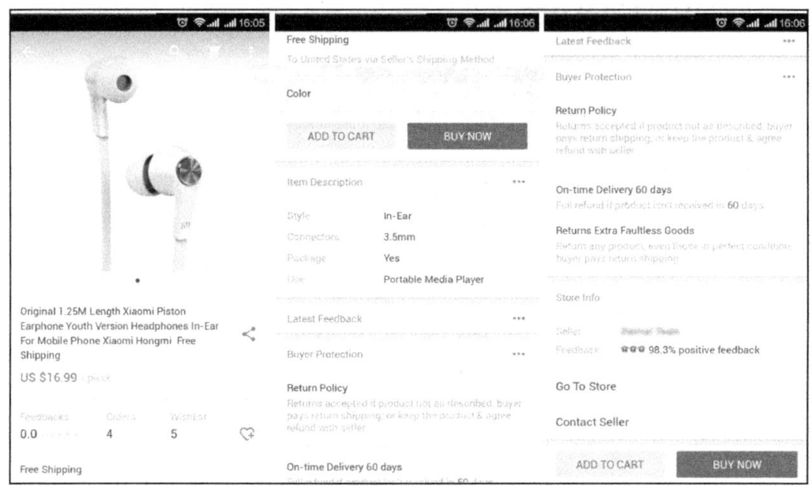

图 6-28

图 6-28 分别是某产品在无线端落地页的第一屏、第二屏和第三屏。

无线端产品落地页第一屏的特点：

- 可左右滑动展示的 6 张产品动态图占了整个手机屏幕约一半的空间；
- 标题和价格紧跟在产品图片下面；
- 产品好评率、订单数、加入收藏数放在价格下面；
- 接下来是运输信息。

无线端产品落地页第一屏力求把产品全貌展示给买家看，因为决定购买的主要因素是产品图片、价格、历史成交记录和好评率、运输信息。我们要加以重视的是产品图片，必须要有利于无线端展示，纯白底或者单色底、无水印、从各角度展示产品的图片会有利于增强客户的购买信心。

无线端产品落地页第二屏的特点：

- 突出显示 ADD TO CART 和 BUY NOW 按钮；
- Item Description 被做成可点击按钮；
- Buyer Protection 跟在 Item Description 后面。

ADD TO CART 和 BUY NOW 按钮被做成粉红色或者红色底，是因为以红色为代表的暖色系比较容易刺激人的购买欲望。

Item Description 只展示了系统参数，而并没有完整展示详情页，这是考虑到如果直接加载 Item Description 产品详情页会导致买家的手机需要加载大量的图片和文字，流量消耗过大，要是碰到买家手机网速慢的情况会直接影响到购物体验。如果买家想看产品详情页，可以点击 Item Description 进一步查看。

- 无线端产品落地页第三屏的特点：
- 展示 Buyer Protection 信息；
- 展示 Store Info，包括 Seller 和 Feedback；
- 最下方有 Go To Store 按钮可以到达无线端店铺首页；

买家还可以点击 Contact Seller 跟卖家联系。

买家在第三屏可以很直观地看到店铺名称、信用等级等信息，如果对产品有疑问还可以直接点击 Contact Seller 联系卖家咨询，这些都非常有利于提高转化。

无线端产品 Description 页，如图 6-29 所示。

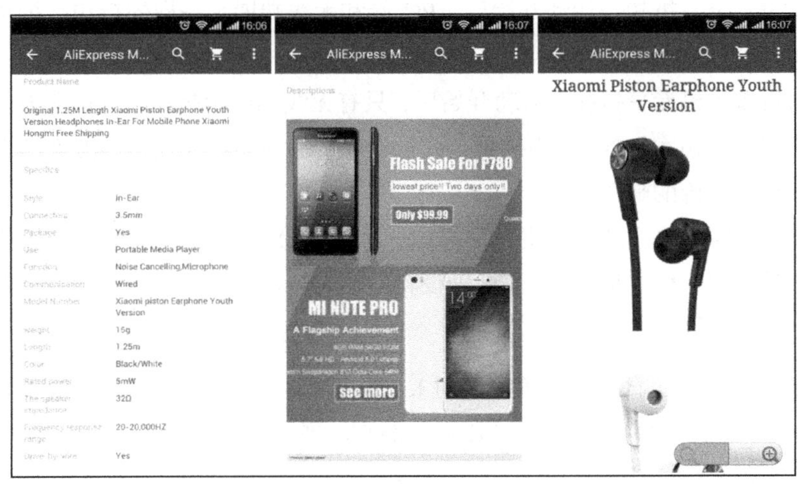

图 6-29

当买家光看产品图片、标题、价格、好评率、评价内容尚不能做出购买决断的时候，就会在产品落地页的第二屏点击 Item Description 来查看产品详细描述。

因为不同类型的产品详细描述内容长短不一样，所以反映在无线端的产品 Item Description 页面所占的分屏数量也不一样，一般至少有两屏，第一屏是标题、系统参数和可选参数，从第二屏开始是 Description 正文。

图 6-29 所示案例展示的是一款耳机，Description 第一屏展示的是标题、耳机类目系统参数、可选参数；Description 第二屏是用自定义信息模块做的关联营销；从 Description 第三屏开始是有关这款耳机的详细描述。

6.4 无线端活动

本节以 Android 客户端为例介绍店铺活动里面的限时限量折扣、店铺优惠券、全店铺满立减，以及后台报名的无线端平台活动在无线端的展示。

6.4.1 无线端限时限量折扣

有关限时限量折扣 PC 端和无线端的关系说明如下。

目前针对店铺活动设置折扣时，支持以下 3 种类型的折扣方式。

- 只设置全站折扣：活动开始后，PC 端和无线端展示一样的折扣，折扣率为设置的全站折扣率；
- 只设置手机专享折扣：活动开始后，只有无线端展示折扣，折扣率为设置的手机专享折扣率，PC 端为原价，此种设置下的商品在无线端的搜索结果页支持手机专享价的筛选；
- 支持同时设置全站和手机专享折扣：活动开始后，PC 端展示全站折扣率，无线端展示手机专享折扣率，此种设置下的商品在无线端的搜索结果页支持手机专享价的筛选。

2015 年 7 月 29 日之后（美国时间），如果你设置了店铺活动的无线折扣率后，App 将会显示手机专享折扣率，PC & Mobile Site 展示全站折扣率。

全站折扣和手机专享折扣分别计入各自的 90 天均价中。

详细说明：

针对限时限量折扣，卖家在设置限时限量折扣时，可以参考以下设置规则。

（1）登录卖家后台—“营销活动”—限时限量折扣—创建活动。

（2）填写活动基本信息，选择商品，设置具体商品的折扣。

当分别设置以上所述的 3 种折扣后的展示情况如下。

① 只设置全站折扣率，如图 6-30 所示。

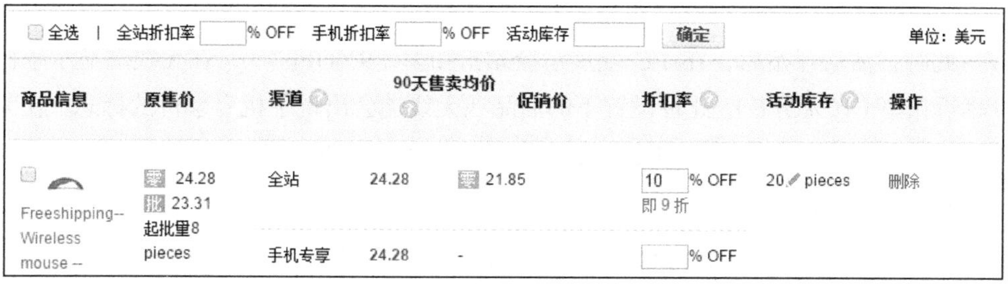

全选 | 全站折扣率 % OFF 手机折扣率 % OFF 活动库存 确定 单位：美元

商品信息	原售价	渠道	90天售卖均价	促销价	折扣率	活动库存	操作
Freeshipping-- Wireless mouse --	零 24.28 批 23.31 起批量8 pieces	全站	24.28	零 21.85	10 % OFF 即 9 折	20 pieces	删除
		手机专享	24.28	-	% OFF		

图 6-30

此时，全站和无线端都会显示全站折扣率，10%OFF 的折扣。

② 只设置手机专享折扣率，如图 6-31 所示。

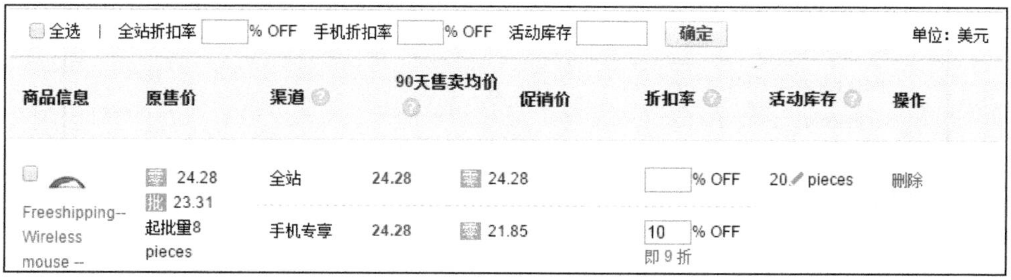

全选 | 全站折扣率 % OFF 手机折扣率 % OFF 活动库存 确定 单位：美元

商品信息	原售价	渠道	90天售卖均价	促销价	折扣率	活动库存	操作
Freeshipping-- Wireless mouse --	零 24.28 批 23.31 起批量8 pieces	全站	24.28	零 24.28	% OFF	20 pieces	删除
		手机专享	24.28	零 21.85	10 % OFF 即 9 折		

图 6-31

此时，PC 端显示为产品的原价，无线端显示手机专享折扣率，此种设置下的商品在无线端会出现手机专享价的标志，在无线端的搜索结果页支持筛选功能。

③ 同时设置全站折扣率和手机专享折扣率，如图 6-32 所示。

全选 | 全站折扣率 ____ % OFF 手机折扣率 ____ % OFF 活动库存 ____ 确定　　单位：美元

商品信息	原售价	渠道	90天售卖均价	促销价	折扣率	活动库存	操作
Freeshipping-- Wireless mouse -- Optical	零 24.28 批 23.31 起批量8 pieces	全站	24.28	零 21.85	10 % OFF 即 9 折	20 pieces	删除
		手机专享	24.28	零 21.61	11 % OFF 即 8.9 折		

图 6-32

同时设置时，设置要求：手机专享折扣率必须大于全站折扣率。

此时，活动开始后，在 PC 端展示全站折扣率（9%OFF），在无线端显示手机专享折扣率（10%OFF），此种设置下的商品在无线端会出现手机专享价的标志，在无线端的搜索结果页支持筛选功能。为了最大程度地获取 PC 端和无线端的流量，建议日常采用此种方式设置。

全站折扣和手机专享折扣分别计入各自的 90 天均价中。

限时限量折扣 PC 端后台界面如图 6-33 所示。

店铺活动类型：限时限量折扣

活动基本信息

* 活动名称：20150716 Daily 30% OFF
* 活动开始时间：2015/07/16 15:00
* 活动结束时间：2015/07/23 23:59
时间备注：共计 177 小时

店铺活动规则　　单位：美元

商品信息	原售价	全站促销价	手机促销价	全站折扣率	手机折扣率	活动库存
	零 179.99 批 176.39 起批量2 sets	零 138.59 批 135.82	零 136.79 批 134.06	23 % OFF 即 7.7 折	24 % OFF 即 7.6 折	总量 99 sets 剩余量 98 sets 增加活动库存

图 6-33

限时限量折扣 PC 端前台界面如图 6-34 所示。

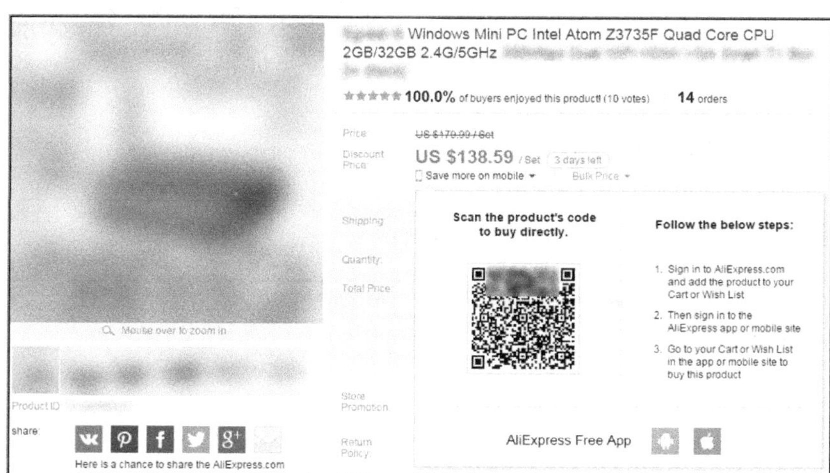

图 6-34

限时限量折扣无线端界面如图 6-35 所示。

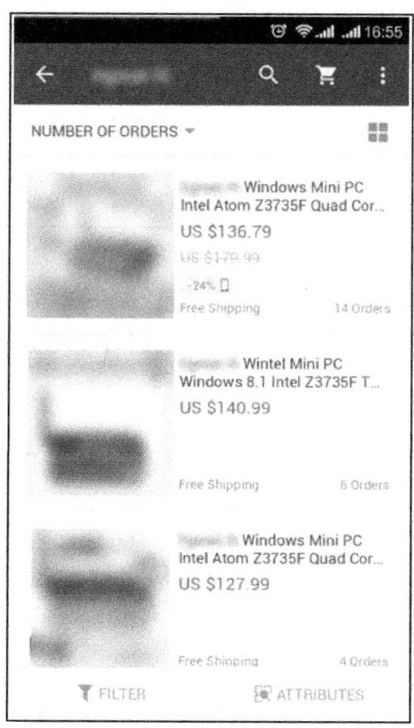

图 6-35

在 PC 端后台设置了带手机专享价的限时限量折扣并且生效之后，无线端搜索结果页和无线端产品落地页会显示折扣结果。例如图 6-35 所示案例，会显示-24%的折扣率和一个蓝色小手机图标来表示这个折扣是手机专享价。

6.4.2 无线端店铺优惠券

店铺优惠券 PC 端后台界面如图 6-36 所示。

图 6-36

该案例设置的是一个面额为 US $2.00 的优惠券，使用条件是订单金额满 US $120，有效期是买家领取成功之后的 3 天内。

我们来看看该店铺优惠券在 PC 端和无线端的展示。店铺优惠券在 PC 端前台的展示如图 6-37 所示。

店铺首页优惠券展示　　　　产品详情页优惠券展示

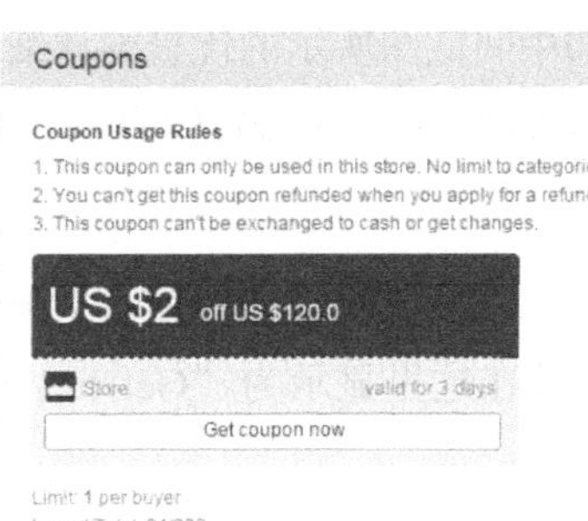

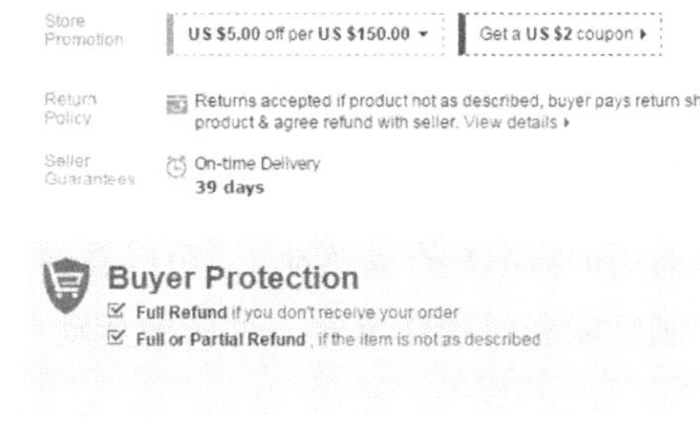

图 6-37

图 6-37 展示了两个场景，分别是店铺首页优惠券的展示和产品详情页优惠券的展示。

查看 PC 端店铺首页优惠券展示的路径是：店铺首页—Sale Items。

而产品详情页优惠券则直接展示在产品详情页的产品标题、价格和 BUY NOW 按钮的下方。

店铺优惠券在无线端的展示如图 6-38 所示。

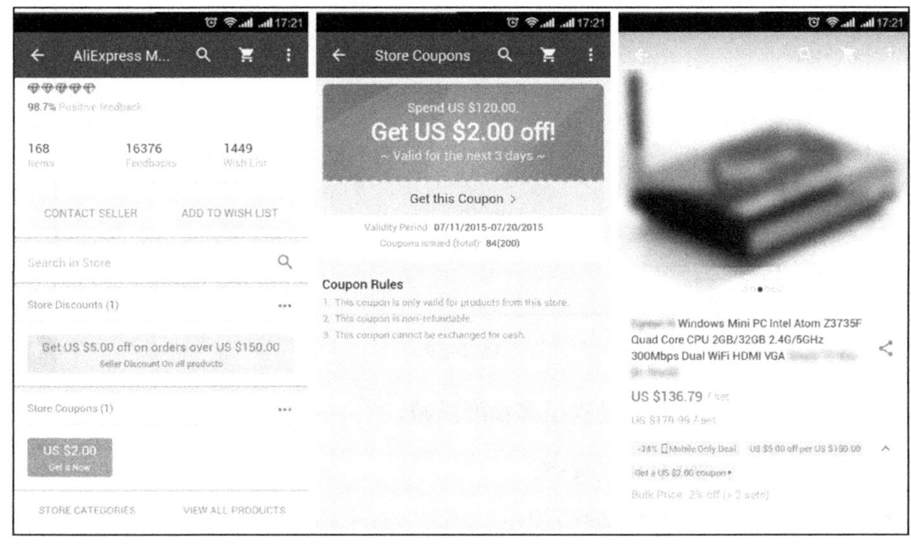

图 6-38

图 6-38 展示的是无线端店铺首页和产品详情页的三个不同屏幕截图，最左边的是店铺首页，做了店铺优惠券的店铺会多一个 Store Coupons 版块，图中所示的是 US $2.00 的优惠券，点击优惠券按钮之后会跳转到如中间截图所示的优惠券详细页面，从这个页面可以看到优惠券领取和使用的规则，比如要满 US $120 才可以使用、3 天有效期等。

最右边的截图是产品落地页，可以看到这个产品以及其对应的店铺做了限时限量折扣、满立减和店铺优惠券三种店铺活动，优惠券在这里显示为“Get a US $2.00 coupon”。

6.4.3 无线端全店铺满立减

全店铺满立减活动在 PC 端后台、PC 端前台以及无线端的展示分别如图 6-39、图 6-40、图 6-41 所示。

图 6-39

如图 6-39 所示，该案例设置了多梯度满减。

- 满减梯度一：满$150 立减$5；
- 满减梯度二：满$500 立减$20；
- 满减梯度三：满$1 000 立减$50。

全店铺满立减是提高客单价很好的方法，我们可以把全店铺满立减作为平时的日常活动挂在店铺里。

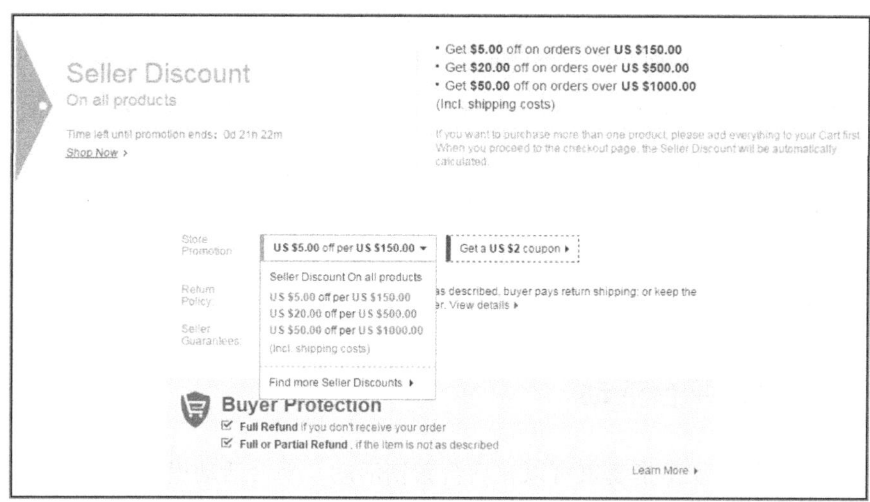

图 6-40

如图 6-40 所示，全店铺满立减的信息可以在两个地方查看到，一个地方是店铺首页—Products 或者店铺首页—Sale Items；另一个地方是产品详情页的产品标题、价格和 BUY NOW 按钮的下方，把鼠标放到下拉三角形上可以看到满减梯度的信息。

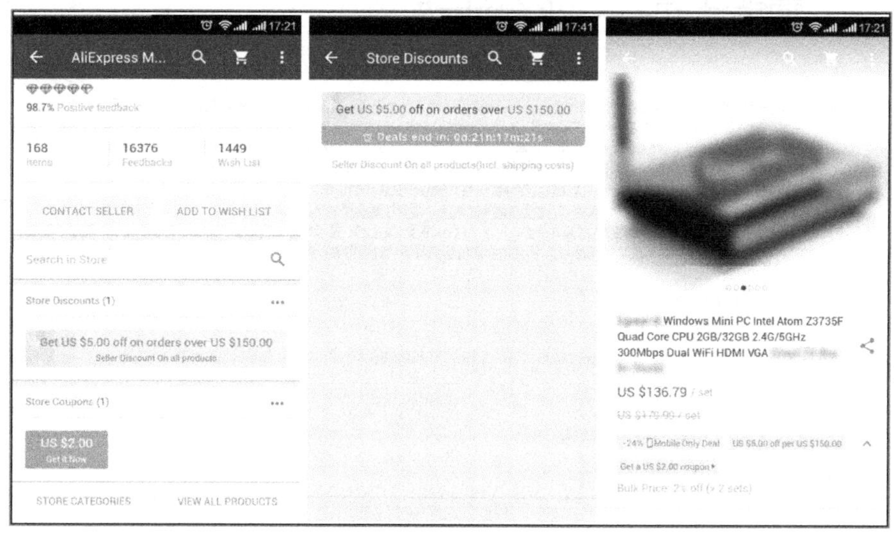

图 6-41

图 6-41 展示的是无线端店铺首页和产品详情页的三个不同屏幕截图，最左边的是店铺首页，做了全店铺满立减的店铺会多一个 Store Discounts 版块，图中所示的是第一档满减，满 US $150 减 US $5，点击 Store Discounts 按钮之后会跳转到如中间截图所示的满立减详细页面，从这个页面可以看到满减规则和剩余时间，还有一个温馨提示 “Seller Discount On all products (Incl. shipping costs)” 来告诉买家这是全店铺满立减（包括运费在内）。

最右边的截图是产品落地页，可以看到这个产品以及其对应的店铺做了限时限量折扣、满立减和店铺优惠券三种店铺活动，全店铺满立减在这里显示为 “US $5.00 off per US $150.00”。

6.4.4 无线端平台活动

无线端平台活动是指卖家可以在后台营销活动—平台活动里选择报名参与的速卖通【无线抢购】活动。

PC 端报名后台如图 6-42 所示。

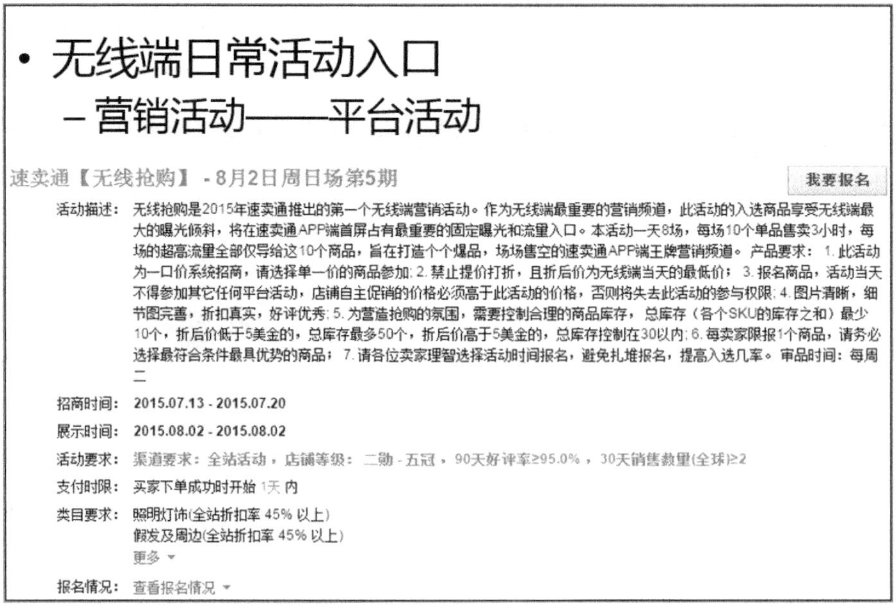

图 6-42

速卖通【无线抢购】活动在无线端的展示如图 6-43 所示。

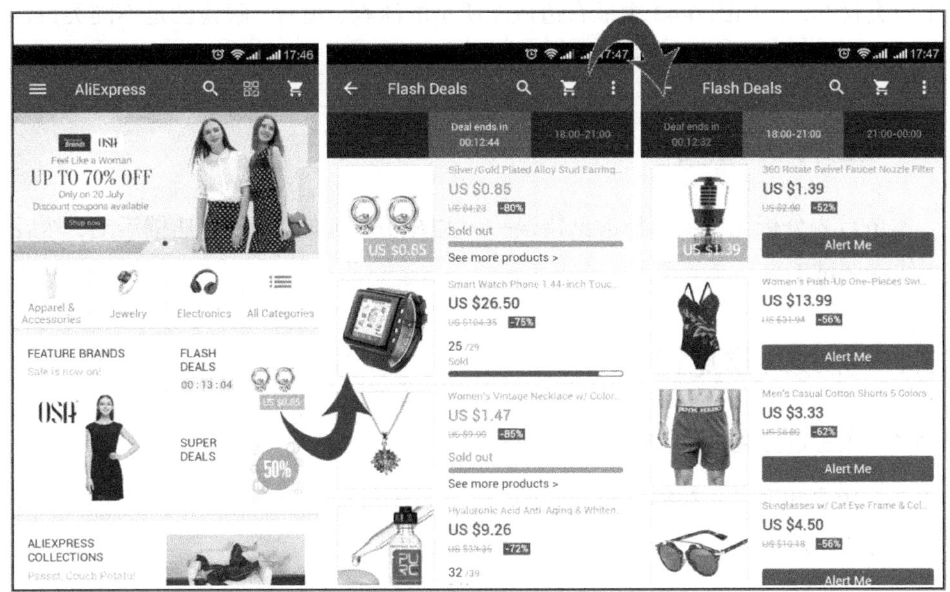

图 6-43

其中，左边截图是无线端第一屏，中间截图是 Flash Deals 第一屏，右边截图是尚未参与活动的产品的预热页面。

速卖通【无线抢购】活动在无线端首屏有着固定的区块，即 FLASH DEALS，这个区块会展示正在参与抢购的当期第一个产品的图片和价格，并且用倒计时的方式提醒买家点击购买。

点击进入到 Flash Deals 页面之后（如中间截图所示），每期有 3 个小时的抢购时间，每期的产品仅有 10 款，如果抢购光了产品依然挂在那里引流，所以无线抢购是流量来源的重要渠道。

如果在 Flash Deals 顶端自右向左滑动屏幕，则会展示即将参与抢购的产品的预热页面，这是一个非常重要的宣传窗口，尤其是对品牌产品而言，更是不可多得的宣传渠道。

无线抢购每天 8 期，每期 3 个小时，每期展示 10 款产品。不同的时期接受报名的产品类目不一样，并不是所有类目的产品在任何时候都可以报名，这一点需要卖家注意。另外一点是自家的同类产品不要扎堆报在同一期，因为同一期 10 款产品必然是不同类目的，比如图 6-43 中最右边截图所示的泳衣、短裤、眼镜就是不同类目，不会在同一期里存在两款眼镜产品。

6.5 无线端提高

本节首先分析无线端两种常见错误——主图过分装饰和不设置店铺活动，然后讲述无线端调试工具。

6.5.1 无线端常见错误

6.5.1.1 主图过分装饰

如果想要知道自己在哪里犯的错误，那么首先得知道评判标准是什么。平台对服装鞋包行业图片优化已经提出了规范要求，网址是：

http://seller.aliexpress.com/so/tupianguifan.php

根据以往的经验，一旦某个或者某几个行业出了标准规范，而且又是通用性规范，那么这种规范就将很快在全平台铺开来。所以，不管我们是做哪个行业的，都要遵循这种规范并做相应调整。

图 6-44 展示的是服装鞋包行业图片优化规范要求，主要有三条：

- 建议背景底色为白色或纯色，图片尺寸为 800*800 及以上，图片横向和纵向比例建议在 1：1~1：1.3 之间；
- 图片要求无边框和水印，不允许拼图；
- LOGO 统一放在图片左上角。

图 6-44

上面所述是总体要求，建议所有行业的卖家都要遵循。我们再来看几个细分行业的要求。

如图 6-45 所示为女装行业图片优化规范要求。

如图 6-46 所示为男装行业图片优化规范要求。

还有其他服装鞋包细分行业的不同优化规范要求，不一而足，可以参考下面这个地址：

http://seller.aliexpress.com/so/tupianguifan.php

结合上述要求，我们看看在无线端经常容易碰到的主图优化错误。

图 6-45

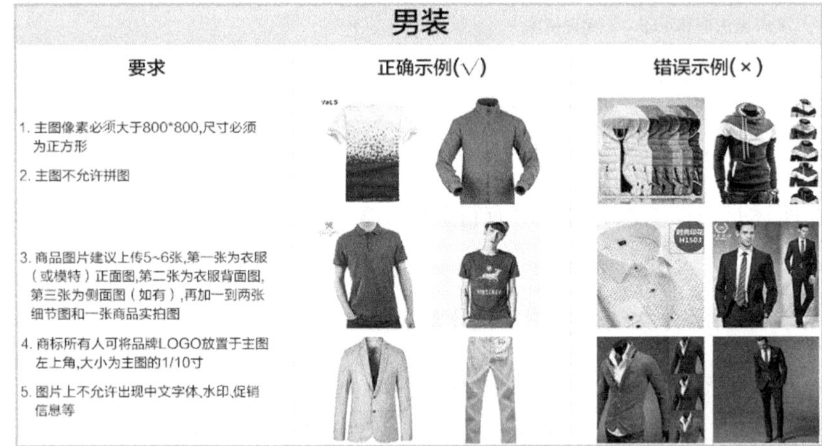

图 6-46

图 6-47 展示的是在无线端搜索热门产品 t-shirt women 时的搜索结果截屏。第一个产品主图采用九宫格模式，不推荐这种做法；第二个产品主图为纯色底，产品主体占图片 70%以上，推荐，如果背景颜色为纯白色就更好了；第三个产品主图采用拼图的模式，不推荐。

- 搜索t-shirt women
  - 第一个产品，不推荐
    - 采用九宫格模式
  - 第二个产品，推荐
    - 纯色底
    - 产品主体占图片70%以上
  - 第三个产品，不推荐
    - 拼图

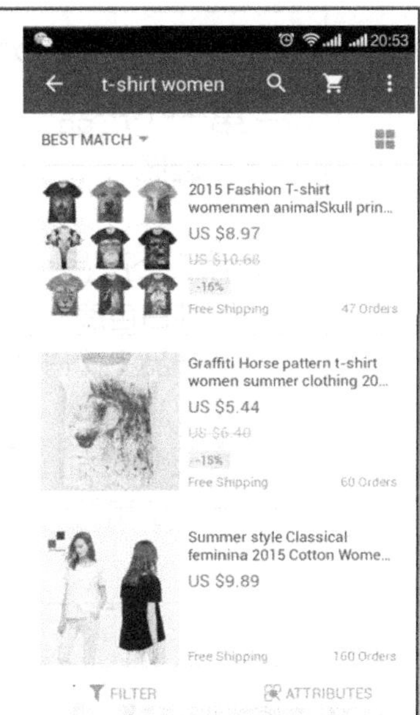

图 6-47

为什么无线端对产品主图要求最好是纯白色底、产品主体占图片 70%以上，如有 LOGO 则放在左上角呢？这是因为买家大多使用手机无线端来浏览产品，现在无线端做了优化，以近半个屏幕的大小来展示产品主图，为的就是让买家更好地查看产品主体，有更好的购物体验。而类似于拼图、九宫格之类的主图构图方式在无线端看上去会让产品主体变得很小，非常不利于给买家留下好印象，直接影响产品的转化。

图 6-48 展示的是在无线端搜索热门手机 Lenovo P780 时的搜索结果截屏。第一个产品主图构图犯了很多电子产品卖家经常犯的错误——加边框，现在已经不流行加边框了，流行纯白色底、无水印产品图片做主图（如有 LOGO，可以放在左上角）；第二个产品采用纯白色底，产品主体占图片 70%以上，推荐这种构图方式；第三个产品主图虽然是纯白色底，产品也占了一半以上的面积，但是文字和图标过多，所以也不推荐这种构图方式。

图 6-48

6.5.1.2　不设置店铺活动

严格地说，不设置店铺活动不能算错误，但是从营销的角度来看已经犯了很大的错误，因为没有让无线端店铺和产品"活跃"起来。我们先看几个案例，如图 6-49、图 6-50、图 6-51 所示。

图 6-49

如图 6-49 所示，左右两张截图分别是设置了满立减和优惠券的无线端某店铺首页和没有设置满立减和优惠券的无线端某店铺首页。

除了拥有店铺名称、信用等级、好评率、产品数量、好评数量、加入收藏数量这些所有店铺都有的元素以外，左边的店铺首页还有 Store Discounts 和 Store Coupons 两个区块，分别对应着全店铺满立减和店铺优惠券。这两个区块使用的是橙色，是暖色，能给人一种购物安全感，可以提高买家购物的积极性。

与之对应的是右边的没有设置全店铺满立减和店铺优惠券的店铺首页，普遍的浅灰色略显单调。而且，在买家熟悉了速卖通卖家全店铺满立减和店铺优惠券活动之后，不做这两个活动的店铺显得另类，以及给人一种难以亲近的感觉。全店铺满立减和店铺优惠券活动可以作为日常活动挂着，对提高转化和提高客单价有很大帮助。

如图 6-50 所示，左右两张截图是搜索 Lenovo P780 上下滑动时截取下来的，其中左图很明显可以看到一个-21%折扣率标识，折扣率后面还带有一个蓝色小手机图标表示这是手机专享价。

相比之下，右图所展示的几个产品显得单调很多，没有任何折扣，较难刺激买家点击购买的欲望。

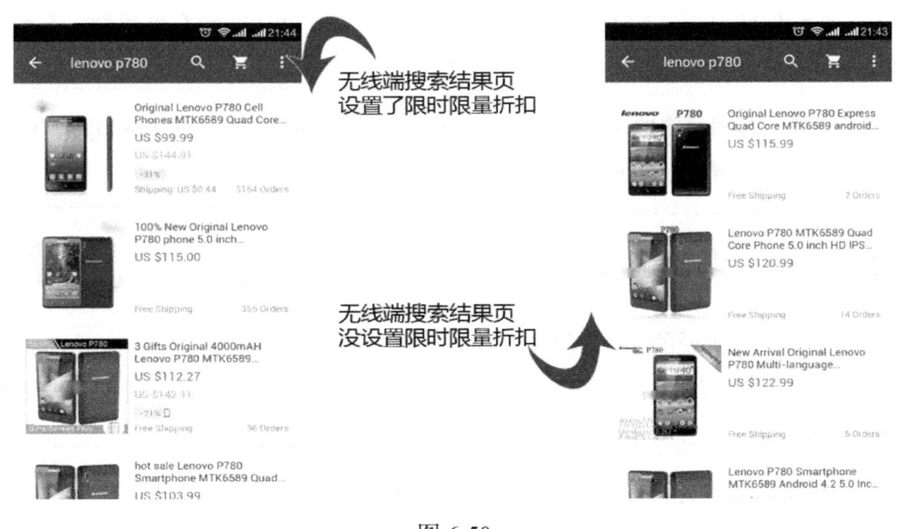

图 6-50

如图 6-51 所示，左右两张截图是两个不同产品的无线端落地页。

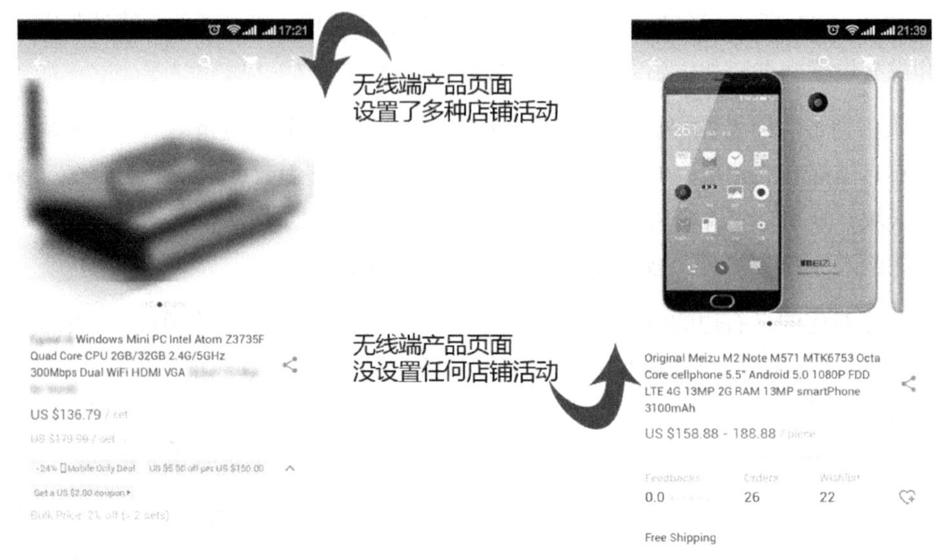

图 6-51

左图各种店铺活动齐全，既有限时限量折扣（-24% Mobile Only Deal），又有全店铺满立减（US $5.00 off per US $150.00），还有店铺优惠券（Get a US $2.00 coupon），给买家一种店铺非常“活跃”的感觉。而且这个产品手机端折后价是 US $136.79，只要再买一个配件就可以凑够 US $150.00，买家极有可能再往购物车里添加一个配件，这样一来很容易就把客单价拉高了。

相比之下，右图显得略为单调，没有任何形式的店铺活动，除非价格非常有优势，或者产品本身比较稀缺，否则这个产品较难激起买家的购买欲望。

6.5.2 无线端调试工具

正如本章开头所说的，速卖通无线端一共有 4 个浏览渠道，分别是 M 站、Android 客户端、iPhone 客户端和 iPad 客户端。而我们编辑产品只能在 PC 端进行，编辑好了之后在各个终端查看 Description 的时候效果如何呢？这就需要调试了。

要是能同时集齐 Android 手机、iPhone 和 iPad 供我们实测调试产品详情页在无线端的展示当然最好了，但事实上一般不能集齐这些设备，就算集齐这些设备了也没办法做到经常拿在手里来调试。

那么有没有一种方法可以方便地查看产品在各个无线终端的 Description 展示效果呢?

有，可以用谷歌 Google Chrome 浏览器调试产品在 M 站上的展示效果。Google Chrome 浏览器图标如图 6-52 所示。

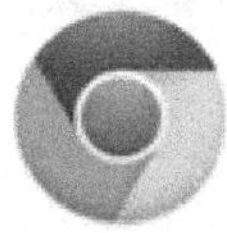

图 6-52

调试步骤如下：

（1）用 Google Chrome 浏览访问主站产品详情页。

（2）按键盘上的 F12 键打开调试模式。

（3）点击手机图标切换到模拟手机模式。

（4）选择想要模拟的终端，比如 iPhone、iPad 或者 Android 手机，刷新页面。

（5）此时跳转到的是无线端产品落地页，点击 Description 即可查看产品详细描述。

如图 6-53 所示是使用 Google Chrome 浏览器模拟 iPhone 6 Plus 访问速卖通首页。

- Google Chrome浏览器模拟调试
  - 选不同目标客户端刷新页面进行模拟（iPhone 6 Plus）

图 6-53

如图 6-54 所示是使用 Google Chrome 浏览器模拟 iPad3/4 访问速卖通首页。

- Google Chrome浏览器模拟调试
  - 选不同目标客户端刷新页面进行模拟（iPad 3/4）

图 6-54

如图 6-55 所示是使用 Google Chrome 浏览器模拟 Galaxy Note 3 访问速卖通首页。

- Google Chrome浏览器模拟调试
  - 选不同目标客户端刷新页面进行模拟（Galaxy Note 3）

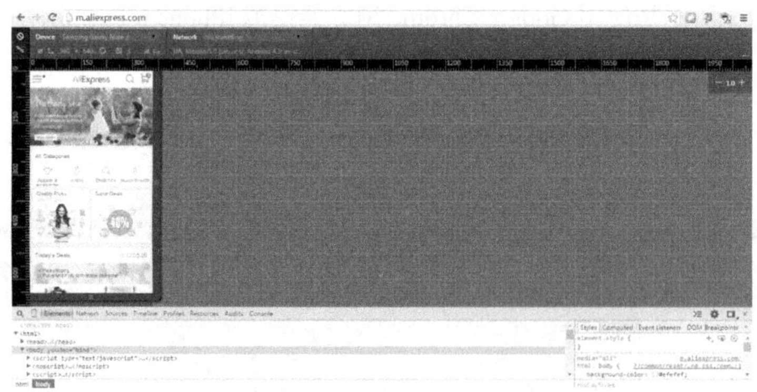

图 6-55

这种调试方法实际上是利用 Google Chrome 浏览器模拟各个终端访问 M 站，根据实际经验，模拟 iPhone、iPad 和 Android 设备访问 M 站的效果和在真实情况下用这些设备访问 M 站，以及用 iPhone 客户端、iPad 客户端、Android 客户端访问产品效果相差无几，甚至产品在各种客户端的展现比用 M 站调试的还要好。

第 7 章

行业板块营销攻略

本章要点：

- 装行业营销案例
- 女装行业营销案例
- 童装行业营销案例
- 3C 行业营销案例

7.1 男装行业营销案例

本节将讲述男装运营实操案例。服装行业是一个更新和生命周期特别明显的行业，男装也不例外，所以有很多卖家往往会为了能更多、更快地获得订单，而牺牲利润。在本节中，我们坚持要通过完整的运营操作思路，提升店铺核心竞争力和产品竞争力，从而走差异化竞争，提升店铺利润度。本节将剖析整个产品的运营流程——一个产品在运营过程中，会有一整套体系的操作流程，分别为选品—定价—上传—优化—营销活动—产品追踪（物流及售后维护）—产品生命周期—反向选品，如图 7-1 所示。本节我们就围绕这个运营逻辑图进行讲解。

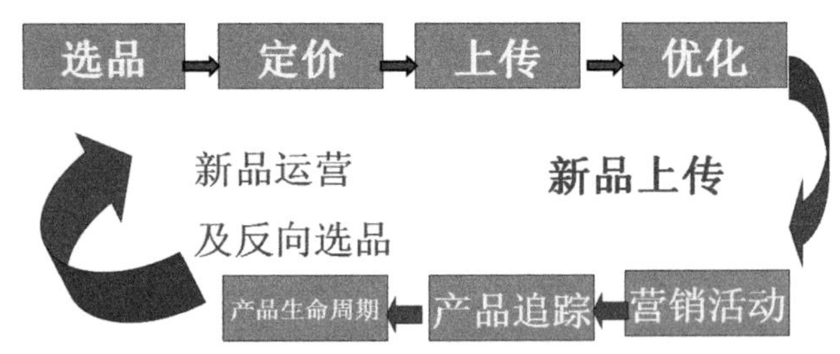

图 7-1

7.1.1 选品

第一步：针对性选品

在操作账号之前，首先需要对店铺有一个定位，是打算成为一个专业性（小而美）的店铺还是综合性（爆款思路）的店铺。当确定了店铺风格之后，我们将进行男装针对性选品，所以店铺定位是选品的前提。

第二步：运营策略选品

确定活动款、利润款、引流款和预爆款。

第三步：选品落地

通过站内选品和站外选品渠道，细化到选品的版型（圆领、V 领）、价格、人群、季节性、材料、颜色（白色、黑色、红色）。

7.1.2　定价

运营策略不同，价格模式和方法也不同，一般的定价方法为：成本导向定价法、利润导向定价法、运营策略营销法和竞争对手定价法。本节我们将主要讲解成本导向定价法。

确定成本是成本导向定价法的前提。首先，正常一家店铺的成本应该包括货值+运费+平台费用+推广费用+人工费用+纠纷差评赔损。因此，我们在考虑成本的时候要去确定和细化各项成本，进而确定利润率。

以男装为例，利润率如何计算？成本如何计算？如图 7-2 所示。

成本定价	货值+运费+平台费用+推广费用+人工费用+纠纷差评赔损						推广费用 =联盟+直通车+SNS红 3%-10%		
产品	成本	重量	物流	平台费用	推广费用	人工费用	纠纷差评	利润	定价
tshirt	25	200	24.534	0.05	0.05	0.05	0.05	0.3	12.87884

图 7-2

有了毛利率，我们便可以进行成本导向定价。我个人建议在跨境电商风靡的时代，还是要以利润为导向，那么利润导向的前提就是要知道自己的确切成本，所以我们一般会采取和其他卖家差异化竞争。因此，我们对产品的定价方法为成本导向定价法，并综合竞争对手的售价，进而进行市场定价。

7.1.3　上传和优化

（1）工欲善其事，必先利其器。无论是作为专业性团队还是个人卖家，都必须在上传产品前准备好优质的材料。上传一个优质产品的前提是，首先要准备好产品上传的材料，包括：产品图片（主图、详情页图、关联产品图）、成本、运费、价格、标题、属性值。因此，我们需要准备产品信息收集表，如图 7-3 所示。

上传产品基本材料							
产品图片			产品信息				
主图	详情页图	关联产品图	成本	运费	价格	标题	属性值
	url 地址	url地址	35	25	$18	2015 Spri	Cotton Black blue red white

图 7-3

（2）准备好产品上传的材料后，接下来我们需要准备优质的产品属性来编写产品标题。属性的来源主要是站内的数据纵横和站外的同行关键词（比如 eBay 的 Watcheditem/Watchcount 以及 keyword spy）。下面我们将以选取站内属性作为案例。

以男装 t-shirt 为例，首先，我们需要从数据纵横-选品专家（热销或热搜）版块进入，从而获得最近 7 天或 30 天数据（因为后台数据基于大数据采集需要一定的时间，所以数据有一定的滞后性，建议大家选取 7 天数据），如图 7-4 所示。

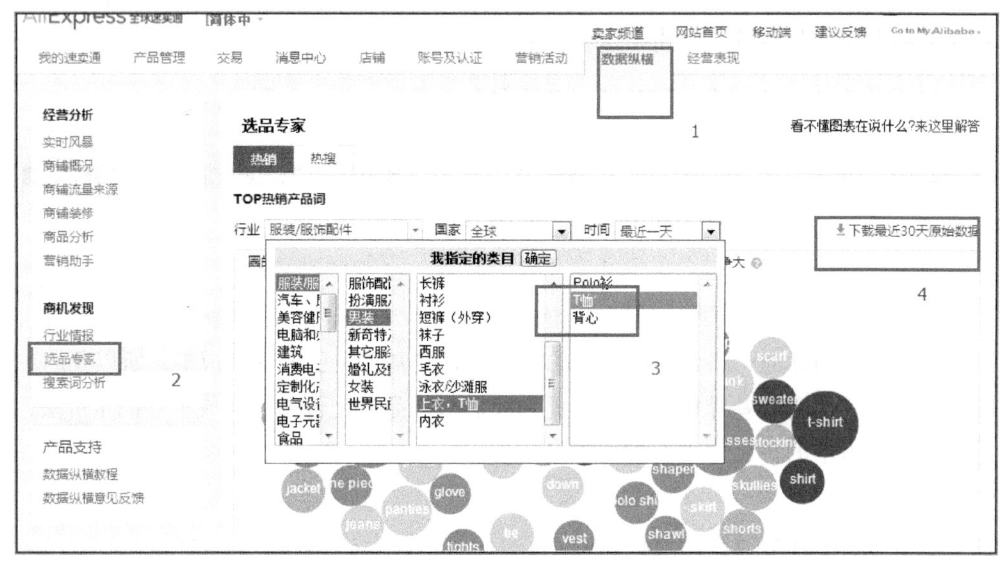

图 7-4

然后，将下载的表格通过数据透视表处理后，按照成交指数和搜索指数进行降序排列，得出属性最佳的产品，如图 7-5 所示。

最后，我们也可以从数据纵横—搜索词分析下载优质的热搜词及飙升词，用于上传和优化标题，如图 7-6 所示。

热销属性　细分 T shirt			
属性值	汇总	Brand name	new
brand new	1017		t shirt
new	2968	Collar	o-neck
oem	1597	Fabric Style	broadcloth
other	6298		knitted
t shirt	2352	Material	cotton
汇总	14232	Patten	print
crew neck	91	Sleeve length	short
mandarin cc	1256	Style	fashion
o-neck	52290		print
turn-down c	5037		
v-neck	5254		
	63928		
batik	2264		
broadcloth	31431		
jersey	4169		
knitted	11169		
worsted	8088		
二总	57121		
men	64240		
	64240		
no	59817		

图 7-5

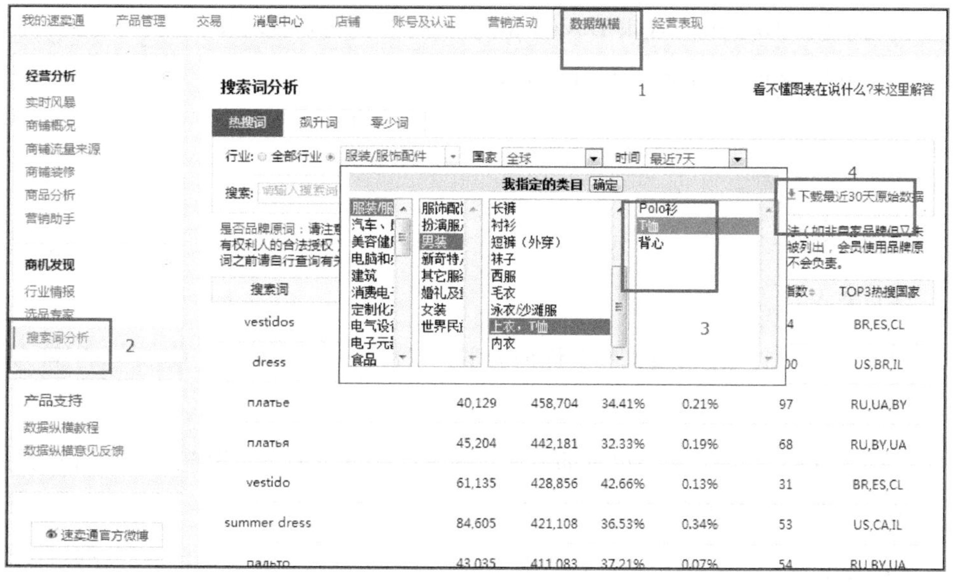

图 7-6

接下来整理数据并制作产品标题。下面讲解产品标题的制作方法。

（3）产品标题的拟定以及上传。

一个优质的产品，首先要有一定的差异化的优质标题。优质产品标题的拟定主要包括：核心关键词+属性词（热搜、热销）+流量词（长尾关键词）。其中核心关键词包括：产品主体；属性词包括：材质、图案、颜色、款式、袖型、面料、装饰；长尾关键词包括：运输、打包方式、风格、电影明星同款、2015，如图 7-7 所示。

标题构成元素 详解		
核心关键词	属性词	长尾关键词
产品主体	材质	运输
	图案	打包方式
	颜色	风格
	款式	电影明星同款
	袖型	2015
	面料	
	装饰	

图 7-7

标题举例：Big Size Skull Design Men's t-shirts Cotton O Neck Tee Shirts XXXL 2015 Casual Beckham t-shirt 8.25 on Sale

主图：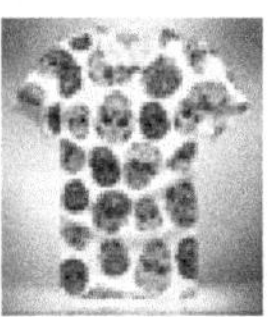

注意要求：

（1）标题以主核心关键词和属性词为主，以长尾关键词为辅；前 35 个字符为主核心关键词和属性词。

（2）前 35 和 45 个字符尽量都为核心关键词和属性词，因为直通车右侧显示 35 个字符，下侧显示 45 个字符。

（3）禁止关键词在同一个标题里重复出现；一定不能写重复的标题，重复的标题会被系统认为是重复产品，会被下架。所以写标题的时候，一定要突出多样化，标题绝对不能重复。

7.1.4 营销活动

在产品上传之后，我们需要为店铺制定完整的营销活动方案，一般会制定一份营销计划表，将自主营销活动中的全店铺折扣+限时限量折扣+满立减+优惠券进行综合使用，加上平台活动、直通车、联盟以及直通的助力，进而实现产品的进一步提升。

7.1.5 产品跟踪

产品跟踪主要是指产品物流追踪和差/好评率以及转化点击率的追踪。在经过执行 15~30 天的营销方案之后，我们会得出产品的数据，进而需要在数据基础之上对产品进行评估，从而确定这个产品应该成为引流款还是预爆款。

7.1.6 产品生命周期

产品销售了 2~3 个月之后，一般会进入两个生命周期，针对男装而言，一个是季节性生命周期，一个是产品被竞争对手跟卖，这时候我们需要根据目前产品的具体情况制定相应的营销策略，最后按照这个产品的订单规律，指导下一个产品的选品工作（这称之为反向选品）。

7.2 女装行业营销案例

女装对于速卖通平台乃至全球的电商需求来说，基本可以排名第一，大家都说女人和小孩的钱最好赚，不无道理。经过短短几年的发展，女装的流量和销量一路飙升，目前属于速卖通第一大行业。虽然行业水平高，但不可避免的是竞争也大，而且由于国际尺码与中国尺码不统一、部分色差等问题，相对而言，会比其他行业的纠纷率更高和好评率更低。下面以裙子为例进行分享。

抛开其他的，我们先来说说尺码问题。在中国，尺码基本分为 S、M、L、XL、XXL，卖家一般转换成 US2=S、US4=M、…、US10=2XL。目前平台最大的客户群体是俄罗斯国家，对应的，我们可以加上 RU42=S、RU44=M、…、RU50=2XL。如果有更小的码 XS，则可以 US2=XS，依此类推。尺码信息包括 Bust、Waist、Hip、Shoulder、Length 等，不一定每个数据都有，但有的数据最好都写出来；如果是短袖或者长袖，也可以把 Sleeve Length 写出来；如果是均码，只需要写一个尺码，不过基本是有弹性的，或者有个适合穿着的尺寸范围，也需要写出来。尺码的长度单位可以用 cm 表示，也可以用 inch 表示，但最好标注 1inch=2.54cm，方便客户换算（当然，现在使用搜索引擎随便搜也能找到在线单位换算页面）。顺便也写上因为手工测量，请允许±3cm 的误差，以及拍摄时候的灯光和不同显示器会有少许色差，尽可能委婉地让客户理解和接受，如图 7-8 所示。

Size Available: US 2 = S,US 4 = M,US 6 = L,US 8 = XL,US 10 = XXL

US 2/S :Bust 88 cm, Waist 74, Shoulder 33cm, Length 91cm,

US 4/M: Bust 92 cm,Waist 78,Shoulder 34cm,Length 92cm,

US 6/L: Bust 96 cm,Waist 82,Shoulder 35cm,Length 93cm,

US 8/XL: Bust 100 cm,Waist 86,Shoulder 36cm,Length 94cm,

US 10/XXL: Bust 104 cm,Waist 90,Shoulder 37cm,Length 95cm

Note 1: 1 inch = 2.54 cm, 1cm = 0.39 inch.

Note 2: There might be slightly difference in color, because of the computer monitor settings.

Note 3: With the difference in the measurement method, please allow 1-3 cm in size deviation.

图 7-8

现在上传裙子的时候，除连衣裙外，礼服类目必须选择尺码模板。相信买家们都知道，几乎每件裙子的三维尺寸都是不一样的，所以那个模板有点多此一举，基本没有用武之地。但是人类的智慧是无限的，比如把模板的数据全部写成 0，选择模板，在详细描述里写上正确的尺寸，等于把尺寸模板作废了。很多时候，虽然我们的描述已经足够清晰，但还是有些买家不知道怎么选择尺码，会用站内信或者旺旺询问，必须即时回复，为买家推荐合适的尺码，并告知尺码和所有颜色都有库存，现在下单当天可以寄出。而这类客户基本不是以英语为母语的国家的，甚至英语比我们还烂，所以我们应尽可能地用买家的国语沟通，有会其他语言的客服最好，没有也关系不大，使用翻译软件，就算买家感觉我们的句子有毛病，但至少比她看英语舒服得多，也能理解意思，更能感受到我们的那份真诚，给我们的服务加分，大大促进成交的概率。

一个产品要想正常出单，上传产品是至关重要的一步，也是站内搜索流量的主要来源。然而，除了尺码问题，属性、标题、图片也是不容忽视的。下面我们逐一讲解。

裙子类目下优质产品的属性填写率为 78%，建议 100%填满，如果没有自己的品牌，又担心填写其他品牌名侵权，则完全可以填个关键词。同理，自定义属性 10 行 20 个空，能不浪费就不浪费，先补充一些系统属性没有的内容，还有剩余的尽管填关键词。为了看起来不太奇葩，可以“属左名右”，也就是属性词填左边，名称词写右边，例如左边是 Puls Size，右边是 Celebrity Dresses。当然，必须填写匹配度高的关键词，并且“合三为一”，属性、标题、图片保持一致，比如不要属性选择 A 字群，标题里写紧身裙，图片展示的则是蓬蓬裙。寻找关键词的方式有很多，比如搜索词分析、直通车推荐、搜索界面下拉框、挖掘工具等。

标题为 128 个字符，如果对产品熟悉的话，则完全可以轻松地写完。但并非每个标题都要写 128 个字符，只要能准确完整地表达清楚产品的主要特征即可。重要的内容放在前半部分，特别是移动端客户，只显示部分标题，而这部分标题有无特点是引导客户点击浏览的关键之一。我们看数据纵横-行业情报的数据可以发现，礼服比连衣裙的流量大得多，在既能当日常连衣裙又能当礼服参加宴会的裙子标题里适合多写个别礼服的类目词，当然不是直接并排写 Evening Dresses Prom Dresses，只要改成 Evening Prom Dresses 就可以避免标题滥用的问题，又可以增加流量。搜索词分析里一些合适的热词也可以添加进去，还有葡语、西语等小语种，只要是 26 个字母内的词都可以应用，比如葡语裙子的单词 vestidos，当然还有很多俄语热词，可以用软件转换成精准的英文字母写进标题，并不需要讲究用标准的语法组成一句通顺的句子，但至少要符合买家的搜索习惯，不太错乱看起来也更好接受。

图片分为动态图和详情图，6 张动态图对于移动端买家来说相当重要，移动端能展示的内容有限，图片首当其冲，成为买家眼球的焦点，有吸引力就有进一步浏览的概率。对于女装而言，图片的吸引力大小是模特图>平铺图>衣架图，模特穿在身上展现的效果图最直观，作为首图再好不过了，其余几张尽量包括正反面图、细节图。对于有多个颜色选项的裙子，我们不难发现，首图的颜色一般卖得最好，这只是买家心理原因，大概认为卖家首选推荐的颜色应该是最好看的，个性不特别的买家基本购买首图颜色的裙子。当然，卖家们确实也尽量挑选最好看的一色作为首图颜色，以增加点击率，也为选择恐惧症买家“排忧解难”。图片上最好不要添加水印或者广告语，如果不可避免，请把它最小化，加在图片左下角或者右下角，至于原因，看看打折中的产品在 PC 端和移动端搜索界面显示的区别就知道了。详情图的像素并非要特别大，足够清晰就可以了，不管高度怎样，宽度保持一致很有必要，这样详情页看起来整洁、美观得多。在图片的最后放一张原图或者买家秀，因为很多买家会以站内信要求看产品实物图，买家知道描述图多数经过了 PS 处理，让客户有心理准备，没有太大期望就不会失望，可以大大降低纠纷和差评。

关于产品和上传，需要注重的小细节还有很多，比如裙子的颜色是选项里没有的，我想大多数卖家都是随机选择一个颜色写上 As Show，然后添加对应的产品图片，其实只要稍微开动脑筋，就应该勾选一个需求量大的颜色属性。虽然匹配度低，但反正不管怎么选择都不是正确的颜色，又有什么理由不选择一个最有价值的呢？而关于买家对颜色需求量大小的经验，需要在销售过程中发现和总结。

再比如定价，地球人都知道老外的身材大都比较高大魁梧，对大码衣服是情有独钟，我进入女装行业至今，只碰到一个买家为了要穿我店里的某件没大码的裙子而努力减肥，看来其他买家也胖习惯了。3XL、4XL 尺码的销量明显比其他码大得多，特别是 S 码，可谓是百单难得一遇。而且，在老外群众的概念里，压根没有尺码大布料多价格就要贵的道理，但整个平台的价格 80%以上都有价格区间，小码比大码便宜，虽然金额相差不大，但从购物心理角度来看，多少有点别扭，人家甚至想说“我胖又没吃你家大米，凭什么买件衣服还要加钱？”相反，如果小码的价格比大码贵一点，我相信大多数买家都会喜出望外，还有什么比“占便宜”更让人有下单的冲动？前期可以放低利润引流，等到店铺流量稳定后再逐步扩充利润高的产品，关联到爆款，整体水平提高后，带动新品出单也就轻而易举了，没出过单的产品也有可能排在竞争对手出单产品的前面。产品模块关联产品也比较省事，虽然一个模块仅限插入 8 个产品，但是我们可以随时更换，让新品增加曝光和点击，不要老款设计一成不变地展现在人前，除非是很有竞争优势的爆款。如果销售的不是自己研发的专利产品，本身又不是很有价格优势的工厂，爆款的生命周期通常为几个月，小卖家必须持续更新，在进步中谋发展，想办法降低成本。

有了优质产品，对它做的就多了，结合营销活动，可以达到事半功倍的效果。店铺自主营销是最好利用的工具，特别是限时限量和联盟营销，零门槛加入，尤其对新店铺的成长百利而无一害。限时限量活动的开始时间（北京时间）在晚上最佳，细心的朋友就会发现，在实时风暴里每次活动开始时间的曝光都会出现一个峰值。我们可以这样想象，在活动开始的时候平台把我们的产品在某个网页优先展示曝光，谁的活动到达开始时间谁的打折产品排在第一，这是一个循环的过程。限时限量活动在开始时间 12 小时后、6 小时内可以编辑，我们可以早上建立一个活动，比如晚上 21 点（美国时间是 6 点/冬令营是 7 点）开始，那么在当天 15：00 之前上传的产品都可以添加进活动中。新品上传本身就有一定的曝光，再借助活动推广，可以充分让其“暴露”，下午上传的产品在凌晨出单是常事。

目前联盟营销可以添加 60 个产品，服装最低佣金比例是 5%，需要参加联盟的产品在定价之时就可以计算在内，其他非联盟产品最低佣金比例是 3%。如果是一个新店铺，强烈建议开通联盟，算是前期成长的免费利器，期初的联盟流量和订单可以占据整个店铺的 50%以上，按照最低佣金比例设置的话，最终扣除的手续费大概是 4.5%。也就是说，我们上传产品时除了计算系统手续费 5%以外，可以再加上联盟费 4.5%，或者 5%也无关紧要，等店铺稳定发展之后，自然流量会慢慢超越联盟，扣的佣金也就降低了，投入产出比还是相当可观的，没必要再把联盟关掉。毫无疑问，再结合全店铺打折活动效果更佳，服务等级非不及格店铺每月活动数量是 20 个，可以设置每次活动时长为 1~2 天，既不浪费资源，又让买家有紧迫感，给买家“此时不下手更待何时”的冲动心理暗示。

推新品造爆款的最得力助手还要数平台活动和直通车，其中最给力的是平台活动，只要能报名的活动都去报，再不济的效果也比店铺活动有效，如果参加上团购，活动一天就等于打造出一个爆款了。一个好的店铺，爆款是必备的，越多越好，有些爆款甚至可以占据全店流量的 50%，一定要精心呵护，严格把关，一旦失去最给力的爆款，就会有一种“家道中落”的感觉。上过平台活动的新店（每天单量个位数的），活动结束后基本可以持续每天 10 单以上，再每天更新加店铺活动，半个月内变成每天 30 单左右不是问题，接下来就是 50~100 单，这是个人操作的店铺进程，如果是团队，那么进步效果更迅猛。

至于直通车，是一个点击付费的营销工具，用的人就相对少一些，但只要应用得体，就绝对是如虎添翼的特效。具体的操作方法可以参考 5.1 节。

一个刚上传的产品，由于同步原因，当天并不会展示在店铺里，但买家还是可以搜索到。这就意味着虽然我们自己找不到产品，但是浏览该产品的网址还是存在的，我们可以通过点击限时限量添加产品时看到的产品标题跳转到产品下单界面（见图 7-9）。找到新产品的网址后，当然不是只为了看看而已，而是要顺手在各大社交网站分享（见图 7-10），也可以喊上“粉丝们”一起分享。目前不管是收费还是免费的翻墙软件都比较多，我个人一直习惯用天行浏览器，除了自带的翻墙功能外（默认美国 IP），还有一些其他应用，例如淘同款、小乐图客等，功能比较强大，用起来也比较顺手，而且还是免费的。

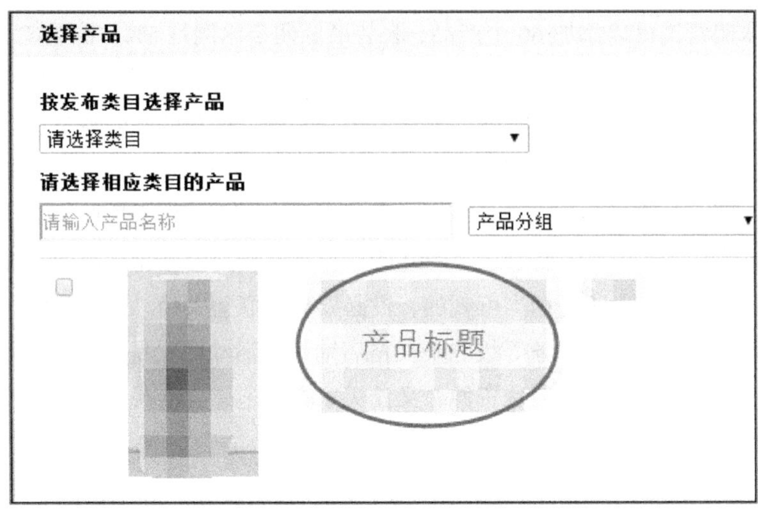

图 7-9

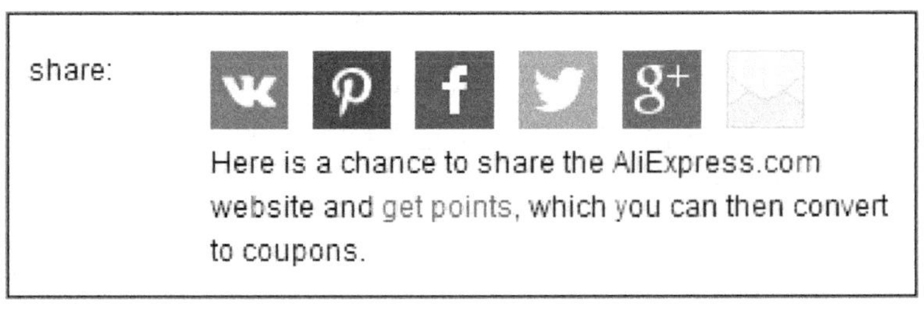

图 7-10

既然墙都翻了，不玩 SNS 都感觉对不起翻墙软件，当新浪微博来玩就可以了，定时更新，多跟其他网友互动，全体员工“强强联手”就更不用多说了。除了分享图片和网址外，制作视频宣传产品是最具影响力的。总之，这是一个日积月累的过程，必须坚持到最后，具体玩法 5.3 节有详细介绍。

一个产品的销量能不能上来，除了与上传时的技巧和后期的推广有关外，产品本身还是占主要原因。换言之，款式问题，官方点说即选品，尽量往欧美风格靠拢，特别是明星同款，多关注时尚杂志、T 台走秀等服装，了解最新的流行元素和设计，如果是定制型礼服，相似度在 80%以上得到好评的概率才大。求好评的方法除了产品本身质量过硬、时效稳妥、服务周到外，送小礼物也是屡试不爽的小妙招，不过礼物以小巧轻便（降低物流成本）、中国特色的为主。简而言之，要送得有新意，这样即使产品并不让客户觉得完美，但在心理上也得到了弥补，不会吝啬赏你个好评。选品可以参考数据纵横，了解买家本土特色，参考其他跨境平台等。据统计和个人经验总结，老外更喜欢长裙，Mini 裙经常会被嫌弃太短，尽管在描述里已经清楚地写着裙长，但是客户还是会在评价反馈时理直气壮地抱怨，其他方面都 OK，唯独裙长差强人意，往往本该得全五星的却只能得到四星，竟让卖家们无言以对。在颜色方面，偏爱黑白搭配，或者五颜六色眼花缭乱的。值得一提的是，中国特色的青花瓷色系也备受欢迎，豹纹像是全球通用，每国客户都可能购买，此类客户群年龄偏成熟，纯色的裙子不太招人眷顾。图案喜爱拼接、印花、动物、植物，3D 效果图案更有魅力。装饰以蕾丝、钉珠、亮片、腰带为主。风格主打休闲、时尚和性感。

除此之外，还需要注意运费模板的设置。大多数卖家都选择小包包邮，而不包邮的专线和快递等运费设置合理可以增加不少订单，比选择小包包邮的利润多出许多，又降低了物流不稳定的风险，只需要注意一下个别清关不方便的国家，会选择快递的买家也基本是在清关畅通无阻的国家。部分买家购买服装是为了在某些特殊节日和场合穿的，比如生日、婚礼、宴会等，挑选的服装也相对高档，并不在乎多出十几二十几块的运费。欧洲国家 RPX 专线比较实惠，而且时效与 DHL、Fedex 相当，只要客户没有特别强调，运输不出意外，告诉客户一声，换成 RPX 不是问题，一不小心又多出几十块的利润毫无压力。

总结：上传优质产品是前提，不要怕耽误时间，不要觉得烦琐，基本上越简易完成的事情意义越小，宁可花 1 小时传 1 个产品轻松出 10 单，也不要花 1 小时传 10 个产品出 1 单，只要细节做到了极致，离成功也就不远了。能否注意到别人忽略的细节，并不是聪明不聪明的差别，而是用心没用心的区别。免费的活动和海外推广、该烧的广告费、一切能增加流量的渠道都充分利用起来，别人玩的你在玩，别人不玩的或者不会玩的你也在玩，那你就赢了，出其不意才能脱颖而出。产品本身的特色是决定销量的关键因素，走在潮流的前沿，不断地更新，加上专业周到的服务，是店铺持续和长久发展的制胜之道。

7.3 童装行业营销案例

随着俄罗斯等母婴产品重点潜力国家的经济复苏，母婴产品在平台上的买家需求也越趋旺盛，童装属于母婴产品的重要一部分，增长趋势尤其明显。但是对于童装来说，购买者通常都是孩子的妈妈，她们更关心的是产品的质量，比如产品是否有质检报告，穿起来会不会对小孩身体有害等。因此我们做童装营销时，要挖掘出产品的核心卖点，甚至一些创意故事来打动购买商品的妈妈，这样可以大大提高产品的转化率以及客户的黏性。

接下来，我们将通过选品策略、定价策略、促销策略、服务策略这四种营销方式和大家分享如何做好童装营销。

7.3.1 选品策略

由于速卖通面对的是国外的终端消费者，他们更关心的是产品的质量，换句话说，就是这件衣服是否对小孩有害。因此，为了店铺的长久运营，童装可以尽量选择棉、麻、桑蚕丝等天然纤维面料的。这类童装由于原料的天然特性，对儿童娇嫩的皮肤无刺激性，更受买家欢迎。这也是平台未来扶持的一个趋势——优先扶持优质的产品。在尺寸方面，大家可以尽量选择偏大码的童装，大码的童装在目前的速卖通市场上需求量特别大，但是要注意的是，在选品的时候，尽量选择欧码的童装产品。曾经有个卖家朋友，他的童装在国内销售得比较好，但是放到速卖通上面销售，却引来无数的纠纷。究其原因，就是不了解速卖通的规则，拿中国尺码的童装去卖给国外客户，客户收到货后，小孩穿着都不合适，所以都以尺码不符提出纠纷退款。所以大家在尺寸选择方面，尽量要选择欧码的童装，或者适合国外销售尺寸的童装。在童装款式方面，可以选择国外最新电影、卡通图案或者设计等，但是要注意是否会涉及侵权。至于在速卖通上面具体如何选品，这里就不赘述了，因为有专门的章节来介绍童装选品具体的每一步。最简单的选品方法就是把相关产品放到买家搜索页面进行搜索，观察整个速卖通市场的销售情况。

童装选品是速卖通最基础的工作，希望大家能把足够的时间放到选品上，并且重视它。把产品选好了，会事半功倍，速卖通能够快速地提高销售额，对后续的定价策略、促销策略、服务策略都会有比较大的帮助。

7.3.2 定价策略

在速卖通的营销策略中，可以说定价策略是最痛苦与最危险的策略，需要在决策前做大量的调研工作。从定价的主要目的上看，定价策略主要有三种。

一是新品上传时候的定价策略，其目的在于快速地打进速卖通市场，提高该产品的销量与市场占有率。采用这种策略时，在上传新品的时候，需要提前做好速卖通市场调研，调研该产品在速卖通上的市场需求、转化情况，最好的办法是看后台的数据纵横工具来分析该产品是否可以采用这种定价策略。每个产品都采取引流款的策略是不可行的，必须要在选好品之后，再做这种定价策略。当然也要调研同类产品在速卖通上的平均销售价格和最低销售价格，在平均销售价格和最低销售价格中间采取一个利润可接受的价格，作为上传产品的产品价格。由于此定价策略以高市场占有率为主要目标，利润反而退为次要目标，所以采用这种策略需要衡量自己的资金投入。

二是价格管理策略。价格一经确定后，仍要设定“收放自如”的弹性管理策略。平时要经常进入到买家搜索页面，观察同行竞争对手的销售价格，通过打折来控制销售价格，在价格较低时，设置折扣可以限定数量，通过一定的低价格的销售数量来提高该产品的转化率，从而提高搜索排名。如果平时打折过低，导致 90 天均价过低时，也可以通过运费模板来调和价格。比如平时的邮政小包是全部包邮的，当价格过低时，可以考虑部分包邮，从邮费当中争取一点利润，从而不至于价格越打越低，利润越来越少。当然，如果想提高 90 天均价，最好的办法就是提高该产品的售卖价格，比如可以让该产品以原价放置一段时间，不一定需要有成交，一段时间之后，该产品的 90 天均价自然会提高，从而有利于后续的营销。

三是价格竞争策略。在做速卖通营销的时候，一定要管理好自己的价格和竞争对手的价格，要不然就容易陷入“恶性价格竞争”的泥潭。一味的低价，任何一个公司或者企业都是无法承受的，因此价格竞争策略就要合理地利用好。在初期上传产品时，为了让该产品能快速地提高搜索排名，这种策略可以采取一段时间。但是要注意的是，我们采取的低价策略的产品，或者用速卖通通俗地话来说，叫作引流款的产品，由于已经是接近零利润或者负利润的，因此在这个产品的详情页中定要关联与这个产品类型相同，而且是有一定利润的产品。当我们通过价格提高了该产品的搜索排名，排在速卖通买家搜索页面的首页之后，一定要及时调整价格，争取利润。速卖通的价格策略并不是固定不变的，要随时观察市场的整个价格变化，随时采取对应的价格策略来提高店铺的销售额。当然，并不是所有产品都适合使用这种价格策略，采用这种引流款的价格策略，一定要多观察速卖通数据纵横的商品分析工具和搜索词分析工具，在确保该产品在市场上有一定的市场占有率的情况下，采取这种引流款低价策略比较有效果。当然，也可以把该产品放到买家搜索页面进行搜索，观察该产品在速卖通市场的销售情况、转化率和价格区间。通过这种定价策略，可以快速地把一个产品打成爆款，通过一个爆款带动一个关联的爆款，从而快速地提高整个产品的店铺销售量。一个童装店铺，要想在速卖通市场上有一定的占有率，就一定要有一个或多个爆款。当然，爆款越多，店铺的流量就越多，店铺的销售额就越高。所以，要想做好童装店铺，最好的办法就是采取定价策略快速地打造店铺的爆款。当然，要想做好童装店铺，单单靠定价策略还是不行的，还要学会每天观察店铺热销款的产品排名、抢占热搜关键词的搜索排名、时刻关注和自己在同一页面的相同产品的竞争对手的价格，只有知己知彼，才能百战不殆！

7.3.3 促销策略

7.3.3.1 平台活动

大家都知道平台活动的流量非常大，所以做促销，当然少不了平台活动。由于平台活动的高转化率，一直是卖家朋友喜欢的一种营销方式，做童装营销也不例外。很多时候，一个产品在一个活动当中的高转化，就可以直接带动该产品的搜索排名。在转化为王的情况下，平台活动不失为一个快速抢占搜索排名的利器。现在速卖通平台活动大概分为这么几类：Daily Deals 活动、团购类活动、无线端活动和大促类活动。特别是大促类活动，是平台投入重金去做的一类活动，我们更要积极地参与其中。具体的关于如何申报这些活动，因为有专门的章节阐述，这里也不赘述了，大家可以去参考相关章节中关于这些活动的规则。要想做好童装店铺，这些平台活动必须要参加。当然，大家也要根据自己的店铺利润度量力而为。

7.3.3.2 联盟营销

联盟营销有 60 个产品可以作为主推产品进行推广，一定不能浪费了这些资源。只有把多种营销方式都用到一个单品上，才能给单品聚集大量的流量，所以一定不能忘记联盟营销。很多卖家朋友的联盟订单占比高达 50%以上，曾经有部分卖家朋友觉得联盟不可靠，尝试着关闭了联盟营销，结果订单量锐减。这正说明了联盟营销的重要性。尤其是当我们去主推一个产品的时候，联盟营销是非常重要的一种营销方式。对于联盟营销的主推产品，也是一个不停测试的过程。我们把主推产品加入联盟营销，观察一个月，出单效果不好的，立刻换为新产品。通过这样的周期测试，最终确定联盟产品都是能为我们带来订单的产品。

7.3.3.3　橱窗推荐营销

说到橱窗推荐营销，大家都开始感叹橱窗推荐的数量变得非常少了，甚至很多卖家朋友都没有橱窗推荐。其实现在速卖通平台的橱窗和店铺等级有直接关系，这说明平台越来越重视优质产品、优质服务的店铺。只要你的产品是优质产品，你的店铺服务是优秀的，就可以获得橱窗奖励，从而直接提高产品的搜索排名。

由于橱窗的数量大大减少了，所以橱窗产品的效果也会比以前更大。经过测试发现，使用橱窗推荐的产品排名可以直接到大流量、竞争大的关键词前两页。可想而知，橱窗推荐对整个营销体系来说多么珍贵，特别是对于打造爆款来说，橱窗推荐的爆款可以快速地提高搜索排名，从而提高爆款的转化率。但是橱窗推荐的有效期时间只有 7 天（橱窗推荐的数量可以累积），所以我们更要合理地使用好橱窗推荐，为营销锦上添花。大家可以想象一下，如果你有 4 个橱窗推荐，一个单品可以连续排在前两页一个月的时间，这将是非常大的优势。优秀有 3 个橱窗推荐，良好有 1 个橱窗推荐，及格和不及格没有橱窗推荐。服务等级还未及格的卖家，更要努力了。我们要积极分析导致不良体验订单的来源，控制好不良体验订单的发生，从而提高店铺的服务能力，获得平台对橱窗的奖励。

7.3.3.4　关联营销

在流量越来越碎片化的今天，我们更应该珍惜每一个进到店铺的流量，让流量的使用最大化。除了客服要做好售前导购外，详情页也承担了店铺的分流作用。当买家浏览完主图、产品属性细节后，接下来的位置就堪称黄金广告位。如果能很好地利用这个位置，就会为我们的新品以及主推款带来非常大的流量。那我们该如何去做呢？此时，关联营销将会变得非常重要。我们应该如何做好关联营销呢？说到关联营销，就一定要说说自定义模块的使用。如果你还在使用系统自带的关联模块，那就 Out 了。我们可以通过新建自定义模块，在自定义模块中加入我们要推的产品或者加入最近店铺中的一些活动信息，然后将自定义模块加入每一个产品的详情页顶部。这样只需更新自定义模块的内容，产品详情页的内容就会自动更新。我们在使用信息模块的时候，可以清晰地标明每一个模块的使用方式。不同的类目添加不同的自定义模块，让进入到店铺的流量可以分散得更开，从而提高店铺页面的访问深度。首先准备一张 950×450 的海报，这张海报应具备新款、价格、折扣这些吸引客户点击进去的吸引点。然后为这张图片加入超链接，链接到这个单品的页面。大家一定要用好这个免费的黄金广告位，从而为我们需要主推的产品带来大量高质量的免费流量。做了关联营销的同时，我们还需要重点结合商品分析来了解关联营销的效果，及时调整关联营销策略。

7.3.4 服务策略

童装属于服装类产品，尺码、色差、质量等问题会有很多，这就要求我们要有专业的客服来处理这些日常问题。由于速卖通属于跨境贸易，客户比较关心的是，这个产品有没有货？你们什么时候发货？我什么时候能收到货？我的小孩多高，这件衣服的尺寸会不会合适？……这都要求我们的客服必须对产品足够熟悉，对跨境物流整个板块的掌握足够熟练。正常的，新人加入团队，我们都会对他们进行专门的产品培训和跨境物流培训，因为只有客服懂了，他们才可以更好地服务于客户。优质的服务是做好电商的基础，而在速卖通上，优质的客服是做好速卖通的基础！

比如，当买家光顾店铺，询问产品信息时，我们的客服就要和买家打招呼，要亲切、自然、热情，尽量在初步沟通时就把产品介绍清楚。例如：Hello, Dear Friend,Thanks for your visiting to my online store…If you can not find anything you like, you can tell us, and we will help you to find the source! Thanks again.

或者，买家下单后，我们的客服要立刻跟进，并告知客户接下来将如何处理。例如：Thank you for buying from my online store,we will ship it out within 2 days. If there is any further problem,-please feel free to contact us.

发货之后客服要及时告知客户，货物离开中国、直飞买家国需要多长时间、跟踪号码、包裹网站查询地址。例如：Thank you for your shopping with us. We sent out the item you bought from us the first business day after payment. The tracking number is XXXX.Normally the post office will take 2 or 4 working days to handle the parcel's tracking information and Customs Declaration, then it will be available on this page:http://www.17track.net.If you have any question, please connect with us.

……

培养一个专业的客服，对于提高整个店铺的销售额来说相当有帮助。比如，现在很多卖家朋友抱怨速卖通的订单付款率很低，如果我们有专业的客服，能执行“三段催款法”，订单的付款率马上会有大幅度提升。“所谓的三段催款法”就是，① 当买家下单后，客服要在一分钟之内，马上给客户发送一封站内信，告知客户是否有货。② 一个星期之后，客服给客户发送第二封站内信，告知客户，我们已经为他准备好货物了，但是货物现在不多了，向客户确认是否还需要？如不需要，将会发给其他客户。这样的措施，可以增加客户的紧迫感，增加付款的可能性。③ 在付款时间即将过了的时候，客服要给客户发送第三封站内信，给客户一个温馨提醒，告知客户，如果再不付款，这个订单就要取消，他就不可以再购买这个产品了，给客户造成一个最大的紧迫度。正常的，如果客服能对所有的订单坚持三段催款，我们的店铺销售额将会大幅度提升，这充分说明了客服的力量。客服不仅仅对销售额有较大的帮助，对售后纠纷更加重要。比如，这段时间很多卖家朋友抱怨物流在途中的纠纷特别多，特别头疼。其实如果售后客服能跟进订单，80%物流途中的纠纷都是可以避免的。售后客服要做的就是，对每个未确认收货的订单进行一次查询，还没有 delivery 的订单，全部自动为他们延长收货时间，这可以大幅度减少纠纷。因为客户未收到货，而收货时间又即将过了，如果他们不提纠纷，订单的款项就会自动打给我们。所以站在他们的角度，对于未收到货的物流纠纷，他们是不得不去提，所以为了我们的店铺等级和减少纠纷率，这就需要专业的售后客服去处理这个事情。所以说，我们的客服要服务好客户，通过服务策略来减少纠纷和提高店铺的销售额！由于国外客户的时间和中国不一样，负责客服的同事尽量晚上都在线，提高沟通的及时性。如果人力充足，要安排专人进行售前、售后的客服，把每个细节做好，才能快速地提高店铺的销售额。

7.3.5 结论

关于童装如何做营销的内容到此就介绍完了。我们一起学习了如何通过选品策略、定价策略、促销策略、服务策略去做好童装店铺。也重点阐述了促销策略，通过平台活动、橱窗推荐、联盟营销以及关联营销等几大营销方式讲解了如何综合运用店铺营销工具。当然，只有熟练地综合运用店铺营销方式，才能真正提升店铺的竞争力。当然，还有很多其他的营销方式，比如老客户营销、店铺首页营销、店铺自主营销等，这些依然非常重要，此处不再赘述。同时注意每一个细节，比如旺旺及时响应，买家下单立即催款等，来提升店铺的服务能力和竞争力。总而言之，时刻提升自己店铺的内功，分析我们的产品受众，挖掘出童装的核心卖点，注意每一个细节，才会让我们的店铺发展顺风顺水。

7.4 3C 行业营销案例

本节介绍 3C 电子产品在速卖通上营销的方法，首先从基础的概念着手，然后介绍常规的营销方法，最后讲解整体营销思路。

鉴于电子产品多为标类产品，在营销方法上与其他非标类产品有着本质的不同。所以，各位读者如果发现这套营销思路不适合自己的产品线，请不用担心，本节旨在以 3C 电子产品为例来说明一整套营销的思路，以供主营电子产品和其他非电子产品但同样是标类产品的卖家朋友参考。

7.4.1 3C 产品基础情况介绍

7.4.1.1 3C 产品的定义

什么是 3C 产品？

3C 产品，通常理解为与计算机（Computer）、通信（Communication）和消费电子（Consumer Electronics）相关的产品。3C 取义于这三个英语单词的首字母。现实中，在电商圈里并不狭义地限定范围，广义上的 3C 产品可以理解为与电脑、通信或者科技类相关的小型电子成品的统称。

3C 产品主要对应哪些类目？

在速卖通平台上 3C 产品主要是指如下类目下的产品。

- 一级类目电脑和办公；
- 一级类目消费电子；
- 一级类目电话和通讯；
- 部分其他一级类目下对应的部分二级类目，例如一级类目安全防护下的二级类目监控器材等。

7.4.1.2 3C 产品的特点

3C 产品的主要特点是：标准化、客单价高、带外包装。

（1）标准化

3C 产品的标准化是指这些产品通常带有品牌和型号（或者只有型号），一旦确定了具体的品牌和型号就能对应到具体的产品。因为这个特点，3C 产品可以视为典型的标类产品。

买家搜索某个品牌和型号，显示出来的搜索结果售卖的都是同一款产品，区别仅在于各个卖家店铺所提供的价格、物流和售后服务等方面的不同。

（2）客单价高

3C 产品的客单价高是相对于其他类目的产品来说的，尤其是在速卖通平台上，经过加工或者有着科技附加值的电子产品往往动辄几十上百美元，这与平常订单量很大的服装、饰品等日常消费品有着本质的区别。

（3）带外包装

3C 产品普遍带外包装，是因为电子产品大多“脆弱”。不但产品外壳容易刮伤、划伤，产品内部的焊点、触点更是在运输过程当中非常容易受损，内有电路板的产品则更需要保护。所以，电子产品普遍带外包装，而且外包装的重量往往大于产品本身的重量。除非特别想节省运费，否则在打包的时候最好不要扔掉外包装，因为电子产品的外包装往往是为这个产品定制的，可以很好地保护产品，如果发运手机之类带屏幕的产品，则还需要另加保护。

但数据线、转接头之类耐摔的产品在包装上就不那么讲究了，直接用一个塑料袋甚至 PE 袋就足够了。

7.4.1.3　3C 产品在速卖通上的售卖特点

3C 产品在速卖通上的售卖特点是：SPU 标准化（目前只有部分产品适用）、价格较为透明、价格调整非常频繁、店铺活动吸引力不大、产品生命周期短。

（1）SPU 标准化（目前只有部分产品适用）

SPU 标准化是指部分类目的产品已经开始了 SPU 共建。关于这一点手机产品线走在最前面，例如搜索 Lenovo P780，会在搜索结果页面最上方出现 Lenovo P780 的信息，包括产品图片、产品型号、主要参数、近期均价等，如图 7-11 所示。

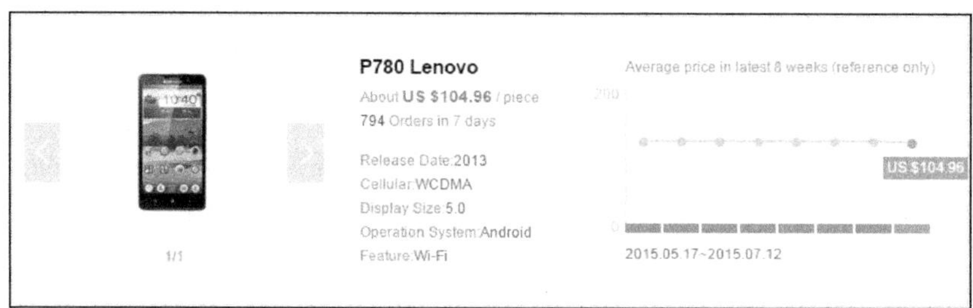

图 7-11

SPU 标准化在卖家端体现为：

对于已经做了 SPU 共建的品牌，卖家在发布产品的时候可以使用现成的参数。比如发布联想手机时可以有众多型号供选择，如果选了 P780 则无须再要卖家确认参数，因为这个 SPU 已经建好。这样可以方便卖家快速发布产品，同时可以避免卖家上传产品时不小心把参数弄错。

对于还没有做 SPU 共建的品牌，可以由该品牌授权的卖家在后台申请 SPU 共建。一个店铺只能申请一个品牌的 SPU 共建，如果申请成功，该店铺有义务第一时间发布该品牌新型号产品并确保该型号各项参数准确无误。

因为电子产品种类繁多，各种型号犹如浩瀚星辰，所以目前并不是所有产品都做了 SPU 共建，这项工作会慢慢铺展开来。现阶段平台上主要售卖的还是没有做 SPU 共建的电子产品。

（2）价格较为透明

价格较为透明是标类产品的特点，因为大家卖的东西都是同一个型号，拿货的价格相差不到哪里去，再加上平台的手续费都是五个点，只要不是做了特别多的推广占了推广费用，一般情况下，各个卖家在平台上的售卖价格都极为相近，甚至基本相等。

再加上平台搜索比价非常容易的天然特性，一个产品的底价甚至裸价很容易被找到，销售价格极为透明。

（3）价格调整非常频繁

一般情况下，带芯片的电子产品的生命周期在半年到两年之间不等，比如 MTK 手机四核替换双核用了一年半时间，八核替换四核只用了半年多时间。

并不是说新的芯片出来了之后旧芯片的产品就卖不动了，旧芯片的产品因为价格见底的原因依然有市场，只不过没有新芯片那么火爆和有利润而已。

与手机类似的还有其他的产品线，比如行车记录仪，也是新旧交替非常频繁的品类。

新产品上线之后利润较高，往往伴随一个较长期的降价时间段，每个月降一点价，甚至每个星期、每天都有可能调价，直到降到稳定的低利润。在这个降价区间里，价格变动非常频繁，反映在平台上就对应着业务员调整售价非常频繁。

（4）店铺活动吸引力不大

店铺活动吸引力不大是相对于非标类产品来说的，因为平台上卖同款电子产品的卖家多得是，极有可能出现同样型号的产品某店铺打折之后的折后价还低不过其他卖家不打折的折前价。

客户在搜索结果页面一眼望穿，折不折价格都摆在那里，不出单的打折反而变得很尴尬。如果不是为了平台活动而特意做“营销款”，一般情况下，电子产品打折和不打折从转化率的角度来看效果是差不多的。

（5）产品生命周期短

产品生命周期短也是电子产品的一大特点，尤其相对于服装行业里的“经典款”来说，在电子产品里面要找出一款永恒经典产品难于登天（数据线、转接头之类的除外）。

与芯片相关的产品，会随着上游芯片厂家更新换代而升级，其中以手机为典型代表，一款手机的生命周期通常在一年左右，超过两年的都很少见。

拥有自主知识产权的产品，也有可能随着厂家经营方向或者产线安排而停产或者暂停生产，以各种私模行车记录仪、安防器材为典型代表。

与大牌相伴相生的产品，会随着大牌产品更新换代而换代，例如为 iPad 一代开发的蓝牙键盘皮套等。

7.4.2　3C 产品常规营销方法

鉴于电子产品高客单价、同质化严重、价格透明、竞争相对激烈的特点，要想在平台上脱颖而出就必须付出更多的努力。万丈高楼平地起，任何营销的方法论都建立在完善了基础工作的前提下，脱离基础工作谈营销，甚至一上来就大谈特谈营销是不切实际的。做电子产品的卖家必须脚踏实地、扎扎实实地做好每一个细节，把根基打稳，才能进一步做营销。

根据以往经验，把产品上架只是卖电子产品的第一步，上架之后才是营销过程的开始，而平时所说的店铺自主营销活动和平台活动也仅仅是电子产品营销过程当中的一环。再加上电子产品国外小 B 类客户众多的特性，能适用于每一位卖家朋友的常规营销方法应该是这样的：Listing 优化—报价单准备—老客户推荐—营销活动。

7.4.2.1 Listing 优化

速卖通上每一个产品都有一独一无二的 ID，同样，每一个产品都对应着一个独一无二的链接，这种产品链接圈内人俗称”Listing”。

除了价格和套餐信息，几乎每一个 Listing 都可以精细化加工的地方有这么几处：6 张动态图、标题、系统参数和详情页。

（1）6 张动态图

现在在速卖通平台发布产品的时候可以上传最多 6 张动态图，这 6 张动态图也叫 6 张主图，但习惯上一般把 6 张图片的第一张称作“主图”。

目前电子产品不像服装箱包行业那样有明确的主图规范指导，但我们可以结合服装箱包行业的指导和电子产品的特性，总结出一套适用于电子产品的 6 张动态图的选取、摆放规则。归纳起来，可以得到如下结论。

6 张动态图的摆放次序是，正面、侧面、侧面 2/细节 1、细节 2、配件/细节 3、包装。

如图 7-12 所示，这是一组典型的手机 6 张动态图的摆放，分别是正面、侧面、细节一、细节二、细节三和包装。

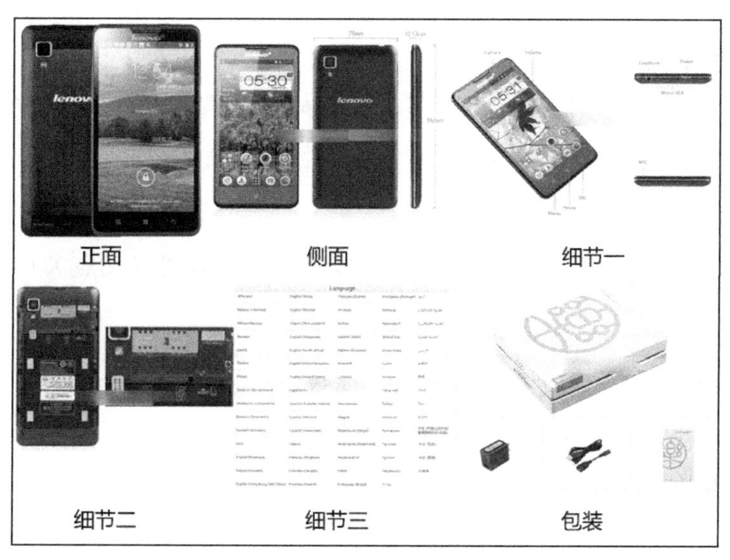

图 7-12

一部手机可以拍摄和选取的图片很多，为什么要选取这几张图片并采用这样一种方式来排列呢？

第一张主图显示了手机正面，让客户一眼就能看到这是自己想找的那款手机；

第二张、第三张图片反映了侧面和底部的细节，把一部手机常用的按钮和接口直接展示出来；

第四张图片展示了内部 SIM 卡插槽数量形状和适用的网络类型、内存卡插槽以及入网许可；

第五张图片展示了这部手机支持的语言种类（这张图片极具杀伤力，直接戳中客户内心）；

第六张图片展示了产品配件和外包装。

仔细观察不难看出来，这几张图片完整地反映了这部手机的全貌。

而且，如果客户用无线端查看这个 Listing，光看这 6 张动态图就足够下定决心购买了，根本不需要再看详细描述浪费流量。

如果报名平台活动，第一张白底无水印的纯产品图片也有利于增大入选平台活动的几率。

（2）标题

电子产品通常有品牌名和具体型号，而且品牌名和型号往往是搜索关键词，所以在写标题的时候可以遵循一定的规律。

一般建议按如下这种风格写标题：

（个性化修饰）、产品品牌、型号、相关搜索词、基本功能（卖点）、（个性化修饰）

例如：

Original Lenovo P780 Cell Phones MTK6589 Quad Core 5" 1280x720 Android 4.2 Gorilla Glass1280x720 1GB RAM 8.0MP 4000mAh Battery

个性化修饰：Original

产品品牌：Lenovo

型号：P780

相关搜索词：Cell Phones MTK6589 Quad Core

基本功能（卖点）：5" 1280x720 Android 4.2 Gorilla Glass1280x720 1GB RAM 8.0MP

个性化修饰：4000mAh Battery

（因为4000毫安时的电池在手机里算绝对的大容量，所以放在最后修饰以突出显示。）

（3）系统参数

系统参数的完整度往往是绝大部分卖家忽略的，大多数卖家在发布产品的时候都无视系统的提示，我行我素，经常是错了都不知道错在哪里。

如图 7-13 所示，在发布产品的时候系统提示“该产品所在类目下优质商品的属性填写率为 78%”。这里的属性填写率是从系统属性填写完整度来判断的，与自定义属性无关。

1. 产品基本信息

产品属性：当前产品的属性填写率为88%，该产品所在类目下优质商品的属性填写率为 78%，完整且正确的产品属性有助于提升产品曝光率！

系统属性中没有合适的属性或者属性值？点此提交

图 7-13

我们怎么看待系统提示的数值？注意看后面的一句话，“完整且正确的产品属性有助于提升产品曝光率!”可以这样理解：平台的资源是有限的，优先分配给“完整且正确填写了产品属性”的产品。

所以，在编辑产品的时候一定要让产品的系统属性填写率高于系统提示的“优质商品的属性填写率”，要是能做到百分之百就更好了。

（4）详情页

众所周知，发布新产品的时候是先用英语发布到主站，如果之后不对目前平台支持的小语种进行编辑的话，小语种客户访问到详情页看到的就是平台用翻译引擎将英语自动翻译过后的结果。这种翻译只能翻译文字，不能把图片上可能存在的英语单词也翻译出来，所以，如果图片上有英语单词对小语种客户的体验是很不好的。

基于客户体验的角度出发，目前有两种比较流行的解决方案，一是图文分离，即图片就是纯产品图片，不带文字；二是图片上有英语单词的同时也打上小语种文字。推荐使用图文分离的方法，因为可以极大地减少工作量。如果产品主要客户集中在某个区域，例如集中在俄语语系，则可以考虑在图片上加上俄语文字。

电子产品的详情页布局可以参考图 7-14 所示的格式。

图 7-14

顶部关联营销信息模块：这一部分推荐用 Photoshop 和 Dreamweaver 切片再编辑源代码的方式做。

产品标题：重复一遍产品标题，让客户知道自己购买的是什么产品，标题往往包含关键词，在详情页里重复一遍也有利于站内 SEO。

简要描述：这里主要提炼一些电子产品的卖点，吸引客户眼球。

效果图、实拍图：这两种图片最好都有，如果只有效果图而没有实拍图，则会给客户一种不信任感，让他们不敢下单。

参数说明：电子产品往往每一款都或多或少有一些参数，这里推荐用文字或者表格形式的，而不要用截图的方式，因为截图不能被自动翻译成小语种。

正/仿品对比、授权证书：这两块不是必需的，如果有，就更好，没有也没关系。

库存照片：库存照片也不是必需的，如果有，则可以增加客户下单的信心。

配件信息：这一块其实比较重要，因为电子产品往往包括相关配件，把包括哪些配件写出来，可以增加客户下单的信心。

底部物流说明信息模块：这一部分建议用文字形式的，因为文字可以自动翻译成小语种。

7.4.2.2 报价单准备

电子产品的报价单分为两种：一种是 FOB 报价单，即不包含运费的纯产品报价单，这种报价单上面的价格往往很有优势，通常用来吸引批发客户；另一种是 Drop Shipping 报价单，这种报价单往往包含产品和小包运费的报价，这种报价单是为国外的网店主们准备的，他们的客户在其网店里下单，然后他们再在我们的店里下单，我们再发货给他们的客户，这个过程就叫作 Drop Shipping。

产品发布完成之后，为什么要做报价单呢？不光是为了满足上述两类客户的需求，报价单也是我们自己熟悉自家产品的一个工具。通常只需要将店铺里有优势的产品或者某个、某几个大类的产品做到报价单上就可以了，不需要将店铺里的所有产品都做进报价单，那样会很累，而且没有必要。

做报价单不光要包括公司信息、产品信息、店铺信息，更重要的是要把产品链接直接做进去，让客户可以通过点击直接进到我们的产品页，从而不浪费点击和流量。

如果报价单上有公司地址和固定电话就更好了，则能更加强有力地增加客户询盘下单的决心。

报价单哪种格式好？

现在流行的报价单有.xls/.doc/.pdf 几种格式，到底哪种格式更好呢？一般认为.pdf 格式的更好。因为从.xls 或者.doc 格式转换成.pdf 格式的文件之后，不但可以保留原来的排版格式，而且还可以保留产品链接。这样既可以防止辛苦编辑的报价单格式被别人轻易套用，又可以保留自家产品链接给客户点击。

7.4.2.3 老客户推荐

在跨境电商圈里把客户分为 4 类：A 类、B 类、C 类和 Drop Shipping 客户。

A 类客户：做过大单的客户，尤其是通过我们联系工厂做大批发单的客户。

B 类客户：每次采购几十件或者十几件的小批发客户。

C 类客户：下零售散单的客户，俗称“散户”。

Drop Shipping 客户：自己开网店让我们把货直接发到他们客户那里去的客户，他们自己偶尔也下小批发订单。

在速卖通上以 C 类客户居多，B 类客户也很常见，Drop Shipping 客户极难碰到，A 类客户凤毛麟角。

几乎所有的平台都会把出单速度作为搜索排序的核心因素考虑，出单越快、出单越猛，搜索排序就越好。所以，新品发布之后如何利用好手上的众多客户成了平台上竞争的重点。

如果手上有 Drop Shipping 客户，自不用多说，可以很好地给他们推荐产品，甚至直接把新品的产品图片、参数说明等资料发给他们。

如果没有 Drop Shipping 客户就没办法操作了吗？很显然不是。我们要好好利用手上的 C 类、B 类客户，尤其是 B 类客户。

老客户都是需要唤醒的，新品上来以后，那些需要体验新产品性能的 C 类客户、那些需要用新品充满他们店面的 B 类客户都需要我们主动关怀。用任何可以使用的方式去联系手上的客户，争取尽快多出几个散单、批发单，当甩开自然搜索第二名三五天销量的时候，再请已经对这个 Listing 下过单的客户反复下单，提高复购率（也叫返单率），直到甩开自然搜索第二名一个星期的销量，方可高枕无忧。

7.4.2.4 营销活动

经过前期的上新品、老客户推荐等一系列操作，我们的 Listing 应该在平台主要售卖国家都有销量了，此时就可以考虑报平台活动了。

在报平台活动之前要注意如下几点。

- 详情页针对平台活动的价格进一步优化，突出活动价格的“绝无仅有”；
- 详情页关联营销进一步优化，提高客单价，提高转化；
- 店内其他产品通过关联营销引流到活动款的更新准备；
- 店铺 Banner、滚动横幅等区域为活动款做好更新准备；
- 旺旺个性签名、旺旺自动回复、邮件签名等细节为活动款做好更新准备。

鉴于电子产品平台要求的折扣非常低，即使是前期特意做了“营销价”也有可能在报平台活动的时候面临亏本。所以，在报平台活动这一点上要慎重考虑，要平衡亏损和整体利润的关系，也要预估活动引流之后的整体转化。

那么，是不是每次平台活动都由我们卖家硬扛可能出现的亏损呢？当然不是！

平台活动意味着大曝光、大流量，越大型的平台活动越有价值，例如双十一大促。这也是产品和品牌曝光的绝佳机会，也是品牌商的一种变相广告。

我们完全可以拿着平台活动资源去和品牌商洽谈，争取双方共同承担可能出现的亏损，就当作营销费用。例如，双十一某分会场秒杀 10 台手机，由品牌商承担全部产品成本，我们承担运费成本；某主会场五折抢购 30 台手机，由品牌商和我们五五分摊所有成本，等等。

平台活动完成之后，基本上自然搜索第二名再怎么发力也赶不上我们了，这个时候只要维护好价格、不要和同行拉开太远就行，稳坐自然搜索第一。

7.4.3 3C 产品整体营销思路

电子产品从设计研发到打样试产再到最后的量产整个过程充满变数，再加上现在资本的涌入和同行的搅局，一款产品要想出得好，必须要同时盯着自家产品的研发生产、市场的反应、竞争对手的动作，这还仅仅是最基本的。

在一帆风顺的情况下，想要成功打造一款被市场、客户广泛认可的经典产品，也得要费一番苦心，即使是资深的产品经理，天天混迹于深圳华强北，也不敢说自己看好的产品一定能成。做产品，还是有一定的运气成分在里面的，想要做好，天时、地利、人和，缺一不可。

出外单的电子产品整个营销过程大致可以分为三步：预热、预售、正常销售。这种模式已经被几乎所有前沿的电子产品品牌商、销售商认可，并且已经运作出了相当一部分成功产品。

7.4.3.1 预热

预热，之所以叫预热，是因为这个阶段产品还只是一个概念，有可能只有渲染图而连模具都还没开。

预热阶段只有资料，没有样品，负责任的品牌商会在这个阶段开始生产样品。

预热阶段大致可以分为三步。

第一步：厂家/品牌商分发资料到经销商（只有资料，没有样品）

这一步厂家/品牌商主要看各经销商的反应，因为厂家或者品牌商并不一定接地气，他们无法知道准确的一手市场消息，得靠经销商反馈。如果经销商看到产品资料之后有极大的兴趣，那么厂家/品牌商就会着手进行下一步动作；如果经销商明显不感兴趣，甚至当面泼冷水，那么厂家/品牌商就会修改方案，甚至直接放弃这个产品。

第二步：厂家/品牌商官网放出预售消息（只有价格和出货时间，没有样品）

这一步厂家/品牌商会在官网放出预售消息，官网上会显示零售指导价和大致出货时间，这个阶段是没有样品的，样品还在生产当中。官网放出消息不光是为了造势，更是为了坚定经销商的信心，等于跟经销商说“我马上要出这个产品，有卖点，有利润，欢迎跟进”。负责任的厂家/品牌商会在这个时候开始打样，最起码要把模具开好。

第三步：厂家/品牌商/渠道红人放出试玩视频，进一步炒作吸引关注（只有少量样品）

有了样品之后，就要拍一些试玩试用视频，可以是厂家/品牌商自己拍然后放到网上，更多的是鼓励各路渠道红人拍摄试用视频放到他们各自的推广渠道，进一步炒作吸引关注度。所谓渠道红人是指拥有一些科技类博客、社交网站庞大粉丝量、视频网站自有频道等的网络意见领袖，他们往往在某一领域非常专业，他们对产品给出的意见直接影响到其粉丝或者网站访客的购买需求。

7.4.3.2　预售

预热阶段之后就可以开始预售了，一般以厂家/品牌商生产出第一批大货的自信心来决定预售期。比如厂家/品牌商放出豪言 15 天之后一定可以交大货，那么这款产品的预售期就是 15 天。但根据普遍经验，对于厂家/品牌商交期的承诺一般要适当延长，以免处于被动。

预售阶段分两步。

第一步：所有经销商各业务口全部上架（限价、无货状态、继续调试样品稳定性）

这一步先是所有经销商各业务口全部上架这款产品，不仅仅限于速卖通，也包括其他平台或者自建网站。限定终端零售小包包邮最低价，全部经销商都没货，厂家/品牌商在这个时候继续调试样品的稳定性，为出大货做准备。

第二步：所有经销商反馈销售状况到厂家/品牌商（安排产线、生产第一批大货）

这一步由所有经销商反馈销售状况到厂家/品牌商，厂家/品牌商根据需求安排产线并生产第一批大货。第一批大货是有很大几率存在缺陷的，极度考验客服能力和售后服务压力，这也是部分经销商不愿意做第一波销售的原因。

7.4.3.3　正常销售

第一批大货发出之后就转为正常销售了，在正常销售状态下也要经历蓝海、红海、血海的变迁过程。

蓝海：第一波大货发出之后，同时又限价，是短暂蓝海，抓销量，卖得越快越好。

红海：越来越多的卖家挤进来之后是红海，限价规则被打破，要维护价格，利润降低。

血海：大卖家挤进来之后是血海，他们不重视单款产品的利润，我们要撤退，或者转做配件。

注意如下几个时间点。

- 替代款（配件）开发时间——蓝海后期、红海前期；
- 报平台活动的时间——蓝海时期；

- 清库存的时间——红海后期、血海前期。

7.4.4　3C 产品未来品牌之路

在 2010—2012 年的深圳华强北，随处可见跟某两家品牌手机厂商产品很像的山寨手机，没有品牌、没有说明书、没有保修卡，有的甚至连外包装都没有，只是和大牌手机长得很像而已。这只是众多无牌产品的缩影，类似的无牌产品还有很多，不同品类、不同档次，数不胜数。

而到了 2013 年，部分厂家开始打造自有品牌，慢慢地带动周边厂商都有了品牌意识。从 2014 年至今，大到手机、平板电脑整机，小到数据线、转接头，都有厂商做了自己的品牌。这不仅是一个趋势，也是品牌商对自有品牌的一个保护。

以后速卖通的趋势是什么？也是走品牌路线，有品牌的产品会比没有品牌的产品更吃香。

是不是做品牌很难呢？不是。电子产品要做品牌相对来说容易一些，因为电子产品不像服装那样起订量就要几千上万件。

先注册自有品牌，订单小时可以到市场上挑选质量过硬的中性产品丝印上自家 LOGO，订单稍微大一点时可以和工厂谈贴牌。要是资金雄厚的话可以先于市场定制自己品牌的产品，以后条件成熟了则可以自行设计、开模，垄断这类产品。